U0934073

美国和思顾问集团丛书

人才梯队建设

和思8步法

钟虹添 奚国华 张建国 编著

厦门大学出版社
XIAMEN UNIVERSITY PRESS
国家一级出版社
全国百佳图书出版单位

和思顾问集团

美国和思顾问集团是全球性的企业管理咨询机构，分支机构遍布158个国家，拥有超过1.2万名的企业管理咨询师。

和思顾问集团为客户提供的服务包括：区域经济发展战略规划、企业发展战略管理、企业管理诊断、企业文化建设、企业转型和变革管理、集团管控模式设计、组织设计、人力资源管理体系建设、人才梯队建设、人才测评、人才猎头服务、股权期权激励体系设计、财务管理和税负筹划、企业流程梳理与优化、市场营销策划与销售管理体系建设、生产管理诊断与体系建设、技术管理、产品管理、创新管理、物流管理体系建设、管理干部能力素质提升辅导、企业常年管理顾问、总裁顾问等。

美国和思顾问集团直属机构——中国和思管理顾问集团成立于2005年1月。

中国和思顾问集团主要客户包括中国央企、世界500强企业、外资企业、上市企业、国有企业、民营企业、政府机构、大学院校、培训机构等。

中国和思管理顾问集团培训大学为企业人员、政府公务员、其他人员提供各类课程培训服务。

和思顾问集团网站：www.hesichina.com

和思顾问集团常年法律顾问：福建君州律师事务所律师王祥文。

前　言

2010年6月6日，中国发布了《国家中长期人才发展规划纲要(2010—2020年)》，规划全文约19 000字，共分序言、人才发展指导方针、战略目标和总体部署、人才队伍建设主要任务、体制机制创新、重大政策、重大人才工程、组织实施等部分。

序言指出："人才是指具有一定的专业知识或专门技能，进行创造性劳动并对社会作出贡献的人，是人力资源中能力和素质较高的劳动者。人才是我国经济社会发展的第一资源。

"在人类社会发展进程中，人才是社会文明进步、人民富裕幸福、国家繁荣昌盛的重要推动力量。当今世界正处在大发展大变革大调整时期。世界多极化、经济全球化深入发展，科技进步日新月异，知识经济方兴未艾，加快人才发展是在激烈的国际竞争中赢得主动的重大战略选择。我国正处在改革发展的关键阶段，深入贯彻落实科学发展观，全面推进经济建设、政治建设、文化建设、社会建设以及生态文明建设，推动工业化、信息化、城镇化、市场化、国际化深入发展，全面建设小康社会，实现中华民族伟大复兴，必须大力提高国民素质，在继续发挥我国人力资源优势的同时，加快形成我国人才竞争比较优势，逐步实现由人力资源大国向人才强国的转变。

"……同时必须清醒地看到，当前我国人才发展的总体水平同世界先进国家相比仍存在较大差距，与我国经济社会发展需要相比还有许多不适应的地方，主要是：高层次创新型人才匮乏，人才创新创业能力不强，人才结构和布局不尽合理，人才发展体制机制障碍尚未消除，人才资源开发投入不足，等等。

"未来十几年，是我国人才事业发展的重要战略机遇期。我们必须进一步增强责任感、使命感和危机感，积极应对日趋激烈的国际人才竞争，主动适应我国经济社会发展需要，坚定不移地走人才强国之路，科学规划，深化改革，重点突破，整体推进，不断开创人才辈出、人尽其才的新局面。"

然而，自1985年以来，清华大学80%、北京大学76%高科技专业毕业生都去了美国，并且从2006年开始荣登美国大学博士生来源最多的两所院校，美国《科学》杂志把清华、北大称为——"最肥沃的美国博士培养基地"。中国送出了世界最多的140多万留学生，却只有30多万人回国，中国社科院承认：中国流失的顶尖人才数量在世界居于首位！

在中国，还存在着大量的对人才不重视的企业，包括央企、中小型国企、部分外资企业、大中小型民营企业等。主要体现在以下四个方面：

1.没有进行人力资源规划,造成人才断档,却又束手无策。

2.培养人才的意识、手段、投资严重不足。

3.没有进行人力资源管理体系规划,缺乏留住人才的机制。

4.没有形成选拔、培养接班人的机制,造成企业一把手的接班人危机。

中国企业如何打赢人才战争?如何制定、实施接班人计划?如何进行人才梯队建设?国内缺乏专业的指导书籍。

本书以钟虹添博士长期的企业管理咨询实践案例为背景,结合高度、系统的专业理论,在奚国华、张建国两位专家的指导、协助和共同努力下,从专业、系统的角度介绍了人才梯队建设的步骤、方法和工具。

本书以人才梯队建设为方法,以培养人才、留住人才为措施,以满足企业战略性人才需求为目标。全书共分为九章,八个步骤。第一章是打赢人才战争的战略举措,介绍了世界和中国的人才竞争现状,指出了中国企业人才管理存在的问题,提出了全员打赢人才战争的战略举措——人才梯队建设,全面介绍了人才梯队建设的步骤和工具。第二章是人才盘点,介绍了人力资源规划的种类和方法、工具,以及人力资源需求预测和供给预测的方法和步骤。第三章是胜任力模型构建,全面阐述了构建胜任力模型的目的和意义,及构建胜任力模型的方法。第四章是人才任职资格体系建设,第五章是人才职业生涯规划,本书简单地介绍了它们的主要内容和建立的步骤,着重说明了人才任职资格体系、人才职业生涯规划与人才梯队建设的关系。后面的四章是本书的重点,第六章是人才测评系统建立,全面、系统地讲述了人才测评系统的内容和测评范围,介绍了大量的心理测评和评价中心的测评方法和工具,以及人才梯队建设中测评系统的使用等内容,具有极强的可操作性。第七章讲的是人才梯队资源库建设,系统地介绍了如何建设人才梯队资源库,以及人才资源库的类别、关键岗位的评估模型构建方法、关键岗位候选人进入资源库的评估模型和评估方法、步骤,还介绍了储备人才进入人才梯队资源库的评估模型,以及评估方法与工具。第八章讲的是对进入人才梯队资源库的人才如何进行培养,全面介绍了培训需求分析的方法、培训实施和培训评估的方法与工具、继任人才常用的培养方法等,后面还介绍了继任人才选拔的方法和步骤。第九章是人才梯队建设管理,说明人才梯队建设是一项复杂的系统工程,只有高层重视、全员参与、明确各层级的职责、制定完善的管理制度,才能保证建设工作的顺利实施。

读者以“人才梯队建设和思八步法”为企业建立人才梯队,可以为企业带来六大益处:

益处一:有利于保证企业承接新机遇,促进企业发展;

益处二:有利于企业人力资源的整合,强化企业文化;

益处三:有利于企业持续稳定发展;

益处四:有利于留住人才;

益处五:有利于企业改革措施的推进;

益处六:有利于促进员工主动积极地学习、促进良性竞争。

本书从策划、构思、撰写到出版,前后历时两年。本书得到了中组部和国资委的启发与帮助。在写作过程中,曾春轩小姐为本书的资料整理、文字校对做了大量的工作,付出了辛勤的劳动;钟芷渊小朋友给予时间和欢声笑语的支持;厦门大学出版社的领导、吴兴友编辑和他的同事们，为本书提出了许多宝贵的建议。本书在写作的过程中，参考和引用了国内外学者的大量著作，及咨询同行的成功案例，由于篇幅所限，无法在此一一注明。对上述的帮助者，及所有对本书的构思、写作和出版提供过帮助的领导和朋友们，在此一并表示衷心感谢！

衷心感谢相关企业的领导对本书的重视和评价，感谢他们在百忙之中为本书撰写序言。

由于作者的知识和经验的局限性，尽管作者对本书的学术观点和实践应用方法进行了认真的斟酌，但仍不可避免有错误和疏漏，并且有些方法和工具的应用在业界还存在争议，在此恳请领导、专家、学者、管理咨询同行、企业界人士和广大读者批评指正，并欢迎随时与作者联系。

奚国华　张建国　钟虹添

2011 年 8 月

目 录

第一章 打赢人才战争的战略举措

第一节 残酷的全球化人才战争

进入 21 世纪，全球范围内的人才战争愈演愈烈。

地球自有人类以来爆发过各种战争：内战、外战、资源战争、石油战争、金钱战争、宗教信仰战争、统一与独立战争、征服与反抗战争、意识形态分歧战争、民族情结和文明传统战争。战争在我们这个多灾多难的星球上不断上演。

但是，许多国家已经意识到：所有的战争都没有这样一场战争来得更为根本与致命——人才战争。

有人说科技是第一生产力，然而，科技由人而来，为人所掌握，不过是人的意识产物而已。有人说“货币战争”至关重要，掌握财富分配的金融最为根本，然而所有的货币、资金以及实物，都掌握在人的手里，金融衍生物不过是聪明人的游戏。有人说只有武力才能彻底消灭对手，然而战略为人所设计，武器为人所发明。有人说能源才是最重要的资源，然而弹丸之地、四面受敌、不产几吨石油的以色列能够对抗中东石油国家半个世纪……许多国家还为自身的落后寻找了人口过多、土地与资源均量少、国家发展起步晚、自然灾害多、传统文化不利于现代化等种种借口。然而与中国和印度同属东方文化、起步较晚、非世界交通咽喉位置、面积不如中国云南省、人口却高达 1.2 亿、多火山地震同时资源贫瘠的日本，各类人均自然资源指标比中国与印度更为严峻，却成了仅次于美国、中国的世界第三大经济强国，人均收入一度高居世界第一。

人才战争所争夺的对象，正是那些能够左右全世界经济、军事、金融、能源、科技等所有重要领域命运的顶尖人才。知识经济就是人才经济，世界大国首先是人才大国。人才战争的成败，最终决定一个国家在全球化背景下走向世界的命运。

高端人才的战争在国际上打得激烈。国家之间的人才争夺战如何取胜，非常复杂，涉及一个国家的法律、经济发展、文化、民族感情、自由度、信仰、人才政策、生活便利程度、个人发展前景、教育发达程度、经济收入、社会主流价值观等诸多因素，要留住高端人才、从

国外“抢”高端人才，不是哪个人、哪个企业、哪一级政府能完成的事，需要从国家的层面制定战略、战术。

2010年6月6日，经党中央、国务院批准，中国发布了《国家中长期人才发展规划纲要（2010—2020年）》，规划全文约19 000字，共分序言、人才发展指导方针、战略目标和总体部署、人才队伍建设主要任务、体制机制创新、重大政策、重大人才工程、组织实施等部分。

美国重视人才，成为世界第一强国；中国移动重视人才，成为世界级的企业，中国建设银行重视人才，成为商业银行的佼佼者；华为重视人才，成为国际化企业、坐稳中国民营企业的头把交椅；联想重视人才，吃起了业界的大鲨鱼（IBM）。

但是，在中国，还有很多企业对人才是不重视的，严重影响了企业的可持续发展，包括央企、中小型国企、部分外资企业、大中小型民营企业等。这些企业对人才的不重视主要体现在以下四个方面：

1.没有进行人力资源规划，造成人才断档，却又束手无策。

2.培养人才的意识、手段、投资严重不足。

3.没有进行人力资源管理体系规划，缺乏留住人才的机制。

4.没有形成选拔、培养接班人的机制，造成企业一把手的接班人危机。

第二节　人才梯队建设的重要性

企业的人才来源主要有两个渠道：一是“空降兵”，二是自我培养。

一、空降与内部选拔的优点和缺点分析

“空降兵”指的是从外部引进人才，可以通过猎头公司、人才交流中心等渠道引进或直接挖“墙角”。内部选拔就是从内部找到合适的人选成为更高一级的人才。两种方式各有利弊。

（一）“空降兵”的利弊

1.利

从外部引进人才在民营企业、中小国企/外企是很普遍的做法，对企业带来很多有利的方面，如：

（1）刚空降的人才可以以局外人的眼光对事件做出明确的判断，进而提出自己的解决思路，从而可以减少摸索的时间。俗话说得好，“当局者迷，旁观者清”。

（2）外部人才的引入，企业也由此注入新鲜的血液，整个企业的积极性容易被调动。

（3）“空降兵”在企业没有复杂的人际关系，人与人之间不必拘于人情这层关系处理问题。这样就可以直接面对问题而不是人情。

（4）外部人才带来新观念、新思维、创新意识。我们说创新意识、创新理念是企业成功的关键，外部引进人才更加容易滋生创新的意识和理念。

(5)“空降兵”带来企业内部缺乏的专业技术或管理技术，这也是企业从外部引进人才最看重的。

2.弊

(1)不适应新组织的文化

每个企业都有自己特有的文化，外部引进的人才适应新的文化需要很长时间，并且可能不认同新“东家”的文化，给企业带来困扰。比如，我们从外企，甚至国外，或是“海归”中引进一个“空降兵”，很可能会产生很多企业文化上的问题。中国的企业很重视人际关系，很注意领会领导的意图和心思，开会时我们会很小心地讲话，生怕得罪人。然而，很多海外回来的人或是在外企工作过的人，并不适应这种企业文化。他们可能比较习惯就事论事，直言不讳，这又是另外一种文化。因此，有些时候，他们在国内的企业里，尤其是国企，可能会遇到这样的文化冲突，产生适应性的问题。

(2)容易受排挤与打击

新来的人才很容易受老员工的排挤和打击，并且中国的企业一般都是管理不完善，对新进人才的权、责、利没有规范和明确，严重影响“空降兵”的工作效率和积极性。

(3)不熟悉新组织的经营和战略

虽然企业一般都是经过了大量的考察和评估再引进人才，但这些评估有其局限性，不一定能全面了解引进人才的真实能力。“空降兵”若存在能力等问题，则会给企业带来损失。惠普公司的空降兵 CEO 卡莉就是一个例子，6 年的时间并没有将惠普带到第一名的位置。2010 年 3 月 15 日，各个电视台在播放着惠普出现电脑质量问题的画面，质量不过关，服务质量差，欺骗消费者等等一系列劣迹深深地印在了中国观众的脑海中。惠普到了这种与日俱下的地步与引入卡莉是有很大关系的。

(4)道德问题

“空降兵”对企业做出违反、违背道德的事情屡见不鲜，如出卖企业机密、拉人马另立山头、侵占公款公物等。

事实证明，不管级别是高层还是中低层的“空降兵”，在融入企业文化和职业稳定性方面都不理想，中小企业选择“空降兵”也是无奈之举，因为这种类型的企业本身“造血”功能差。

(二)内部选拔人才的利弊

企业内部人才对企业文化“领会在心里，融化在血液中”，具有较高的忠诚度，稳定性好，这些是企业非常看重的。企业领导在选拔人才时候对于员工了解比较多，能根据其优缺点把人才安排到合适的岗位。内部选拔的人才往往能非常好地了解到公司的经营、战略和行事方式，很容易秉承企业的优良传统做事；在企业内部有其人脉关系，有利于开展工作。

缺点是做事风格不会有很大的改变，做决策和制定战略时也不会有很大的动作，拘于内部，眼光不一定开阔。

综上所述，“空降兵”与内部选拔人才的手段各有利弊，企业应该取其精华，去其糟粕，适当合理地找好人才，用好人才，才能达到企业更快成长的目的。

现在越来越多的企业更倾向于自己培养人才，部分急需或内部无法培养的人才则从外部引进。

二、人才梯队建设

根据对成功企业的分析，多数都是以自己培养人才为主。所以企业要打赢人才战争，还是需要在企业内部培养自己的“嫡系部队”。但当今猎头公司无孔不入、跳槽风气强盛的情况下，企业要避免成为竞争对手的“人才培训基地”、为别人做“嫁衣”，就必须掌握培养人才、留住人才、激励人才的科学方法。

因此，企业进行人才梯队建设就非常重要，其意义在于：

1.人才梯队建设，有利于保证企业承接新机遇，促进企业发展

企业在运行过程中，当找到新的机遇、新的利润增长点时，也常面临无才可用的情况，一些重要的机遇因无人可承接而流产，如果直接外聘人员，对新人的企业文化接受度，对企业的归属感与忠诚度都有待进一步了解，此时，最好的人才应当是企业自身储备的，因此，做好人才梯队建设，能为开拓新的业务领域提供人才支持。

2.人才梯队建设，有利于企业人力资源的整合，强化企业文化

人才梯队的建设，有利于帮助企业厘清目前的人员配置状况，帮助企业选拔使用和培养适宜人才。同时，也帮助员工明确职业目标，充分发挥个人潜力。

3.人才梯队建设，有利于企业持续稳定发展

铁打的企业流水的兵，一个企业要生存发展，其对个体员工的依赖也应尽可能地降到最低，以防止某个重要岗位，因内部人员流转、奖惩或者员工跳槽、离退休等原因造成岗位空缺时出现人才断层，以保证企业的正常运转。

4.人才梯队建设，有利于留住人才

大部分应聘者都将在原单位发展机会小作为离职的主要理由。通过对社会同类企业的薪酬调查与分析，也能发现，许多很知名的优秀企业提供给员工的薪酬待遇并不是最好的，甚至明显偏低，但这些企业的员工的精神面貌，员工队伍的稳定性却是很多高薪企业所无法比拟的。确实，对于中高层人才，离职的真正原因可不是薪酬，而在于发展机会。如果企业有明确的人才梯队建设计划，对于中高层员工来说，就有了明确的导向，明确了职业发展方向。员工如果能在其所服务的企业看到发展前景，则更愿意留下进一步发展。

完善的人才梯队建设，也有利于树立企业招贤纳才的形象，吸引一流的人才加盟，同时，加强员工的归属感。

5.人才梯队建设，有利于企业改革措施的推进

企业在运行过程中，势必不断调整，甚至需要进行管理变革，无岗位替代可能的员工因既得利益明确，极易对新鲜事物产生本能的排斥。公司担心关键岗位员工跳槽，并导致其所管理的模块成为空白，进而影响公司正常运行，故无法推行改革，因此，部分员工成为管理提升之障碍。

6.人才梯队建设，有利于促进员工主动积极地学习、促进良性竞争

企业部分关键岗位如没有建立人才梯队，一个萝卜一个坑，则员工无竞争压力，极可能导致员工恃岗自傲，不思进取，不利于其自身的业务能力与管理能力的发展；通过人才

梯队建设，每个人都有晋升的机会，每个人的职位都有可能被取代，这样员工就会主动去学习、参加培训。

第三节 人才梯队建设步骤

一、什么是人才梯队

企业建立人才资源库，为某岗位/通道层级准备后备人才，即人才梯队（仿佛站在梯子上有高有低一样，形象地称为梯队）。为的就是避免人才断层。

一般来讲，人才梯队包括关键岗位继任人才、一般岗位继任人才、通道层级储备人才。人才库可以分为三个层次（高层人才库、中层人才库、基层人才库），有些企业除此之外，还专门构建专业技术型人才库和储备人才库（非针对某个岗位而准备的储备人才）。

二、什么是人才梯队建设

搭建了人才梯队还不够，还必须进行人才梯队建设和管理，否则，这些后备人才能力素质可能达不到继任的要求，或造成后备人才不足等问题；建设是指建立人才梯队资源库，资源库是动态的，必须保证有足够的库存量，对资源库人才进行职业规划、培养和激励，当有人才需要时能及时补充上去和顶替上去，使企业永远有合适的候选人。

人才梯队建设当然包括企业一把手的接班人计划。

三、人才梯队建设步骤

微软创始人比尔·盖茨说："去掉微软最顶尖的前30个人，微软就成了一家平庸的公司。"许多企业正面临着人才危机。企业必须有自己的接班人计划，才能因应变革和竞争的需要。许多人在不断地问：企业未来的接班人梯队在哪里？

通过人才梯队建设，可解决企业接班人问题。人才梯队建设步骤如下：

第一步 厘清与分析企业战略

厘清企业的愿景、使命、文化、经营策略和战略目标，分析其中的关键要素。

第二步 人才盘点

根据企业的经营和发展需要，对企业人力资源进行盘点，再对企业人力资源需求进行预测，掌握各岗位还需要多少人力，最后对企业所需要的人力资源的供给情况进行预测，清楚人力资源有哪些来源，最终解决企业的人力资源需求，以适应企业的发展和变化。

第三步 人力资源管理体系建设

为了留住人才、激励人才，发挥人才的能力，以求最大限度地减少人才的流失，不做其他企业的"人才培训基地"，使人才为企业发挥最大效用，决不浪费人才的才华，企业必须制定一系列的人力资源激励和评估政策，如薪酬激励制度、绩效考核管理制度、人才培养制度、晋升与降级制度等。

第四步　建立胜任力模型

胜任力模型是针对某一个职位，依据其职责要求所提出的，为完成本职责而需要的能力支持要素的集中表示，它能够具体指明从事本职位的人需要具备什么能力才能较好地完成该职位职责，也是人才自我能力开发和学习的指示器。胜任力模型在人才梯队建设工作中发挥重要的基础性的作用，人才梯队建设的各项工作——任职资格体系建设、职业生涯规划、继任候选人与储备人才甄选、人才梯队资源库建设、人才培养、继任者选拔都需要以胜任力模型为依据。

第五步　任职资格体系建立

为更好地对企业人才进行激励，有计划、针对性地对人才进行培养，促进人才的发展，需要规划多元化的职业发展通道，设计任职资格等级标准，建立在岗人员的晋升/淘汰制度，形成人才能上能下的用人机制，为人才梯队建设打好基础。胜任力模型和任职资格体系是两种相互重叠又侧重不同的能力评价方案，胜任力模型倾向于与工作不直接相关的潜质的评价，而任职资格体系侧重于与该职业工作相关的能力评价，所以，胜任力模型与任职资格体系都是人才梯队建设的依据和基础。

第六步　人才职业生涯规划

人才职业生涯规划目的在于稳定员工队伍，提高员工满意度，留住优秀人才，吸引外部优秀人才，并使每个员工的职业生涯规划目标与组织发展目标相一致，促进人才梯队建设，保证企业未来人才需求和企业的可持续、稳定发展，避免企业人才断档和后继无人的情况出现。

第七步　建立人才测评系统

人才测评在现代人力资源管理活动中的使用越来越广泛，人才测量和人才评价为企业人力资源管理提供了重要的参考依据。人才测评在企业人才梯队建设中起到重要作用，人才梯队建设中的胜任力模型认证、任职资格体系等级认证、职业生涯规划、人才梯队资源库后备人才选拔、后备人才培养、接班人甄选等等，都需要进行大量的人才测评工作，所以，要做好人才梯队建设工作，必须建立人才测评系统。

第八步　人才梯队资源库建设

通过前面的人力资源盘点，厘清了企业的人才缺口。企业必须进行人才梯队建设，解决人才缺口问题：对关键岗位制定继任者计划，相关岗位制定储备人才计划，建立企业人才梯队资源库；设计测评方法和工具，挑选有潜力的员工进行测评，使测评合格者进入人才梯队资源库，为对进入人才梯队资源库的人才进行系统、针对性的培养打好基础。

第九步　人才培养

企业进行人才培养体系设计，实施体系方案。根据继任计划/人才储备计划，结合个人的职业生涯发展目标，企业对人才梯队资源库的人才规划培训课程体系，设计培养方法，制定培养管理制度，对他们进行有针对性的培养，以达到人才梯队建设的目的。

第十步　人才梯队建设管理

人才梯队建设是一项相当复杂的系统工程，与企业人力资源战略规划、人才招聘（包括内部招聘和外部招聘）、人才培养、培训管理、职业发展管理、晋升管理、薪酬激励、绩效考核等息息相关。企业必须制定人才梯队建设管理制度，明确职责分工，规范人才梯队建设过程，确定人才梯队建设的工作内容和范围，通过有效管理，保证人才梯队建设工作高效、顺利进行。增强企业各单位人才培养意识，促使各单位明确人才培养的重要性和紧迫感，对各单位的人才培养工作进行考核，考核结果作为整体绩效考核成绩的一部分，并且作为单位负责人晋升、奖励、处罚的依据之一。

第十一步　继任人选拔与任用

进入人才梯队资源库的人才经过一段时间培养后，企业会根据目标岗位/通道层级对人才的需要，在资源库中选拔继任者，选拔成功者成为继任人而“出库”，选拔失败者淘汰“出库”。一批人才“出库”了，企业根据储备人才的需要，又会甄选一批人才“入库”，周而复始，不断为企业培养合格的继任人才。

第十二步　实现企业愿景与战略目标

国家也好，企业也好，有人才，才能谈发展。正确进行人才梯队建设，正确进行人才激励和使用，必将实现企业的愿景和战略目标，跟人才相比，其他的一切，都是次要的。

回顾微软创始人比尔·盖茨说的：去掉微软最顶尖的前30个人，微软就成了一家平庸的公司。您所在的企业——不管是世界500强还是中小型企业，是国企还是民企，没有人才梯队，没有进行人才梯队建设，终究会变成一家平庸的公司。

企业怎样进行人才梯队建设？本书的精彩和特点在哪里？请听美国和思顾问集团钟虹添博士、资深移动通信经营管理专家奚国华先生、资深建设银行经营管理专家张建国先生向您娓娓道来。

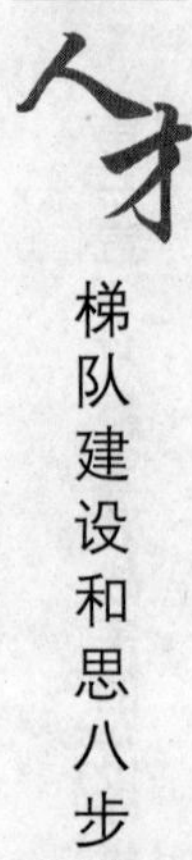

第二章
人才盘点

人才梯队建设的第一步是人才盘点，进行人力资源规划。根据企业的经营和发展需要，为了保证人力资源的及时、充足供应，企业应对关键岗位制定接班人计划，对相关岗位进行人才储备，以建立人才梯队。所以，首先必须对企业人力资源需求进行综合规划，再对企业人力资源需求进行预测，掌握各岗位还需要多少人力，最后对企业所需要的人力资源的供给情况进行预测，清楚人力资源有哪些来源，最终满足企业的人力资源需求，以适应企业的发展和变化。

第一节　人力资源规划

一、人力资源规划的定义

人力资源规划是指为使企业稳定地拥有一定质量和必要数量的人力资源，以实现包括个人利益在内的该组织目标而拟定的一套措施，从而求得人员需求量和人员拥有量之间在组织未来发展过程中的互相匹配。人力资源规划定义包括三个方面的含义：

◆从组织的目标与任务出发，要求企业人力资源的质量、数量、结构符合其特定的生产资料和生产技术条件的要求。

◆在实现组织目标的同时，也要满足个人的利益。

◆保证人力资源与未来组织发展各阶段的动态适应。

人力资源规划是企业发展战略规划的重要组成部分，着眼于为未来的企业生产经营活动预先准备人力资源。它所考虑的不是某个具体的人员，而是一组人员。个别人员的发展规划寓于整组人员的发展规划之中。因此，人力资源规划实质上是一种人事政策，它为工商企业人事管理活动提供指导。

二、人力资源规划的作用

企业竞争战略的成功与否很大程度上取决于人力资源的参与程度。只有制定科学的人力资源规划，适时、适质、适量地提供人力资源以满足组织和工作的要求，合理利用人力资源，才能提高企业劳动效率，降低人工成本，增加企业经济效益，最经济地使用劳动力。人力资源规划对指导工商企业人事管理乃至整个企业管理，都有十分重大的作用。其重要意义体现在以下四个方面。

（一）人力资源规划是企业发展战略规划的组成部分

人力资源规划是一种战略规划，主要着眼于为未来的企业生产经营活动预先准备人力，持续和系统地分析企业在不断变化的条件下对人力资源的需求，并开发制定出与企业组织长期效益相适应的人事政策。因此，人力资源规划是企业整体规划和财政预算的有机组成部分，是企业发展战略规划的核心内容。

（二）人力资源规划是组织管理的重要依据

随着组织规模的扩大和结构的复杂化，管理的工作量和难度都在迅速提高，无论是确定人员的需求量、供给量，还是职务、人数以及任务的调整，不通过一定的周密计划显然是难以实现的。例如何时需要补充人员，补充哪些层次的人员，如何补充；如何组织多种需求的培训；对不同层次和部门如何考评和激励等。解决这些问题的管理工作在没有人力资源规划的情况下，必然陷入相互割裂和混乱的局面。因此，人力资源规划是组织管理的重要依据，它会为组织的录用、晋升、培训、考评、激励、人员调整以及人工成本的控制等活动，提供准确的信息和依据。

（三）人力资源规划对合理利用人力资源，提高企业劳动效率，降低人工成本，增加企业经济效益有重要作用

人工成本中最大的支出是工资，而工资总额在很大程度上取决于组织中的人员分布情况。当一个企业规模小的时候，问题不大；但随着时间的推移，人员数量的增加和职务等级水平的上升，人工成本可能超过企业所能承受的范围。人力资源规划可以调整人力配置不平衡的状况，进而谋求人力资源的合理化使用，使人工成本控制在合理的支付范围内，从而提高企业的劳动效率。人力资源规划还可通过对现有的人力资源结构进行分析检查，找出影响人力有效运用的主要矛盾，充分发挥人力效能，降低人工成本在总成本中的比重，提高企业的经济效益。

（四）人力资源规划有助于发挥人力资源个体的能力，满足员工的发展需要，调动员工的积极性

人力资源规划不仅是面向企业的计划，也是面向员工的计划。一个企业在人事政策上如果出现了较严重的问题，往往是因为没有制定一个科学细致的人力资源规划。许多企业面临着源源不断的员工跳槽，表面上看来这是因为企业无法给员工提供优厚的待遇或者晋升渠道，其实是显示了企业人力资源规划的空白或不足。因为并不是每个企业都能提供有诱惑力的薪金和福利来吸引人才，许多缺乏资金、处于发展初期的中小企业照样可以吸引到优秀人才并迅速成长。他们的成功之处不外乎立足企业自身情况，营造企业与员工共同成长的组织氛围，充分发挥团队精神，规划企业的宏伟前景，让员工对未来充满信心和希望，同企业共同发展，为有远大志向的优秀人才提供施展才华、实现自我超越的广阔空间。因此人力资源规划要着力考虑员工的发展。在人力资源规划的基础上，引导员工进行职业生涯设计和发展，让员工清晰了解未来的职位空缺，看到自己的发展前

景，从而积极地去努力争取，对于调动员工积极性非常有益。

三、人力资源规划内容

(一)企业人力资源规划的两个方面

1.人力资源总体规划。人力资源总体规划是指在计划期内人力资源管理的总目标、总政策、实施步骤和总预算的安排。人力资源总体规划中最主要的内容包括：

(1)供给和需求的比较结果，也可称作净需求。

(2)阐述在规划期内企业对各种人力资源的需求和各种人力资源配置的总体框架，阐述人力资源方面有关的重要方针、政策和原则。

(3)确定人力资源投资预算。

2.人力资源业务规划。人力资源业务规划则包括人员晋升规划、补充规划、配备规划、教育培训规划、工资规划、保险福利规划、劳动关系规划、退休规划等等。这些业务规划是总体规划的展开和具体化，每一项业务规划都由目标、政策、步骤及预算等部分构成。规划的目的是为了保证人力资源总体规划目标的实现。

(二)人力资源业务规划内容

1.晋升规划

晋升规划实质上是根据企业的人员分布状况和层级结构，拟定人员的提升政策。对企业来说，有计划地提升有能力的人员，以满足职务对人的要求，是组织的一种重要职能。从员工个人角度上看，有计划地提升会满足员工自我实现的需求。晋升规划一般由晋升比率、平均年资、晋升时间等指标来表达，例如晋升到上一级职务的平均年资和晋升比例。

2.补充规划

补充规划也是人事政策的具体体现，即拟定补充的政策。目的是合理填补组织中长期内可能产生的职位空缺。补充规划与晋升规划是密切相关的，因为晋升也是一种补充，只不过补充源在企业内部。由于晋升规划的影响，组织内的职位空缺逐级向下移动，最终积累在较低层次的人员需求上。同时这也说明，低层次人员的吸收录用，必须考虑若干年后的使用问题。

3.培训开发规划

培训开发规划的目的是为企业中长期发展所需要的一些职位事先准备人才，是围绕着改善配合关系而制定的。在缺乏有目的、有计划的培训开发规划情况下，员工自己也会培养自己，但是效果未必理想，也未必符合组织中职务的要求。当我们把培训开发规划与晋升规划、补充规划联系在一起的时候，培训的目的性就明确了，培训的效果也就明显提高了。培训完成于晋升发生之前。

4.配备规划

组织内的人员在未来职位的分配，是通过有计划的人员内部流动来实现的。这种内部的流动计划就是配备规划。配备规划可以解决以下问题：

(1)当从事某种职务的人员需要同时具备其他类型职务的经验知识时，就要进行有计划的水平流动。

(2)当上层职位较少而待提升的人员较多时，则通过配备规划增强流动。

(3)在超员情况下,通过配备规划可以改变工作的分配方式,从而减少负担过重的职位数量,解决工作负荷不均的问题。

5.职业规划

职业规划是职业发展的一个子系统,它是规划一个人工作生涯的人事程序。职业规划是指个人发展与组织发展相结合,在对个人和内外环境因素进行分析的基础上,确定一个人的事业发展目标,并选择实现这一事业目标的职业或岗位,编制相应的工作、教育和培训行动计划,对每一步骤的时间、项目和措施作出合理的安排。

由于篇幅所限,人力资源业务规划的技术不在这里详细介绍,与人才梯队建设直接相关的晋升规划、培训开发规划、职业规划等将在本书其他章节作详尽、全面的阐述。人力资源规划的主要内容见表 2-1。

表 2-1　人力资源规划主要内容

规划层次	具体项目	主要内容	预算内容
总体规划	总体规划	计划期内人力资源开发利用的总体目标、总的配套政策、实施步骤等	预算总额
各项人力资源业务规划	晋升规划	根据企业的人员分布状况和层级结构,拟定人员的晋升政策,也是补充规划的一部分	岗位变化引起的薪酬福利等支出变化
	补充规划	需要补充的人员岗位、人员数量及要求	招募、选拔费用
	离职规划	因各种原因离职的人员情况及其所在岗位的情况	安置费
	配备规划	中长期内不同职务、部门或工作类型的人员的分布状况,规划企业一定强度的人员水平流动	人员总体规模变化而引起的费用变化
	培训开发规划	培训对象、目的、内容、时间、地点、讲师等	培训总投入、脱产人员工资及脱产引起的损失
	职业规划	规划员工工作生涯,使个人的职业发展与企业的发展结合起来	产生的各项费用
	绩效与薪酬福利规划	个人及部门的绩效标准、衡量方法;薪酬结构、工资总额、工资关系、福利以及绩效与薪酬的对应关系等	薪酬福利的变动额
	劳动关系规划	减少和预防劳动争议,改进劳动关系的目标和措施	诉讼费用及可赔偿额

案例 2-1：某通信企业 2011—2016 年人力资源战略规划书

一、目的（略）

二、范围（略）

三、规划内容

（一）公司人力资源综合分析（略）

（二）公司人力资源规划目标（见表 2-2）

表 2-2　人力资源规划目标表

指标			第一阶段目标	第二阶段目标
指标类别	指标名称	单位	（2011—2013 年）	（2014—2016 年）
人力资源成本指标	薪酬福利总额	万元		
	培训招聘支出总额	万元		
	人力资源成本总额	万元		
	人力资源成本/销售收入	%		
人力资源效率指标	人均销售收入	万元		
	人均产值	万元		
	人均利润	万元		
人力资源构成指标	专业事务系列员工比例	%		
	网络技术系列员工比例	%		
	营业员系列员工比例	%		
	市场营销系列员工比例	%		
	专业及技术系列本科以上学历比例	%		
	销售系列大专以上学历比例	%		
	……	%		
人力资源可持续发展指标	中高层管理人员继任计划覆盖率	%		
	中高层管理人员主动离职率	%		
	核心岗位人才储备计划覆盖率	%		
	核心岗位人才主动离职率	%		
	人才储备培训人次	人次		

（三）公司未来人力资源配置规划

1. 第一阶段人力资源配置

(1)人力资源配置原则

外部招聘原则(略)。

内部调配原则(略)。

减少冗员的原则(略)。

培训原则(略)。

(2)公司整体人力资源配置方案

公司整体人力资源配置方案如表2-3所示。

表2-3 公司整体人力资源配置状况

人员类别	增员(人)		减员(人)			培训(人次)	
	外部招聘	内部转岗	转岗	下岗分流	考核淘汰	提升培训	储备培训
专业系列							
技术系列							
营业员系列							
销售系列							
市场系列							

注:增员内"内部转岗"指转入,减员内"转岗"指转出;一般"内部转岗"人数与"转岗"人数相等。

2.第二阶段人力资源配置

(1)人力资源配置原则(同上)。

(2)公司整体人力资源配置方案(表同上)。

(四)人力资源开发与管理工作规划

1.人力资源开发规划

2.人力资源管理规划

(以上两项结合企业发展战略规划,确定各部门在实现企业战略过程中应承担的责任,进而确定人员需求计划、培训计划等,具体内容略)。

(五)人力资源重点工作规划

1.人力资源开发重点工作规划

(1)人力资源开发现状分析

主要分析公司人力资源开发工作现状。将人力资源开发划分为以下几个模块:招聘、员工职业发展、内部人员调配、培训、核心岗位人才储备、中高层管理人员接班人。各模块从以下几个方面进行现状分析:各模块的工作开展的程度、是否有明确的方案制度或操作流程、该模块的方案制度或操作流程是否存在优化空间。(具体内容略)

(2)人力资源开发重点工作规划

根据现状分析和公司未来几年内的人力资源规划的要求,确定各阶段的人力资源开发重点工作,并列出时间表。(表略)

2.人力资源管理重点工作规划

(1)人力资源管理现状分析

主要分析公司人力资源管理工作现状。将人力资源管理划分为以下几个模块：招聘、培训、绩效、薪酬等。各模块从以下几个方面进行现状分析：各模块的工作开展的程度、是否有明确的方案制度或操作流程、该模块的方案制度或操作流程是否存在优化空间。(具体内容略)

(2)人力资源管理重点工作规划

根据现状分析和公司未来几年内人力资源规划的要求，确定各阶段的人力资源管理重点工作，并列出时间表。(表略)

(六)人力资源目标体系说明

主要对衡量人力资源状况的指标体系进行说明，包括指标名称、指标解释等。在下文中列出部分指标供参考。

1.人力资源成本类指标：该类指标从成本费用的角度衡量公司的人力资源状况。

(1)薪酬福利总额：指公司所有员工的薪酬与福利总和。

(2)培训招聘支出总额：指公司用于培训和招聘的各类支出，该指标用于衡量企业直接用于人力资源开发的支出水平。

(3)其他成本支出。

2.人力资源效率类指标：该类指标从效率的角度衡量公司人力资源为公司贡献价值的效率。

(1)人均产值：指公司单个员工贡献的产值。

(2)人均销售收入：指公司单个员工贡献的销售收入。

(3)人均利润：指公司单个员工贡献的利润。

3.人力资源构成类指标：该类指标从人员结构的角度分析公司人力资源的现状。

(1)各职系员工数量比例：指各职位系列(职务、行政、技术、技工、通勤)的员工总数的相对比例。

(2)学历比例：指公司某职系(或全公司)的员工某学历占该职系(或全公司)员工总数的比例。该指标能从一定程度上反映员工的知识水平。

(3)年龄比例：指公司某职系(或全公司)的员工某年龄段占该职系(或全公司)员工总数的比例。

……

四、影响人力资源规划的因素

任何组织要实现自己的战略目标，就必须在组织发展的各个阶段都要拥有与组织工作相适应的人力资源，但是，组织所面临的内外部环境时刻都在变化，这就要求组织对未来的人力资源需求和供给进行科学的预测和规划，只有这样，才能获取并合理配置组织所需的人力资源。那么企业如何才能对未来的人力资源进行科学的规划呢？有三大因素影响到组织对未来人力资源的规划。

（一）外部环境因素

1. 经济因素

市场的繁荣与萧条对人力资源规划会产生显著影响。经济增长、利率调整、通货膨胀等因素决定了人力资源的可获得性，对工资高低、加班以及雇用、裁员等决策都有直接的影响。例如，在有着 2%失业率的劳动力市场和有 8%失业率的劳动力市场招聘员工的难度是绝不相同的。在 2%失业率的市场中进行招聘，几乎不可能为任何岗位聘用到合适的员工，因为文化水平高、技能比较高，或者愿意工作的人大都已找到合适位置。只有当失业率上升时，寻找工作的具备相当水平的员工数量才会增加，企业的招聘工作相对才能容易些。

2. 政府影响因素

政府部门是影响劳动力供给的主要因素之一，例如政府的贸易政策及限制、税收水平、社会保障法案等都将影响到组织所雇用劳动力的来源、员工的薪酬结构等。所以，在制定人力资源规划时必须对政府政策、规章和立法等详加考虑。

3. 地理环境和竞争因素

地区的净人口流入、当地其他企业的雇用需求、竞争对手的招聘策略、该地区受国际竞争的影响程度，这些因素对人力资源规划都将产生影响。

4. 人口趋势

人口统计因素的不断变化已经形成了更具有差别性的劳动力群体，例如，在当今美国，1/3 的从业人员是兼职者、临时工或自由职业者，这些发展趋势对员工的招募、选拔、训练、薪酬与激励的政策与实践都将产生影响。

（二）企业发展战略因素

企业发展战略指出企业的发展方向，提出未来的明确目标，围绕战略目标，进行资源调配。企业发展战略着眼点并不在于未来要做什么，而是在于现在要做什么，简单地说，就是现在要为未来准备什么，从而可以在不确定的未来能够达到希望实现的目标。

企业的战略和经营策略决定了人力资源需求，而这种需求的满足程度取决于企业内部和外部的人力资源市场。确立战略目标和经营策略，关键在于了解企业内部优劣，剖析企业外部环境，帮助企业迎接未来的挑战，提供企业发展的目标和方向，使企业每个成员明确企业的目标。实践也证明，拥有完善战略经营体系的企业比没有该体系的企业的成功概率更大。

人力资源发展战略决定着人力资源的发展方向和路径，直接指导着企业人力资源规划的制定和形成。成长型企业的战略是发展和扩张，相应的人力资源发展战略就是员工

队伍规模的扩大;成熟型企业的战略是稳定发展,其人力资源发展的战略着眼于员工队伍素质提高和结构优化;企业进入国际化经营阶段,人力资源发展战略就以实施国际化和跨文化发展战略为内容;衰退型企业的战略是收缩业务战线,逐步退出市场,其人力资源发展会选择停止招聘和裁员的保守战略。

在不同的人力资源战略指导下,需要人力资源发展规划直接为人力资源发展战略服务,人力资源发展规划必须服务和服从于人力资源发展战略,是人力资源发展战略实现的途径。

(三)企业内部因素

1.企业规模

企业规模的变化表现为两方面,一是在原有业务范围内扩大或压缩规模,二是增加新的业务或放弃旧的业务,这两方面的变化对人力资源的增减都会产生影响。人力资源需求量在很大程度上依赖于企业的生产规模大小。生产经营规模越大,容纳的就业岗位相对越多,人力资源需求量也就越大;反之,人力资源需求量就越小。反过来,企业人力资源需求量的增加也会导致生产经营规模相应扩大。

2.技术和设备条件

研究开发能力是企业组织竞争力的重要组成部分,研究开发人员数量及其占全员比例、研究开发投入,决定企业生产技术水平的提高。生产设备的更新,提高设备先进性与自动化程度,这些因素一方面会使企业所需要的人员数量减少,另一方面,对人员的知识、技术与技能的要求随之提高,直接影响着企业人力资源规划的制定。

3.企业管理水平

企业管理水平的高低反映并决定着企业的市场竞争力和企业经营绩效。企业管理水平的提高,使人员的能力和素质提高,有利于企业经济效益的提高和工作效率的提高,对人力资源规划有着很大的影响。

4.财务情况

财务情况是最直接明晰地反映企业竞争能力的标准,企业或组织的财务情况是制定企业组织发展战略和人力资源规划的基本条件。企业的生产经营活动遵循利润最大化的逻辑。企业利润量的扩大或增加,有利于企业扩大生产经营规模,从而增加对人力资源的需求;反之,会减少对人力资源的需求。另一方面,企业财务情况不理想,必然会影响到对人力成本的投入。

5.企业文化

一个组织形成了特定的企业文化,在对企业文化进行审查时,可以了解员工的态度与行为,发现组织中的亚群体和非正式群体,这对于人力资源的各项规划制订都具有重要的意义。

五、人力资源规划的程序

人力资源规划的程序可分为五个步骤:

第一,了解企业的战略规划及经营环境,是人力资源规划的前提。不同的产品组合、生产技术、生产规模、经营区域对人员会提出不同的要求。如人口、交通、文化教育、法律、人力竞争、择业期望等均构成外部人力供给的多种制约因素。

第二，掌握企业现有人力资源的状况，是制订人力资源规划的基础工作。实现企业战略，首先要立足于开发现有的人力资源，因此必须采用科学的评价分析方法。人力资源部门要对本企业各类人力数量、分布、利用及潜力状况、流动比率进行统计、分析。

第三，对企业人力资源需求与供给进行预测，是人力资源规划中技术性较强的关键工作，全部人力资源开发、管理的计划都必须根据预测决定。预测的要求是指出计划期内各类人力的余缺状况。

第四，制订人力资源开发、管理的总规划及业务规划的匹配政策，是编制人力资源规划过程中比较具体细致的工作，它要求人力资源部门根据人力供求预测提出人力资源管理的各项要求，以便有关部门照此执行。匹配政策包括人力资源总规划、晋升规划、补充规划、培训开发规划、配备规划、职业规划等。

第五，对人力资源规划的执行过程进行监督、分析，评价规划质量，找出规划的不足，给予适当调整，以确保企业整体目标的实现。

图 2-1 给出了人力资源规划的流程。

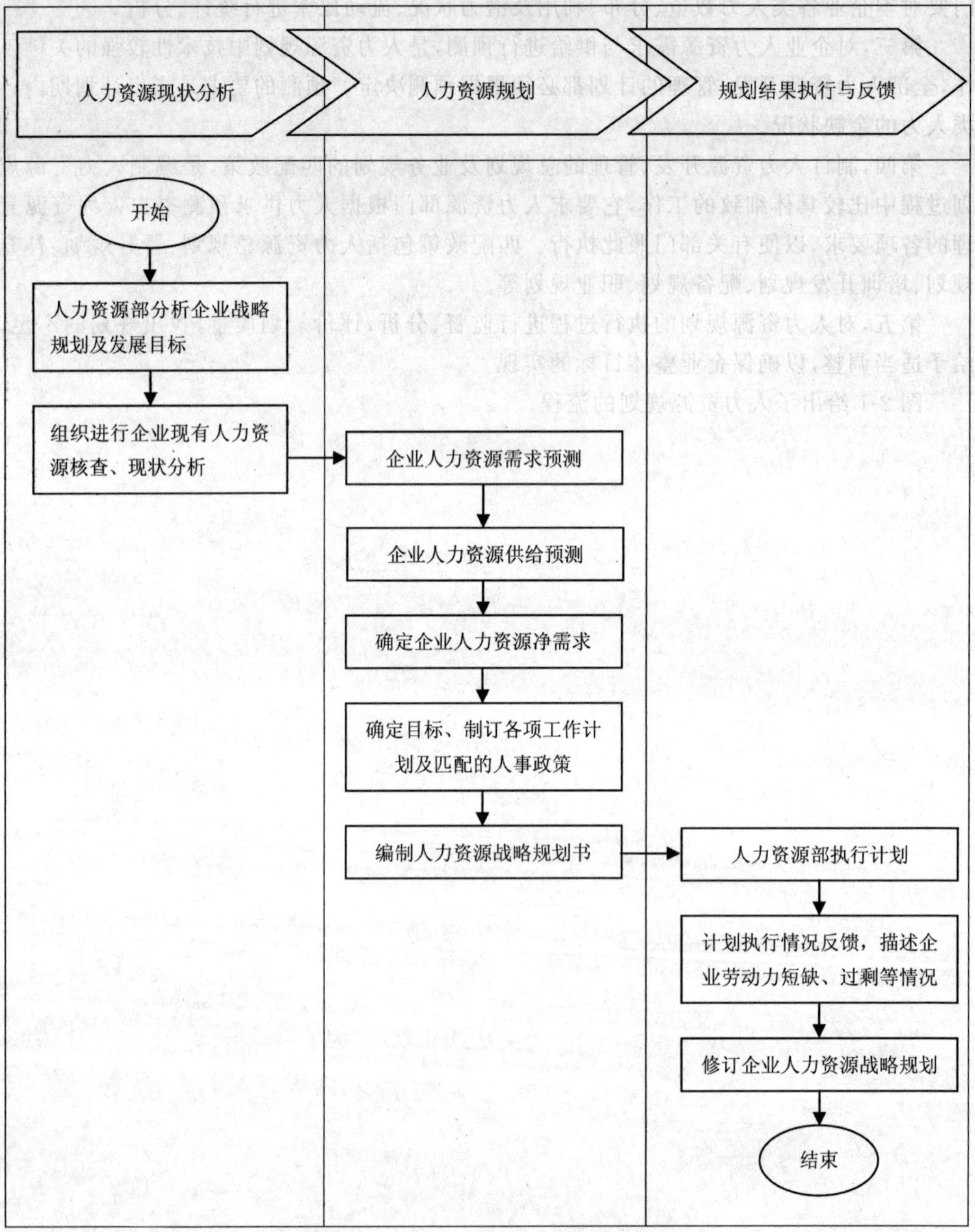

人力资源现状分析 → 人力资源规划 → 规划结果执行与反馈

人力资源现状分析

开始

人力资源部分析企业战略规划及发展目标

组织进行企业现有人力资源核查、现状分析

人力资源规划

企业人力资源需求预测

企业人力资源供给预测

确定企业人力资源净需求

确定目标、制订各项工作计划及匹配的人事政策

编制人力资源战略规划书

规划结果执行与反馈

人力资源部执行计划

计划执行情况反馈，描述企业劳动力短缺、过剩等情况

修订企业人力资源战略规划

结束

图 2-1　人力资源战略规划操作流程

第二节　人力资源需求预测

一、人力资源需求预测前的准备

人力资源需求预测是难度很高的一项人力资源管理工作。在企业管理基础薄弱和缺乏明确的发展战略规划情况下，准确的人力资源需求预测是很难做到的。人力资源规划作为企业发展战略规划的重要组成部分，要依据发展战略规划的其他部分提供信息和资料，但在一个已存在一定时期的企业中，已经建立起来的工作任务、性质、目标、工作负荷与各类人员数目之间的关系可能不是最佳的，然而，它却是预测将来需求的一个出发点。在进行人力资源需求预测前，理想的状态下，应该准备以下资料：

■企业发展战略规划

■企业 3～5 年的经营数据

■组织机构图

■组织岗位图

■职能职责说明书

■企业近年各期人力资源报表

■各岗位绩效考核结果

■本行业相关的人力资源数据

二、人力资源需求预测程序

人力资源需求预测程序有两种：自上而下的预测程序和自下而上的预测程序。根据大量的实践应用情况，自上而下的预测程序较为普遍，具体操作程序为：

（一）预测企业未来生产经营状态

企业未来生产经营状态决定人力资源需求量。一般来说，未来生产经营状态的预测，可直接从企业发展战略规划中分离出来而无须预测。企业发展战略规划中，对发展目标会进行短、中、长期的规划，如 1 年目标、3 年目标、5 年目标、10 年以上的目标，等等，这些目标包括了各类生产经营、企业管理的数据，如各职能的增减及职能领域的扩大或缩小、产品结构的改变、目标市场的变化和市场占有率的增减、新技术的引进或采用、销售额的水平变化、生产率水平的变化等。为了能准确地预测人力资源需求，在战略规划中，上述各种活动和指标一定要定量描述，否则无法转换为具体的各类人力资源需求量。

（二）估算各职能工作活动的总量

未来生产经营目标的实现，是由各职能活动来支撑的，因而必须估算各职能活动的总量及其在不同活动层次的活动总量分布。例如对销售职能活动总量的估算，可根据以往销售活动资料的统计分析和未来目标销售额来估算。根据以往销售活动资料的统计分析，我们得到每销售千元产品投入 0.5 小时/人，若在未来第五年预计销售额为 21 亿元，则可得到 105 万小时/人的销售活动总量。此时，若不考虑其他因素的影响，则可估算出

销售人员需求量为525人(按年250工作日、每天工作8小时计算)。

但是,光有各职能未来活动总量的估算还是不够的,因为这些活动是不同质量或等级的。因此,在总量确定以后,还要将其分配到该职能的不同层次上。我们可以把销售活动总量分配到推销、市场研究、宣传广告、销售管理等不同层次上,从而为确定各类销售人员需求量预测提供基础。

(三)确定各职能及各职能内不同层次类别人员的工作负荷

由于生产技术基础的改善,工作的效率是不断提高的,因而必须在充分考虑各因素变化对工作效率的影响下,确定各职能及各职能内不同层次类别人员的工作负荷。工作效率与工作负荷,在不同条件下,相关性是不同的。在生产环节,新技术的采用或人员积极性的高度发挥,会使工作效率提高,而工作负荷可以不变或减少。但在销售环节,随市场竞争的加剧,尽管提高了工作效率,而推销单位价值产品的活动量却会增加,导致工作负荷增加。因此,在确定各类人员工作负荷时,要充分考虑各种变量的影响,不能仅从主观愿望出发进行推测。

(四)确定各职能活动及各职能活动内不同层次类别人员的要求量

如若上两步预测活动的结果相当可靠,则这步活动就相当简单了,只需进行简单的转换即可。有一点需要注意的是,要留有充分的余地,以防不测。

更为细致的人力资源需求预测流程见图2-2。

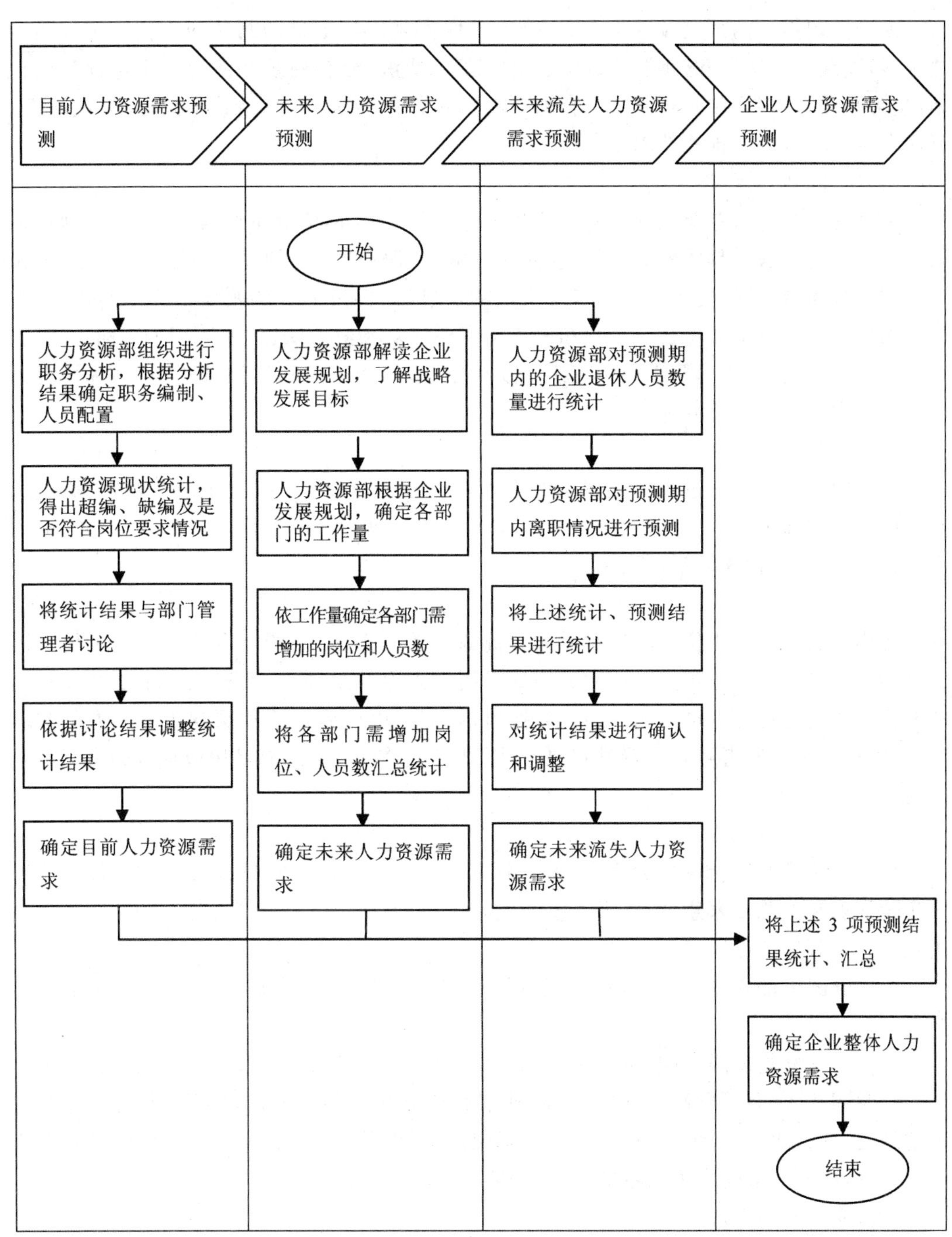

图 2-2　人力资源需求预测操作流程

三、人力资源需求预测技术

人力资源需求的预测技术较多,可分为定性预测法与定量预测法两大类。定性预测法包括:上级估计法、经验预测法、替换单法、德尔斐法、分合性预测法等。定量预测法包括:趋势预测法、多元回归预测法、劳动定额法、工作负荷法、生产函数预测法、公式法等。下面介绍几种常用的预测技术:

(一)上级估计法

上级估计法是由企业领导和各级管理人员根据自己的经验和直觉,自下而上确定未来所需人员的方法。具体做法是,先由企业各职能部门的基层领导根据自己部门在未来各时期业务增减情况,提出本部门各类人员的需求量,再由上一层领导估算平衡,最后在最高领导层进行决策。这是一种很粗的人力资源需求预测方法,主要适用于短期预测,若用于中长期预测,则相当不准确。当组织规模较小,结构简单和发展较均衡稳定时,也可用来预测中长期人力资源需求。

(二)经验预测法

经验预测法是根据过去经验将未来活动水平转化为人力资源需求的主观预测方法,主要用于短期和中期,在长期预测中使用较少。具体做法是根据每一产量增量估算劳动力的相应增量,并把这一活动向未来延伸。

(三)替换单法

替换单法是通过职位空缺来预测人力资源需求的方法,而职位空缺的产生主要是因离职、辞退、晋升或业务扩大。这种方法最早用于人力供给预测,而现在可用于企业短期乃至长期的人力资源需求预测。通过替换单,我们可以得到由职位空缺表示的人员需求量,也可得到因在职者年龄和晋升将要产生的职位空缺,以便采取录用或提升的方式弥补空缺。

(四)德尔斐法

德尔斐法为专家会议预测法,也是一种主观预测的方法。它是以书面形式背对背地分几轮征求和汇总专家意见,依靠专家个人经验、知识和综合分析能力进行预测。德尔斐法有三个显著的特点:

1. 采取匿名形式进行咨询,使参与预测咨询的专家互不通气,以消除心理因素的影响。

2. 分几轮反复发函咨询,每一轮的统计结果都寄回专家,作为反馈供下轮咨询参考。

3. 对调查咨询结果做一定的统计处理,使之有使用价值。但是,由于统计是建立在主观基础之上的,故不能算做统计法。一般来说,经过四轮咨询,专家们的意见可以高度协调。当然,协调程度受专家人数的制约,一般以 10～15 人为宜。

(五)分合性预测法

这是一种较常用的预测方法,它采取先分后合的形式,第一步是企业组织要求下属各个部门、单位根据各自的生产任务、技术设备等变化的情况对本单位将来对各种人员的需求进行预测,在此基础上,把下属各部门的预测数进行综合平衡,从中预测出整个组织将来某一时期内对各种人员的需求总数。

(六)趋势预测法

1. 一元线性回归分析(简单的单变量预测模型)

简单的单变量预测模型以时间或产量等单个因素作为自变量,以人力数为因变量,且假设过去人力的增减趋势保持不变,一切内外影响因素也保持不变。使用此模型的前提是产出水平同人员需求量的比例一定。预测方程为:

$$Y = a + bX + \zeta$$

Y 是人员数量,X 是时间,a 与 b 是常数,ζ 是随机变量,其平均值为 0。

运用最小二乘法可推导出 a 与 b 的公式如下:

$$a = \frac{\sum Y_i}{n} - b\frac{\sum X_i}{n};b = \frac{n\sum X_i Y_i - \sum X_i \sum Y_i}{n\sum {X_i}^2 - (\sum X_i)^2}$$

2. 复杂的单变量预测模型

此模型是在人力资源需求当前值和以往值及产出水平的变化值的基础上增加劳动生产率变量而建立的,实际上考虑的是技术水平变动情况下的人力资源需求变化。公式表示为:

$$M_t = \frac{M_0}{Y_0}Y_t + \left(\frac{M_0}{Y_0} - \frac{M_{t-1}}{Y_{t-1}}\right)Y_{t-1}$$

M_t 是 t 时刻人力资源需求预测值;,M_0 是 t 为 0 时的人员需求量,Y_0 是 t 为 0 时的生产水平,$\tilde{Y}_t$ 是 t 时刻的生产水平,M_{t-1} 是基期前一期的劳动力数,Y_{t-1} 是基期前一期的产出水平。

(七)多元回归预测法

用于估计总体回归函数的样本回归函数的随机形式是:

$$Y_i = \beta_0 + \beta_1 X_{1i} + \beta_2 X_{2i} + \cdots + \beta_{ki} X_{ki} + e_i$$

β_j 也被称为偏回归系数,表示在其他影响因素保持不变的情况下,X_j 每变化 1 个单位时,Y 的均值 $E(Y)$ 的变化;e_i 称为残差或剩余项(residuals),可看成是总体回归函数中随机扰动项 u_i 的近似替代。

为了确定变量之间的线性关系,采用线性假设的 F 检验和 t 检验,对模型中被解释变量与解释变量之间的线性关系在总体上是否显著成立作出推断。

(八)劳动定额法

它是对劳动者在单位时间内应完成工作量的规定。在已知企业计划任务总量以及制定了科学合理的劳动定额的基础上,运用劳动定额法能准确预测企业人力资源需求量,公式为:

$$N = \frac{W}{q(1+R)}$$

N 为人力资源需求量,W 为计划期任务总量,q 为企业目前人均的生产效率,R 为计划期内劳动生产率变动系数,$R = R_1 + R_2 - R_3$,其中 R_1 表示因技术进步引起的劳动生产率提高系数,R_2 表示因经验积累导致生产率提高系数,R_3 表示因劳动者及某些原因导致生产率降低系数。

表 2-4 和表 2-5 列出了人力资源需求预测项。

表 2-4　当期人力资源需求预测表

部门	目前编制	人员配置情况			人员需求
		超编	缺编	不符合岗位要求	
人力资源部					
制造部					
市场营销部					
物流部					
……					
合计					

表 2-5　未来人力资源需求预测表

预测期 内容	第一年	第二年	第三年	第四年	第五年
离职人员					
其　他					
岗位及人数					
备　注					

四、人力资源需求预测定性方法和定量方法的比较

(一)定性方法相对于定量方法的优缺点

1. 定性方法的优点

(1)替换单法是最简单的预测方法,较易操作,广泛适用于小型企业的人力资源需求的短期预测。

(2)经验预测法是企业管理者根据以往经验和本组织内人力资源将出现的情况,对人力资源进行预测,简便易行。

(3)德尔菲法由于吸收不同的专家与预测,充分利用了专家的经验和学识;保证了最终结论的可靠性;由于采用匿名方式,能使每一位专家独立地做出自己的判断,不会受到其他繁杂因素的影响,达到最终结论的统一性。

(4)分合性预测方法采取先分后合的形式,收集的信息涵盖了下属各个部门、单位,比较全面;适用于中短期的预测规划。

2. 定性方法的缺点

(1)替换单法假定企业保持原有的生产规模和生产技术不变,企业的人力资源处于相对稳定状态,这与企业的实际情况差距大。

(2)经验预测法受人的主观思想和偏好的影响很大,要求管理人员必须具有丰富的经

验和客观的判断；另外，企业实施单一的自上而下法会因高层管理者不甚了解下级的具体情况，使最终预测结果不能符合实际要求，而仅使用自下而上法又会出现帕金森定律所指出的现象，即各部门负责人在预测本部门人力资源需求时一定都会夸大，造成人力资源浪费。

(3)德尔菲法过程比较复杂，花费时间较长。另外，使用的难点在于如何提出简单明了的问题，如何使专家对预测中涉及的各种概念和指标理解一致，以及如何将专家意见归纳总结，在预测前能对所选专家进行全面培训，预测后再集中专家讨论，达成一致意见，才能保证效果。最后，专家在预测中有倾向性选择信息和冒险心理效应。

(二)定量方法相对于定性方法的优缺点

1.定量方法的优点

(1)趋势预测法数据的可获得性比较强，使得预测比较容易。

(2)多元回归预测法不只考虑时间或产量等单个因素，还考虑了两个或两个以上因素对人力资源需求的影响，不是单纯地依靠拟合方程、延长趋势线来进行预测，更重视变量之间的因果关系，有全面反映变量关系、应用条件相对简便等优点。

(3)定量方法可以使用计算机应用软件等统计工具来拟合预测方程，减少手工计算时的误差，提高了速度，可处理更多的历史资料，增加数据结论的准确性。

(4)劳动定额法适用于负责核心工作的员工，由负责核心工作员工的需求得出其他相关人员需求，重视负责核心工作员工在企业中的作用。

(5)生产函数预测法一旦先预测出企业在一定时间内的产出水平和资本总额，即可得到在 t 时刻企业人力资源需求量，数据比较容易获得，具有很强的实用性。

2.定量方法的缺点

(1)趋势预测法要求所选因素应该与组织的基本特性直接相关，且它们的变化必须与人力资源需求量变化成比例，实际运用有局限性。

(2)多元回归预测法在运用中也有很大的局限性，在进行多元分析时往往容易引入一些相互之间相关性比较强的变量，从而与其基本假设前提相违背，准确度会下降；多元回归模型的使用要求各个变量符合正态分布，在实践中，往往有些样本的分布并不完全符合正态分布的规律；多元回归计算比较复杂，手工计算耗时多，易出错。

(3)劳动定额法进行预测时，要求人员之间的比例关系比较确定，如果比例关系变动较大，那么预测结果就不会准确。

(4)生产函数预测法对企业来说是一个比较复杂的过程，因为 $A(t)$、α、β 的确定是一件比较困难的事，小公司不宜使用此方法。

(5)公式法中的三种公式均是建立在统计数据和预测数据基础之上，因此其准确性取决于操作人员的经验和数据的完备。

(三)人力资源需求预测方法建议

1.定性与定量方法的结合应用

在企业规模较大，只凭以往的经验和少数人的判断来定性地预测企业的人力资源需求是危险的，而刻板地只套用定量方法模型而不顾企业的具体因素不仅有可能使需求预测任务不必要地复杂，而且可能导致严重脱离实际的预测产生。灵活地将定性和定量方

法相结合常常会产生科学合理符合实际的预测结果。

2. 定量方法的选择和应用要经过严格的检验

由于定量方法的模型往往涉及众多的变量和参数，其变量的选择和参数的制定必须经过多次的试验和验证才能确定其正确有效，从而保证整个模型的科学可信。

3. 切忌认为预测模型越复杂就越科学

对于一个具体的企业，其人力资源需求预测模型的合适与否关键在于该模型对于这个企业是否有效。如果复杂模型考虑的众多因素中有些因素对这个企业的人力资源需求状况并不产生影响，则其预测结果肯定是误差较大的。

案例 2-2：某银行人力资源需求预测管理制度

一、总则

1. 目的

为实现银行既定目标，根据本银行的发展战略和发展规划，采用适当的方法对预测期内所需员工数量和种类进行估算，特制定本方案。

2. 工作内容

人力资源需求预测分为现实人力资源需求预测、未来人力资源需求预测和未来人力资源流失预测。

3. 工作要求

人力资源需求预测涉及多种因素，各部门在预测中应灵活采用定性预测方法和定量预测方法，并在实际执行中对预测结果不断进行修正。

4. 职责

(1)人力资源部负责组织、实施及数据汇总。

(2)各部门必须在人力资源部的组织下积极参与，提供必要的数据资料。

二、现实人力资源需求预测

1. 预测流程

本银行现实人力资源需求应按以下步骤进行：

(1)根据工作分析的结果，确定目前的职务编制和人员配置。

(2)进行人力资源盘点，统计出人员的超编、缺编以及是否符合职务资格要求。

(3)人力资源部门将上述统计结论与各部门管理者进行讨论，对统计结果进行修正。

(4)该统计结论为现实的人力资源需求。

2. 具体工作要求

(1)人力资源部应在工作分析的基础上确定银行目前的职务编制，并将相应的职务说明书作为确定各岗位工作职责和任职资格的标准。

在进行职务编制时，可使用以下工作分析方法：工作日记法、观察法、问卷调查法、关键事件法。

(2)人力资源部应在每年的年中和年终对银行人力资源状况进行盘点，对照现实职务编制状况，统计出人员的超编和缺编情况。同时，根据职务说明书确定的岗位任职资格要求和历次绩效考核结果，统计出不符合职务资格要求的人数。

(3)人力资源部将上述结果进行汇总，填写《现实人力资源需求预测表》，即为初步的现实人力资源需求预测。

(4)人力资源部将初步现实人力资源需求预测结果与各部门管理人员进行讨论，根据实际情况做进一步修正。修正后的结论即为现实人力资源需求预测，人力资源部根据最后的统计结论重新填写《现实人力资源需求预测表》。

三、未来人力资源需求预测

1.预测方式

未来人力资源需求预测采取自上而下预测和自下而上预测相结合的方式。

2.预测流程

(1)对可能影响人力资源需求的管理和技术因素进行预测。

(2)根据银行的发展战略和业务发展规划，确定预测期内每年的销售收入、项目数量等因素。

(3)根据历史数据，初步确定预测期内总体人员需求以及管理职系、销售职系和服务职系的人员需求。

(4)各部门根据增加的工作量并综合考虑管理和技术等因素的变化，确定需要增加的岗位及人数。

(5)将上述两个步骤所得的统计结论进行平衡和修正，即得到未来人力资源需求预测。

3.具体工作要求

(1)在进行人力资源规划内外部环境分析时，可以使用以下分析方法：PEST分析方法、波特五力分析法、SWOT分析方法。

(2)人力资源内外部环境分析由总裁办公会负责，其他部门配合。

(3)人力资源部在进行未来人力资源需求预测时，需首先回答以下问题。

①行业的发展趋势是什么？这种趋势对银行的人力资源政策会产生哪些影响？

②银行的竞争环境是否会发生大的变化？这种变化对银行又会造成哪些影响？

③银行的主要竞争对手是否会改变竞争手段？这种改变会对银行的人力资源政策造成哪些影响？

④银行的竞争优势在哪里？这种竞争优势如何才能得以保持？

⑤银行的发展战略是否会做出调整？这种调整会对银行的人力资源政策产生什么样的影响？

⑥银行的组织结构和运作模式是否会做出大的调整？这种调整是否会增加或减少目前岗位？是否会对银行的人力资源需求产生影响？将产生什么样的影响？

⑦银行未来人力资源的年龄结构、学历结构、知识结构是否能满足银行的发展需求？如不能，应如何做？

⑧行业技术是否会取得重大突破？这种突破会对本银行产生什么样的影响？

⑨本银行是否会采取新的技术或工艺？会对银行产生什么样的影响？

(4)人力资源部在进行未来人力资源需求预测时，应根据银行战略发展规划，明确预测期内每年的销售收入。

(5)人力资源部应首先采取回归分析法，对预测期内每年的人员需求总数进行初步预测。

(6)人力资源部对预测期内每年的人员需求总数做出初步预测后，应根据过去三年的历史数据，计算出管理职系和服务职系之间的人员比例，并据此确定各职系在预测期内每年的初步人员需求数量。

(7)人力资源部应组织各职系对本职系具体人员需求做出预测，根据增加的工作量并综合考虑管理和技术等因素的变化，确定需增加的岗位和人数。

(8)各职系在对未来人力资源需求进行预测时，应在人力资源部的组织和监督下，采取德尔菲法进行。此方法的具体步骤如表 2-6 所示。

表 2-6　各职系未来人力资源需求预测的德尔菲法步骤说明表

步骤	具体操作说明	应注意问题
预测准备工作	1.由人力资源部确定预测课题及各预测项目 2.在人力资源部成立预测工作的临时机构 3.在各职系内成立专家小组，专家小组应由 6～12 人组成，应包括人力资源方面的专家和本职系内部门领导和员工	1.要给专家提供已收集的历史资料及有关的统计分析结果，充分利用专家的知识和经验 2.要采用匿名方式，使每一位专家都能独立自主地做出自己的预测，避免受其他专家的影响 3.对专家不要求预测精确，允许他们粗略估计，并要求提供预计数字的肯定程度 4.收集反馈过程要重复几次，直到专家的意见比较趋同时，才做出最后预测结果
进行专家预测	1.预测临时机构把有关背景材料交给各位专家 2.要求各专家在各自的领域内，根据人力资源部提供的背景资料，结合自己对本职系的发展预测，对本职系内将要增加或减少的岗位和人数进行预测	
预测机构临时进行收集反馈	1.收集各预测专家的预测结果 2.预测机构对各专家意见进行统计分析，综合第一次预测结果 3.把综合结果反馈给各专家，要求其做出第二轮预测 4.将以上过程重复数次	
得出预测结果	当各专家意见接近一致，结果即成为可以接受的预测	

(9)未来人力资源需求预测完成后，人力资源部应根据预测结果填写《未来人力资源需求预测表》。

四、未来人力资源流失预测

1.预测步骤

(1)根据现有人员的统计数据,对预测期内离职的人员进行统计。

(2)根据历史数据,对未来可能发生的离职情况进行预测。

(3)将上述两项预测数据进行汇总,得出未来流失人力资源预测。

2.完成未来人力资源流失预测后,人力资源部应将相关预测结果填入《未来人力资源流失预测表》。

五、整体人力资源需求预测

1.人力资源部应根据现实人力资源需求、未来人力资源需求和未来流失人力资源预测,汇总得出本银行整体人力资源需求预测。

2.人力资源部应将企业整体人力资源需求预测结果填入《人力资源需求预测表》。

案例 2-3:中国移动地市公司人力资源需求预测

人力资源需求预测分为四个步骤完成:(1)确定企业所需员工总数;(2)确定非管理人员和管理人员总数;(3)分别确定各职类人员和各层级管理人员总数;(4)预测结果验证和调整。

步骤一:确定企业所需员工总数

操作方法:

1.确定未来数年(如:2011—2013)的战略目标或者产能/产值规划

规划产值根据公司战略目标确定,还可以采用人均营业利润、人均产能等其他指标。假定中等方案分别是9亿元、10亿元、12亿元(以产值指标计算,产能指标作为参考)。

2.根据公司历史数据和行业统计数据,确定劳动生产率

劳动生产率根据同行业标杆和公司自身历史水平确定。现选定"人均营业收入"为劳动生产率指标。根据调查分析,行业人均营业收入中等水平为:年营业收入9亿时人均营业收入为120万,10亿时为130万,12亿时为140万,根据历史数据,本案例公司的人均营业收入为100万左右,因此,公司规划劳动生产率达到行业中等水平。

3.核定员工总数

按照公式:员工总数=规划产值/人均产值,进行计算,分别得出未来三年员工总数见表2-7。

表 2-7

	2011 年	2012 年	2013 年
规划营业收入(亿元)	9	10	12
规划人均营业收入(万元)	120	130	140
员工总数(人)	750	769	857

步骤二:确定非管理员工和管理人员总数

概念说明:

管理员工比=管理员工总数/员工总数

非管理员工比=(员工总数-管理员工总数)/员工总数

管理人员总数=员工总数-非管理人员总数=员工总数×(1-非管理人员比)

非管理人员总数=员工总数×非管理人员比

操作方法:

1.确定管理员工比

管理员工比中的管理人员不包括技术管理和项目管理人员,根据公司历史资料和对行业水平的研究,案例公司确定未来三年管理员工比如下:

表 2-8

	2011 年	2012 年	2013 年
管理员工比	19%	18%	18%

2.计算管理人员数

管理人员包含高层管理和职能管理人员,不包含项目管理人员和技术管理人员。利用前面概念说明部分的公式计算得到管理员工,见表 2-9:

表 2-9

	2011 年	2012 年	2013 年
员工总数(人)	750	769	857
管理员工比	19%	18%	18%
管理员工数	142	138	154

3.计算非管理人员总数

非管理人员包括网络技术人员、大客户经理、市场代表、市场策划、职能部门人员、营业员、辅助人员等,利用概念说明部分的公式计算得到非管理员工数,见表 2-10:

表 2-10

	2011 年	2012 年	2013 年
员工总数(人)	750	769	857
管理员工数	142	138	154
非管理员工数	608	631	703

步骤三:确定各职类员工总数和各层级员工总数

操作方法:

1. 对公司各岗位进行归类(企业一般会有《职等职系分类表》),如:人力资源类、财务类、行政服务类、营销策划类、网络技术类、销售类、营业员类、党群工类等。对管理人员进行分级,如高层管理人员、中层管理人员、基层管理人员。

2. 计算各职类员工和各管理层级人员总数

通过研究历史资料、行业水平,得出各类人员占员工总数的比例,考虑未来情况的变化,估计预测期内的比例关系,从而预测未来各类人员的需要量。

如人力资源类员工需要总量的预测,见表 2-11。

表 2-11

	2011 年	2012 年	2013 年
员工总数(人)	750	769	857
人力资源管理人员比(研究得出)	1.1%	0.95%	0.95%
人力资源管理人员总数	8	7	8

计算其他类别的人员需要总量时,也可以用这种方法计算,关键是需要确定该类人员占公司当期总人数的比例。

步骤四:预测结果验证和调整

操作方法:

1. 对所有细分类别和层级人员总数进行加成

将已求得的人力资源类人员总数、财务类人员总数、行政服务类人员总数、营销策划类人员总数、网络技术类人员总数、销售类人员总数、营业员类人员总数、党群工类人员总数、高层管理人员总数、中层管理人员总数、基层管理人员总数加成,即可得到实际分配人员总数。

2.误差分析

通过计算实际分配人员总数与规划员工总数的误差,求得百分比,分析该人员配置是否合理。如果误差在5%以内,属于正常误差,可以按照实际分配总数核定总编制;如果误差在5%以上,应该检查应用数据的准确性。在允许误差范围内,如细分人员总数超过规划总人数,按照细分人员数量和加总数定编/规划;反之,如果细分类别人员数量加总后小于规划总数,可以按照细分人员数量和其加总定编/规划,也可以把剩余名额分配到业务类,提高成本效益,或者分配到其他相关部门。

表 2-12　人力资源需求预测汇总表

职系	本年度		第二年		第三年		……
网络技术职	现实人数		期初人数		期初人数		
	现实需求		需增加岗位和人数		需增加岗位和人数		
			流失人数预测		流失人数预测		
	总需求		总需求		总需求		
营业员职	现实人数		期初人数		期初人数		
	现实需求		需增加岗位和人数		需增加岗位和人数		
			流失人数预测		流失人数预测		
	总需求		总需求		总需求		
其他职							
总计	现实人数		期初人数		期初人数		
	现实需求		需增加岗位和人数		需增加岗位和人数		
			流失人数预测		流失人数预测		
	总需求		总需求		总需求		

案例 2-4:某制药企业年度人员需求预测报告

一、目的(略)

二、范围(略)

三、报告内容

(一)人力资源现状分析

1.员工构成情况

伴随公司成立以来的发展和积累,目前在生产和经营领域初步形成了一支素质较好、层次较高的人才队伍,共有在职职工 368 人。具体人员构成情况见表 2-13 所示。

表 2-13 ××公司员工构成情况表

类别	具体分布情况							
职能分布	公司高层		管理中层		管理人员		生产人员	
	人数	比例	人数	比例	人数	比例	人数	比例
	5	1.4%	15	4.1%	38	10.3%	310	84.2%
学历分布	硕士及以上		本科		大专		大专以下	
	人数	比例	人数	比例	人数	比例	人数	比例
	6	1.6%	40	10.9%	135	36.7%	187	50.8%
年龄构成	30 岁及以下		31～40		41～50		50 以上	
	人数	比例	人数	比例	人数	比例	人数	比例
	186	50.5%	116	31.5%	41	11.1%	25	6.8%

2.定岗定编情况

本公司目前各部门定岗定编情况如下表所示。(表略)

3.人力资源现状分析结果说明

(1)87.5%的员工集中在大专及以下学历,具有中高级技术职称的人员不多。

(2)员工年龄在 40 岁以下的占总人数的 82.1%,具备进一步学习的能力。

(3)随着公司的发展、业务规模的扩大,专业技术人才、一线生产人员、市场拓展人员均应有较大需求。

(二)人力资源需求预测结果

1.未来人力资源流失预测

(1)未来退休人员预测:公司 2007 年至 2009 年退休 13 人,其中 2 人内退,11 人正常退休。2010 年公司 51 岁以上人员仅有 25 人,相对公司人员规模来说,退休人员很少,不会影响公司的人员数量变化,建议不作考虑。

(2)未来离职人员预测:公司 2007 年至 2009 年共有 15 人离职,其中 12 人主动离职,3 人被开除,离职人员人数较少,基本集中在一线生产工人类别上,在未来离职人员预测中不作考虑。

2.未来新增人员及主要岗位需求

为满足公司的战略发展要求,未来人员需求将集中于投融资管理人才和专业技术人才、经营人才等。

(1)投融资管理人才:公司未来几年内将积累大量财务资源,急需投融资管理方面人才,初步估计投融资管理人才需 2 人。

(2)专业技术人才:公司预计 2011 年将新增产品品种,新增 1 条生产线,初步估计具有生产专业技术中级及以上职称的人才 3 人,生产工人 20 人。

(3)业务经营人才:随着公司业务规模的扩大,将扩展销售领域和市场份额,可引进具有丰富业务管理经验、极具市场开拓精神的高级经营人才,初步估计业务经营人才需 10 人。

3.未来人员净需求(见表 2-14)

表 2-14 公司 2011 年各部门人员需求表

部门名称	新增岗位及人数	部门名称	新增岗位及人数
决策层	设置战略发展部,2 人	生产部	车间主任 1 人,生产岗位工人 20 人
财务部	投融资主管 1 人,专员 1 人	市场部	策划专员 1 人
技术部	技术研发人员 2 人	销售部	销售区域经理 3 人,销售专员 7 人
产品部	产品设计人员 2 人	质量部	检验员 1 人
行政部	人员不变	采购部	采购专员 1 人
人力资源部	人员不变	仓储部	不变
人员净需求	42 人		

第三节 人力资源供给预测

一、认识人力资源供给预测

(一)什么是人力资源供给预测

人力资源供给的预测是指为满足组织未来的人力资源需求,对在未来某一特定时期内组织能够获得的人力资源的数量、质量以及结构进行估计。人力资源供给预测的流程见图 2-3。

由于超出组织获取能力的人力资源供给对组织来说是没有任何意义的,因此在预测供给时必须要对有效的人力资源供给进行预测。

一般来说,人力资源的供给包括内部供给和外部供给两个来源,内部供给是指内部劳动力市场提供的人力资源;外部供给则是外部劳动力市场提供的人力资源。

由于人力资源的供给有两个来源,因此对供给的分析也要从内外来个来源进行分析。相对于内部供给来说,企业对外部人力资源供给的可控性比较差,因此人力资源供给的预测主要侧重于内部的供给。

(二)外部供给的分析

外部供给主要是对影响供给的因素进行判断,从而对外部供给的有效性和变化趋势作出预测。

影响外部供给的因素主要有:

1. 外部劳动力市场的状况。外部劳动力市场紧张,外部供给的数量就会减少;相反,外部劳动力市场宽松,供给的数量就会增多。

2. 人们的就业意识。如果企业所在的行业是人们择业时的首选行业,那么人力资源的外部供给量自然就会多,反之就比较少。

3. 企业的吸引力。如果企业对人们有吸引力的话,人们就愿意到这里来工作,这样企业的外部人力资源供给量就会比较多,反之如果企业不具有吸引力的话,供给量就会比较少。

(三)内部供给的分析

人力资源的内部供给来自企业内部,是指预测期内企业所拥有的人力资源,所以内部供给分析主要是对现有人力资源的存量以及未来的变动情况作出判断。

内部供给的分析主要有以下几种:

1. 现有人力资源的分析。主要是对员工的年龄结构、性别以及员工身体状况进行分析。

2. 人员流动的分析。人员流动主要包括由企业流出和人员在企业内部的流动两种。

3. 人员质量的分析。质量的变动主要表现为生产率的变化,生产效率提高,内部的人力资源供给相应就会增加;反之生产效率降低,内部的人力资源供给则会减少。

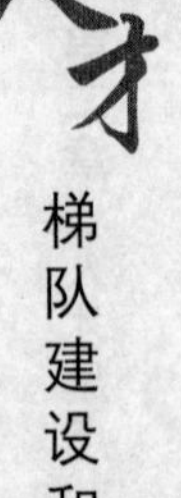

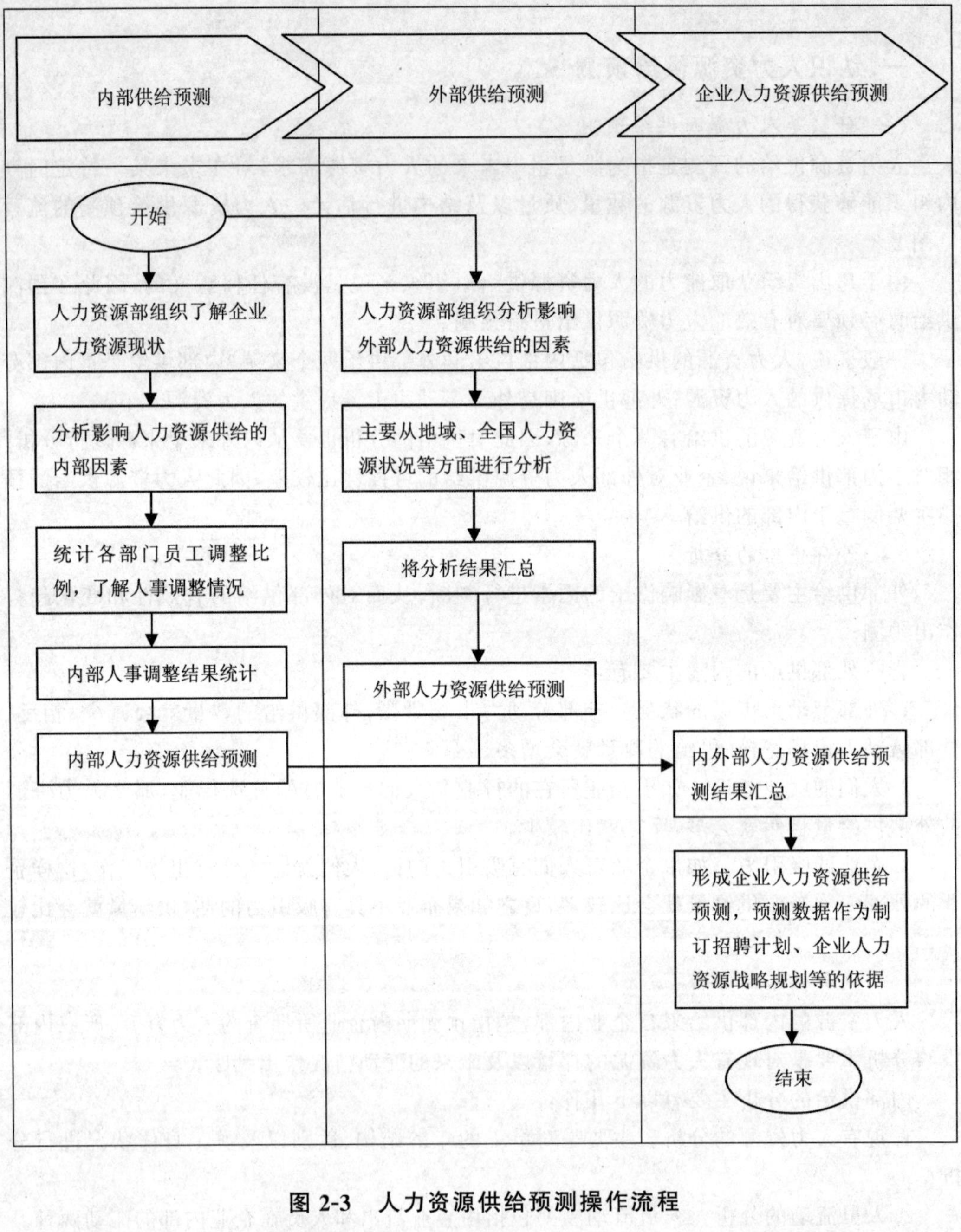

内部供给预测	外部供给预测	企业人力资源供给预测
开始		
人力资源部组织了解企业人力资源现状	人力资源部组织分析影响外部人力资源供给的因素	
分析影响人力资源供给的内部因素	主要从地域、全国人力资源状况等方面进行分析	
统计各部门员工调整比例，了解人事调整情况	将分析结果汇总	
内部人事调整结果统计	外部人力资源供给预测	
内部人力资源供给预测		内外部人力资源供给预测结果汇总
		形成企业人力资源供给预测，预测数据作为制订招聘计划、企业人力资源战略规划等的依据
		结束

图 2-3　人力资源供给预测操作流程

二、人力资源供给预测模型

人力资源供给预测模型比较多，当前广为使用的预测模型包括以下几种：

(一)技能清单

技能清单是一个反映员工工作能力特征的列表，这些特征包括培训背景、以前的经历、持有的证书、已经通过的考试、主管的能力评价等，见表 2-15。技能清单是对员工竞争力的反映，可以用来帮助人力资源规划人员估计现有员工调换工作岗位可能性的大小，决定有哪些员工可以补充企业当前的空缺。企业的人力资源计划不仅要保证为企业中空缺的工作岗位提供相应数量的员工，还要保证每个空缺都有合适的人员来填充。因此，有必要建立员工的工作能力记录，其中包括基层操作员的技能和管理人员的管理能力及所达到的水平。

表 2-15　技能清单示例

<table>
<tr><td>姓　名</td><td colspan="2"></td><td>部　门</td><td></td><td>工作地点</td><td colspan="2"></td></tr>
<tr><td>到职日期</td><td colspan="2"></td><td>出生年月</td><td></td><td>婚姻状况</td><td>职称</td><td></td></tr>
<tr><td rowspan="5">教育背景</td><td>学历</td><td>学位种类</td><td>毕业日期</td><td>学校</td><td colspan="3">主修专业</td></tr>
<tr><td>高中</td><td></td><td></td><td></td><td colspan="3"></td></tr>
<tr><td>大学</td><td></td><td></td><td></td><td colspan="3"></td></tr>
<tr><td>硕士</td><td></td><td></td><td></td><td colspan="3"></td></tr>
<tr><td>博士</td><td></td><td></td><td></td><td colspan="3"></td></tr>
<tr><td rowspan="3">培训经历</td><td colspan="3">培训主题</td><td>培训机构</td><td colspan="3">培训时间</td></tr>
<tr><td colspan="3"></td><td></td><td colspan="3"></td></tr>
<tr><td colspan="3"></td><td></td><td colspan="3"></td></tr>
<tr><td rowspan="2">技能</td><td colspan="3">技能种类</td><td colspan="4">证书</td></tr>
<tr><td colspan="3"></td><td colspan="4"></td></tr>
<tr><td rowspan="4">工作意愿</td><td colspan="4">你是否愿意担任其他类型的工作？</td><td colspan="2">□是</td><td>□否</td></tr>
<tr><td colspan="4">你是否愿意调到其他部门去工作？</td><td colspan="2">□是</td><td>□否</td></tr>
<tr><td colspan="4">你是否愿意接受工作调配以丰富工作经验？</td><td colspan="2">□是</td><td>□否</td></tr>
<tr><td colspan="4">如果可能，你愿意承担哪种工作？</td><td colspan="3"></td></tr>
<tr><td colspan="2" rowspan="2">你认为自己需要接受何种训练</td><td colspan="3">改善目前的技能和绩效</td><td colspan="2">□是</td><td>□否</td></tr>
<tr><td colspan="3">提高晋升所需要的经验和能力</td><td colspan="2">□是</td><td>□否</td></tr>
<tr><td colspan="5">你认为自己现在可以接受哪种工作指派？</td><td colspan="3"></td></tr>
</table>

技能清单的一般作用是服务于晋升人选的确定、管理人员继任计划，及对特殊项目的工作分配、工作调动、培训、工资奖励计划、职业生涯规划和组织结构分析。对于要求成员

频繁调动的组织或者经常组建临时性团队或项目组的组织，其技术档案中应该包括所有员工；而对于那些主要使用技能清单来制定管理人员继任计划的组织，技能清单中可以只包括管理人员。

根据技能清单编制的员工情况报告可以分为三类：①工作性报告。它包括总的工作岗位空缺情况、新员工招聘情况、辞职情况、退休情况、晋升情况和工资情况。其中，工资情况应该包括资历、工资等级、等级内的工资档次等。工作性报告服务于组织的日常管理。②规定性报告。它是政府有关部门规定组织提交的报告。③研究性报告。这种报告是不定期的，偶尔编制一次，是对组织内部人力资源状况的研究，为日后改进人力资源管理服务。

（二）人员核查法

此方法是对现有企业内人力资源质量、数量、结构和在各职位的分布状态进行核查，以便确切掌握人力拥有量。在企业规模不大时，核查是相当容易的。若企业规模较大，组织结构复杂，则应建立人力资源的信息系统进行核查。人员核查法是静态的，它不能反映人力拥有量未来的变化，因而多用于短期人力拥有量预测。虽然在中长期预测中使用此法也较普遍，但终究受企业规模的限制。

（三）替换单法

此方法是在对人力资源彻底调查和现有劳动力潜力评估的基础上，指出公司中每一个职位的内部供应源。具体而言，即根据现有人员分布状况及绩效评估的资料，在未来人员分布和流失率已知的条件下，对各个职位尤其是管理阶层的接班人预做安排，并且记录各职位的接班人预计可以晋升的时间，作为内部人力供给的参考。经过这一规划，由待补充职位空缺所要求的晋升量和人员补充量即可知道人力资源供给量。见图2-4。

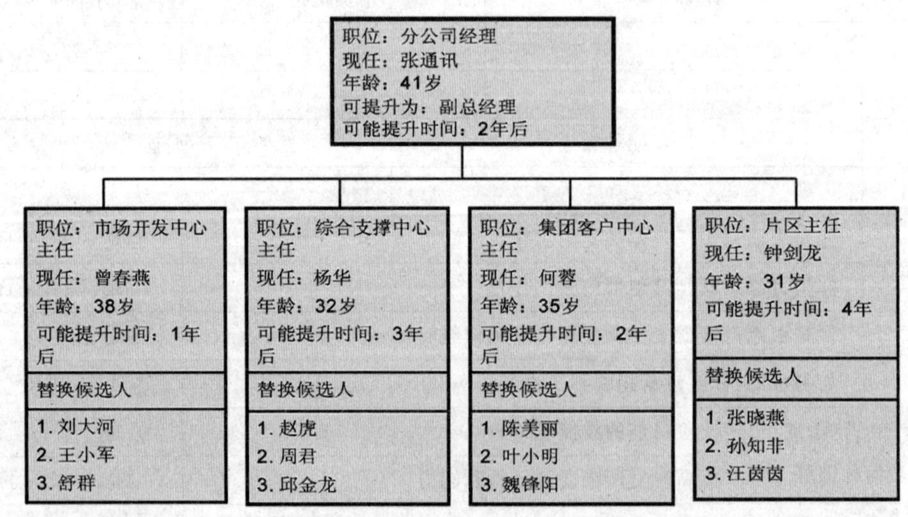

图2-4 替换单

（四）人力资源"水池"模型

人力资源"水池"模型是在预测企业内部人员流动的基础上来预测人力资源的内部供

给，它与人员替换有些类似，不同的是人员替换是从员工出发进行分析，预测的是一种潜在的供给。“水池”模型是从职位出发进行分析，预测的是未来某一时间现实的供给。这种方法一般要针对具体的部门、职位层次或职位类别来进行。

案例 2-5：“水池”模型的运用

首先，可以使用以下公式来预测每一层次职位的人员流动情况：

未来供给量＝现有人员的数量＋流入人员的数量－流出人员的数量

对每一职位来说，人员流入的原因有平行调入、向下降职和向上晋升；人员流出的原因有向上晋升、向下降职、平行调入和离职。

在分析完所有层次的职位后，将它们合并在一张图中，就可以得出企业未来各个层次职位的内部供给量以及总的供给量。

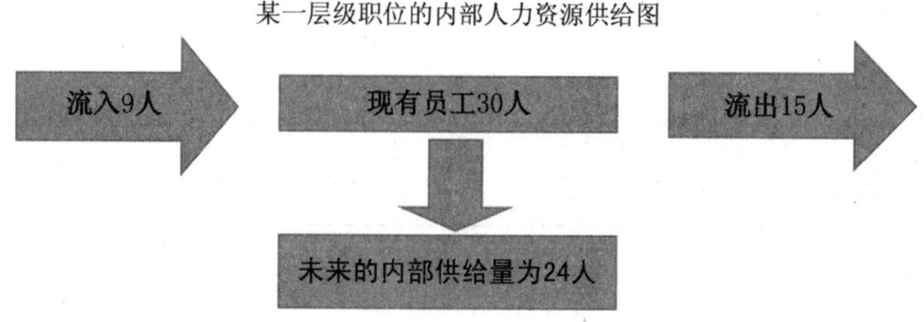

图 2-5 内部人力资源供给图

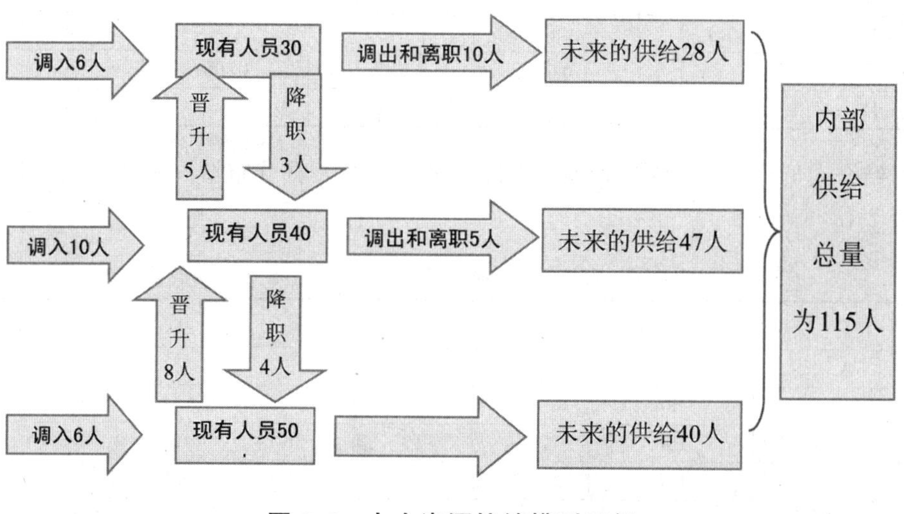

图 2-6 人力资源接续模型示例

(五)马尔柯夫模型

马尔柯夫模型又称转换矩阵方法。是一种可以用来进行组织内部人力资源供给预测的方法。它的基本思想是:找出过去人力资源变动的规律,以此来推测未来的人力资源变动趋势。由于组织通常对根据判断进行的预测不满意,因此,他们越来越强调运用统计技术来预测未来人力资源变化的趋势。马尔柯夫模型实际上是利用马尔柯夫链即所谓移动转移概率矩阵来预测。这一矩阵描述的是组织员工流入、流出和内部流动的整合形式,我们可以把它作为预测内部劳动力供给的基础。

这种方法的主要步骤是:①建立转换矩阵。②概率不变性。③转换矩阵的拟合。④概率的利用。

案例 2-6:马尔柯夫模型应用

假设某企业现有四类职位,从高到低依次为 A、B、C、D,各职位的分布情况,如表 2-16 所示,预测未来的人员分布状况。

表 2-16

职位	A	B	C	D
人数	40	80	100	150

1. 确定人员转换率,如表 2-17。

表 2-17

	A	B	C	D	离职率合计
A	0.9				0.1
B	0.1	0.7			0.2
C		0.1	0.7	0.05	0.1
D			0.2	0.6	0.2

结合人员分布表和人员转换率来确定第二年的人员分布情况和预测人员供给,见表 2-18。

表 2-18

	初期人数	A	B	C	D	离职率合计
A	40	36				4
B	80	8	56			16
C	100		10	75	5	10
D	150			30	90	30
预测的供给		44	66	105	95	60

(六)目标规划法

该方法是一种结合马尔柯夫分析和线性规划的综合方法,指出员工在预定目标下为最大化其所得,是如何进行分配的。目标规划是一种多目标规划技术,每一个目标都有一个要达到的标靶或目标值,然后使距离这些目标的偏差最小化。当类似的目标同时存在时,决策者可确定一个应被采用的优先顺序。

三、人力资源供需的平衡

(一)供给和需求预测的比较结果

人力资源规划的最终目的是实现企业人力资源的供给和需求的平衡,因此在预测人力资源的供给和需求之后,就要对这两者进行比较,并根据比较的结果来采取相应的措施。

人力资源供给和需求预测的比较结果有四种:

1.供给和需求在数量、质量及结构等方面基本相等

2.供给和需求在总量上平衡,但结构上不匹配

3.供给大于需求

4.供给小于需求

对于企业来说,更多地会出现后三种情况,当然即便是出现第一种情况也并不是说不需要采取任何措施了,因为这种平衡是在一定条件下出现的,一旦条件发生变化,供给和需求就会出现不平衡。

(二)供需不平衡解决措施

1.总量平衡,结构失衡

采取措施:第一,进行人员内部的重新配置,包括晋升、调动、降职等,来弥补那些空缺的职位,满足这部分的人力资源需求;第二,对人员进行有针对性的专门培训,使他们能够从事空缺职位的工作;第三,进行人员的置换,释放那些企业不需要的人员,补充企业需要的人员,以调整人员的结构。

2.供给大于需求

采取措施:第一,扩大经营规模,或者开拓新的增长点,以增加对人力资源的需求;第二,永久性的裁员或者辞退员工,这种方法虽然比较直接,但是由于会给社会带来不安定因素,因此往往会受到政府的限制;第三,鼓励员工提前退休,就是给那些接近退休年龄的员工以优惠的政策,让他们提前离开企业;第四,冻结招聘,就是停止从外部招聘人员,通过自然减员来减少供给;第五,缩短员工的工作时间、实行工作分享或者降低员工的工资,通过这种方式也可以减少供给。

3.供给小于需求

采取措施:第一,从外部雇用人员,包括返聘退休人员,这是最为直接的一种方法,可以雇用全职的也可以雇用兼职的,这要根据企业自身的情况来确定;第二,提高现有员工的工作效率,这也是增加供给的一种有效方法;第三,延长工作时间,让员工加班加点;第四,降低员工的离职率,减少员工的流失,同时进行内部调配,增加内部的流动来提高某些职位的供给。

表 2-19　供需平衡方法的比较

	方法	速度	员工受伤害的程度
供给大于需求	裁员	快	高
	减薪	快	高
	降级	快	高
	工作分享和工作轮换	快	中等
	退休	慢	低
	自然减员	慢	低
	再培训	慢	低
供给小于需求	加班	快	高
	临时雇用	快	高
	外包	快	高
	培训后换岗	慢	高
	减少流动数量	慢	中等
	外部雇用新人	慢	低
	技术创新	慢	低

案例 2-7：人力资源供给预测管理办法

一、总则

1.目的

为实现企业既定目标，保证企业员工的有效及时供给，特制定本方案。

2.主要内容

供给预测包括内部人力资源供给预测和外部人力资源供给预测。

3.职责范围

(1)人力资源部负责对各阶段人力资源供给状况进行组织、预测。

(2)各部门应配合人力资源部组织的供给状况预测工作。

4.应注意的问题

(1)在进行人力资源供给预测时，应把工作重点放在内部人员拥有量的预测上。

(2)外部供给量的预测应侧重于关键人员，主要是高级管理人员和高级技术人员的供给预测。

(3)人力资源供给预测是动态的，人力资源部应根据企业内外部环境的变化不断做出调整。

二、内部人力资源供给预测

1. 预测步骤

(1)对企业现有人力资源进行盘点，了解企业员工现状。

(2)分析企业的职务调整政策和历史员工调整数据，统计出员工调整的比例，包括各职系中各职等的晋升比例、离职比例等。

(3)向各部门了解可能出现的人事调整情况。

(4)根据以上情况，采用不同预测方法，得出内部人力资源供给预测结果。

2. 具体工作要求

(1)人力资源部应首先采用现状核查法，全面了解现实内部人力资源供给情况。

现状核查法是对企业现有人力资源的质量、数量、结构和在各职位上的分布状态进行的核查，以便掌握现有人力资源情况。

(2)人力资源部应对企业各职系中各职等的人数有清楚的了解，将相关数据进行整理存档，并在每月根据人员变动情况进行及时调整。

(3)人力资源部应为每位员工建立《员工技能清单》，以便能动态掌握企业每一岗位的人员供给情况。

(4)人力资源部应采取人员接替模型方法，对企业内部人员供给情况进行动态管理。

(5)人力资源部负责企业《人员接替图》的填制和调整。

三、外部人力资源供给预测

1. 对影响外部人力资源供给的地域性因素进行分析。

2. 对影响外部人力资源供给的地区性因素进行分析。

3. 人力资源部应根据以上分析得出企业外部人力资源供给预测结果。

四、编制人力资源供给预测报告

人力资源部依据企业内外部人力资源供给预测结果，编制《企业整体人力资源供给预测报告》。

第三章
胜任力模型构建

第二步，构建胜任力模型。胜任力模型是针对某一个职位，依据其职责要求所提出的，为完成本职责而需要的能力支持要素的集中表示，它能够具体指明从事本职位的人需要具备什么能力才能良好地完成该职位职责，也是人才自我能力开发和学习的指示器。胜任力模型在人才梯队建设工作中发挥重要的基础性的作用，人才梯队建设的各项工作——任职资格体系建设、职业生涯规划、继任候选人与储备人才甄选、人才梯队资源库建设、人才培养、继任者选拔都需要以胜任力模型为依据。

第一节　什么是胜任力

一、胜任力的研究背景

20世纪60年代后期，美国国务院感到以智力因素为基础选拔外交官FSIO(Foreign Service Information Officer)的效果不理想。许多表面优秀的人才，在实际工作中的表现却令人非常失望。在这种情况下，麦克米兰博士应邀帮助美国国务院设计一种能够有效地预测实际工作业绩的人员选拔方法。在完成项目过程中，麦克米兰博士奠定了胜任力研究的关键性理论和技术，对胜任力的研究作出了开创性的贡献。他在对美国国务院甄选外交官选拔的研究取得成功后，1973年，开创性地发表了"Testing for Competence Rather Than for Intelligence"一文。在该书中，麦克米兰博士批评了当时美国普遍应用智力测验、性向测验和学术测验来预测工作效绩，并以此作为选拔考核标准的状况，提出了"competency"这个概念，并提出应该以"competency"作为选拔考核的标准。

对于"competency"，中文翻译有很多种，如"胜任力"、"胜任素质特征"、"素质"、"能力"等。经过大量的咨询和企业实践，并结合本书立足于对管理实践有所帮助的定位，在本书中以大多数企业认可的"胜任力"作为最理想的翻译名称。

其实，胜任力的研究最早可追溯到"管理科学之父"泰勒(Taylor)对"科学管理"的研究，称之为"管理胜任力运动(Management Competencies Movement)"。Taylor认为，完全可以按照物理学原理对管理进行科学研究,他所进行的"时间—动作研究"就是对胜任力进行的分析和探索。近30年来,胜任力评价研究(assessment of competency)已成为工业与组织心理学、行为科学和人力资源管理等学科领域研究的热点问题之一,教育心理学家、工业心理学家和人力资源管理专家都对胜任力进行了大量的理论和实证研究。

对于当代管理思想而言,胜任力的提出不仅有重大的理论意义,而且还有重要的实践价值。在20世纪70年代,工业产业结构主要与战略管理的理论有关;在20世纪80年代,捆绑资源成为公司发展的重要因素;而在20世纪90年代,胜任力概念的提出和研究就成为管理思想中的热点。正如Rumelt(1994)所说,由于从工业产业结构和公司资源入手不能很好地解释企业竞争优势,所以管理者和研究者热衷于胜任力的研究。

对于人力资源管理来说,胜任力研究是一种基础研究,它是选拔、招聘、培训、绩效考核等模块的基础;而对于企业来说,必须强调胜任力测量要同企业的战略结合在一起,只有这样,才能确保胜任力研究在企业选拔、招聘、培训、绩效考核等方面应用的有效性。因此,不强调同企业战略结合在一起的单纯的胜任力研究是没有意义的。

20世纪90年代以来,胜任力研究的出发点已经从关注个人绩效发展到关注组织绩效的提高,大多数的胜任力研究者都在强调优秀绩效员工的胜任力。有研究者提出,未来的胜任力研究,不仅针对个体或组织的胜任力,而且还研究网络化的综合模式,它不仅能识别和发展个体和组织的胜任力,而且还把个人胜任力和组织胜任力结合起来,研究二者内在的规律和一致性。在人力资源管理实践中,企业需要建立高层管理者、部门管理者和员工之间的网络化胜任力结构模型。这就要求在进行胜任力研究的过程中,辨别组织或企业的核心胜任力,并结合其战略目标和组织文化来开拓胜任力的研究方向。

二、胜任力的定义

如何给胜任力下一个严格的定义,无论是理论研究者还是管理者都遇到了许多困难。在现存的胜任力的概念中,存在着许多的分歧,不同的研究者从不同的研究角度提出了自己的定义。

虽然理论研究对胜任力概念的界定差异很大,但是国内学者以及应用胜任力的管理者更多地倾向于使用1994年Spencer给出的胜任力的概念。专家总结、研究后得出,只有具有以下三个重要特征才能成为管理学意义上的胜任力:①与工作绩效有密切的关系,甚至可以预测员工未来的工作业绩;②与工作情景相关联,具有动态性;③能够区分优秀业绩者与普通业绩者。

所以,通常认为,胜任力是指能将某一工作中有卓越成就者与普通者区分开来的个人的深层次特征,它可以是动机、特质、自我形象、态度或价值观、某领域知识、认知或行为技能等任何可以被可靠测量或计数的并且能显著区分优秀与一般绩效的个体特征。

三、胜任力与人才梯队建设的关系

企业在进行人才梯队建设时,必须建立人才梯队资源库,而进入资源库的后备人才要以一定的评价标准进行选拔,从后备人才中甄选接班人。制定的标准的是否科学、适合,直接影响所选人才的质量。传统的人员选拔比较重视考察人员的知识、技能等外在特征,而没有针对难以测量的核心动机和特质来挑选人才，这样就容易像当初美国国务院选拔外交官时一样，许多表面优秀的人才，在实际工作中的表现却令人非常失望。胜任力的提出为企业的人才梯队建设和人才选拔提供了非常有价值的解决方案，以胜任力模型为选拔人才的评价标准，既评价了人才的知识、技能等显性特征，也评价了人才的社会角色、自我形象、人性特点、动机等隐性部分。

目前国际上盛行的选拔后备人才的方法是基于胜任力模型的方式，即以员工胜任特征理论为基础，建立后备人才选拔评价体系；以行为访谈法、评价中心法为手段，完善基于业绩和能力的人才测评体系。许多跨国公司大多建有自己的人才梯队资源库，对新人才的成绩、能力和行为进行综合分析，以备将来使用。人才库为公司一些关键性的岗位提供了人才储备，特别是为领导职位制订了接班人计划，为企业发展提供了保证。以数据为基础管理人才库，借用高新技术对人才进行预测评估，是人力资源管理上的一次革命性的飞跃。

基于胜任力的企业人才梯队建设有别于传统针对单一职位、单一人选和单一能力的接班人培养方案。其关键是经过精挑细选的“高潜力员工”，置于“继任者蓄水池”中，建立“人才梯队资源库”并对其进行核心能力方面的培养。继任候选人在人才库中被赋予灵活多样的扩展化任务，通过多种实践来测试他们在未经历任务中的角色扮演。

与传统的根据候选继任人工作绩效的高低来决定是否提升的方法相比，基于胜任力模型的现代企业人才梯队建设和能解决现状的管理人员不同的是，它是更加高效的接班人计划，立足于选拔高潜力人才，通过客观评价候选继任人能否胜任拟提拔的岗位，定期审核高潜质人才，从而确定能够迎接未来挑战的精英。这种新型接班人计划更加客观的是，不会受困于员工现有的工作绩效表现，而更加注重其在目标岗位上的未来发展潜力大小，关注员工能否在目标岗位上发挥最大潜力，能否为企业创造最大价值。

基于胜任力模型的人才梯队建设有以下优点：

一是可以实现具体而非笼统地对后备人才进行评估；

二是为提拔和培养新进员工提供一定的方向性指导；

三是可以客观地评价继任候选人是否能胜任拟提拔岗位，从而决定晋升人选，增加了选拔的信度和效度；

四是对不同岗位后备人才的选拔和培养提出不同的能力要求；

五是给企业的可持续发展提供源源不断的人才供应。

第二节　什么是胜任力模型

一、胜任力模型的定义

胜任力模型(competency model)是指要做好某一特定的任务角色需要具备的胜任力要素的总和。它主要包括三个要素，即胜任力的名称、胜任力的定义(指界定胜任力的关键性特征)和行为指标的等级(反映胜任力行为表现的差异)。胜任力模型为某一特定的组织水平、工作或者角色提供了一个成功模型，反映了某一既定工作岗位中影响个体成功的所有重要的行为、技能和知识，因而被当作工作场所使用的工具。

胜任力模型通常包括三类能力：通用能力、可转移的能力、独特的能力。

通用能力是适用于企业全体员工的工作能力，它是企业文化的表现，是企业对员工行为的要求，体现企业公认的行为方式。

可转移的能力是在企业内多个角色都需要的技巧和能力，但重要程度和精通程度有所不同。

独特的能力是某个角色和工作所需要的特殊的技能，通常情况下，独特的能力大多数是针对岗位来设定的。

企业员工个体所具有的能力素质特征很多，但企业所需要的不一定是员工所有的能力素质特征，企业会根据岗位的要求以及组织的环境，明确能够保证员工适应该岗位工作、确保其发挥最大潜能的能力素质特征，并以此为标准来对员工进行挑选。这就要运用能力素质模型分析法提炼出能够对员工的工作有较强预测性的能力素质特征，即员工最佳胜任力特征，如图 3-1 所示。

(1)个人的能力：指个人能做什么和为什么这么做；

(2)岗位工作要求：指个人在工作中被期望做什么；

(3)组织环境：指个人在组织管理中可以做什么。

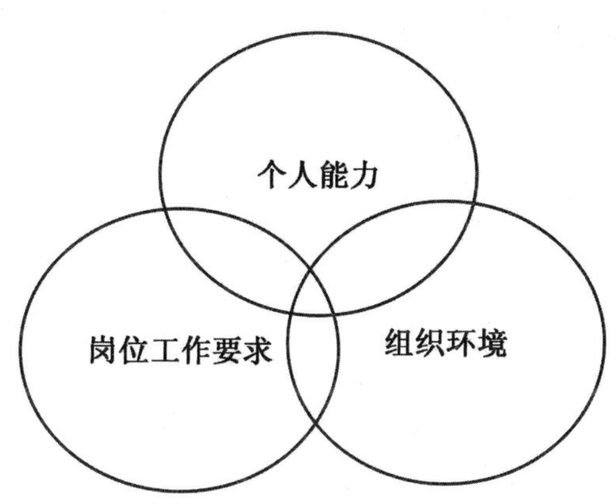

图 3-1　员工最佳胜任力特征

以上图中，交集部分是员工最有效的工作行为或潜能发挥的最佳领域。当个人的能力大于或等于这三个圆的交集时，员工才有可能胜任该岗位的工作。企业人力资源管理所要发掘的胜任力模型就是个人能力与另外两个圆的交集部分，即能够保证员工有效完成工作的胜任力模型。

在国外，从哈佛大学教授 McClelland 开创此项研究以来，对胜任力模型的关注一直方兴未艾，大到政府军队，小到企业学校，纷纷建立自己的胜任力模型。美国、澳大利亚都建立了一个五因素胜任力模型选拔本国的高级公务员，美军还以此作为军官选拔和晋升的标准。美国、英国建有各自的中学校长胜任力标准体系，指导校长的选拔和职业发展。

二、胜任力模型构成

胜任力模型的理论基础是冰山模型(iceberg competency model)和洋葱模型。如图3-2所示,各种胜任力特征可以被描述为在水中漂浮的一座冰山。水上部分代表表层的特征,如知识、技能等;水下部分代表深层的胜任力,如社会角色、自我形象、特质和动机,是决定人们的行为及表现的关键因素。如图3-3所示,洋葱模型图最外面的是知识,代表最为表层的东西,也是最容易发展的部分;而最里面则是核心人格(如动机、个性),相对稳定,是不容易变化和发展的。

图 3-2 冰山模型

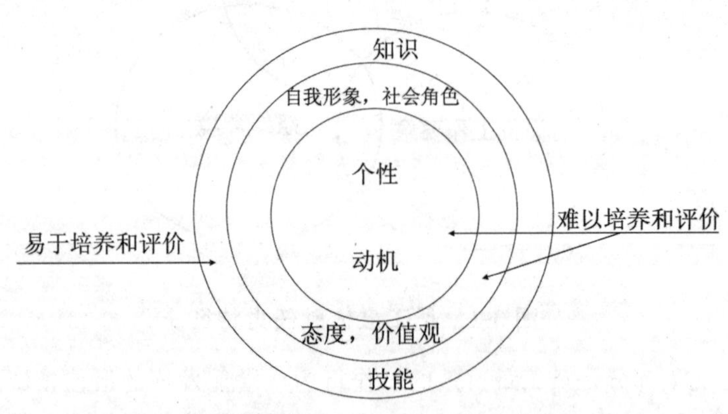

图 3-3 洋葱模型

(一)胜任力模型构成要素

1. 个性

个性是指个人典型的、稳定的心理特征的总和,表现出来的是一个人对外部环境和各种信息的反应方式、倾向和特性。它是个性倾向性(需要、动机、兴趣、信念、理解和世界观等)和个性心理特征(气质、性格和能力等)的统一体。

2. 动机

动机是引起、维持和指引人们从事某种活动的内在动力，推动并指导个人行为方式的选择朝着有利于目标实现的方向前进，并且防止偏离。动机的强烈与否往往决定行为过程的效率和结果。比如，具有强烈成功动机的人常常会为自己设定一些具有挑战性的目标，并尽最大努力去实现它，同时积极听取反馈，争取做得更好。

3. 自我形象

自我形象是指个人对于自身能力和自我价值的认识，是个人期望建立的某种社会形象。自我形象的形成是一个具有社会性和渐进性的过程，并且需要借着感知领域的不断同化和异化持续塑造。自我形象一经形成，有拒绝改变的倾向，如有改变，情绪也会随着发生改变。自我形象作为动机的反映，可以预测短期内有监督条件下的个人行为方式。

4. 社会角色

社会角色是指个体在社会中的地位、身份以及和这种地位身份相一致的行为规范。个人所承担的角色既代表了他对自身具备特征的认识，也包含了他对社会期望的认识。社会角色建立在个人动机、个性和自我形象的基础上，表现为个人一贯的行为方式和风格，即使个人所在的社会群体和组织发生变化也不会有根本改变。

5. 价值观

价值观是指一个人对周围的客观事物（包括人、事、物）的意义、重要性的总评价和总看法，是决定人的行为的心理准备。价值观具有相对的稳定性和持久性，在特定的时间、地点、条件下，人们的价值观总是相对稳定和持久的。在同一客观条件下，对于同一个事物，由于人们的价值观不同，就会产生不同的行为，并且将对组织目标的实现起着完全不同的作用。

6. 态度

态度是个体对客观事物所持有的一种持久而一致的心理和行为倾向，是自我形象、价值观和社会角色综合外化的结果，主要包括：①认知成分，即个人对人、工作和物的了解；②情感成分，即个人对人、工作和物的好恶，带有感情的倾向；③行为成分，即个人对人、工作和物的实际反应或行动态度。

7. 知识

知识是指个人在某一领域所拥有的陈述型知识和程序型知识。其中，陈述型知识是由人们所知道的事实组成，这些知识一般可以用语言进行交流，它可以采取抽象和意象的形式；程序型知识则是指人们所知道的如何去做的技能，此类知识很难用语言表达。

8. 技能

技能是指一个人结构化地运用知识完成具体工作的能力。技能是否能够产生绩效受动机、个性和价值观等胜任力要素的影响。

一般情况下，在人力资源管理实践中，人们比较重视对知识技能的考察，但是却往往忽视了自我概念、特质、动机等方面的考察。然而实际上知识、技能固然重要，但这仅仅是招聘、选拔、培训和绩效考核的基本要求。如果需要清晰地区分绩效表现一般者和优秀者，还需要针对自我概念、核心的动机和特质几个方面进行辨别，因为这些内核的部分长期、深刻、有效地影响着表层的内容，这也是用胜任力方法比传统的智力测验更加有效的

原因之一。

(二)构成要素的特点

1. 通过采用培训、工作轮换、调配晋升等多种人力资源管理手段与措施，使员工具备或提高知识技能水平是相对比较容易且富有成效的。

2. 相对于知识、技能而言，胜任力要素中的潜能部分较难评价和培养。一个人潜在的动机、内驱力、个性、自我形象、价值观、社会角色等在一定程度上是持久不变且与众不同的。

(三)胜任力各构成要素间重要的内在驱动关系

上面所列的胜任力各构成要素间存在着重要的内在驱动关系，胜任力概念的关键点也体现在：

1. 结果：凭借胜任力能够产生优秀的工作绩效，因此胜任力是可测量的。

2. 驱动因素：胜任力是可以通过行为表现的各种特征的集合，包括表象的与潜在的两个层面。

3. “驱动因素”与“结果”二者缺一不可。

三、通用胜任力模型

1982 年，Richard Boyatzis 对 12 个工业行业的公共事业和私营企业的 41 个管理职位的两千多名管理人员的胜任力进行了全面分析。他使用了行为事件访谈、图画—故事技术和学习风格问卷，得出了管理人员的胜任力通用模型。他分析了不同行业、不同部门、不同管理水平的胜任力模型的差异，提出了管理者的胜任力模型包括六大特征群：目标和行动管理、领导、人力资源管理、指导下属、关注他人、知识。在这六大特征群的基础上，Richard Boyatzis 具体阐释了 19 个子胜任力特征：效率定向、主动性、关注影响力、判断性的使用概念、自信、概念化、口才、逻辑思维、使用社会权利、积极的观点、管理团队、准确的自我评价、发展他人、使用单向的权利、自发性、自控、自觉的客观性、精力和适应性、关注亲密的关系等。

前 Meber & Company 咨询公司总裁 Lyle. M. Spencer 曾于 1989 年对二百多种工种进行了研究，试图发现管理人员普遍具有的工作胜任力因素结构，综合了 360 种行为事件，归纳出 21 项胜任力因素。最后，他建立了包括技术人员、销售人员、社会服务人员、经理人员和企业家五大类的通用行业的胜任力模型，每一个胜任力模型包括 10 项左右的胜任力特征因素。其中，企业家的胜任力特征模型包括以下胜任力特征因素：①成就：主动性、捕捉机遇、信息收集、关注效率等；②思维与问题解决：系统计划、解决问题能力等；③个人形象：自信、专业知识等；④影响力：说服、运用影响策略等；⑤指导与控制：指导下属、过程控制等；⑥体贴他人：关注员工福利、发展员工等。为了更好地说明通用胜任力模型，请参考表 3-1～表 3-5。

表 3-1 企业家通用胜任力模型

权重	胜任力
6	成就欲、主动性、捕捉机遇、坚持性、信息寻求、质量与信誉意识
5	系统性计划、分析性思维
4	自信、专业经验、自我教育
3	影响力
2	指挥
1	培养人才、公关

表 3-2 管理类通用胜任力模型

权重	胜任力
6	影响力、成就欲
4	团队协作、分析性思维、主动性
3	培养人才
2	自信、指挥、信息寻求、概念性思维、团队领导
1	权限意识、公关、技术专长

表 3-3 市场类通用胜任力模型

权重	胜任力
10	影响力
5	成就欲、主动性
3	人际理解力、客户服务意识、自信
2	公关、分析性思维、概念性思维、信息寻求、权限意识
1	相关技术或产品专业知识

表 3-4 技术类通用胜任力模型

权重	胜任力
6	成就导向
5	影响力
4	分析性思维、主动性
3	自信、人际理解力

续表

权重	胜任力
2	信息搜寻、技术专长、团队协作
1	客户服务意识

表 3-5　社区服务类通用胜任力模型

权重	胜任力
5	影响力、发展下属
4	人际理解力
3	自信、自我控制、个性魅力、组织承诺、技术专长、客户服务意识、团队协作、分析性思维
2	概念性思维、主动性、灵活性、指挥

通信运营商管理人员的胜任力模型包括 10 项胜任力：影响力、社会责任感、调研能力、成就欲、驾驭能力、人际洞察力、主动性、市场意识、自信、人力资源管理能力。

家族企业管理者胜任力模型，包括权威导向、主动性、捕捉机遇、信息寻求、组织意识、指挥、仁慈关怀、自我控制、自信、自主学习和影响他人等 11 项胜任力特征。其中权威导向、仁慈关怀是我国家族企业高层管理者独有的胜任力。

管理者胜任力模型由管理素质和管理技能两个维度构成，但不同层次管理者具有不同的结构要素。价值倾向、诚信正直、责任意识、权力取向等构成了正职的管理素质维度；而协调监控能力、战略决策能力、激励指挥能力和开拓创新能力则构成了管理技能维度。对于副职来说，管理素质维度由价值倾向、责任意识、权力取向 3 个要素构成，管理技能维度由经营监控能力、战略决策能力、激励指挥能力 3 个要素构成。正副职层次职位在管理胜任力特征上形成差异结构，正职的战略决策能力更为关键，而副职的责任意识更为重要，同时，正职职位对诚信正直和开拓创新能力两个要素有更高的要求。

和思顾问集团在长期的管理实践中，给大量的企业建立了胜任力模型，表 3-6～3-9 是摘录的一些案例，仅供参考。

表 3-6　中国移动客户经理胜任力模型

类别	胜任力
中国移动客户经理	学习创新、踏实肯干，自信，主动，负责，团队合作，竞争意识，坚持不懈，精通专业，客户意识，结果导向，营销能力，监控督导，市场敏感度，组织协调

表 3-7　中国移动营业员胜任力模型

序号	项目	定义	维度	正向行为标准	负向行为表现
1	说服能力	为了使他人赞成或支持自己的态度、观点或行为，采取沟通、示范等方法使他人信服、赞同的能力。	预演	能够清晰明确所要达成的目的；（如：目的性强）	较少考虑被说服对象的真实需求与感受（如使用过激的言辞或行为）； 对自己在说服中的优势与劣势了解不够充分； ◆思维混乱，无条理，目的性不强。
				对说服对象的需求进行界定，明确自己可以使用的资源	
				预估可能的差异，确定说服的关键点；（如：应变能力强，逻辑思维能力强）	
			方法，策略	能够针对不同的时机、对象、环境，选择合适的策略、方式（演示法、数据图表说明等），从而让对方接受自己的观点。 （如：语言表达能力强，善于引用实例和肢体语言；能掌握一些心理知识，掌握控制和调整他人情绪；善于观察，能抓住细节；人品正直，处事公正，能换位思考）	不善于根据说服的目标，条理清晰、有逻辑性地组织自己的观点； 不善于灵活引用数据、政策、法规等事实材料，或通过演示、演算等多种形式，来充实自己的观点； 不善于根据说服过程中对方的反馈，及时调整自己的表达方式或内容。 ◆对于现场操作类的说服，不善于进行有效的步骤分解，以使对方更好地了解操作过程； ◆观察能力差； ◆语无伦次，吐词不清（表达能力差）； ◆自我控制能力弱，不懂得调节他人情绪。
2	倾听能力	聆听并且理解他人的言语，并迅速领悟其中所传递信息的能力。	倾听意识	以对方为中心，保证倾听时间的充分性与专注程度。 （如：不随意打断对方的谈话；集中精力分析，判断对方的意图；对方陈述完后，可重复对方的意见，并与对方确认）	经常打断对方发言。 交流中经常流露出对倾诉者及其谈话内容敷衍的情绪。 ◆漫不经心； ◆断章取义，产生误解，歪曲对方意图； ◆贸然发表自己的意见。
			使用技巧	能够通过适当的行为方式（语言、肢体、表情等）让对方觉得你在专心地听；（如：态度耐心，细心，尊重关注对方，有眼神的交流；对方陈诉时，目光关注对方，并伴有适当的回应，如“我清楚了、明白了”；有必要时，可以进行记录；对方陈诉完后，未完全了解对方传递的信息时，要求对方重述）	不能准确地把握要点； 不善于根据交流的内容做适当的回应。
				交流过程中善于使用各种技巧把握节奏与说话的快慢，并缓解紧张、严肃的气氛，以确保倾听的过程更加顺利；（如善于提问和引导；可提出自己的疑问或是见解，再进行沟通）	缺乏耐性，表现急切。

续表 1

序号	项目	定义	维度	正向行为标准	负向行为表现
3	客户导向	关注客户需求和利益，以追求客户满意为组织工作的中心任务。	角色定位	认同“客户至上”的理念，能够认识到在工作中自己与客户是一种不对等的关系。	
			需求分析	能够通过主动询问等方式，主动去发现、挖掘客户的潜在需求。	对于客户的实际需求敏感度不够
				能够站在客户的角度周到、细致地思考或预测其所需要的服务，并能够从企业长短期利益、品牌效益等多个角度，寻找企业利益与客户利益间的平衡。	
			客户满意	在开展工作过程当中，以满足客户需要作为重要考虑因素，并能够不断改善工作方法、优化工作流程，以满足客户的需求。	不善于根据客户需求的变化来规划资源、开展工作； 不重视来自客户方的感受和反馈信息。 ◆不能以客户的需求为导向，灵活地理解各类公司政策； ◆当客户需求与公司政策发生抵触时，不能主动、积极地寻求解决方案。
				在暂时不能满足客户需求时，能够采取合适的安抚手段（如：解释、赠送礼品等），以消除客户的不良情绪。	
				能够依据客户的需求，积极开拓一些新的工作模式或产品，以满足客户需求。	
				能够在不影响服务质量的前提下，提高工作速度，以满足客户的需求。	
4	学习能力	通过吸取自己或他人经验教训、科研成果等多种途径，获得有利于未来发展与工作开展的学识与技能的能力。	求知欲	有强烈的求知欲，愿意投入时间与精力在学习上，并能够以积极、开放、谦虚的心态，去获取知识和技能。	专业上停滞不前.不主动完善自己的知识结构。 经常以各种借口，较少安排学习的时间。
			学习途径	善于结合工作需要，抓住各种机会或渠道（沟通交流、实践、媒介、总结工作经验等），来获取各种知识与信息。	工作中不注意各类知识与学习资源的积累。
			学习效率	能够对各种知识与技能有深入、透彻的理解，并能形成个人观点。	不善于借助各种工具、方法，快速地学习、掌握知识与技能；学习效率低。
				能够运用各种工具、方法，快速地掌握知识与技能。	
			实际运用	能够结合现实的情况，将所学运用于工作与生活中。	不善于学以致用，举一反三。

续表 2

序号	项目	定义	维度	正向行为标准	负向行为表现
5	情绪管理	认知、理解以及驾驭自我情感以及他人情感的能力。	自我情绪管理	能够根据工作的情境，准确分辨哪些个人情绪可能会对工作产生影响。（如：乐观开朗，积极向上；心态平和，乐于助人；同理心，善于换位思考）	情绪的波动比较大，经常将负面的情绪较为明显地带入工作和与周围人的交往过程中。 在遇到困难或身处逆境时，情绪低落，萎靡不振，并且长时间不能振作。 在受到不公正待遇时，难以保持冷静和理性。 ◆浮躁，情绪自控力差，没有耐心，反应过于激烈。 ◆容易愤怒。 ◆把坏情绪带到工作当中，给同事带来负面的影响。 ◆情绪波动大，喜怒无常，影响工作效率，工作质量低。
				能够分辨时机、情境，并控制自己的情绪以与当时的情境相匹配。	
				能够选择合适的时机，用恰当的方法（如：积极的自我暗示、转移注意力、寻找他人安慰等）释放负面情绪。善于自我调节，有多种渠道调节自我。	
			管理他人情绪	能够识别他人情绪的变化，从而采取安抚、同理心、鼓励等方式引导好他人情绪。（如：富有感染力，善于用自己的积极情绪来感染他人）	不善于根据他人情绪的变化来调整自己的行为。
6	自信	对自我优势认可与肯定，表现为能够坚持自己的信念并正视挫折的能力。	优势认定	结合环境的因素，对自己的优势、能力进行正确的认识及估计，并能够在此基础上积极地肯定自我。 （如：在公众场合善于表现自己；做事情干净利落，胸有成竹，工作效率高；做事情的积极性高，热情；比较有经验，表现得很专业）	不能正确认识自己的优势和不足，不能给自己准确定位，自卑，缺乏底气。 容易自责和内疚，常常认为别人比我强。 ◆推脱责任，回避困难。 ◆过低的评估自己，不相信自己的专业能力和学习能力。 ◆缺乏对自己能力的正确评估。
			信念	相信自己有能力实现既定目标，特别是在问题难度加大时，表现出对自己决定或判断的认可。 （如：说话有理有据，语气坚决果断，不让对方感到模糊和底气不足；处理客户问题时相信自己的专业能力；相信自己在业务学习方面的吸收能力、理解能力与判断能力）	面对困难，易打退堂鼓，而不是积极地寻求解决方案。 ◆做事唯唯诺诺、瞻前顾后。 ◆做事思前顾后，优柔寡断，畏首畏尾。
				主动地接受挑战，在正确评估自己能力基础上，具有想尝试的欲望。（如：不满足现状，喜欢做具有挑战性的工作）	缺乏开拓和挑战意识，不敢尝试，安于现状。
			正视挫折	即使在受到批评、阻挠、诽谤等困难境地，也不改变目标，并保持一种平和的心态	韧性较差，在受到委屈甚至不平时容易意气用事，甚至选择放弃。
				能够从挫折或失败的另一面看待问题，很快地过渡心情，并以积极的心态面对现实	在失败和挫折面前容易产生消极悲观情绪，并且短时间难以恢复。 ◆情绪容易低落，遇到挫折的时候很难恢复

续表 3

序号	项目	定义	维度	正向行为标准	负向行为表现
7	责任感	在充分认清自身责任的前提下，不需要他人的鼓励或监督，主动为了完成工作或履行承诺而付出努力与做出牺牲的能力。	认清责任	对工作职责及他人承诺有清晰的认识（如：自觉性强，主动性强，敢于承担责任；工作不分分内分外，不计较个人得失；善于听取批评意见，主动纠正错误；遵守公司各项制度）	对于自己应该承担的责任认识不够清晰； 对于自己应该承担的工作或任务，经常采取回避、敷衍的态度。
			负疚感	在没有完成工作或未履行承诺时会产生负疚感。	办事拖拉，推诿，没有自觉性。
			履行承诺	能够主动、认真地履行自己承诺的事情。 （如：有很好的职业素养，诚实，办事不拖拉）	在本职工作出现差错时，经常会寻找借口； 对自己承诺的事情，常常不了了之或者虎头蛇尾。
			乐于奉献	当自身利益与他人或集体利益发生冲突时，能够不计较个人得失，甚至牺牲"小我"。	◆懒散，做一事需要领导或同事提醒； ◆得过且过。
8	团队合作	团结同事，并密切配合同事完成工作任务的能力。	团队观念	团队工作中，具有主动配合团队成员完成共同目标的意识，并且时刻注意自己的言行举止，以符合团队的要求和标准。如：顾全大局，认可团队的共同目标。	缺少集体荣誉感，不关注集体利益； 以自我为中心、斤斤计较； 缺乏团队合作意识与责任心。
			信息共享	能够接纳团队其他成员的不同观点；	不听取其他成员的意见； 很少与团队成员进行交流与分享。
				主动与团队成员分享自己的见解与经验，以取得共同进步。	
			人际关系维持	营造积极的团队氛围，使得团队成员之间能够坦诚互助；	喜欢组建小团体，不注意团队整体和谐； 在团队工作中，偏好单独行动，不关注其他成员的需求； 对团队成员的工作成绩缺少认同，看不到同伴的优势与亮点； 缺乏换位思考的意识。
				与团队成员主动积极沟通，减少和消除观点之间的差异，达成默契；	
				主动了解其他成员的需求，并能够对成员的需求予以积极回应；	
				欣赏团队其他成员的工作，并能够信任团队及其中的成员。	
			良性冲突	避免公开轻视或批评团队成员；	与团队成员交流时，不注意方式、方法，没有顾及他人感受。
				敢于在交流中表达自己的观点，并且能够用恰当的方式，将自己的建议反馈给相关团队成员。	

续表 4

序号	项目	定义	维度	正向行为标准	负向行为表现
9	同理心	站在对方的角度思考问题，能够理解他人的情感、思想和行为，并能够将这种理解传递给对方的能力。	尊重他人	能够尊重他人的感受、隐私，并将其作为自己行为的重要因素予以考虑。（如：客户的角度推广近期的促销活动，寻找客户需求与产品特点的结合点，让其享受优惠；主动关心同事，了解其近期工作状态；待人宽容，能够体谅他人）	在行动或交流的过程中，能够选择他人可以接受和理解的方式来指引自己的思想与言行。
			换位思考	能够将自己当成他人，设身处地体会别人的心理感受。	不善于设身处地地思考他人可能存在的实际问题，从而在行动时进行合理安排。（如：无论用户是否接受，为实现目标，生硬地推广不适合的业务；难以体会到客户的焦急心态，解决问题不够及时）
			信息交流	能够敏锐地从他人的言语、行为、表情等线索，觉察到其心理的变化。（如：主动了解客户的需求，了解消费习惯）	不善于从他人的言语、行为、表情等线索来把握其心理的变化； 较少关注他人信息，对他人喜好的认识与理解缺少主动性； 在行动或交流的过程中，很少会考虑他人是否可以接受和理解； 行动时，较少考虑他人的感受，并不太注意对他人的尊重。
				能够有意识地关注他人的兴趣、需求、个人爱好等，以积累更多的信息，以便更好地了解他人。	
				能够用开放的心态，将对他人的情绪及行为的理解表达出来。	
10	营销意识	能够从各种资源及市场发展现状中，察觉或挖掘到潜在商机，并善于将此商机转化为实际价值的能力。	主动意识	能够敏锐地识别营销对象与时机，把握客户的需求； 善于使用各种演示、辅导、试用、故事讲述等方向，挖掘客户需求； 善于利用公司的优惠政策，如：免费试用等手段，刺激客户产生购买欲望，以达成销售。	从不主动向客户推荐产品； 不询问客户的实际需求，就直接推销公司的产品； 照本宣科，不会根据具体情况，调整营销脚本； 不善于对来访客户进行分类及需求分析。
			氛围营造	能够将营销作为重要的工作内容，并在日常工作中，积极引导、指导下属主动向潜在客户推荐产品。 能够对营业厅所处区域的经济环境中客户特点做出准确的判断与总结，并针对性地开展工作。	不主动了解营业厅周边经济环境及相关情况； 很少在指导工作中强化下属的营销技巧； 被动地接受公司下达的营销指标，不能主动思考如何开展营销工作。
			目标导向	能够将营销指标作为重要的指标内容加以控制，并善于利用激励、考核的手段，实现营销指标的完成。	营销业绩时好时坏，开展工作没有重点和计划； 营销过程事必躬亲，忙乱却没有效率； 营销业绩的完成受个别营业员的影响过大。

表 3-8 制药集团胜任力模型

类别	胜任力
集团通用胜任力	战略规划、团队领导、创新能力、全局观念、人才培养、规范管理、沟通能力、责任心
战略规划部核心素质	计划执行、组织协调、决策能力、归纳思维
人力资源中心核心素质	决策能力、归纳思维、沟通能力、组织协调
财务中心核心素质	计划执行、分析式思维、关注细节、成本意识
法律事务部核心素质	信息收集、关注细节、诚信正直、敬业精神
公关部核心素质	信息收集、关注细节、诚信正直、敬业精神
行政管理中心核心素质	组织协调、计划执行、成本意识、敬业精神
营销中心核心素质	客户导向、计划执行、人际交往、培养指导、团队合作、坚持不懈
生产管理中心核心素质	计划执行、成本意识
物流中心核心素质	计划执行、成本意识、诚信正直

表 3-9 中国商业银行行长胜任力模型

类别	胜任力
中国商业银行行长	风险意识、逻辑思维、客户导向、资源配置意识、团队意识、成本意识、创新与开拓意识、信息搜寻、公关能力、市场意识、领导能力、执行力

四、建立政府机关的胜任力模型

(一)胜任力模型在政府机关中的作用

随着中国成为世界第二大经济体,人才问题成为我国发展经济、增强综合国力的重要问题,引起了各级政府的高度重视。

公务员胜任力模型的构建是政府机关适应社会形势发展的客观需要。通过构建胜任力模型,组织能准确地了解公务员必须具备的能力素质,从而通过培训等相关措施提高公务员的能力素质,促进公务员的全面发展、人岗匹配,以及整个人力资源的合理配置。同时提高整个组织的办事效率,争创成为"合格"、"高效"的服务型政府机关。

胜任力模型的构建在政府机关中的作用可概括为如下几个方面:

1.有助于丰富职位说明书

工作分析是人力资源管理中最基础的一项工作。一份详细、科学的职位说明书是工作分析到位的具体体现。胜任力模型的构建为职位说明书中的任职资格、能力要素等提供了科学的内容,详细地描述了公务员职位说明书的任职要求的同时,科学地调配了"人"与"岗",做到"人"与"岗"的最佳匹配。

2.为招聘公务员提供依据

传统的公务员选拔、任用方法带有很强的主观性和随意性，往往导致人不适应岗位工作、人浮于事的不良后果。而建立胜任力模型，可以为人与岗的匹配、公务员选拔提供一定的依据，从而做到因事择人、人职匹配。当组织进行公务员招聘时，可以参考胜任力模型作为招聘的“标杆”，从而了解公务员的综合素质，对招聘岗位的匹配程度作出评价，并提出将来的使用和调配建议。这样不仅能为组织成功选聘人才，同时也能有效降低公务员招聘失误率。

3. 为培训提供“药方”

培训是人力资源开发的基本核心。人力资源必须靠不断的培训才能在发展中适应外部环境变化，并为新的发展创造条件。准确把握培训需求，是实现高质量、高效率培训的前提。而“什么地方需要培训”，即培训内容是培训需求分析的关键。胜任力模型不但可以评定各层次人员现有的能力水平和素质状况，而且可以将所掌握的员工水平现状与能力素质模型相比较，找到差距，这种差距就是培训的内容和目标所在。然后对症下药，为培训体系开出“药方”。

4. 为领导班子、干部选拔提供技术支持

在一个组织内，干部选拔和领导班子的建设对整个管理有着至关重要的意义。胜任力模型可以为该项工作提供技术支持。胜任力模型可以为干部、领导所需具备的能力素质提供大体框架。也只有进入这个“圈子”的人选才有可能成为领导、干部的候选人。同时胜任力模型还可以作为绩效考核的指标，为领导干部的候选人打分。以综合素质排名作为领导班子培养、干部选拔的重要参考依据。

5. 绩效管理的得力助手

绩效＝结果＋过程。引进平衡计分卡和关键业绩指标能清楚地界定绩效在结果方面的指标，而构建胜任力模型之后则有助于界定绩效在过程方面的指标，从而极大地简化绩效评价过程，并鼓励公务员不断提高自己的能力素质。此外，绩效管理还能更加轻松地对公务员在过程中表现出来的核心能力素质进行监控，并根据公务员的表现提供及时有效的反馈，以帮助公务员提高绩效水平。

（二）公务员胜任力模型构建思路

1. 在建立胜任力模型前，先建立健全公务员人力资源管理配套体系

健全的人力资源管理配套体系，尤其是绩效管理体系是胜任力模型发挥作用的先决条件。一个与胜任力模型配套的绩效管理体系，必须符合特定的要求，其中最重要的是：必须主要针对履行岗位职责和执行岗位任务所取得的成果进行绩效评价。胜任力模型所反映的素质，实质上是一种行为特征。这种行为特征与成果绩效进行对照，就能够相互佐证和支持。例如：可以发现哪些行为特征对成果绩效是有帮助的，哪些行为特征导致成果绩效不佳。此外，必须包含绩效分析过程，只有基于绩效分析，才能知晓好的成果绩效与哪些胜任素质相关，不良的成果是由于哪些胜任素质的缺失。也只有在这个基础上，才能建立胜任素质模型以及开展针对胜任素质的培训。

2. 从关键职位入手，采取循序渐进的开发思路

在没有熟练地掌握胜任力模型开发技巧之前，切忌盲目铺摊子，进行全面的胜任力模型开发。最好先选择一些关键职位作为突破口，待积累了一定经验后再全面铺开。从关

键职位入手，不仅可以节约成本，规避风险，而且可以使人力资源管理部门的人员避免因失误而处于被动。德、能、勤、绩和廉是公务员考核的基本内容，不同级别的公务员在德、能、勤、绩和廉方面的要求并不相同。如，中央各部委的公务员和地方政府的公务员由于工作环境、条件、任务不同，对其要求也不同。规划、决策层，运营、管理、监督层，基层执行、服务层三个层级类型的公务员职责属性不同、行政角色不同、工作目标内容不同，活动方式也各有各的特点和规律，应针对不同层级、职位特征等制定不同的胜任力模型，循序渐进地对公务员胜任力模型进行开发和应用。

3. 全员培训，了解胜任力模型建立的意义和方法

胜任力模型建立方法中要采用多种行为和心理测评工具，同时采用焦点访谈法、团体多层次水平考察法、专家调查、专家会议法等方法，这些方法操作过程繁琐，对各层级公务员的工作形成一定程度的干扰，尤其是基层公务员。有的人担心测评和访谈的结果对自己不利，抱有心理负担，因此在测评和访谈过程中隐瞒自己真实的一面，甚至说谎，这在一定程度上影响了胜任力模型建立的真实性和岗位针对性。因此，胜任力模型建立前要先进行培训，让每个公务员明白胜任力模型的意义和作用，打消其顾虑，以真实有效地建立起胜任力模型。

4. 建立胜任力模型的动态管理制度

一是慎重应用胜任力模型，充分认识到胜任力模型的局限性，不能将胜任力模型滥用和乱用；二是对胜任力模型进行动态管理，根据不同时期和情境条件下对公务员的不同要求，以及工作重点和特点，及时调整胜任素质特征；三是对胜任力模型的应用效果进行反馈和调整，根据胜任力模型应用的实际效果增减胜任素质特征。

第三节　胜任力建模方法

一、胜任力建模方法介绍

构建胜任力模型的过程被称为胜任力建模（competency modeling）。胜任力模型的构建方法一直是胜任力研究领域的重中之重。

（一）建立胜任力模型的三种方法

胜任力建模方法源于 30 年前 McClelland 的研究工作。在此基础上，建模方法在各组织中得到进一步发展，从而衍生了许多方法。综合前人对胜任力建模的研究，目前研究胜任力建模的主要思路有 3 种：

1. 战略导向法

该法能确定与组织核心观念和价值观一致的胜任力。

这种研究思路揭示了冰山模型中的深层胜任力，它是基于某一职业或专业所做的该职业所必需的职责和任务分析，主要是建立绩效标准，然后采用职业分析方法，产生一个广泛的胜任力清单。

2. 行为事件访谈法

该法根据以往的成功经验和事例预测将来能否胜任工作。

这种思路最典型的方法是行为事件访谈(behavioral event interview,BEI)。这种方法源于 McClelland、McBer 公司及哈佛商学院等的研究(Klemp,1997;Spemcer,1983),目前被我国许多研究者和企业管理人员所采用。其具体步骤为确定效标与效标群组,实施 BEI 访谈、对访谈文本进行内容分析、进行访谈文本的编码、确定胜任力模型。该方法在发展特定的胜任力要素、内容等方面都具有重要作用。

3. 标杆研究法

该法根据行业关键成功因素(KSF)开发胜任力模型。

关于这三种方法各自的优缺点请详见表 3-10。

表 3-10　企业构建胜任力模型的三种方法

方　法	优　点	缺　点
1. 战略导向法根据公司的战略进行逐步分解,通过小组讨论或者研讨会的方式得出针对某类员工的关键素质,并形成每个素质的定义和层级。	所建立的胜任力模型能体现出战略的导向性和牵引性。比较符合公司的现状,可以集中反映战略对人员的要求。	缺乏实际的行为数据来支撑胜任力模型的有效性。容易受到建模人员个人想法的影响,有一定的主观性。
2. 行为事件访谈法(BEI)通过对大批人员进行行为事件访谈,收集不同类人员的行为数据,进行统计分析后得出关键素质,并形成胜任力模型。	有充分的行为数据来支撑胜任力模型的有效性,非常可观。可以针对收集到的行为数据进行多方面的分析。	参与访谈人员有限,会造成样本量不足,影响分析的结果。
3. 标杆研究法收集并分析研究其他同行或同发展阶段的类似公司的胜任力模型,通过小组讨论或者研讨会的方式,从中挑选适用于公司的素质,形成胜任力模型。	所建立的胜任力模型具有广泛的适用性,可参考性高。所有的素质经过分析、比较和研究后,相对来说较成熟,可操作性强。	所建立的胜任力模型与其他公司共性过多,缺乏自己的特性。没有本公司实际行为数据来支撑胜任力模型的有效性和适用性。

(二)胜任素质研究与开发

胜任素质研究与开发可以具体细分为五个步骤:

1. 选定研究职位

要建立一套完整的能力素质模型,通常要花费 2～3 个月或更长的时间。即使仅仅对该职位安排行为事件访谈以及对访谈结果进行处理,都需要 30 个左右的工作日,这对企业而言既不划算,又没有抓住重点。因此必须首先确定哪些是企业的关键职位,值得企业对其进行投入。一般可以通过收集分析组织结构图、战略计划执行记录或对企业高层进行访谈的方式进行。例如,企业高层管理者的管理能力是牵引企业全体员工职业能力发展的核心力量,从这个意义上讲,企业管理者是企业核心竞争力的中枢,因此企业所有管

理职位都是企业的关键职位。另外，作为企业价值创造的核心环节，与技术研发、生产作业以及营销、客户服务相关的职位都应该视为企业的关键职位，只是随着企业的价值定位不同，上述环节核心有所侧重而已。例如对于服务型企业而言，营销以及客户服务环节的职位就显得尤为重要；而对于高科技企业，技术研发环节的职位当然是重中之重。

2.明确研究职位的绩效标准

对于选定的职位而言，明确绩效标准，就是要制定一些客观明确的标准与规则，用来确定与衡量什么样的绩效是最优的，什么样的绩效是较差的，从而为该职位所需素质的研究提供基础。根据多数企业日常绩效考核的实践经验，有些职位的绩效标准是显而易见的，并且比较容易衡量。例如销售人员的销售额与利润率，研发人员的项目成果转化率，操作工的日劳动生产率、次品率等。对于大多数职能部门的职位来说，其工作除了满足客户需要外，还要满足内部员工需要，为业务运营的顺利开展提供支持和保障。因此，除了对其工作质量和完成及时性进行评价外，还应该有上级、同级及其他相关人员对任职者的绩效进行评价，以此来界定该职位的绩优标准。根据绩优标准与企业员工的实际考核结果，甄选该职位的素质模型研究样本：一组为具备胜任能力但是业绩不突出的人，另一组为绩优人员。其中绩优人员3～6名，一般人员2～3名。

3.任务要项分析

依据工作分析的方法，将职位的绩效标准分解细化成为一些具体的任务要项，以此发现并归纳驱动任职者产生高绩效的行为特征。例如：

(1)任务要项能够将优秀工作绩效与一般工作绩效区分开来吗？

(2)那些绩效较差的任职者是否也完成了上述任务要项？

(3)该任务要项对于指导任职者的选拔与培训的意义如何？

(4)如果在选拔人员之际就提出职位所必需的某些任务要项，该职位还能招募到合适的员工吗？

4.获取分析样本有关能力特征的数据资料

主要方法是行为事件访谈法，采用结构化的问卷对优秀和一般的任职者分两组进行访谈，并对比分析访谈结论，发现那些能够导致两组人员绩效差异的关键行为特征，既而演绎成为特定职位任职者所必需的某些素质特征。事件访谈的主要特点在于要求被访对象详细描述他们在顾客服务、团队合作、危机处理、问题分析等方面遇到的若干成功和失败的典型事件或案例，特别是他们在事件中扮演的角色与表现，以及事情的最终结果等，从而归结出被访对象的思想、情感与行为，既而衡量与评价对方的能力水平，了解和发掘其动机、个性以及自我认知能力等决定的行为素质特征，最后通过归并组合标识形成该职位的能力素质特征。

5.信息整理，建立初步模型

这个步骤主要是通过对行为事件访谈获得的信息与资料进行整理，找出并且重点分析对个人关键行为、思想和感受有显著影响的过程片段，对行为事件访谈报告内容进行分析，归纳、统计出各种能力特征在报告中出现的频次，并对行为表现的复杂度和广度水平进行编码，发现绩优人员与绩效一般人员处理片段时的反应与行为之间的差异，识别导致关键行为及其结果的、具有区分性的素质特征，并对其进行层次的划分，建立起初步的模型：

(1)针对每一项素质特征，组建开发小组。小组至少应包括4名主持或参与本能力素质研究相关的行为事件访谈的人，小组的核心任务就是集中对特定的素质特征进行研究与梳理。

(2)开发小组的工作采取两两组合的方式进行。每位开发人员对照素质词典关于特定素质的解释，通过对绩优人员以及绩效一般人员的行为事件访谈资料进行分析，提炼并确定相关能力素质内容。

(3)在上一步骤的基础上，由开发小组共同研究，采用统一的语言完成能力素质的概念化。

(4)接下来，采取统计分析等方式，对初步归纳的所有素质要项进行论证与筛选，确认素质项目是否能将绩优人员和一般人员区分开来。同时汇总访谈资料，进一步精炼素质要项及其定义与分类。

(5)最后，初步形成研究职位的能力素质模型框架，其中包含特定的素质要项，每项素质定义、级别划分以及各个等级特点的描述，并附以详细解释和取自行为事件访谈资料的标识示例。

6. 而在进行信息整理和归类编码后，还要进行以下几个方面的分析，并作出相应的适当处理：

(1)分析访谈资料归纳的各项素质特征是否都整合到一起了？有无因为素质特征名称或其他措辞定义原因造成的疏漏？

(2)考虑到素质特征出现的频率，具备该素质特征时能够取得的成效或者缺乏该素质特征时会产生的后果，对公司业务及战略执行的影响等方面的因素，哪些素质特征是最重要的，是企业最关注的，或是企业中的员工最薄弱与缺乏的？

(3)素质特征的各种表现是否具有典型性？是多数绩优人员都具备，还是仅有一部分人员具备？是大多数绩效一般的人员都不具备，还是只有一部分人员不具备？

(4)访谈及其他相关资料是否真实可信？有无什么特殊情况或遗漏？

二、BEI方法建模步骤

根据胜任力的建模实践，业界普遍认为，以行为事件访谈为基础开发胜任力模型是相对较有效的模式，可使数据搜集的过程更加全面和准确，从而保证胜任力结构的有效、合理，并且是针对工作环境和职位特点的。这种胜任力模型的构建方法在国内外都得到了认同，大量的研究都以此为基础来开发胜任力模型。

McClelland 和 Boyatzis 开发了一个以行为事件访谈法为基础的胜任力模型的开发程序。这一方法的要点是：研究对象集中在出色的业绩者，主要应用行为事件访谈法、访谈资料的主题分析法，将分析结果提炼为用行为性的专门术语描述的一系列胜任力。此后，Spencer 在 McClelland 的基础上完善了胜任力模型构建的方法。

如图3-4所示，通过行为事件访谈法来建立胜任力模型的程序一般包括以下步骤：

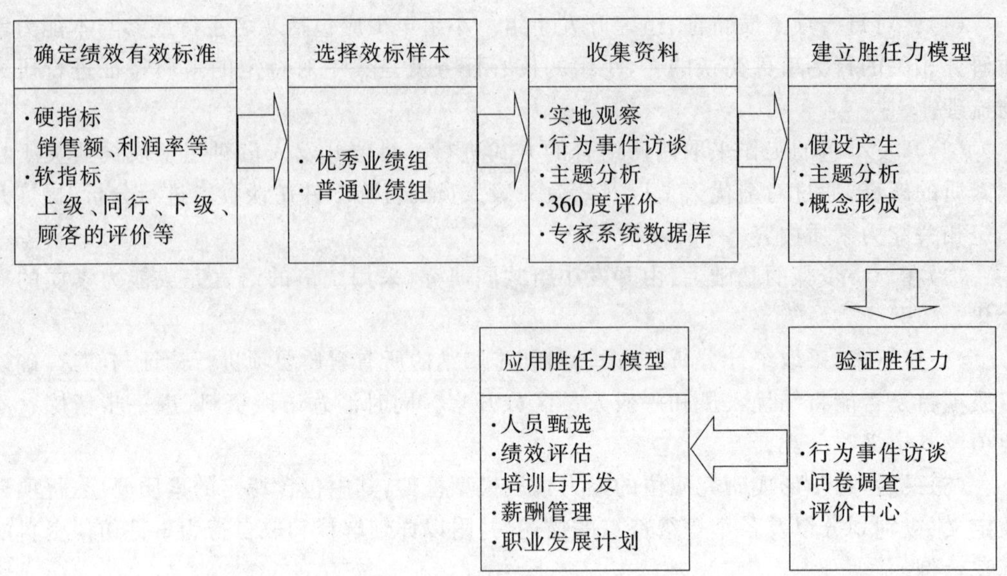

图 3-4　BEI 方法建立胜任力模型流程图

第一步，定义绩效标准。可以采用指标分析和专家小组讨论的办法，提炼出鉴别工作优秀的员工与工作一般的员工的绩效标准。这些指标应有硬指标，如利润率、销售额等；还必须有软指标，如行为特征、态度、服务对象的评价等。

第二步，选取分析样本。根据第一步确定的绩效标准选择适量的表现优秀的样本和表现一般的样本，并以此作为对比样本。

第三步，获取样本有关胜任力的数据资料。有许多种方式，但一般以行为事件访谈法为主，行为事件访谈法是一种开放式的行为回顾式调查技术，一般采用问卷和面谈相结合的方式。通过这样的访谈，获得关于过去事件的全面报告，然后通过独立的主题分析，对导致绩效优秀和绩效一般的思想和行为进行整理归类，整合各自的结果，形成区分绩优者和一般者的关键行为。

第四步，建立胜任力模型。对上述数据资料进行统计分析，找出两组样本的共性和差异特征，并根据存在区别的胜任力构建胜任力模型。

第五步，验证胜任力模型。可以选择另外两组样本重复上面的第三步和第四步，进行效度检验；也可以选择合适的效标对所得模型进行比较、评价。

第六步，应用胜任力模型。将胜任力模型应用于人员甄选、绩效评估、培训与开发、薪酬管理、职业发展计划等各项人力资源管理活动，并进一步在实践中验证。

以行为事件访谈法为基础开发胜任力模型的方法中最关键的步骤是行为事件访谈。"行为事件访谈法"是一种开放式的行为回顾式探索技术，是揭示行为特征的主要工具，这种方法源于 McClelland、McBer 公司及哈佛商学院等的研究（Klemp，1977；Spencer，1983）。它是一种结合 John C. Flanagan 的关键事例法（Critical Incident Technique，CIT）与主题统觉测验（Thematic Apperception Test，TAT）的访谈方式。

“行为事件访谈法”操作技巧如下：

(一)行为事件访谈前的准备工作

1.了解被访谈者：事先了解被访谈者的姓名、职务、工作内容、公司的服务内容和性质。值得注意的是，访谈者事先不知道被访谈者是属于优秀组还是普通组。

2.找一个私密的环境，并确保有1.5～2小时的时间不被打扰。最好是远离办公室，远离电话和来访者打扰的地方。

3.准备好录音设备。

4.牢记访谈步骤和注意事项。

(二)行为事件访谈流程

第一步：介绍自己和解释访谈的目的

也可以问被访谈者的教育背景和以前的工作经历，但这一点不是必需的。这一步的主要目的是与被访谈者建立相互的信任，给他一个轻松、开放的氛围，让他乐于与你交流。

【具体步骤】

1.让被访者轻松。

2.鼓励被访谈者积极参与：将访谈提纲交予被访者，令其充分准备。

3.强调私密性：保证被访者说的任何话都不会让公司的任何人知道。确保被访者提供的信息中没有自己和相关人的名字，以及所在公司和相关公司的名称。

4.征得被访谈者同意后使用录音设备。

【注意事项】

1.你的开放、非正式和友好的态度很容易建立与被访者之间的相互信任，对方才会用相同的态度对待你。

2.尽量减少个人的地位差异，不要以你是研究专家的口吻与对方谈话，而是以咨询者的口吻同对方交流，并对对方的知识背景和价值观给予充分的尊重。

【可能遇到的问题以及应对方法】

若被访谈者提出为什么要找他访谈，访谈者强调访谈的目的不是进行个人评估，而是进行课题研究，并再次重申保密性原则。

第二步：让被访谈者描述他的工作任务和职责

目的是通过一些问题来明确被访谈者的工作性质和内容。访谈者可采用如下的问题来提问：你当前的工作名称是什么？你的上司和下属的工作名称是什么？你的主要工作内容和职责是什么？你每天做什么，每周做什么，每月做什么？……

【注意事项】

1.这一阶段用10～15分钟。

2.让访谈者将谈话集中在具体的工作行为上。例如，被访谈者说：我的任务是监督下属工作。那么，访谈者就可以追问：请你解释一下监督的含义，在监督的过程中实际做了什么？一定要追问明白，这将有助于下一步访谈的进行。

【可能遇到的问题以及应对方法】

当被访谈者罗列了太多的任务和职责时，访谈者要及时打断他，让他选择和排序重要的任务和职责。

第三步:关键事件访谈

让被访者详细地谈工作中最成功的三件事和最失败的三件事。这一部分的目的是让被访谈者详细描述至少4～6个完整的关键事件的小故事。这一部分将会占用大量的时间,要想得到一个完整的故事,被访谈者必须回答下面五个问题:

1.当时的情境是怎样的?什么事情导致了这个情境?

2.涉及谁?

3.在那种情境下,你的想法、感受和最想做的事情是什么?

4.你是如何说或做的?

5.结果怎样,又发生了什么?

【注意事项】

1.从成功的事件先开头,作为第一个关键事件。因为大多数人很容易找到成功的事件,而且谈到成功的事件会使他自信和乐意说。

2.按照事件发生的顺序来叙述这个故事。因为有的被访谈者先回忆起事情的结尾。如果被访谈者讲的故事很复杂,让他讲最重要或印象最深的部分。

3.确保被访谈者讲述的是真正发生过的事件,而不是空乏、抽象的理论或假想的事件。引导或探究具体的细节和实例(人、事件、原因、结果、情境、感受、时间、地点等)。

4.探究被访谈者行为背后的想法。知识型的雇员有75%的工作是在思考中进行的。例如,一个汽车机械修理工正在旋紧车轮上的一个螺丝,有经验的修理师会告诉他,用扳手拧3/4转,少于3/4转时螺丝是松的,而多于3/4转螺丝就会脱扣。这时访谈者就应及时追问下去:您怎么知道该这样做?您是怎样得出这样的结论的?

5.对被访谈者有效的反应给予强化。有些人需要不断地鼓励和刺激才能进入状态,访谈者可以与被访谈者一起笑,同时也讲讲自己的故事和经历与对方分享,始终让谈话的气氛是非正式且欢快的。访谈者通过不断地点头和微笑,来鼓励被访谈者完整、详细地叙述完整个故事。

6.理解这种访谈会给被访谈者带来强烈的情绪体验,尤其谈到失败的经历时,他会说:我再也不想回顾这段经历了!如果被访谈者情绪很激动,访谈者要先停止访谈,给他以同情,并听他倾诉,直到被访谈者情绪渐渐稳定和平静了为止。

7.避免提出抽象的访谈问题。因为被访谈者回答这个问题时也会用抽象的假设理论,这样就偏离了访谈的目的。

8.不要提出有引导性的问题,或对被访谈者的谈话进行总结归纳。例如,听被访谈者叙述完一个故事后,有的访谈者就急于下一个结论,被访谈者往往容易迎合访谈者的口味。因此,作为访谈者不要假设你知道发生了什么,除非被访谈者有过明确的描述。

9.不要试图解释被访谈者所说的话,这种解释也会对被访谈者造成引导,使故事失真,最好的反应就是点头、微笑或者问:你是如何做的?

10.不要限制被访谈者谈话的主题。所以,作为访谈者应避免这样的引导:请谈谈你处理人际关系问题的关键事件。一般来说,优秀组和普通组的被访谈者对关键事件的选择不同,听上去,好像他们在做不同的工作。普通组的销售人员会谈到人际关系冲突,而优秀组会更多地谈到工作计划。普通组的工程师会谈到解决工程上的问题,而优秀组的工程师会谈到组织的策略。

11.尽可能得到最多关键事件。一旦被访谈者描述完他的第一关键事件,访谈者需要鼓励他继续说下去:这正是我们所需要的事件!当被访谈者找不到失败的事件,访谈者可以这样引导他:请谈谈你感到最棘手的、最有挫折感的那件事。

12.可能遇到的问题以及应对方法:

(1)被访谈者找不到关键事件。这样他可能陷入僵局,并且因无法给你提供有效的信息而烦躁。访谈者要帮他平静情绪,然后通过他的工作职责来寻找线索,若实在想不到,被访谈者往往容易迎合访谈者的口味。因此,作为访谈者不要假设你知道发生了什么,除非被访谈者有过明确的描述。

(2)注意不要跑题。被访谈者很可能刚说着一个事件,又跳到另一个事件去了。访谈者要注意控制节奏,直到一个事件彻底谈完。有些高层的销售人员和管理人员非常健谈,他们会谈到商业局势、公司的管理理念以及自己的看法。这时,访谈者就要打断被访谈者,让他谈谈现实发生的具体的事件。

(3)被访谈者会问你的建议。在访谈者描述自己的关键事件时,会想知道听众(访谈者)的反馈和建议。例如:他会问,你遇到过那样的情况吗?我应该怎样做?你认为我做得怎么样?等等。这时,访谈者应尽快将话题转到下一个关键事件上。

第四步:工作所需的性格特征访谈

让被访谈者谈谈做好这份工作所需的性格。这一部分的目标有两个,首先,要得到在关键事件访谈时忽略的信息。其次,对于被访谈者发表的意见给予肯定,使被访谈者感到他是有能力的和被欣赏的,从而情绪振奋。

访谈者可以这样问被访谈者:如果你要雇佣或培训某人来做你的工作,你希望他具有什么样的性格、知识和能力?访谈者可充分利用这个阶段让他再举一些事例来补充前一步的内容(尤其是前面的关键事件不太充分的时候)。例如,被访谈者说:我这份工作,需要在压力下保持清醒的头脑。访谈者可追问:谈谈你在压力下保持清醒的头脑的事例,或者缺乏清醒的头脑的时候,二者结果有差异吗?

以此方式来结束访谈,可以给被访者一个积极的心理状态。他会感到被欣赏,自己很有能力,不会受到负面情绪的影响。

可能遇到的问题以及应对方法:①被访谈者想不出自己的任何知识和技能。若以前的关键事件已做得很充分了,就可以中止了。若不够充分,你可以问:你认为个人具备什么样的知识和技能才能胜任这份工作?②如果回答得很笼统和含糊,请他讲具体的事例来说明。

第五步:总结

感谢被访谈者牺牲了这么长时间给予配合,并总结关键事件和访谈中的发现。如果还有时间,访谈之后最好立即整理访谈记录。因为这时记忆最清晰,访谈者可将不太清楚的地方向被访谈者确认。这样,一个圆满的访谈就完成了。

(三)行为事件访谈后的编码

要想建立胜任力模型,需将用效标区分的两个组——优秀组和普通组——的访谈原稿进行对照,分别进行编码。具体流程如下:

第一步:组织编码小组

组成至少包括四人的编码培训小组,首先对编码字典进行学习、讨论和修改。

第二步:编码训练

在不知道谁是优秀组、谁是普通组的情况下,选取一个访谈录音文稿,复印到人手一份,开始试编码,就字典里所有的胜任力特征对访谈录音文稿进行编码,在讨论中提高认识的一致性,以符合计分标准,并根据使用的情况进一步修订。

第三步:独立编码

再选取一个访谈录音稿,复印到人手一份,开始独立编码。对编码结果的一致性进行初步统计比较,并再次讨论、培训、示例,提高共识,最后形成编码分析用的编码手册。

第四步:正式编码

抽取前面培训过程中编码一致性较高的两人形成正式的编码小组,将所有访谈录音文稿复印两份,根据正式编码手册,两个分析员开始进行独立编码。

编码过程中也完成一些特有的胜任力的编码,也就是说,已有胜任力特征字典中没有包括,但在优秀组出现而在普通组不明显的特征,也要进行编码,并根据其内部相对的强度确定等级,加入编码手册内容中,即加入到胜任特征字典中,作为一种新的胜任特征。

【注意事项】

1.要将原稿中的每一个能表现胜任力特征的词句都画线。

2.在计算机的显示屏幕上,将原稿设在一个窗口,胜任力字典设在另一个窗口。原稿中的事例可复制到胜任力字典的相应的条目中。这样,为小组成员检查提供方便,也可对字典的具体条目进行补充,从而为今后再编码做准备。

3.一个事件、行为或一句话可能可以编码成几个胜任特征。所以,在编码过程中,要注意能体现几条胜任特征的句子。

4.访谈中同一胜任特征出现的频次也体现了普通组和优秀组在这一胜任力上的不同水平。例如:无论优秀组还是普通组的销售人员都认为抓住机遇很重要。在普通组的被访谈者在整个访谈过程举了1～2个事例,但优秀组举了6～8个事例。

第五步:验证阶段

当将访谈的原稿编码之后,再将编码所得到的数据进行汇总和统计,对优秀组和普通组在每一胜任力特征上出现的频次和等级的差别进行比较分析和检验。最后将差异检验显著的胜任力特征确定出来,并建立胜任力模型。如果要把已经确立的模型用于实践,还需要对它进行验证。一般可以采用三种方法来验证胜任力模型。

1.选取第二个效标样本,再次用行为事件访谈来收集数据,分析确定的胜任力特征是否能够区分第二个效标样本(分析员事先不知道谁是优秀组或普通组),即“交叉效度”。

2.针对胜任特征编制测验或情境评价测验等方法来评价第二个样本在上述胜任力模型中的关键胜任力特征,其评价结果是否与效标一致,即“构想效度”。

3.使用行为事件访谈法或测验进行选拔,或运用胜任力模型来进行培训,然后,跟踪这些人,看他们是否能在以后的工作中表现得更好,即“预测效度”。

三、信度和效度检测

作为一个把内在特质进行外部测量及量化评定的建模过程，需要对模型进行评价和检验，即必须考察模型的信度和效度。

（一）信度

信度是反映测量一致性程度的指标，反映了测验结果受随机误差影响的程度。胜任力建模过程中所采用的方法包含了许多无法完全客观计分的主观环节，尤其是在编码过程中。因此，在胜任力建模过程中，必须把先进的测量统计方法运用到信度检验中，以保证所建模型的科学性和可靠性。主要方法有以下几种：

1. 归类一致性及编码信度系数

归类一致性（category agreement，CA）是指评分者之间对相同访谈文字资料的编码归类相同的个数占总个数的百分比。通过公式计算可以得到编码者总的归类一致性、编码信度系数值以及总体编码信度系数。归类一致性是对编码信度最严格的要求，不仅要求编码内容的出处一致，而且还要求等级相同。这就在一定程度上提高了不同编码者编码的一致性程度，提高了编码的信度，从而提高了评分者信度。

2. 相关系数

相关系数可以进一步考察几个评分者在胜任力的频次分数、平均等级分数和最高等级分数三个具体指标中的编码一致性。

3. 概化理论

运用概化理论（GT）可计算胜任力评价法的概化系数。该系数能够在总体上考察胜任力评价方法的信度指标。概化理论的应用弥补了经典测量理论和项目反应理论的不足，它是一种把误差变量作为模型参数来处理的测量理论。其显著特点是，对于同一次测量资料，能够针对测量结果推论范围或使用目的的不同而提供多个不同的测量误差估计指标，使得人们的决策更加恰当和合理。因此，概化理论在心理测评等评价工作中有很大的用武之地。目前，概化理论正逐步被运用到胜任力建模的过程之中。

（二）效度

效度代表测验的准确性，即测验能够测出它所要测的特质的程度。为了保证胜任力模型的准确性，需要对所建构的胜任力模型进行效度检验，其中包括内部效度和外部效度的验证。一般有以下几种方法：

1. 内容效度检验

在胜任力建模过程中，需要考察所确定的胜任力能否体现效标样本中的优秀组和非优秀组之间的差异，即内容效度的考察。通常的做法是对两个组的胜任力在平均等级分数、频次分数和最高等级分数 3 个指标上进行差异检验。

2. 结构效度检验

根据胜任力模型编制初始量表后，必须对量表的结构效度进行检验。结构方程模型技术是最常用的方法。这种方法主要有两种用途：一是可以提出不同的假设模型，通过比较多个模型之变量之间的优劣，确定最佳匹配模型；二是可以进行二阶因子模型分析，探讨不同潜变量之间的结构关系。通常，用结构方程模型的特例（即验证性因素分析方法）

来验证问卷或量表的结构效度。我国学者王重鸣等人就在其研究中运用结构方程模型等方法进行比较分析,揭示不同职位层次的管理者在胜任力结构上的差异。

3.交叉效度检验

在同一时间使用第一个效标样本的评分标准来预测第二个效标样本的胜任力模型是否正确。重新选取优秀绩效组与普通绩效组两组样本作为第二批样本进行行为事件访谈,分析模型中所包含的胜任力要素能否区分优秀组和普通组。

4.构思效度检验

构建胜任力测验,或使用情境评价方法等在同一时间预测某些人的表现。具体做法是编制量表,选取较大规模的样本进行测试,对量表进行因素分析,考察量表的结构是否与原有模型吻合。这是目前普遍使用的方法。

5.预测效度检验

使用胜任力模型进行人员选拔或训练,然后跟踪调查他们未来的工作表现,从而进行判断。这种验证方法比较好,可以预测员工的表现如何,但是需要耗时较长,投入的人力物力也较大。

四、胜任力模型的验证

毋庸置疑,通过行为事件访谈法获取的胜任力模型需要严格的验证,方能应用于实际。事实上,胜任力建模过程中的信度、效度检验就是模型验证的过程。在实际运作中,建模者往往可以通过以下方法来验证之前所建立的胜任力模型的有效性。

(一)焦点团体访谈法

胜任力模型构建好后,可组织一个专门由行业专家、心理学建模专家和人力资源管理专家等人员组成的研讨会,采用焦点团体访谈法,共同论证胜任力模型的有效性和可操作性,对模型进行充分的验证式讨论,从而为胜任力模型的后续运用奠定扎实的基础。焦点团体访谈法的优缺点如表 3-11 所示。

表 3-11

焦点团体访谈法	
优　点	缺　点
可有效地收集许多人的看法; 由于小组讨论的灵活性,能够收集到丰富的、有时甚至是意想不到的信息; 为调查额外的细节提供了(有限的)机会。	需要经过专门培训的人来开展; 收集到的定性数据难以分析; 在其他同事面前,参与者可能不那么诚实; 由于从众心理,收集到的数据的多样性受到影响; 组织安排需要花费大量的精力。

(二)360度调查问卷法

1.将一系列的胜任力转换成一份360度反馈的调查问卷

选择4~6项反映工作中胜任能力的特定的、可观察的行为,排列各种行为要素,使这些行为能够以调查问卷的形式来呈现各项胜任能力。一份360度反馈问卷应列出一个具备适应性和灵活性胜任能力的员工所表现出的行为,包括:

• 调整自己的时间安排来适应业务需要。

• 能够迅速对市场波动作出反应。

• 愿意暂时放下手头工作来主动帮助别人。

随后附上评定等级标准,可以使上司、直接下属、同事和客户(如果有合适的)能够据此评估胜任能力的重要性、实际使用频率以及理想的使用频率。

2.发放360度反馈问卷

选出至少30位经理(如公司规模比较小的话可以适当减少),这些人的绩效结果有的高于、有的刚好达到、有的低于项目的第一阶段所确定的绩效标准(当然,他们各自的绩效评估结果要对他们自己及别人保密)。每一位选出的经理应该最少有三个直接下属和三个同事,以确保能收集到足够的数据并产生精确的统计结果。向每位经理发放10~15份打印版或电子版的问卷。

指导这些经理们将问卷发放给3~5名直接下属、5~7名同事及所有的上级领导,并在这些评估者完成问卷后及时收回问卷、分析结果。有的项目中,也可以由咨询顾问或咨询方小组成员直接发放问卷,确保调查的保密性和匿名性,并完成较为复杂的统计分析工作。

3.分析数据

将问卷结果按个人列表,并分析胜任能力与不同绩效等级之间的相关程度。如果胜任能力与高绩效等级非常相关,那么我们就认为这一胜任能力具有协同效度。此外,还要考察高绩效群和低绩效群之间胜任能力得分的显著差异。如果胜任能力和高绩效群之间的相关性较弱,就应考虑行为描述是否清楚、用来考察不同绩效群体的绩效标准是否精确,同时需要重新修正绩效标准,以确保其可以客观地衡量成功的绩效。

(三)交叉效度法

交叉效度指在同一时间使用第一个效标样本的评分标准来预测第二个效标样本的胜任力模型是否正确。胜任力模型初步形成后,可重新选取优秀绩效组与普通绩效组两组样本作为第二批样本进行行为事件访谈,分析模型中所包含的胜任力要素能否区分优秀组和普通组,进而验证所建构的胜任力模型的有效性。

(四)构想效度法

这种验证方法是指采用构想效度来验证。具体做法是,以初步形成的胜任力模型为基础编制量表,接着选取较大规模的样本进行测试。然后对测试的结果进行分析,即采用验证性因素分析等统计方法对量表进行因素分析,考察量表的结构是否与原有模型吻合,从而验证所建构的胜任力模型是否有效。

(五)预测效度法

“实践是检验真理的唯一标准”,因此,胜任力模型是否真实有效必须通过实践来检验。把构建的胜任力模型应用于人力资源管理实践,如基于胜任力模型设计相应的招聘

与选拔方案，然后跟踪被录用的员工的实际绩效，从而考察胜任力模型的预测效度。再如，设计出体现胜任力模型的培训内容，观察实验组和对照组在培训前后的绩效差异，进而验证胜任力模型的有效性。

在胜任力模型建立后，每个员工的胜任力到底如何，涉及员工的使用、晋升、培训、发展等方面，对员工非常重要，需要进行员工胜任力认证，本书第六章《人才测评技术》将系统介绍胜任力认证方法。

第四章
建立人才任职资格体系

第三步，建立人才任职资格体系。为更好地对企业人才进行激励，有计划、有针对性地对人才进行培养，促进人才的发展，需要规划多元化的职业发展通道，设计任职资格等级标准，建立在岗人员的晋升/淘汰制度，形成人才能上能下的用人机制，为人才梯队建设打好基础。胜任力模型和任职资格体系是两种相互重叠又侧重不同的能力评价方案，胜任力模型倾向于与工作不直接相关的潜质的评价，而任职资格体系侧重于与该职业工作相关的能力评价，所以，胜任力模型与任职资格体系都是人才梯队建设的依据和基础。

第一节　企业人员管理的演变

企业人员管理经历了人事管理阶段和人力资源管理阶段。

一、人事管理阶段

1903 年，以泰勒等为代表的学者，开创了科学管理理论学派，并推动了科学管理实践在美国的大规模推广和开展。泰勒提出了“计件工资制”和“计时工资制”，提出了实行劳动定额管理。1911 年泰勒发表了《科学管理原理》一书，这本著作奠定了科学管理理论的基础，因而被西方管理学界称为“科学管理之父”。

泰勒的科学管理原理基于科学的人机工程和人的经济刺激特征。泰勒认为，人和机器是相同的，只是机器“喝”油“吃”电，人喝水吃饭。企业将人纯粹地当做一种“工具”、作为一种成本来管理。所以，人事管理的核心是以“事(岗位)”为中心，人是岗位的附属；管理方法是对“岗”不对“人”；强调“岗位”单一、静态的主导作用，管理的目的是为了更好地“控制人”。

二、人力资源管理阶段

当企业竞争不够激烈，产品不够丰富时，提供什么产品给市场的主动权在企业手中，此时，企业的组织和业务流程相对稳定，基于岗位的人事管理可以更有利于培养员工在某

个职能领域的专精程度。企业可以根据既定的模式按部就班地运作，对员工，特别是专业技术人员的能动性和创造性要求不高。

但随着社会和经济的发展，人类进入了信息技术和知识经济时代，适应能力、反应速度和创新成为新经济时代企业获得成功的基本要素，企业对员工，特别是专业技术人员的能动性和创造性的要求越来越高。对于企业而言，专业技术人员与管理人员只是分工不同，但却具有同等重要的地位。人员、岗位、组织三者的匹配关系越来越趋向动态化，传统的人力资源管理越来越不适应现代企业的管理。企业对知识类员工的评价也变得越来越困难。

人力资源管理之父彼得·德鲁克于1954年在其著作《管理的实践》提出并加以明确界定"人力资源"这一概念。

美国著名的行为科学家道格拉斯·麦格雷戈在1957年11月号的美国《管理评论》杂志上发表了《企业的人性方面》一文，提出了有名的"X理论—Y理论"。

其中的Y理论提出了人性善的假设，如：喜欢工作、为实现目标而努力、个人目标和团队目标的统一、主动性和创造性等。

美国哈佛大学心理学教授麦克米兰从20世纪40—50年代起就开始对人的需求和动机进行研究，提出了著名的"三种需要理论"，他认为个体在工作情境中有三种重要的动机或需要：成就需要——争取成功，希望做得最好的需要。权力需要——影响或控制他人且不受他人控制的需要。亲和需要——建立友好亲密的人际关系的需要。

1973年，麦克米兰教授首次提出了"胜任力"概念，标志着以"能力"为基础的现代人力资源管理的诞生。企业人员管理从单纯的"以工作为本"向"工作"与"人"并重，直至转变到"以人为本"。

第二节　胜任力的局限性

关于胜任力，按照麦克米兰素质能力模型的观点，人的素质由两大部分构成：表层素质和底层的潜质。表层素质是指比较容易识别的素质，包括知识和技能等；潜质则是指比较难以识别的素质，主要包括人的动机、特质和自我意识等。麦克米兰认为，表层素质、潜质与工作绩效之间遵循着以下关系：从事每项工作，都需要具备相应的表层素质和潜质。对于做好一项工作而言，潜质比表层素质更加重要。具备表层素质的人，能够成为合格者；而具备潜质的人，则能够成为绩效优异者。表层素质是易于学习和培养的，而潜质是很难通过培训获得的。

按照麦克米兰的上述观点，有些人是天生就适合做某些工作的。在管理界，关于领导者究竟是天生的还是后天造就的这个问题已经争论了许多年。有些管理学家认为管理能力是可以在后天培养的，而领导力是天生的。

管理大师拉姆·查兰在最新的力作《卓越领导者的8项技能》中极力地否定了这种观点。拉姆·查兰认为：伟大的领导者不是天生的，而是后天练就的！领导者仅仅依靠个人的魅力和强硬的个性，已经难以应对当今时代的商业挑战。通过在实践中不断积累经验、学习和反思，任何人都可能成为卓越的领导者。

卓越的领导者会像打造一件艺术品一样，学习、实践、磨炼和提高这些技能，直到他们成为自己的本能，熟能生巧。就像在运动场上，训练少的运动员肯定不如勤于训练的运动员，不实践这些技能的领导者肯定不如那些进行过实践的领导者有效率。管理技能在学校里是教不会的，培养这些技能不是件容易的事。但是，经过长时间大量的实践后，这些技能将成为自发、优秀的本能，同时判断力也得到了提高。不管出现什么情况，你都能成为大师，在正确的时间，用正确的方法，熟练处理不同的事情，就像迈克尔·乔丹知道在篮球场上如何站位，泰格·伍兹知道如何根据不同的场地调整高尔夫球的挥杆角度一样。

无独有偶，曾经先后担任过美国五届总统领导力顾问的美国领导力研究权威约翰·加德纳博士在《论领导力》中也持同样的观点。

拉姆·查兰和约翰·加德纳的观点的核心思想可以归纳为：底层潜质是基本条件，但是否胜任的关键因素是在与具体工作环境的相互作用中所体现出来的核心技能，而这些核心技能是可以后天培养的。

麦克米兰的实验表明，高素质与高绩效相关度为70%，剩余30%的影响因素是外部环境对人产生的影响，而现代管理大师的观点则是不能将个人素质与环境因素割裂开来分析，需要考虑两者最终导致高绩效产生的综合因素，而这就是所谓与工作相关的“核心技能”。就像一名篮球运动员，拥有身高、良好的弹跳力、速度等身体条件，只能说他具备成为一名优秀篮球运动员的基础，如要成为一名优秀的职业篮球运动员，还需要通过大量的训练，以掌握取胜的“球技”——核心技能。

所以，要成为一名优秀的人才，潜质和后天的培养都非常重要。

胜任力侧重的是潜质，而对经过后天培训后具备的能力及能力程度的要求比较少，所以，在对人才的素质和能力进行评价时，就有其局限性，不能全面地了解人才对完成工作任务所需能力的掌握程度；因此，对人才提出素质要求时，或对人才进行测试和评价时，既要构建侧重潜质的胜任力模型，更要建立与完成工作任务所需相关能力的等级标准，以评价人才对完成工作任务所需相关能力的掌握程度。

第三节 国家职业资格(NVQ)

NVQ是国家职业资格(National Vocational Qualification)的英文字母缩写，是英国的国家职业资格证书制度。它是以国家职业标准为导向，以实际工作表现为考评依据的一种新型的职业资格证书制度。它在英国整个NVQ体系共涵盖了11个职业领域，大约1 000个职业。其中，每个NVQ分为5个难度等级标准，从工作性质方面划分为：重复性的熟练操作岗位标准、技术操作岗位标准、技术管理岗位标准、企业管理岗位标准和科学研究岗位标准等5个技术难度等级；从学历方面讲，5个等级涵盖了中等职业毕业，高等职业、本科毕业以及硕士、博士毕业。NVQ证书在英联邦国家的职业体系中是一块金字招牌，使员工在就业和职业发展的道路中终生获益。

NVQ的考核虽然与我国的技术等级考核同属于职业资格考核，用于鉴定考生是否

已达到了从事某项职业所需的知识水平和能力，但不同的是，它不是通过毕业时的一次性考核来判定考生的专业知识掌握情况和技术水平高低，而是将每个等级的 NVQ 按工作职能、工作任务和技术水平高低分成若干个考核单元和考核要素，并将这些考核单元和考核要素列入考核任务书中。此外，这些考核单元和考核要素全部实行标准化，即学员要获得哪一个技术等级，需要考核哪些单元，有哪些工作职能，要能够完成哪些工作任务，都列在每个等级 NVQ 的考核任务书中。

为了在全国范围内建立健全 NVQ 职业教育体系，英国政府建立了一个全国联网的大型数据库，该数据库储存了全英国 NVQ 的各项数据，培训主管部门定时对这些数据进行整理分析，了解全国 NVQ 的发展情况，以便及时调整职业培训的方向，制订职业教育的发展规划。另外，通过计算机网络向全国的各培训机构提供有关的信息资料和相关的培训程序，为这些培训机构制订发展规划和培训计划作参考。在加强对 NVQ 职业教育宏观和微观管理方面，英国政府也采取了许多措施，重要措施之一是，建立了一个覆盖全国的由国家教育主管部门、企业和企业协会组成的组织管理网络。其职能分配是，国家教育主管部门负责政策的研究和制订，掌握最终质量控制权；企业和企业协会分管 NVQ 内容的研究和补充扩展、职业教育的机构建设和布局调整，负责 NVQ 内容调整后培训程序的设计、培训过程的安排以及按标准对培训人员进行考核。

NVQ 的特点主要表现在以下几个方面：

首先，NVQ 是一种鉴证内容的考核制度，它既没有标准的培训模式，也不需要正式的培训场所，只是依据 NVQ 的考核要求指定培训目标，而不管培训过程。它只作为最终检验求职者能否胜任某一职业环境下某一特定任务的标准。在每一个 NVQ 中都有一份必须达到的目标能力的说明，说明中对重要的工作职位以及在该职位工作时应发挥的作用进行了分析和阐述。然而对职业教育的目标和培训程序没有提出具体要求，也没有培训时间的限制。所以，对 NVQ 的确认并不取决于是在企业中进行培训，还是在学校里进行培训，或者是在其他培训机构进行培训，只关注最终结果，各项考核均通过即可颁发 NVQ 证书。

其次，NVQ 的成绩计算是一种搭积木式的累计计算法（即积分制），每个 NVQ 分为许多小的考核单元和考核要素，考核中是以考核单元作为一个评价单位，各单元的考核都可颁发证书（单元考核证书），如果考生参加了所有单元的考核，成绩均合格，即可获得 NVQ 证书，这充分体现出了这一体制的灵活性。具体而言，学员在接受培训时具有较大的选择灵活性，既可以根据自己准备从事的职业选择考核单元，也可以根据自己现从事的职业决定参加哪个考核单元的培训，不必为与自己无关的考核单元花费精力和财力。但是，如果学员想获得 NVQ 证书则必须通过所有单元的考核。为了准确记录学员各阶段的培训成绩，学员在初次参加单元考核时，培训主管部门即为其建立一套考核档案，将其每次考核的成绩记录其中，档案中还收录学员已获得的 NVQ 证书或各考核单元证书。

最后，因为 NVQ 体系所提供给企业、培训机构和个人的各项数据资料是可靠而有效的，所以这些资料可以作为企业招聘员工时的参考。对于培训机构来说，这些资料就是培训质量的评估依据；对于学员个人来说，则是制订个人培训计划的重要依据。

国家和培训主管部门可以此为评估依据，从相关数据的比较中区分优劣，对培训成绩突出的单位给予奖励和其他形式的支持。由此可见，NVQ 既可以作为对培训机构培训质量的监测机制，又可以作为奖励激励的依据。

由以上特点可以看出，NVQ 是一种较为灵活的职业教育体制。这种体制既考虑了职业要求的差异性，又考虑到了人的兴趣和能力的不同。从培训方式上讲，它既适应学校正规化的培训，也适应企业中的培训。从现代社会对劳动者的素质和能力的要求来看，它的基本结构既有系统性、抓住了重点，又有足够的灵活性。这种搭积木式的培训方式，实际上为人们通过终身教育实现个人奋斗目标提供了可能。正因为如此，NVQ 在美国的职业教育界引起了巨大反响，被称为是职业教育领域的一场革命。

经验和实践证明，胜任能力要经过长期的、系统的知识传授，并且进行行为的培养、感知的训练和能力的锻炼才能形成。

而 NVQ 的考核并不涉及潜质方面的问题，只考核如何执行各项工作，因为 NVQ 的设计者只研究了对培训的最终结果如何进行检验，即只注重了结果，而忽略了过程，因此它规避了各培训模式之间的差异。

第四节　从胜任力到任职资格

任职资格是指在特定的工作领域内根据员工任职标准，对员工从事相应活动的能力证明。任职资格是员工为完成职责内的工作所需要的能力。

任职资格体系的核心思想源于英国国家职业资格，同时借鉴了 IBM 技能测评、HAY 公司素质测评等体系的管理思想。也就是说，任职资格是在素质测评、技能测评的基础上进一步发展起来的。相比较而言，任职资格管理更侧重于完成工作所需要的工作技能，而传统的素质模型测评则更侧重于潜质，与工作本身没有直接的联系。

由此可以发现，基于素质模型的能力评价和基于任职资格标准的能力评价是两种既相互重叠又侧重不同的能力的评价方案。首先，任职资格包括了对表层和底层的素质评价，但侧重于与该职业工作相关的能力评价，而素质则更倾向与工作不直接相关的潜质的评价；任职资格必须要有工作实践才能评价，而素质模型可以直接根据一般行为进行测评；任职资格与工作绩效的连接更加紧密，也就是注重测评持续产生高绩效的关键行为，而素质模型更侧重于对发展潜力的测评。因此，在招聘和职业通道选择的时候，基于素质模型的测评更加适用，而针对企业内部各类人才培养和发展的时候，任职资格就显示出更强的实际指导作用，因此它可以通过改变员工的工作行为来促进员工实际能力的提升，并最终导致员工绩效的改进。

由于两者既有重叠又有区别，导致企业管理者们在认识方面存在误区，特别是针对不同应用场合时的选择。因此，现代的任职资格管理——能力发展管理，更侧重于将传统的素质模型的评价标准与工作行为的评价标准融为一体，最普遍的做法就是以 4～6 项关键底层素质作为能力评价的门槛条件，再将 5～10 项核心工作技能作为最终的评价标准，这样就将职业通道选择与职业通道发展二者很好地结合在一起。

第五节　任职资格体系的构建

一、任职资格体系

任职资格的三个特点：

1. 能力包括两个方面：一是指在现实工作环境中完成任务的能力，二是指按企业标准来满足业绩要求的能力；

2. 任职资格体现了组织需要，也体现了岗位胜任能力，是决定个人绩效的内部关键所在；

3. 任职资格是动态的，随着企业及行业的发展而变化。

任职资格体系由职业发展通道、任职资格等级标准和任职资格等级认证三个部分组成，如图 4-1 所示。

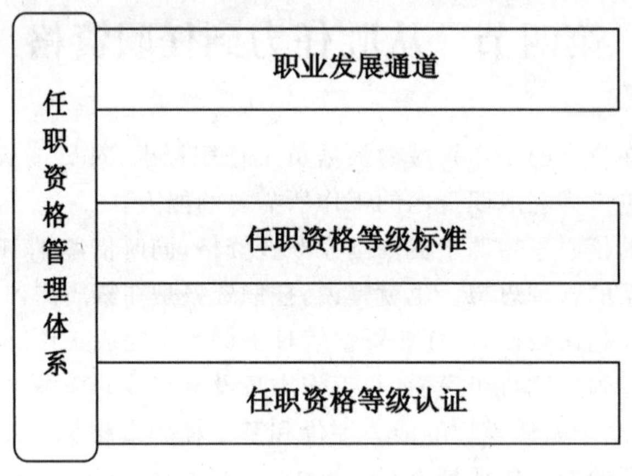

图 4-1　任职资格管理体系

任职资格体系评价的是员工的任职能力，不同类别的员工所担任工作不同，任职能力的要求也就不同。例如技术人员和销售人员、管理人员的能力要求肯定不相同。因此，任职资格体系是按员工的类别建立的；同一类别、能力高低不同的人员，对他们的能力要求肯定也不同。例如研发领域的专家和一般研发工程师的能力要求肯定不同。因此，在同一个类别中，任职资格体系是按员工的能力级别建立的。

职业发展通道和任职资格等级标准的作用在于：明确企业需要什么类别的人员，企业需要的人员应该具备什么样的能力。

而任职资格等级认证的作用则在于：根据企业对员工的能力要求，评价员工已经达到了哪个水平级别的能力要求，接下来再通过有针对性的培养措施持续提升员工的能力。

二、任职资格体系构建

根据任职资格体系的组成，一般来说，企业建立任职资格体系遵循以下过程，如图4-2

所示。

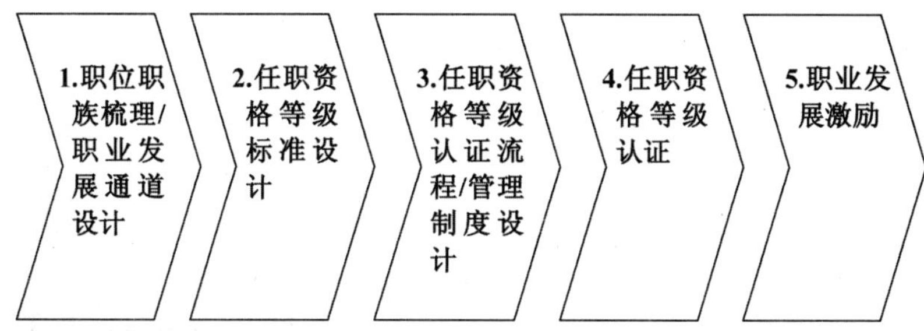

图 4-2　任职资格体系建设流程

1.职位族梳理/职业发展通道设计：明确企业需要哪些类别的员工，哪些员工有比较趋同的职业发展方向。在建立职位族的基础上，区分员工能力成长的阶段点（里程碑），建立员工职业发展通道。

2.任职资格等级标准设计：为了衡量员工的能力达到哪个能力层级，需要建立评价的标准。

3.任职资格等级认证流程/管理制度设计：有了通道和任职资格标准，要评价员工的能力达到哪个能力层级，还需要建立一套评价的流程和管理规范。

4.任职资格等级认证：前三个步骤完成后，任职资格体系已经建立。根据职业发展通道、任职资格标准和认证流程规范，对员工进行认证评估，确定员工能力的界别。

5.职业发展激励：任职资格体系在员工职业发展激励方面包括员工职业发展规范、人才梯队建设、竞聘上岗、进行培训、以能定薪等多个方面。此外，任职资格体系作为人力资源管理体系的一个模块，与人力资源管理的其他五大模块——组织与职位体系、绩效管理、培训体系、招聘与调配、薪酬体系都有系统的联系。建立任职资格体系后，可以对其他五大体系进行系统的调整和优化，将任职资格体系与人力资源管理其他体系融合成为一个有机的整体，从而充分发挥企业人力资源体系的整体作用。

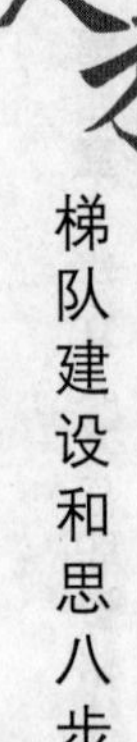

第五章
人才职业生涯规划

第四步，人才职业生涯规划。人才职业生涯规划目的在于稳定员工队伍，提高员工满意度，留住优秀人才，吸引外部优秀人才，并使每个员工的职业生涯规划目标与组织发展目标相一致，促进人才梯队建设，保证企业未来人才需求和企业的可持续、稳定发展，避免企业人才断档和后继无人的情况出现。

一、与职业生涯规划相关的基本概念

1.工作

工作也称职务，指主要职责在重要性和数量上相当的一组职位(岗位)的统称，在企业中，通常把所需要知识技能及所需工具类似的一组任务和责任视为同类职务，从而形成同一职务多个岗位的情况，如企业的经理是职务，可以对应生产部经理、财务部经理、人力资源部经理等具体岗位。如高校教师从事教育工作、汽车修理工从事汽车维修工作等。

2.职业

职业是指由不同组织中的相似工作组成的跨组织工作集合，比如教师职业、秘书职业、医生职业等。

职业问题不是简单的工作问题。就职业一词的本意而论，它至少包含了两个方面的含义：首先，职业体现了专业的分工，没有高度的专业分工，就不会有现代意义上的职业观念，职业化意味着要专门从事某项事务；其次，它体现了一种精神追求，职业发展的过程也是个人价值不断实现的过程，职业要求个人对它忠诚。

3.职业生涯

职业生涯是指一个人在其工作生活中所经历的一系列职位、工作或职业。例如，某人刚参加工作时是学校的教师，后来去了政府机构担任公务员，最后又到了公司担任经理，那么，教师、公务员、企业经理就构成了这个人的职业生涯。再比如，某人的职业和工作单位没有发生过变化，但是他从办事员开始，经过主管、副经理、经理，一直做上副总经理，那么，办事员、主管、副经理、经理、副总经理就形成了这个人的职业生涯。

二、什么是职业生涯规划

职业生涯规划是指组织和员工基于员工个人和企业组织两方面的需求共同制定的个人发展目标和发展道路的活动。

职业生涯规划是指客观认知自己的能力、兴趣、个性和价值观，发展完整而适当的职业自我观念，个人发展与组织发展相结合，在对个人和内部环境因素进行分析的基础上，深入了解各种职业的需求趋势以及关键成功因素，确定自己的事业发展目标，并选择实现这一事业目标的职业或岗位，编制相应的工作、教育和培训行动计划，制定出基本措施，高效行动，灵活调整，有效提升职业发展所需的执行、决策和应变技能，使自己的事业得到顺利发展，并获取最大程度的事业成功。

职业生涯规划既包括个人对自己进行的个体生涯规划，也包括企业对员工进行的职业规划管理体系。职业生涯规划可以使个人在职业起步阶段成功就业，在职业发展阶段走出困惑，到达成功彼岸；对于企业来说，良好的职业生涯管理体系可以充分发挥员工的潜能，给优秀员工一个明确而具体的职业发展引导，从人力资本增值的角度达成企业价值最大化。

三、职业生涯规划对人才梯队建设的意义

1.通过职业生涯规划，合理配置企业人力资源，促进人才梯队建设的有效性，保证企业未来人才需求和企业的可持续、稳定发展，避免企业人才断档和后继无人情况的出现。

2.稳定员工队伍，增加员工满意度，留住现有优秀人才，吸引外来优秀人才的加入，为人才梯队建设提供优质资源。

3.使每个员工的职业生涯目标与组织发展目标相一致，降低因个人职业生涯规划与组织生涯规划相违背而给企业带来的损失。

四、职业生涯规划步骤

第一步　人力资源发展规划

人力资源发展规划是企业根据自身的发展战略目标而制定的。人力资源规划通过预测企业在未来环境变化中人力资源的供给和需求状况，制定基本的人力资源获取、使用、维持和开发的策略。

第二步　职业通道体系设计

系统化的职业通道设计旨在减小组织的刚性对人力资源的制约，释放员工的潜在能量，将员工的个人发展和企业的发展愿景相统一。具体内容包括：

1.组织目标梳理：分析组织未来的发展方向，并预测组织规模与组织资源的变化，由此分析组织发展所能带来的职业发展机会，包括晋升机会、新增职位机会、职责扩展机会、价值提升机会、能力提升机会等。

2.岗位体系梳理：以现有岗位体系为基础，结合组织发展趋势，综合梳理组织未来的岗位体系，进行职系、职类、职等的划分，为职业发展通道的设计提供框架基础。

3.职业发展通道设计：设计各类岗位、各个岗位在组织内的多种发展路径，明确每一

个路径的实现条件与步骤，为每个岗位设计出多元化的发展通道。

第三步　员工基本素质评估

为了帮助员工更客观、全面认识自己，选择各类自我测评工具，并编写成为统计表格，对员工进行测评。例如：职业能力测评、职业气质测评、职业性格测评、职业兴趣测评、动机测评、职业价值观测评等。测评之前需要对员工进行必要的培训、示范，测评过程要统一开展、实时指导、全程封闭，测评结果要点对点反馈并作必要的解释，对外要严格保密。

第四步　确定职业生涯规划目标

在充分认识组织环境及自我的前提下，设计《职业生涯规划表》模板，组织员工完成职业生涯规划书，引导员工确定自身职业目标和职业生涯路线。在员工完成《职业生涯规划表》的过程中，需组织自我战略分析、引领练习、职业规划研讨小组等活动，使员工更准确、更客观地确定职业目标。

第五步　开展员工评估，明确与职业目标的差距

选择适当的方法和工具，依据职业目标岗位的胜任要求，对员工进行综合素质评估，找到员工与职业目标的差距和短板结构。制定实现职业生涯目标的策略，如应当参加的培训项目、轮岗训练等。

第六步　依据自我差距，制订行动计划

组织员工编写《职业发展行动计划表》，制订针对性的行动计划，并明确行动的内容、时间要求、检视方法等内容。《计划表》编制完成后，要对计划的实施进行辅导、跟进、反馈、检视。

第七步　构建匹配的职业发展支持体系

根据员工不同的职业生涯发展阶段，提供培训、绩效评价、工作实践和开放性人际关系建立等有针对性的开发手段，不断开发员工的潜能，激励其进步。

第八步　修正和完善职业生涯规划制度和规范

企业人力资源部门针对职业生涯规划评估过程中发现的问题，提出改进和完善的建议与措施，经企业高层决策同意后，及时修正职业生涯规划的制度和规范。

通过制度和规范的修正和完善，可以及时纠正最终职业目标与分阶段职业目标的偏差。同时，通过制度和规范的修正与完善还可以极大地增强员工实现职业生涯目标的信心。

第六章
建立人才测评系统

第五步,建立人才测评系统。人才测评在现代人力资源管理活动中越来越广泛,人才测量和人才评价为企业人力资源管理提供重要的参考依据。人才测评在企业人才梯队建设中起到重要作用,人才梯队建设中的胜任力模型认证、任职资格体系等级认证、职业生涯规划、人才梯队资源库后备人才选拔、后备人才培养、接班人甄选等等,都需要进行大量的人才测评工作,所以,要做好人才梯队建设工作,必须建立人才测评系统。

第一节　人才测评概述

一、认识人才测评

(一)人才测评的概念

人才测评在基础管理学领域被广泛使用,也经常见诸报纸、杂志,可以说在人事工作领域成为使用频率最高的词汇。特别值得一提的是,当前人才测评技术在人事工作很多管理环节都不同程度地被借鉴、运用,如招聘员工、公务员竞争上岗等方面都在利用人才测评技术,构建公开、公正、平等、竞争、择优用人机制和选人理念。

人才测评是通过一系列科学的手段和方法,针对特定人事管理目的对人的基本素质及其绩效进行多方面的系统评价的测量和评定活动。人才测评的具体对象不是抽象的人,而是作为个体存在的人其内在素质及其表现出的绩效。人才测评主要方法包含在概念自身中,即测量和评价。

人才测评主要是对人内在素质及绩效的测量,那么人才测评中素质是什么呢?

素质是指由先天的遗传条件及后天的经验所决定和产生的身心倾向的总和。其中智力为知的素质,气质为情的素质,性格为意的素质,人员素质结构的基本划分如下:

1. 心理素质

心理素质是指人的认识过程、情感过程、意志过程的具体特征及人的个性心理特征与个性倾向性的具体特征。包括气质、性格、承受能力、兴趣、价值观、动机、需求等。

2.身体素质

身体素质是指个体的体质、体力和精力的总称。它是在遗传性和获得性的基础上表现出来的人体形态结构、生理机制和调节功能。

3.智能素质

智能素质也称能力素质,包括科学智能素质和社会智能素质。其中科学智能素质由专业能力和非专业能力组成,专业能力指完成各具体工作所需求的理论、科学、工程、技术等专业知识,而非专业能力指人员的智力、创新等能力;社会智能素质是指与社会经验、涉世范围及深度、交际性相关联的素质,诸如交际能力、亲和能力、应变能力、团队协作能力等。

4.思想品德素质

思想品德素质是指人的思想观念、政治观念、伦理道德水平,也包括人的纪律观念、法制观念等,特别是指一个人的职业道德水平与信用水平等。

(二)人才测评的对象

人才测评的具体对象不是抽象的人,而是作为个体存在的人的内在素质及其表现出的绩效。

在国外,美国哈佛大学的McClelland教授在20世纪70年代提出来的,并已被很多企业广泛采用的概念——胜任特征——值得我们借鉴。所谓胜任特征指的是能将某一职位上表现优秀的员工与表现一般的员工区分开来的个体特征。

(三)人才测评的特点

1.人才测评以测评人为主导

人才测评虽然是以被测者为中心进行全面鉴别,但是,测评者却起着决定性的作用。测评者的人格、智能水平、个人喜好等往往直接影响着测评结果的准确性。这种强烈的主观性,往往使人们把发现人才的全部希望寄托于测评者身上,其方式是优秀的测评者发现优秀人才。

人才测评是心理测评,而不是物理测评。这一特点是就人才测评的内容指向而言的。一般来讲,人才测评主要是对个体心理现象的测评,包括能力、兴趣、性格、气质及价值观等。身高、体重等有时也列入测量范畴,但不是主要方面。美国心理学家特尔曼曾对800名男性成人进行测评,发现其中成就最大的20%与成就最小的20%两组之间,最明显的差异是他们在心理素质上的差异。成就最大组,主要在进取心、意志力、兴趣和坚持性方面,明显高于成就最小组。

2.人才测评是间接测评,而不是直接测评

这一特点是由测评对象——人的素质的特点决定的。人的素质是个体自身具有的基本条件和潜在能力。素质的突出特点之一是抽象性。我们不能对素质本身进行直接测评,只能通过素质具体表现的行为特征进行间接的推测和判断。由此可见,人才测评是间接测评,而不是直接测评。

3.人才测评是抽样测评,而不是全面测评

人才测评这一特点是从统计学意义上而言的。人才测评的对象是素质及绩效,但素质及绩效不是在孤立的时空内抽象存在着的,而是体现于个体活动的全程时空中。从理论上讲，人才测评实施时，涉猎的范围越广，收集的相关信息越充分、越全面，测评结果就越有效、越具体客观。但在实际操作中，任何一项测评的主持者，在有限时间内可能掌握被测评者素质的全部表征信息，只能本着“部分能够反映总体”的原理，对测评要素进行抽样，保证样本的足够多和有足够的代表性，从样本的测量结果来推断全部待测评内容的特征，那种企图使测评内容一应俱全，全面进行测评的想法在实践中是不可行的。

4. 人才测评是相对测评，而不是绝对测评

任何测评从测评的实施者目的来讲，都力求尽量客观地反映被测者素质的实际状况。但再严格的一项素质测评都不会不存在误差，这是由测评的主观性决定的。毕竟人才测评是对人的测评。一方面，测评方案的设计及测评活动的实施都是凭借施测人的个人经验进行的，而不同的施测人对测评目标的理解、测评工具的使用及测评结果分数解释，都难免带有个人色彩，不可能完全一致。另一方面，作为测评对象的人，其素质是抽象的，其构成是复杂的，且测评工具有一定的局限性，由此可见，人才测评既有精确的一面，又有模糊的一面。在人才测评实践中，应强调测评的精确性、科学性。

5. 人才测评是以经验和印象为基础的测量

人才测评离不开观察，而观察的出发点总是依据自身的经验、第一印象、自身的智能状况以及个性特点。对于同一件事或同一个人仅因为观察的方法不同、观察的出发点不同、观察的角度不同，就会做出不同的甚至相反的结论。

因此，人才测评最重要的原则应是客观、公正、准确，所以，从定性走向定量是历史的必然。定量与定性相比，前者比后者更为合理、更为科学、更为有效。所谓定量是指对人员素质的标准进行分解，划分为一定的档次，并对应于相应的分数，根据分数累积的结果来衡量人员的素质。定量方法是对定性方法的一种改善。

（四）人才测评的功能与用途

在企业人力资源开发与管理中，人才测评是基础工程。人才测评是人才决策的主要信息来源之一，是通过科学方法对个体的行为和内在素质进行分析的手段。

人员预测与规划、培养与使用、配置与管理三大环节，都离不开人才测评。人才测评是员工与职位相匹配的最有效手段，是企业人力资源科学配置、优化组合的有效工具，是开创企业人力资源管理新局面的有效方法。

人才测评的最主要的作用，是为人才决策提供科学可靠、客观的依据，提供参考性建议，是人才决策的基本工具。

1. 人才测评的功能

人才测评具有多方面的功能，归纳起来有以下几方面：

(1)甄别和评定功能

这是人才测评最直接、最基础的功能。所谓甄别评定，是指对人才素质状况优劣、水平高低的鉴别评定。甄别是测量个体之间的素质差异；评定是衡量受测者素质构成及其成熟程度，看其是否具备规定的资格条件和常规标准。

(2)自我定位、自我设计与开发功能

并非每个人都能全面详细地了解自己。每一个人都是通过他人来认识自我的，具体地说是通过他人对自己的评价或通过自己与他人的比较来认识自我的。而人员素质测评

则是通过一定的技术设计，使人对自己的素质认识科学化与标准化，通过创设一定的情境让一个人的潜能得到充分的展现，从而达到自我了解、自我设计、自我开发与成才的目的。

(3)诊断和反馈功能

诊断与反馈二者是相互联系、相辅相成的功能。诊断是指通过测评，找出被测者素质构成和发展上的问题及不足。反馈是指根据测评结果，提供调整测评对象素质优缺点的信息，分析缺点和不足及其产生的原因，提出诊断意见和素质优化开发方案，帮助其克服缺点，发扬优势，推动个体素质全面发展。

(4)预测和激励功能

预测和激励功能，与甄别评定及诊断反馈功能紧密相连，并为其所派生。预测功能，是指通过对人才素质现有状态的鉴别评定，来预知推测其素质发展的趋向及其能达到的状况。这种预测的有效性取决于人才素质特征的稳定程度。激励功能，是指通过对人才素质诊断和反馈，使受测者增强进取心，促使其勤奋学习，努力工作，更快、更好地掌握一定的知识和能力，充实完善自我，培养提高自己。测评中的这种导向作用就是激励。

2.人才测评的用途

人才测评是现代人力资源管理工作的重要组成部分，已经成为人力资源管理体系的基础环节和人力资源管理科学化的前提，如图 6-1 所示，其作用大致有以下几方面：

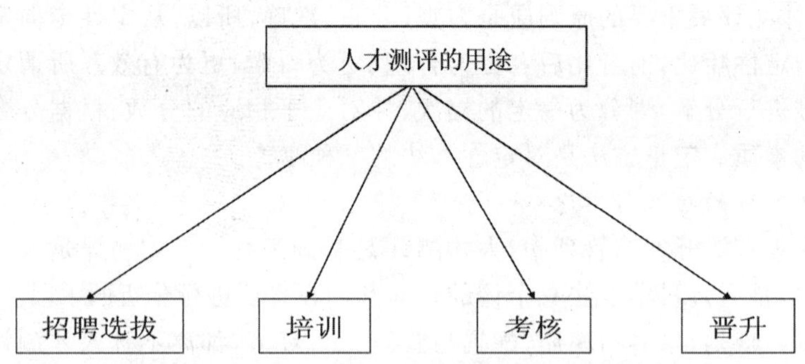

图 6-1　人才测评的用途

(1)人才测评是人员招聘、选拔任用的依据

在人力资源管理领域，人才测评可以用来选拔人才。随着社会及科技的发展，工作本身对人的素质和心理适用性的要求越来越高，那种单凭个人经验的选拔方法无法对人的心理素质进行科学准确的评估。人才测评的运用可以使人才决策更为科学、准确，并可大大提高甄别效率。1989 年至 1992 年，国家公务员录用考试制度开始建立。至 1992 年底，全国 29 个省，国务院 3 个部门都不同程度地采用了人才测评方法补充人员，取得了良好效果。这使得人才测评在社会上引起了人们的广泛关注。同时，我国在高级官员的任职中也开始借用人才测评技术。由于这种选拔方式客观公正，深受社会各界的欢迎。

人才选拔的一个关键技术问题，是如何预测未来工作的绩效。人才测评恰恰可以预测应聘者在将来的工作绩效及能力，通过对个体的人格测评，我们可以预测个体将来工作的方式和风格，以及其融合于团队的可能性。通常对个体的预测与选拔过程是分不开的，对人才的选拔离不开对应聘者未来工作绩效的预测。

(2)人才测评是人力资源科学配置的有效工具

通过对新员工的素质测评,了解其基本素质,以安排最适合他的职位,达到人与事的最佳匹配。

人力资源的配置包括人与事的配置及人与人的配置两个方面。人力资源配置是人力资源管理的基础工程。传统的人才管理由于缺乏人才测评技术,人力资源没有得到科学合理的配置,造成人力资源的闲置、埋没和浪费,影响了社会经济和各项事业的发展。现代人才管理利用人才测评技术,实现了人力资源的优化配置。人才测评的这一作用是由测评的功能派生的。

(3)人才测评是进行人员培训的依据

培训作为人力资源开发的需要,其内容越来越复杂,成本越来越大,怎样提高培训效率与实用性、针对性,使培训能够有的放矢并事半功倍,就需要依靠人才测评。运用人才测评可以诊断员工各方面为工作所需要的素质,描述其素质结构,为制定有效的培训方案提供依据。

(4)人才测评是对员工进行考核的依据

人才测评能够提供关于个体行为的描述,形成对被测者的全面评价,从而为人才考核及培训提供依据。在人力资源管理领域,对员工的能力水平、工作态度及可供开发的潜力等方面进行评价,是对员工进行考核或培训时应了解的信息。而通过人才测评的一些具体方法和手段可以获取以上信息。这是因为,现代的人力资源考核已不能仅仅局限于单纯的工作产出绩效考核,而是越来越多地涉及工作中的行为、态度、胜任力等,这些内容的考核不同于传统的绩效考核,很难由直接的工作产出来表示,这就需要运用专门针对行为和内在素质进行量化描述、分析的人才测评技术。

(5)人才测评是对员工绩效控制与激励的有效手段

人才测评不只是简单地对个体状况作一测评,其测评行为结果还与员工的物质利益有密切联系。因为员工在测评的过程中如果结果优良并获得社会的认可,便可获得社会所提供的良好职位以及相应的物质待遇。在这种物质利益的驱动下,员工为了能在测评过程中取得更好的测评成绩,便会不满足于自己现有的知识、技能和能力,从而在学习和工作中更加勤勉努力,充分挖掘自己的潜能,在工作中更能自觉、主动地奉献自己的才华。

(6)人才测评是晋升的有效依据

当考虑晋升时,针对原有岗位、职务招聘测评的内容可能不适用于新拟担任的职位,需要根据新拟晋升的职位进行测评,确保人与工作的匹配。

在一些企业中,当晋升决策是针对内部候选人时,常常只根据候选人过去的业绩。以为过去业绩好,在新职位上也会成功,这是有失偏颇的。过去的业绩只是候选人在过去职位上做出的,其好的业绩只是表明其符合过去职位的任职要求,但并不表示对其新职位也能胜任。因此,在考察内部人选是否符合晋升职位时,过去业绩固然值得考察,但更重要的是看其是否具备拟聘职位所要求的任职条件。也就是说,应当使用人才测评工具对内部候选人进行系统评价。

(7)人才测评的其他作用

在人力资源管理活动中，除人才招聘/选拔、培训、晋升等需要使用测评技术外，其他人力资源管理活动也可以使用本章介绍的测评技术，如胜任力模型中胜任力的认证；人才职业生涯规划中的职业能力测评、职业个性测评、职业倾向测评、职业价值观测评等，任职资格体系认证除已经说明的对应的认证方法外，其他认证方法可以参考使用本章介绍的测评技术。

关于胜任力认证、职业生涯规划中的测评、任职资格体系认证等，和思顾问集团为企业提供了大量的服务，积累了大量的实践案例，由于篇幅所限，无法在此展开一一介绍给读者。

3.人才测评与人力资源管理部门的关系

尽管人才测评的实施主要是领导与各级直线管理人员的职责，但专职人力资源管理者对测评也负有重要责任，主要包括：

(1)宣传既定测评制度的意义、目的、方法与要求。

(2)在自己部门认真执行既定测评制度以作表率。

(3)督促、检查、帮助本企业各部门贯彻现有的测评制度，培训实施测评的人员。

(4)收集反馈信息，包括存在的问题、难处、批评与建议，记录和积累有关材料，提出改进措施和方案。

(5)设计、试验、改进和完善测评制度，并向有关直线部门建议推广。

(6)根据测评的结果，制订相应的人力资源开发计划和进行相应的人力资源管理决策。

(四)人才测评的基本程序

人才测评的程序依据其测评目的的不同而各有不同。例如，在人才选拔过程中运用人才测评需要涉及测评内容、方式和录用标准等方面，但对于以诊断、评价为目的的人才测评，其测评内容往往是事先确定的，对测评结果也不一定要设定能否接受的标准。一般情况下，人才测评的程序大致如图6-2所示。

企业人才测评的工作程序，就是从测评准备工作开始到测评总结分析结束，它经历了四个阶段，即准备阶段、实施阶段、数据处理阶段和测评结果分析阶段。

1.准备阶段

(1)明确测评对象

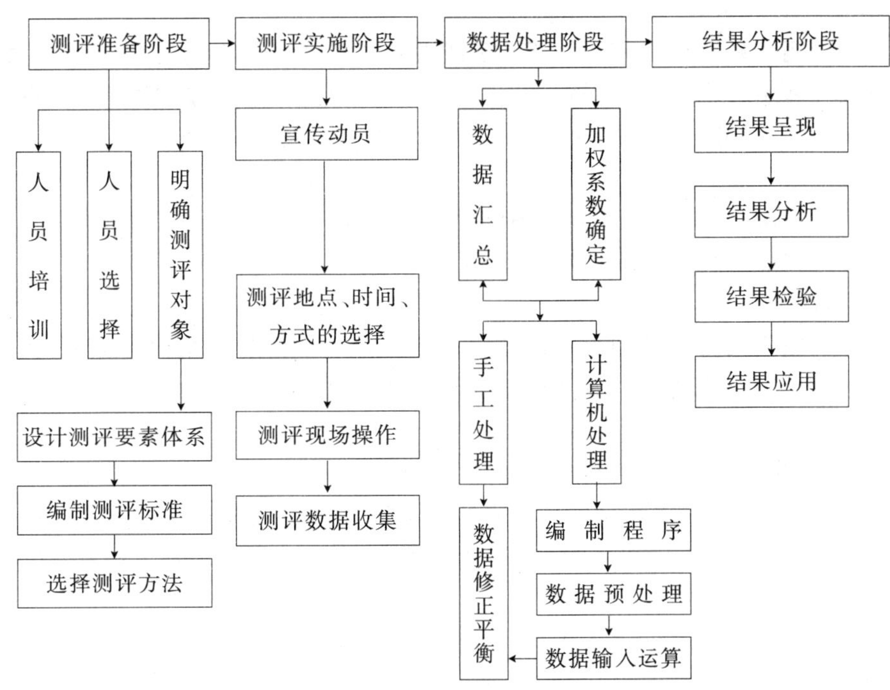

图 6-2 人才测评的程序

根据不同的测评目的确定具体的测评内容是人才测评的第一步。

在人才梯队资源库建设过程中，对后备人才选拔的测评内容设计这一步最为关键，错误的测评内容将导致甄选决策的失败。测评内容应根据所选拔岗位的评估模型（如成功关键因素、胜任力、任职资格要求、以往工作绩效、综合素质等），针对不同职务、不同岗位、不同企业特征及某些特殊需求来确定。

(2)设定选拔标准

以选拔为目的的人才测评，另有一个重要的程序是确定选拔的标准，即确定什么样的应试者可以被企业录用，这种标准的确定可以分两步进行。首先，在确定测量内容的同时确定大致标准，如选用外向者、职业兴趣为经营取向者等；其次，制定精细的标准，它可以是一个绝对的标准（如某一个分数线），通常这种情况是企业采取了“淘劣”策略，即达不到这一基本标准的人绝不录用。它可以是在测评结果出来后，根据组织所需人数或筛选比例确定具体、细致的标准，如某项技能分数百分位达到 85%以上者录用等。这种情况通常是企业采取了“择优”策略，即从应聘者里选拔相对较好的人选。

(3)设计测评方案

测评方案的内容主要有被测对象的选定、素质测评的要素指标和标准指标体系的确定、测评人员的选择、测评方法的选择及测评工具的选定等。

(4)选择测评人员

测评人员的质量和数量对整个测评工作起着举足轻重的作用。合理的人员搭配和人

数的确定，能使测评的标准指标体系发挥预定的效用，达到最佳效果。

(5)培训测评人员

在选定的测评人员中，人员的知识和素质参差不齐，而且各种素质测评的方法，都具有相当的技巧和主观性。所以，就必须对测评人员加以培训，使之了解熟悉并掌握各种方法和相关的知识，尽量避免个人感情因素对测评工作的干扰。

2. 实施阶段

测评的实施阶段是测评小组对被测评对象进行测评以获取个体素质数据的过程。它是整个测评过程的核心。

(1)宣传动员

在测评实施阶段，首先要进行测评前的动员。由人力资源管理部门负责向员工宣传测评的功能及用途，鼓励员工广泛积极地参与测评，力求测评达到最佳效果。

(2)选择测评环境

通常，要求测评的现场环境要空气通畅、新鲜，照明充足，温度、湿度适宜，干净整洁，安静，没有外界干扰，每个被测者的桌椅应尽可能舒适，并有足够的空间，测评最好单独进行，以免应试者相互影响、干扰。如果安排的测评内容较多，不同内容之间应安排适度的休息。

总之，要尽量排除无关因素的干扰，使被测者在一个比较舒适的环境中接受测评，以保证被测者的正常发挥。

(3)测评的操作

测评的工具及方法应根据测评的目的、内容的变化而变化。例如，对应聘营销岗位者的口头表达、情绪控制等方面进行检查，就不宜采用一般的纸笔测验，而最好采用情景模拟测验，如小组讨论测验等。如果应聘者的动机对工作绩效高低有决定性影响，但考虑到一般自陈量表(即基于自我评价的问卷)的动机测验题目表面效度(即从题目表面是否容易看出出题人的意向和答案倾向)过高，或应聘者容易表现出较高的社会赞许性(即题目本身的答案反映了一般社会价值倾向，应答者很容易表现出反应偏差，投其所好)，故可能不适合于在招聘考核中采用时，就可以采用隐蔽性比较高的投射测评(如主题统觉测验)来对应试者的动机进行评定。

测评工具及方法的确定也是非常重要的一步，不恰当的测评工具及方法会使测评结果不能满足测评目的，甚至会导致收集到虚假信息，误导决策的制定。

3. 数据处理阶段

经过了测评的具体操作，得到被测人员的素质测评数据后，接下来就要对此数据进行分析、评价，提出测评结果，以供有关部门使用。

对测评结果的分析通常包括对测评结果的计分、统计和解释。对于心理测评来说，它的计分和统计方法往往是预先建立的，使用者只需按照测评说明进行操作即可。对于已经计算机化操作的测评就更为简单了，在测评完成之后统计结果也立即完成并可打印出报告。

4. 测评结果分析阶段

测评结果的呈现有两种形式：数字描述和文字描述。

数字描述就是利用测评结果的分值对被测人员的素质情况进行描述的方法。这种描述方式是利用数字可比性的特点,对多个人员进行对比。

文字描述是在数字描述基础上,对照各标准体系的内容,用文字描述的形式去评价被测对象的素质。

5.测评结果的应用

对测评结果的分析是为决策提供依据,而决策与目的相联系,所以,人才测评的运用,关键的一步是实现企业目的。

在进行决策的过程中要注意:测评结果只是决策信息的一部分,在参考测评结果的同时,也要考虑其他因素。另外,在进行人才选拔时,测评结果往往只给出参考性建议,实际的决策需要有关部门通盘考虑而做出。

运用人才测评,是出于人力资源管理科学化的目的,反过来,对待人才测评,也需要报以科学的态度。既要尊重科学,追求客观性,推动人才测评在实际工作中的运用,又要合理地看待人才测评的可靠性和有效性,不宜过分夸大它的精度和适用范围。因为人才测评这种针对人(人的行为及其内在品质)的度量是有精度上的限制和误差的。拒不采用有效的客观的人才测评辅佐人力资源管理是不科学的,盲目使用甚至滥用人才测评乃至造成对被测者和组织的损害,也是不科学的和不道德的。

最后,在测评结束以后,还需要对测评结果进行跟踪反馈为测评取得经验性资料。为测评的进一步校正以达到更大精确度提供依据。

二、人才测评技术原理

人才测评哲学原理从理论前提的角度揭示了人的素质是可知的,人才测评的技术原理则着重阐明人才测评的技术保障系统,即人才测评有效的若干技术保障条件,如难度、区分度、信度、效度等。

(一)难度、区分度

试题的难度和区分度是衡量测评工具(试题)质量的两个指标参数,两者相互区别、相互联系,并直接影响和决定着人才测评的鉴别性。

1.难度

测评题目的难度水平影响到测评的客观性。如果测评的题目太容易,所有人都能成功地完成所有项目,得分都很高;如果测评题目太难,使得大部分人的得分都很低,会使所有被测者的反应趋于一致,抹杀了个体差异,无法在某一素质上将不同的被测者很好地区分开来,致使测评的目的无法达到。

试题的难度,是指应试者解答试题的难易程度,对于能力测评来说,难度就是测评题目是难还是易,这种测评往往有一个反映难度水平的指标。一般用如下公式计算:

$$P = A\frac{R}{N}$$

式中:P——试题的难度指数;

R——试题的答对人数;

N——参与选拔总人数。

以通过率表示难度时，通过人数越多（即 P 值越大），题目越容易，难度越低；P 值越小，题目越难。所以有些人也将 P 值称为难易度。

难度修正：如果试题是多项选择题，则由于猜测因素的影响，答对题的人数比率可能会增加，而且选择项越少，答对的机会越大，被试者的得分可能会比被试的真实得分高，为了平衡这种现象，吉尔福提出了一个修正公式：

$$CP=\frac{KP-1}{K-1}$$

式中：CP——修正后的试题难度；

P——修正前的试题难度；

K——选项的数量。

假定某试题难度值为 0.7；如果该题有 5 个选项，则校正后通过率实为 $CP=\frac{5\times0.7-1}{5-1}=0.63$。同样可以得知，在 4 个选项时，CP＝0.6；是非题时（2 个选项），CP＝0.4。当测评汇总试题的选项数目不同时，使用这个公式计算测评的难度较为适合。从公式不难看出，当 K 很大时，即选项数目很大、猜测概率很小时，CP 的值就会很接近 P 值。

一般认为试题的难度值在 0.3～0.7 之间比较合适，整份试卷的平均难度值最好在 0.5 左右，高于 0.7 和低于 0.3 的试题不能太多。

2. 区分度

区分度是反映测评工具（如试题）区分应试人能力水平高低的指标。区分度高的试题，可使水平高的应试者得高分，水平低的得低分，因此可拉开不同水平应试者的距离；区分度低的试题则拉不开，甚至反映不出不同应试者的水平差异。

试题的区分度与试题的难度直接相关。调整试题的难度，是提高试题区分度的重要方法。通常来说，试题具有中等难度，其区分度较大，另外，试题的区分度与应试者的水平密切相关，只有试题的难度与应试者的能力水平相适应，才能发挥试题最好的区分效果。

一般来说，试题难度只有等于或略低于应试者的实际能力，才能发挥试题固有的区分性能。区分度一般可以用以下公式来计算：

$$D=\frac{H-L}{N}$$

式中：D——区分度指数；

H——高分组答对题的人数；

L——低分组答对题人数；

N——应试者总人数（高分组人数＋低分组人数）。

高分组和低分组指试卷总分高的应试者和试卷总分低的应试者。

区分度指数越高，试题的区分能力就越强。一般认为，区分度指数高于 0.3，试题便可以被接受。

（二）信度

1. 信度的含义

信度又叫可靠度。信度是指人才测评所测得的结果的一致性和稳定性。具体说，信度是指测评得分在不同的时间和采用不同的方法时，应取得一致的结果。假如对某一候选人进行测评,第一次的结果得分为 80 分,第二次的结果得分为 50 分,那么这套题所测结果的可靠性就有问题了。

信度通常是以两次等价测评结果的相关联、相一致的程度,即相关系数来表示。相关系数等于 1,表明测评工具(如试卷)完全可靠;相关系数为 0,则表明该测评工具绝对不可靠。信度系数为 1 的结果在现实中很难找到,因为任何一次测评在不同程度上都受主客观因素的影响。所以在实施测评时,尽可能减少误差,人才测评一般要求信度在 0.7 以上。

在研究信度时,主要应考虑两方面问题:

(1)稳定性问题

涉及以下几个方面:

①测验分数一致性的程度,即不同时间、不同测验条件下所得分数之间的一致性有多大;

②一个人的获得分数与"真实分数"之间接近程度如何;

③测评的测量一致性是否可以达到实际应用的程度等问题。

(2)影响稳定性的原因分析

影响稳定性(即测评分数不稳定、不一致)应从下面两点分析原因:

①什么因素造成了这种差异;

②这些效应的相对作用如何。

2.影响信度的因素

我们可以将影响信度的因素归纳为 5 个方面:

(1)受试者方面的影响因素可以分为两部分来考察,就受试者个人来说影响因素有:应试动机、测验经验、身心健康状况、注意力、持久性、求胜心、作答态度等都在随时变动。就受试者作为团体来说团体的异质性和团体的平均水平也是重要的影响因素。

(2)主试者方面的影响因素有:不按规定实施面谈或测验、制造紧张气氛、给予某些被试者特别协助、评分主观等等。

(3)内容方面的影响因素有:测评题目取样不当、内部一致性低、题目数量过多或者过少、题目意义含糊,等等。一般来说,在测评中增加同质的题目,可以增加信度。

(4)测评场地方面的影响因素有:面谈或者测验的现场条件(通风、温度、光线、噪音、桌面好坏、空间宽窄等等)。

(5)测评中意外干扰的影响因素有:如停电、计时设备出了问题、题目或答题纸出了问题、考场上有人生病,等等。

因为影响信度的因素不可能完全避免,所以应对信度反映的真实程度进行评估。

3.信度评估方法

信度的评估方法主要有三种:再测信度、复本信度和内部一致性信度。

(1)再测信度

再测信度是指将一份试卷在相同的条件下对同一组考生先后实施两次。两次测评结果的相关系数就是再测信度。我们可能会对头一次测评所得的分数与第二次同样的测评所得到的分数之间的相关性感兴趣。显然,如果我们所要测评的特征是比较稳定的(就像

智力和诚实性那样)，而且两次测评的相隔时间较短，那么两次测评结果之间的相关度应该很高。如果两次测评分数之间的相关度很低，那么就说明该测评工具不具有一致性——因而是不可靠的。这就是我们通常所说的再测信度评价。

再次测评结果的相关系数就是再测信度。再次测评有利也有弊。从理论上讲，任何一件东西，包括一份试卷，只有经得起重复测验，才能证明其有相同的属性。

(2)复本信度

复本信度又称为稳定性系数，它的计量方法是采用重测法：用不同的测评，在不同时间对同一群体施测两次，这两次测验分数的相关系数(采用积差相关系数)即为复本信度。

复本信度避免了再测信度的弊端，由于被测的复本内容不同，被试者对第一份试卷的回忆和复习并不影响第二份试卷的答题。而且，第二次考试的内容并不是第一次的重复，被试人的兴趣也不一定降低。但是，在命题时要使两套试卷完全平行等值，难度很大。

①复本信度的主要优点

◆能够避免再测信度的一些问题，如记忆效果、练习效应等；

◆适用于在进行长期追踪研究或调查某些干涉变量对测验成绩的影响；

◆减少了辅导或作弊的可能性。

②复本信度存在的缺点

◆如果测量的行为易受练习的影响，则复本信度只能减少而不能消除这种影响；

◆有些测评的性质会由于重复而发生改变，例如某些问题解决型的经验，如果掌握了解题原则，就有可能产生迁移，尤其当复本只是在题目具体内容上有改变时，这种正迁移的作用会很强；

◆有些测验很难找到合适的复本。

(3)内部一致性信度

内部一致性信度指试卷内部各题之间的一致性。其优点是只需要一份试卷而且只需要测评一次。避免了再测信度和复本信度的弱点。在信度评估中，内部一致性信度最常用。内部一致性信度的计算方法主要有两种，常用的一种是将试卷一分为二，然后计算一半试卷与另一半试卷之间的相关系数，其结果也称对半信度、折半信度或分半信度(split-half)。对半信度的特点在于分半的方法是将试卷中编号为奇数的试题和编号为偶数的试题分成两组。

(三)效度

1.效度的含义

效度是指测评有效性或者正确性，是指一种评判技术能够真正衡量的对象的程度。也就是说这种技术是否测量了它要测定的东西，是否达到它所预定的测评目标。也就是测量绩效与实际工作绩效之间相关程度。如一份行政学试卷，应该只能测评行政学方面的知识，而不是其他学科的知识，否则就是无效测评。

效度与可信度不同，它是用来评价选拔测评的准确性，即选拔测评与实际工作表现的相关程度。如果在测评分数和实际工作绩效分数间存在明显相关关系，那么便可以证明这种测评具有高的效度。

2.效度的种类

效度从种类上可以区分为卷面效度、内容效度、构想效度、预测效度和同时效度。

(1)卷面效度

卷面效度是指在一次人才测评中所有的工具(如试卷)要测评的东西看上去像它所要测评的东西,例如一份测评汉语发音的试卷,只要求考生在答题纸上做多项选择题,很难说这张试卷有卷面效度。卷面效度能在试卷命题之后、定型之前,为试卷的修改提供一种快捷、简便、合理的指导。因此,在试卷命题时,最好是专家负责进行,以保证试卷至少有某种卷面效度。但是,卷面效度有很大的问题,卷面效度的科学性也存在争论。一些教育和心理测评专家不把卷面效度包括在效度的概念之内,但在实践中,卷面效度是一个很重要、很实用的概念。

(2)内容效度

内容效度是指一份试卷所设计的项目、提出的问题或设置的难题在多大程度上能够代表实际的工作情景或反映出工作中存在的典型问题,所测量的内容是否代表它应该测量的内容。其一是内容是否具有相关性,其二是内容是否有代表性,其三是内容是否适合特定的对象。如,一个课堂考试的题目,是否是该课程中所教授的教材和技能的最好取样。

我们都很熟悉进入美国大学研究生院做研究生之前要通过的GRE(Graduate Record Examination)考试。这一考试能够多年来为美国大学研究生院录用新生所利用,是由于实践证明,能够在GRE中取得好成绩的人,大多数也能够在大学的研究生院取得好成绩,即这一考试被证明是有效的考试。在筛选和录用过程中,公司应该明白,他们使用的筛选技术和方法都应该是被证明有效的。这个证明筛选录用技术或方法有效的过程就是使其产生效度的过程。

①内容效度的评估方法

内容效度的确定一般没有可用的数量化指标,只能靠推理和判断来进行评估。较好的内容效度依赖于两个条件:

◆测评内容范围明确;

◆测评内容的取样有代表性。

因此,要保证良好的内容效度,应该从编制测评开始,谨慎地选择合适的测评题目。

②一个测评要具备内容效度必须具备的条件

◆要有定义完好的内容范围

所谓内容范围,可以是一个明确而有限的题目总体(如100以内的四则运算),也可以是由招聘者编制的范围较广的材料或者技能,可以包括具体的知识,也可以是复杂的行为。

◆测验题目应该是所界定的内容范围的代表取样

所谓代表取样,意味着根据材料与技能的重要性来选择题目,以便使选出的题目能够包含所测内容范围的主要方面,并使各方面题目比例得当。

③内容效度的确定

内容效度主要是通过专家的判断过程测定出来的。将内容效度加以量化的方法之一是利用内容效度比率(CVR)来测定内容效度的高低程度。为了计算这种比率,可以把能够称得上是某种工作的专家的各种人都召集在一起，让他们对每一项测评（或测评项目）进行审查，然后根据每一测评所测出的技能或知识对于工作是否必要来对测评进行分类。内容效度比率可由下面的公式得出：

$$CVR = \frac{Ne - N/2}{N/2}$$

式中：CVR——内容效度比率；

Ne——将项目评为“必要”的人数；

N——参加评价的总人数。

如果所有的专家都认为该项目是“必要”的，那么 CVR 值就为 1.0。如果所有的专家都认为该项目是“不必要的”，那么 CVR 值就为－1.0。而 CVR 值为 0.00 则表明参加评价的专家对于该项目是否必要存在截然相反的看法。

在操作过程中为了使内容效度的确定过程更为客观，可以依次采用如下步骤：

◆确定试题范围，即描述有关的知识与技能及所用材料的来源；

◆编制试题细目表，确定内容和技能各自所占的比重，并由试题编制人员确定各题所测评的是何内容与技能；

◆制定评定量表来测评试题的整个效度及特点，如测评包括的内容、技能、材料的重要程度、题目对内容的适用性等。

内容效度的确定还可采用经验的方法，例如，对于成绩测评可以检查不同年级的被试的总分和每题分数变化的情况。一般而言，如果随着年龄增高，被试的分数和每个题目的通过率也随着升高，就可以推测该测评基本测评了学校的教学内容和目标，这也是测评的内容效度的证据之一。

内容效度的确定也可采用一些统计分析方法。如计算两个评分者之间评定的一致性，即考虑评分者信度。虽然它所代表的是判断信度，但由于来自两个独立的评判者，因此符合程度越高越能反映测评的内容效度。克伦巴赫还提出，内容效度可以由两个独立的但取自同样内容范围的测评得分的相关度（即复本信度）来作数量上的估计。若两者相关度高，就有证据表明它们具有内容效度；若相关度低，则这两者中至少有一者缺乏内容效度。

④内容效度的应用

内容效度最适合于评估教育和职业成就测评，在这种应用中，通过对内容效度的评价可以回答以下两个问题：

◆该测评是否是应考察的某种技能和知识的代表性样本；

◆测评的成绩是否不受无关因素的影响。

其中，内容效度对效标参照测评尤为重要，因为在效标参照测评中，被试者的表现往往以测评内容来解释。

内容效度也适合于某些用于选拔和分类的人才测评。在这种测评中，测评内容是实际工作的一个样本，应包含实际工作所需要的技能和知识。在这种情况下，应该通过内容效度的分析来确定测评是否的确测量了实际工作中所需要的知识和技能。

内容效度的评估一般不适用于能力倾向测评和人格测评。能力倾向和人格测评不太要求与所取样的行为领域的内在相似性，其测评题目的选择更多地受某种假设的指导，这种假设的正确与否最后由测评的其他效度形式来确定。此外，能力倾向和人格测评与成就测评不同，它们不是建立在某种教学课程或工作知识与技能的基础上。在对相同题目作测评时，每个被试者使用的方法和心理过程是很不相同的，同一测评对不同的被试者来说测评的是不同的心理过程。在这种情况下，不可能从检查测评的内容来确定测评的功能。

内容效度在应用中具有两点局限性。

◆隐藏在内容效度背后的一个假设是，将来被聘用的人在被聘用时已经具备了一定的知识、技术或能力。因此，当企业准备在挑选和录用了求职者之后再通过正式的培训计划来教他们掌握工作所必需的技能的时候，内容效度就不太合适了。

◆由于主观判断在内容效度中所起的作用很大，因而将判断过程中的推测成分降至最小就显得非常关键。因此，评价者的评定应当以某种相对具体和可观察的行为（比如，“求职者对常见建筑错误的探查”，或者“安排一个最佳的二级承包商工作时间表”等）为依据来作出。

(3)构想效度

构想效度指一次测评所要测评的能力是否符合有关理论所假设的能力。构想效度是一个相对概念。通常指一些抽象的、假设性的概念或特质，如智力、创造力、言语流畅性、心理承受力等。这些构想往往无法直接观察，但是每个构想都有其心理上的理论基础和客观现实性，都可以通过各种可观察的材料加以确定。

构想效度关注的问题是：测评是否能正确反映理论构想的特性。比如说，一项言语流畅性测评所测评的是不是真正的言语流畅性，是否对言语流畅性的理论概念中所包含的所有特点（如语速、语句间的逻辑性、口误的数量等）都进行了测评。

一般而言，要确定一个测评的构想效度，包括三个基本步骤：

①建立理论框架，以解释被试者在测评上的表现。

②依据理论框架，推演出各种有关测评成绩的假设。

③以逻辑和实证的方法来验证假设，根据这些累积材料决定这种理论是否能恰当地解释现有材料；如果不能做出恰当解释，则应该修正。

(3)与标准相关的效度

与标准相关的效度又可以划分为两种类型：预测效度及同时效度，分析涉及的时间期间是这两种效度的主要区别。

①预测效度

预测效度又被称为“未来雇员法”。试图在聘用之前的测评分数与聘用之后的实际工作绩效之间建立一种经验联系。为了更好地了解预测效度的概念，我们首先需要了解使一种评判方式产生效度的目的，其目的是根据在一种评判方式中的表现和一个标准（如及格分数线）之间建立关系。一旦一种评判方式被赋予了效度，它就可以在录用过程中被用于对应聘者进行筛选。预测效度的过程如图 6-3 所示。

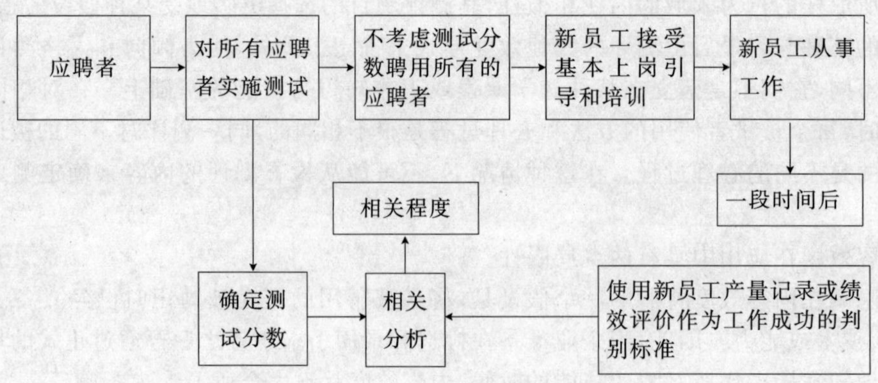

图 6-3 预测有效过程

对那些被录用的人,在将来的一个比较长的时期内需要仔细地收集他们的工作表现资料,同时将这些表现与他们在新的测验中的成绩进行比较,如果发现在工作表现和成绩之间有密切的相关关系时,就能够在将来的录用过程中使用新的测验方法了。由此可见,这个过程是比较复杂的,而且是很耗费时间的。

◆需要在大的企业或者公司进行,并且在比较长的时期收集相关资料。

◆由于需要在长时期内收集资料,必须保证相关的人员在分析期内不离开企业。

◆在收集资料的时间内,企业必须有其他的筛选方法或者工具。

②同时效度

同时效度有时又被称为"当前雇员方法",即对已经处在工作岗位上的在职者进行测评,然后再考察所得到的测评分数与这些被测者在目前岗位上的工作绩效衡量结果之间存在怎样相关关系。这个方法的目的与预测效度是一样的。通过对评判工具或者方法赋予效度,就可以对申请者能否成功地完成其申请职位的工作任务进行推测。同时效度的过程如图 6-4 所示。

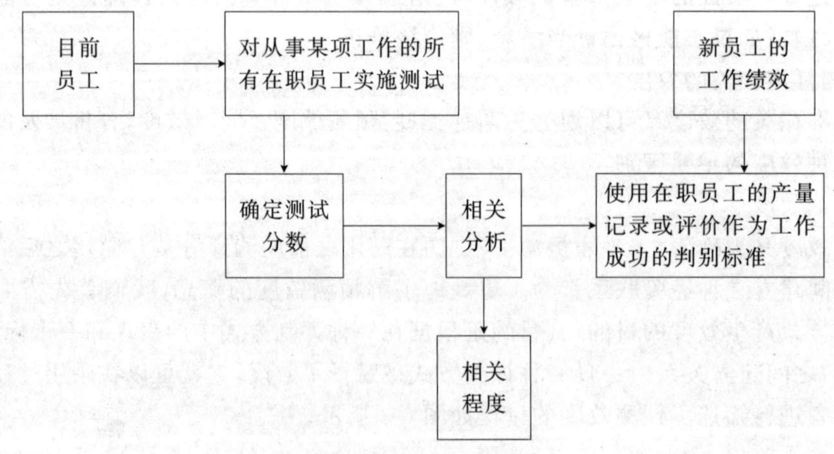

图 6-4 同时效度过程

③同时效度与预测效度的区别

这两种方法的主要区别在于，分析所涉及的时间是不同的。预测效度收集的资料是两个不同时间的资料。而同时效度的资料是同一时间的资料。图 6-5 比较了这两种不同效度的研究方法。

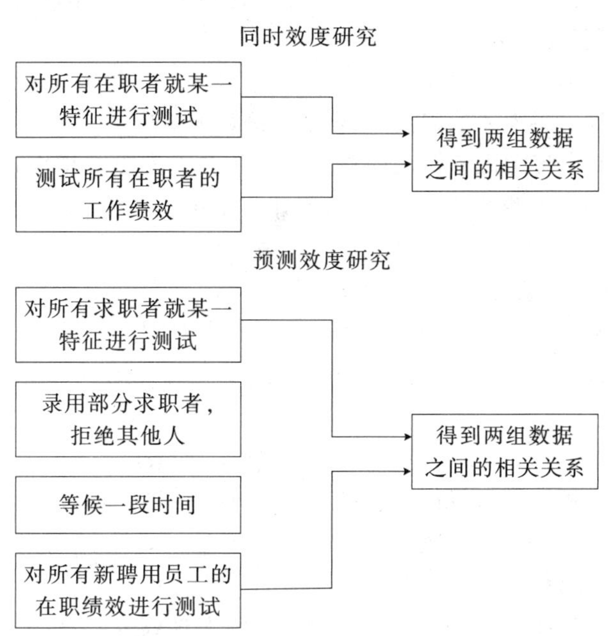

图 6-5 同时效度研究与预测效度研究的思路图

尽管预测效度需要付出更多的时间和精力，但是，由于以下几个方面的原因，它仍然是优于同时效度的。

第一，求职者通常会比在职者有更大的动力在测评中表现得更好一些。

第二，在职员工已经学习了许多求职者所没有学过的东西。因此，在职员工的测评分数与其工作绩效衡量结果之间的相关关系，同掌握工作知识较少的求职者的测评分数与其工作绩效之间的相关关系并不一定是一致的。

第三，在职者往往具有一定的同质性，也就是说，他们在许多特征上都是很相似的。

因此，在许多取得工作上的成功所必备的特性方面，大多数在职员工之间的差别往往会局限于一个很小的范围之内。而这种差异的局限性就使得你很难发现预测分数与工作绩效得分之间的关系，因为有为数不少的在职员工在你希望进行效度评定的这些特征上会得到很低的分数。

3. 效度与信度的关系

信度与效度的差别在于所考虑的误差不同。信度评估的是随机误差，效度评估的是与测评目的无关的系统误差。我们以游标卡尺为例，由于设计的原因，或者可能受到工具制作工艺、刻度刻画、金属材料的温度特性等因素的影响，卡尺对长度的反映会出现误差。这些必然现象主要是由于量具自身的原因造成的，而且具有稳定性，不管谁来使用、什么

时候使用，都会发生同样规律的误差，因此是系统误差。这也正是效度要考虑的因素。作为一个好的量具，都有一个确定的系统误差的说明，表明该量具的精度范围，这样使用者就可以知道该量具的精确、可靠程度。测量物体是如此，测量人就更是如此了。而另一方面，每一次使用卡尺、不同的人使用卡尺，造成的误差也不同，这种误差主要是随机误差，是偶然性的、不稳定的。即测量的一致性如何，它是信度要考虑的内容。由此可见，测验的效度受其信度的制约。

4.影响效度的因素

凡是能造成测评结果误差的因素，都会影响测评的效度。一个测评的效度高低，很大程度上取决于该测评受无关因素影响的程度。受无关因素影响越小，则效度越高。由测评本身带来的影响因素有测评题目的质量、测评实施中的干扰、测验的长度、被试者的因素等。

(1)被试者的影响因素

被试者反应定势、测验动机、情绪和身心状态都会对测评的结果造成影响，所以这些也将会影响测评效度。

(2)测评的长度

一般来说，增加测评的长度可以提高测评的信度，而效度系数能否达到最大值也受信度的影响，因此，增加测评的题目往往也能提高测评的效度。不过，效度增加的前提是这些增加的题目必须与测评的目标相关。

(3)测评题目的质量

题目的指导语不明确、试题的表达不清晰、试题太难或太容易、题目中出现额外的线索、答案设计不合理、题目过少、试题的安排和组织不恰当、试题不符合测评目的等因素，都会影响测评的效度，使效度降低。

(4)实施测评时的干扰因素

测评的环境太差、被试者不遵从指导语、计分错误，都会使测评的效度降低。对于效标效度，效标获取的时间与测评时间相隔越长，测评结果与效标的关系受无关因素的影响越大，所求得的效度必定越低。很显然，这些因素使得测评分数反映的不单是测评内容，而且是无关因素的干扰。细心的读者会注意到，这些因素同样也会影响信度，因为它们会使测评结果波动不定。

三、人才测评的内容和方法

(一)人才测评的理论原理

人才测评的原理是在综合了哲学、系统科学、行为科学、领导科学、心理学、应用数学、模糊数学等科学研究成果的基础上，通过人力资源测评的实践，不断总结和发展起来的。它是对人才测评工程中带有普遍意义的客观规律的认识，是指导人才测评的理论依据。

人才测评的理论原理主要有：动静结合原理、模糊与精确原理、定性与定量原理、测量与评定原理、个体差异原理等。

1.动静结合原理

测评各类人员的素质时，既要考察人们在一定稳定情况下的行为，又要考察在动态条件下的行为;既要保持测评手段和方法的相对稳定性,又要注意测评手段和方法的动态发展性,即把稳定与发展变化有机地结合起来。

2.模糊与精确原理

模糊是指由于概念外延的不明确而引起的判断上的不确定性。精确是指对事物判断的确定性。人员素质测评就是模糊与精确的统一。在人员素质定量化的描述中,既要体现定量化的精确,同时又要明确性地运用模糊原则和方法,使人员素质差异客观地定量地表现出来。

3.定性与定量原理

定性是对人与事的本质属性进行鉴别与确定。定量是通过数学符号来表现人员素质的特征。定性通常注重"质"的方面,而定量通常注重"量"的方面。定量是定性的基础,定性则是定量的出发点和结果。定量只能作为阐明定性的客观基础,定性也只能作为定量的前提和归宿。定性与定量原理的实质就是通过人才管理的丰富经验与数学方法相结合,使测评标准和计量方法有机地统一起来,提高人员素质与数量之间的一致性。

4.测量与评定相统一的原理

测评和评定是人员素质测评活动中相对应的,既相互联系又相互区别的两个方面。测量是评定的基础,评定是测量的继续和深化。没有准确客观的测量,就不会有科学合理的评定;离开了科学合理的评定,即使有准确客观的测量,也难以正确测评人员的素质。这两者是一个统一的、不可分割的有机整体。

5.个体差异原理

个体差异包括能力差异和个体差异。能力差异是指人与人之间在智力和体力两方面的差异,是由性别、年龄、地区、种族、职业、文化的不同而造成的差异。个性差异亦称为人格差异,主要指人的气质、动机、兴趣、追求、态度、性格、价值观等方面的差异。

由于人和人之间客观存在着个体差异,因此,在人员素质测评中,我们只有摸清人员的能力差异和人格差异,才能客观地合理地测评人员素质。

(二)人才测评的命题原则

人才测评是一项十分复杂的社会实践活动。成功的测评,不仅需要有周密的设计、科学的方法、精心的组织、缜密的管理,而且要有融科学性和技术性为一体的测评命题。其中,命题是测评过程的中心环节,是提高测评信度和效度的决定性因素。科学的命题需要以下原理为指导。

1.抽样应具有代表性

一个人所掌握的知识和能力,虽然是可测的有限总体,如果测评能够对这个总体进行全面测查,其结果当然是最精确的了。但是由于各种条件的限制,测评不可能对总体进行全面测查,只有通过部分了解总体,即从总体中抽取具有代表性或实质性的一部分作为样本,这就是"抽样"。通过对样本的测评研究,从而达到了解总体的目的。

2.难易适度

试题难易适度,是指测评中所命试题的难易程度指数的高低适宜,能够客观地反映被试者的实际水平。如果在测评中,所有的被试者全部得满分或全部得零分,这种测评结果是没有什么实际参考价值的。所以,按照命题的客观标准和被试者的实际水平,合理确定

试题的难易程度，是考试命题的重要依据之一。

3.表述简明

在试题中对被试者提出作答要求的表达语或指导语，语意要清楚，文字要尽量简明扼要，通俗易懂，要避免使用生涩的字词，保证被试者在作答过程中，不受语言能力障碍，减少无关因素对考分的影响。

4.相对独立

试题之间彼此独立，是指各试题答案的独立性和唯一性，题与题之间不能有暗示答案的线索。每一题都必须靠被试者积极主动地去追忆、思考，而不靠已有的答案去推理或演绎。在命题中坚持试题之间彼此独立原则，是提高测评信度和效度的需要。

5.与答案同步进行

命题与答案同步进行，是指在命题的同时一并将试题的答案确定下来。命题中的这一要求，主要是为了避免在评分时评分者对试题答案认识的差异性和主观随意性，以及因作答结果不同而任意制定评分标准而提出来的。试题的答案不应在测评之后临时确定，而应与命题同步进行。

6.有利于客观评分

试题应有利于客观评分，在命题当中，所命试题要有利于客观地反映被试者的真实水平和能力，在评分中减少或不受主观随意性因素影响作为命题的基本要求。

（三）人才测评实施的指导原则

1.提高标准化程度

标准化是人才测评的重要条件之一，它是指测评的一致性。具体来说，标准化指的是测评条件共同性，在同一条件下，能够对测评中无关因素加以控制，从而使误差减小至最低程度。标准化的过程包括统一内容、统一施测、统一指导语、统一时限、统一评分标准、统一分数解释等。

2.坚持全面、客观、公正的测评原则

全面、客观、公正原则是人才测评的基本原则，是人才测评机构及有关人员的基本道德要求，是人才测评结果科学可靠的前提和保证。全面、客观、公正三者之间相互联系，相互依存，全面和客观是实现公正的基础和前提。同样，只有公正，测评才能使测评结果全面客观。

3.坚持经济、合理的测评原则

经济合理是测评的经济学原则。人才测评与物理测量有着很大的区别。相对来说，物理测量比较简单，借助一定的测量工具可以直接实施测量；人的心理及其表现出来的现象是十分复杂的，自然人才测评也比较复杂，一般不能直接测评，通常要凭借一定的工具，进行间接测量，通常人才测评的复杂程度与测评的费用成正相关，也就是说，测评过程和程序愈复杂，花费的成本就愈高。在测评实施过程中，在考虑测评有效性和可靠性的同时，要尽量根据测评目的，按照经济原则合理安排测评程序，避免不相关的测评程序，以最低的成本实现测评目的。

4.坚持使素质与绩效相结合的测评原则

人才测评的最重要目的，就是通过测评全面了解被试者的德才等各方面的情况。要实现这个目的，单纯进行素质测评或绩效测评都不全面。素质是内存于个体自身的潜能，绩效则是素质与外在环境相互作用的结果，两者相互依存，相互联系。人才测评实施中，既要看素质，又要看绩效，才能达到目的。

（四）人才测评遵循的准则

1.将测评当作补充

不要把测评当作唯一的选拔技术，而是要把测评与其他选拔技术联系起来，综合运用。

因为测评并不总是有效，即使在最好的情况下，测评分数通常也只能解释绩效测量差异的25%。此外，测评通常能够更好地告诉你谁不能胜任工作，而不是谁能胜任工作。

2.使测评对自己有效

测评只在其他组织中被证明有效是不够的。一项良好的测评标准和测评结果应该在自己的组织中被实践证明是有效的，这些测评标准和结果才是可用的。

3.分析所有现有员工的绩效

分析所有现有员工的绩效要注意以下问题：

(1)在雇佣过程的每一阶段中，有多少应聘者被拒绝？

(2)为什么用这个标准？从实际工作行为角度看，这意味着什么？

注意：证明预测因子（例如智商）与工作成功或失败的相关，始终是测评的重要任务。

4.保留准确的记录

保留拒绝每一位候选人理由的记录十分重要。你必须尽量客观地说明你为什么拒绝某候选人。你可能必须在事后证明你拒绝候选人的理由是充分的。

5.验证测评方案的工作

如果你目前不使用测评，或你使用未经有效化的测评，你需要现在就开始做测评方案验证的工作。你最好这样进行预测验证研究：对候选人施测，不照测评分数雇佣候选人，然后在日后将他们的工作绩效与测评分数进行比较。

6.运用专家

选拔标准（包括测评）的开发、验证和使用，通常需要专家帮助。

7.选择恰当的测评环境

应当在隐蔽、安静、光照充足、通风良好的地方进行测评，并且所有候选人应当在同样环境下接受测评。

测评结束后，测评结果要严格保密，只提供给有合法信息需求，并且有能力理解和解释测评分数的人。

（五）人才测评的内容

人才测评按内容来分，包括生理素质测评、心理素质测评、知识素质测评和工作样本测评，如表6-1所示；按测评技术划分，有定性测评和定量测评；按测评服务用途划分有选拔性测评、配置性测评和诊断性测评。

表 6-1　人才测评内容和类型

<table>
<tr><th>人才测评分类</th><th colspan="4">分 类 说 明</th></tr>
<tr><td>生理素质</td><td colspan="4">指人的健康状况，一般组织会对员工的生理素质提出要求，如要求健康状况良好等</td></tr>
<tr><td rowspan="8">心理素质</td><td rowspan="8">胜任力</td><td rowspan="3">个人能力</td><td>一般能力</td><td>主要包括观察力、记忆力、思维力、想象力</td></tr>
<tr><td>特殊能力</td><td>指经过学习和锻炼发展起来的能力，比如文字能力、语言能力、计算能力、音乐能力、空间能力、运动能力、身体能力（如手指灵活度与灵巧度）等</td></tr>
<tr><td>专业能力</td><td>从事某种工作所特别需要的能力，如领导力、决策能力、人事能力，及选拔继任人才的“成功关键因素”、胜任力模型中的核心能力等</td></tr>
<tr><td rowspan="2">人格特征</td><td>气　质</td><td>分为胆汁质、多血质、黏液质、抑郁质</td></tr>
<tr><td>性　格</td><td>分为挑剔型、外向型、成功型、创造型、研究型、合作型等</td></tr>
<tr><td rowspan="3">职业倾向</td><td>动　机</td><td>员工职业活动的动力和方向，具有引发、指引和激励功能</td></tr>
<tr><td>兴　趣</td><td>指个人对某种职业或工作所持的态度和积极性</td></tr>
<tr><td>价值观</td><td>职业价值观是人们在选择职业时对职业给人的回报的偏好，涉及自己从所选择的职业中可以获得的乐趣和报酬</td></tr>
<tr><td>知识素质</td><td colspan="4">主要和员工所接受的教育程度、学习的专业相关</td></tr>
<tr><td>工作表现测评</td><td colspan="4">指对员工在日常工作中已经表现出来的行为和结果进行测评，包括员工的思想作风、品德、纪律性、责任感及工作绩效等</td></tr>
</table>

1. 个人能力测评

职业能力测评是衡量一个人学习及完成一项工作的能力。心理学家将人的能力分为一般能力（智力）和特殊能力（技能）。

（1）一般能力也称为智力，它是先天就具有或通过学习获得的，一般能力包括：注意力、观察力、记忆力、思维能力、想象力等。

（2）特殊能力也称为技能，是指经过学习和锻炼发展起来的能力，比如语言能力、计算能力、音乐能力、空间能力、运动能力、身体能力（如手指灵活度与灵巧度）等。

运动能力测评包括协调性和敏捷性测评，而身体能力测评包括力量和耐力测验。你可能希望对多种运动能力进行测评，包括手指灵巧性、手工操作灵巧性、手臂运动速度、反应时间等。斯特隆伯格敏捷性测评就是一例。该测评简单判断速度和准确性，以及手指、手和手臂的运动速度。其他测评还有克劳福德小零件灵巧性测评、明尼苏达操作速度测评和普度拼板测评。

虽然科技的进步与自动化发展使体力要求在许多职业中有了减少，但有些工作仍旧需要某些特定的身体能力。在这些情况下，身体能力测评就不仅有利于预测出未来的工作绩效，而且还有利于预测可能会出现的工作伤害等情况。在身体能力测评领域一共可以划分出七种类型的测评：

①肌肉张力；

②肌肉力量；

③肌肉耐力；

④心肌耐力；

⑤灵活性；

⑥平衡能力；

⑦协调能力。

这些测评与某些工作的工作目的关联度是相当高的。在决定是否要使用这些测评时，有两个关键问题需要问一问。第一，这种身体能力测评对完成工作来说是必需的并且在工作描述中事先明确说明了吗？第二，求职者不能充分完成工作是否会导致求职者本人、其同事或者公司客户的安全与健康遭受风险？

(3)专业能力是指所从事的工作/岗位特别需要的专业能力，在人才梯队建设对人才进行选拔测评时，一般会有“关键成功因素”或胜任力模型，这些因素/模型都对特定的岗位提出了能力要求，如沟通能力、分析判断能力、计划组织能力、管理控制能力、应变能力、执行力、创新能力、领导能力、决断力、人际关系能力、团队合作能力、承受压力的能力等。

2.人格特征测评

关于个性，心理学家还没有一个统一的定义。我们可以将其理解为人们所具有的个体独特的、稳定的对待现实的态度和习惯化了的行为方式，它是一个人区分于其他人的稳定的心理特征，是由先天、后天的交互作用形成的。在心理测量学的意义上，个性是指不同于认知能力的人的心理部分，通常包括情感、气质、动机、态度、性格、兴趣、品德、价值观等。

(1)性格测评

性格是人对现实的态度和行为方式中比较稳定的心理特征的总和。职业性格是一个人对职业的稳定态度和在职业活动中习惯化了的行为方式所表现出来的个性心理特征。职业心理学的研究表明，不同的职业需要具有不同性格的从业者，某一类职业工作能够体现出某一类共同的职业性格。

(2)气质测评

气质是指一个人稳定的心理活动的动力特征，它是一个人个性特征中的重要因素之一。它不仅影响着一个人性格的表现形式，而且在某些性格品质及能力的形成发展中也会起到一定的促进或延缓作用。典型气质具有不同的特征指标，会在个体身上表现出典型的心理特征和稳定的行为。每种气质类型都有其自身的职业适应性，而从事某一类职业活动往往也都能体现出某些共同的气质特征，因此在职业领域中，不同的气质类型者就可以扬长避短，选择适应自己气质类型的工作。

3.职业倾向测评

员工的职业倾向性主要包括需求、动机、兴趣和价值观，决定着他们对现实的态度以及对事物的选择。职业倾向性是员工从事活动的基本动力，对他们的职业生涯有着重要的影响作用。

(1)动机测评

动机是在需要的基础上产生的,同时外部条件也是引起动机的重要因素。动机对人的行为起着十分重要的作用,是个体活动的动力和方向,具有引发、指引和激励的功能。

在人类的各种动机中,成就动机与职业活动的成效最为密切。成就动机高的一个人一般愿意通过努力去解决问题,而不是仅靠运气,他们从胜利或解决难题中得到的快乐远大于从酬劳、表扬或其他激励中所得到的东西。高成就动机者喜欢独立负责,容易受到激励,是企业所欢迎的员工类型。对于高成就动机的员工,可以分配他们一些有挑战性和一定风险的工作任务,以满足他们的成就需要,激发他们的工作积极性。

(2)兴趣测评

兴趣表现为个体对某种事物或从事某种活动的选择性和积极的态度。在职业选择过程中,对某种职业需要的情绪表现就是职业兴趣。有研究表明,兴趣对人们选择职业起着主导作用,甚至比能力更重要。在兴趣的指引下,即使是枯燥的工作,员工也会忘我地工作,并从中感受到无穷的乐趣。反之,如果从事自己不感兴趣的工作,员工就会无精打采,没有积极性从而影响工作的绩效。

(3)职业价值观测评

价值观是包含认知、情感和行为成分的信念。我们所有人都是根据我们自己的价值观去行事。

工作是我们生活中最重要的活动之一。我们寻求那些能够满足我们价值观的工作。不同的职业在满足人的价值和愿望时的效果往往也是不一样的。职业价值观是人们在选择职业时对职业给人的回报的偏好,涉及自己从所选择的职业中可以获得的乐趣和报酬,是价值观最重要的一个表现领域。

4.知识素质测评

把识别万物实体与性质的是与不是,定义为知识;素质指人与生俱来的以及通过后天培养、塑造、锻炼而获得的身体上和人格上的性质特点。知识素质,是指人经过长期锻炼、学习,对事物的认识所达到的一定水平。它是人的一种较为稳定的属性,能对人的各种行为起到长期的、持续的影响,甚至决定作用。

在职业活动中,人员都需要具备一定的知识素质,如人力资源管理者,需要掌握专业知识(人力资源管理)、环境知识、公司知识等。企业管理活动中,在任职资格体系或岗位说明书中对人(所任岗位)的知识素质提出要求。

5.工作表现测评

所谓考核,是依照考核标准,对考核对象的素质要素及表现出来的工作绩效进行测评的方式和手段。

对员工在日常工作中表现出来的行为和结果的测评,主要包括德、勤、绩,测评的方法一般以考核为主,辅以评价中心的测评方法。工作表现测评以测评工作绩效为主。

(1)德

主要指思想政治素质,包括政治品质和政治信仰及人格品德。反映在六个方面:

①贯彻党的路线、方针、政策;

②遵纪守法；

③坚持原则、实事求是；

④道德高尚，为人正直；

⑤团结协作；

⑥全心全意为人民服务。

(2)勤

主要指主观努力程度和勤奋精神，包括积极性、纪律性、责任感、出勤率。

(3)绩

指工作成绩，实际的贡献，完成工作的数量和质量。

6. 工作样本测评

工作样本测评实际上是一种小型化的工作模拟。例如，许多组织对那些申请管理职位的求职者进行评价时会用到“公文筐测评”。公文筐测评中，工作候选人被要求对公文筐中的各种备忘录作出处理；而这些备忘录所涉及的都是实际从事这种工作的在职人员所面对的一些典型问题。在这种以及其他类型的工作样本测评中，最关键的一点是工作所要求的行为与测评所要求的行为之间要具有一致性。

工作样本测评是针对具体工作的，也就是说，要对每一个组织中的每一种不同工作分别进行测评。从积极的方面来说，这种测评的效标关联效度是很高的。此外，测评与工作之间的相似性使得测评的内容效度也很高。

尽管工作样本测评有这么多优点，它还是有两个缺点。

(1)由于工作样本测评是专门针对特定工作而设计的，因而它的普遍适用性很低；

(2)由于对每一种工作都必须设计部分新的测评，而且这种测评是非标准化模式，所以工作样本测评的开发成本相对较高。

在管理人员的选拔工作中，工作样本测评通常是评价中心测评的基石。一般来说，评价中心一词所描述的是各种各样的具体选拔方案，这些方案利用多种选拔方法来对求职者或者在职者的管理潜力进行评价。由于评价中心所采用的是多种选拔方法，所以它们的效标关联度一般很高，事实上，研究表明，最好的选拔方法组合包括样本测评、高度结构化的面试以及认知能力测评。这样一套测评组合的效度系数常超过 0.60。

(六)人才测评的方法

企业在对员工进行测评时，使用的方法比较多，如笔试、模拟面谈、心理测评、无领导小组讨论、公文筐检测、案例分析、信息搜寻、角色扮演、演讲、考核等。这些测评方法都有较高的情景模拟性，但也有各自的特点和优势，在实际测评时，需要选择一种或多种测评方法同时使用。常用测评方法如表 6-2 所示。

表 6-2　测评常用方法比较表

方法名称	简　　介	适合测评的项目	使用说明
笔试	通过多种选择题、是非题、匹配题、填空题、简答题、回答题、小论文等测评,了解被测评人所具有的知识、才能和观念等	测量人的基本知识、专业知识、管理知识、综合分析能力和文字表达能力等素质及能力的差异	可以与其他测评方法结合使用
心理测评	通过成就测评、智力测评、能力测评等获得被测人员的智力水平、工作能力及发展潜力的相关信息	智商、工作能力、工作动机、职业兴趣、人际关系敏感性、个人承压能力、自信心、发展潜力等	适用于教育评估、职业发展以及人才的招聘、选拔
结构化面试	实行标准化方法,包括标准的测评要素及维度、标准的面试题目、标准的评分标准、标准的评价程序	沟通能力、分析能力、影响力、责任心、独立性、人际洞察力、判断能力、承压能力等	适用于科技人员、基层管理人员的聘用与选拔
模拟面试	1.由经过培训的人扮演某个角色与被测人员进行谈话 2.面谈过程中,测评人员对面谈过程进行观察和评价 3.测评人员本人还可以直接扮演与被评价者谈话的角色	主动性、适应性、沟通能力、独立性、自信心、思维灵活性与敏捷性、情绪稳定性等	可以与公文筐测验结合使用
信息搜寻	1.提供某个特定的问题 2.要求被测人员通过不断提问来获取能合理解释这个问题的详细信息的方法	责任心、独立性、想象力、推理能力、分析能力、人际洞察力、判断能力、在压力下的反应和表现等	可以与其他技术结合使用
演讲	被测人员按照给定的材料组织并向测评人员阐述自己的观点及依据	组织能力、分析能力、语言表达能力、分析推理能力、压力的反应能力、时间管理能力	可以与其他技术结合使用
案例分析	被测人员阅读相关问题及材料,准备出一系列建议、对策及分析报告	组织规划能力、创新能力、综合分析能力、决策判断能力、基本业务技能、书面表达能力	可以与其他测评方法结合使用
角色扮演	1.被测人员通过扮演某些角色,来模拟完成工作情景中的一些活动和过程 2.模拟情景通常是非结构化的	人际关系能力、说服能力、表达能力、应变能力、处理突发事件能力、冲突处理能力、团队合作意识、个人承压能力、自信心	适用于管理潜能的预测,适用于管理人员的聘用与选拔

续表

方法名称	简　介	适合测评的项目	使用说明
无领导小组讨论	一组无具体负责人的被测人员在一定时间内，围绕给定的问题或在既定的背景之下展开讨论，得出小组意见	组织协调能力、口头表达能力、综合分析能力、说服能力、洞察能力、影响力、人际交往倾向、自信心、积极主动性、自我控制能力、责任感、团队意识	适用于管理能力的评价，适用于管理人员的聘用和选拔
公文筐测验	公文筐测验又称公文处理练习，是针对具体管理岗位，在一定时限内，要求被测人员处理报告、信函和备忘录等文件	书面沟通能力、资料分析与综合能力、获取信息能力、洞察问题能力、判断预测能力、计划能力、组织协调能力、决策能力、任用授权能力、制导控制能力、岗位特殊素质	适用于管理潜能的预测 适用于管理能力的测评 适用于管理人员的聘用与选拔
考核	一种有效却比较传统的方法。依照考核标准，定期或不定期进行定量和定性的考核，评估考核对象的一般是德、能、勤、绩	主要是考核工作绩效，也可以对素质(如品德、能力、勤奋度等)做测评	适合于各类人员的选拔，与其他的人才选拔测评方法结合使用
操作测试	对动手能力和机械操作能力的测试	打字、车辆驾驶、机械操作、设备安装、工具使用等	适合办公设备使用人员、工人的选拔

第二节　测评技术——心理素质测评

一、心理素质测评概述

(一)心理素质测评的含义

心理素质测评来源于实验心理学中个体差异研究的需要。它是通过一系列科学的方法来测评应聘者的能力和个性等方面差异的一种科学。心理素质测评是心理学在人力资源管理领域的具体应用，目前已广泛应用于选拔、培训、晋升与评价之中。

心理素质测评实质上是对行为样本客观的和标准化的测量。通俗地说，心理素质测评就是借助心理量表，对心理特征和行为的典型部分进行测评和描述的一种系统的心理测量程序。

(二)心理素质测评的特点

1. 方法简单，操作方便，测评效率高；

2.内容集中,测评标准和成绩客观性强;

3.可以通过计算机测评,结果反馈快;

4.成本低;

5.具有科学性与公平性;

6.灵活性差,开发周期较长;

7.易受外部环境及内在因素影响;

8.测评范围与测评结果具有局限性。

(三)心理素质测评的理论基础

人是社会的存在物,其素质可以通过言语行为和非言语行为及对外部世界的反应表现出来。人的素质包含许多方面,这些方面可以再划分为一些基本要素,这些要素通过社会活动表现出来。而且,这些要素相互联系、相互区别、相互制约共同揭示人的素质。所以我们可以通过要素分析测量人的素质。

1.作为个体的人的素质差异及绩效差异是实施心理测评的前提和根据,是进行心理测评的客观基础。

心理学研究证明作为个体存在的人之间总是存在这样或那样的差异,这种差异概括为两个大方面,一是个性心理特征差异,如能力、气质和性格及其构成,二是个体的倾向差异,如需要、动机、兴趣、爱好、信念及价值观等。

2.现代心理学、行为科学及人才测评其他相关科学的发展,使作为个体的人的素质及绩效由可测评的变成能测评的。

现代心理学在工业文明崛起后得到长足的发展,心理学从经验走向实践,从理论走向应用,广大心理学家及心理学工作者在借鉴前人测评思想和实践经验的基础上,开发了一系列行之有效的测评技术和手段。这些技术和手段使心理素质测评从可能变为现实。

(四)心理素质测评的基本原则

心理素质测评是一种科学的测评手段,所以它有一些必须遵循的基本原则。

1.个人的隐私应加以保护

因为心理素质测评涉及个人的智力和人格等方面的隐私,这些内容严格来说应该只让被试者以及他愿意让其知道的人了解,所以,有关测评的内容应该严加保密。

2.测评应有序地进行

心理素质测评选择的内容、测评的实施和计分,以及测评结果的解释都是有严格的顺序。一般来说,测评者要受过严格的心理素质测评方面的训练。

3.测评者要事先做好充分的准备

心理素质测评的准备工作包括:

(1)要统一地讲出测评指导语;

(2)要准备好测评材料;

(3)要能够熟练地掌握测评的具体实施手段;

(4)要尽可能使每一次测评的条件相同。

(五)心理素质测评的种类

1.按测评的内容分:能力测评(智力测评、反应能力测评);学绩测评,如成套的成就测评;人格测评,如 EPQ、MMPI 等。

2.按测评的对象特点分:个别测评和团体测评。

3.按测评表现形式分:文字测评(纸笔测评)和非文字测评。

4.按测评的目的分:描述性测评、诊断性测评、预测性测评。

5.按测评的时间分:速度测评和难度测评。

6.按测评要求分:有最高作为测评和典型行为测评。前者要求被试者尽可能作出最好的回答,而且有正确的答案。能力测评、学绩测评均属此类。后者要求被试者按照日常习惯回答,无正确答案,所有人格测评均可称为典型行为测评。

近代以后,西方各国把心理测评作为选拔评价员工的一种工具,迄今为止已具有多种类型测评方式。国内外常用的测评种类为能力测评与人格测评。

(六)心理素质测评的优缺点

1.心理素质测评的优点

(1)迅速。心理测评可以在较短的时间内迅速了解一个人的心理素质、潜在能力和其他的各种指标。

(2)科学。世界上目前还没有一种完全科学的方法,可以在短期内全面了解一个人的心理素质和潜在能力,而目前心理素质测评比较科学地了解一个人的基本素质。

(3)公平。员工招聘中往往会出现不公平竞争的倾向,但心理测评在一定程度上可以避免这种不公平性。因为通过心理测评,心理素质比较高的员工可以脱颖而出,而心理素质较低的应聘者,落选也感到心平气和,因为他们知道自己心理素质测评的成绩比较低。

(4)可以比较。通过智力测评以后,测评结果可以比较,因为用同一种心理测评的方法得出的结果有可比性,而其他的方法往往在不同的场合、不同的地点,没有可比性。

2.心理素质测评的缺点

(1)可能被滥用。心理测评虽然是一种科学的测量手段,但是也可以被人滥用。比如,有些人在员工招聘中滥用不合格的量表,反复使用某一种不科学的量表,这样得出的结论就不能令人满意。

(2)可能被曲解。有的时候,测量了某一结果,你曲解以后,对某人的心理活动和以后的行为都可能产生不良结果。比如,有些人认为智商高就一定能成功,那么看到智商低的人,他就会产生一种鄙视感。

(七)心理素质测评题目的编制程序

心理测评是科学、严谨的测评,所以一套心理测评题目的产生,需要经过严谨、周密的程序进行编制。然后再经过实践的检验,经检验被证明具有科学性、实用性以后,才可使用。

心理素质测评题目编制程序如图 6-6 所示。

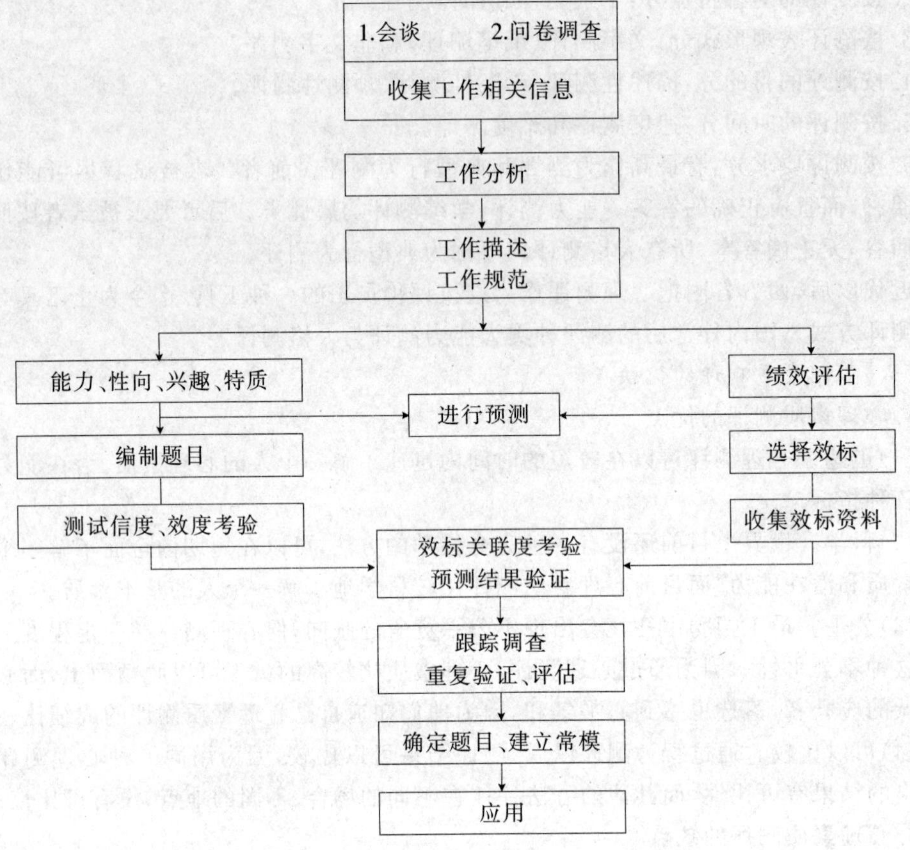

图 6-6 心理素质测评题目编制程序

(八)心理素质测评中应注意的问题

1.施测环境设置中应注意的问题

(1)施测的环境应该安静,避免意外的干扰;

(2)施测的环境应该比较舒适;

(3)被测评者的座位之间要保持一定的距离。

2.测评过程中应注意的问题

在一个选拔过程中,被测评者往往要接受多项心理测评,测评的步骤也会对测评结果产生影响。因此应注意以下问题:

(1)长时间对应聘者进行测评,会造成生理上和心理上的疲劳,从而影响其作答的效果;

(2)在能力测评中有时会出现练习效应,即在先进行的测验中进行了学习和练习,使得后进行的测验的成绩明显提高;

(3)实施多个能力测评与多个个性测评时,一般将两种测评进行交替安排;

(4)测评的题目应先易后难逐步加深;

(5)当测评包含有时间限制和无时间限制的测评时,应先进行有时间限制的测评。

3.结合计算机技术进行测评应注意的问题

由于计算机技术的发展,计算机辅助测评使得心理测评的实施更加标准化,减少了不必要的误差,计分也更加简便。此外,编制得比较好的计算机辅助测评还能做到测评题目的自动更新。

通常条件下的计算机辅助测评就是将测评搬到计算机上,将传统的纸上呈现题目方式改由计算机呈现,由计算机完成一些比较机械而又繁琐的工作。

但是计算机主动生成的结果解释往往比较粗糙,因此,在对测评结果进行解释时,一定要借助专业人员人脑的加工,由专家对测评结果进行判断。

4.使用心理素质测评应注意的道德问题

(1)应由专家对测评结果进行判定与解释

由于心理素质测评的编制都是依据一定的心理学原理和心理测量学的方法,因此只有接受过正规培训的专业人士才有可能正确地理解和使用心理素质测评。

(2)测评题目选择使用中应注意法律问题

心理测评是经过专业人士开发的知识产品,因此也有知识产权的问题。有些人未经测验版权拥有者的许可擅自使用测评,这种行为是不被认可的。

(3)测评结果应注意保密性

应聘者在招聘选拔的过程中接受心理测评,出于对应聘者负责的考虑,他们的测评结果只可以在直接参与选拔决策的人员中进行公开,不得散布给其他人。

二、职业能力测评

(一)能力的含义

能力是人人都具备,且使用频率较高的一个概念,但是由于能力现象的复杂性,至今尚没有公认的解释。我们通常把能力理解为顺利完成某种活动且直接影响活动效率所必备的心理特征。它是在遗传素质的基础上,经过培训教育,并在实践活动中吸取集体智慧和经验而形成发展起来的,其含义是指:

1.人的自然素质是能力形成和发展的自然前提和基础,但这不意味着自然素质等于能力;

2.能力并不是完全随着人的生理自然条件自发形成和发展的,后天的环境和教育对能力的形成和发展有着十分重要的作用;

3.人的能力是自然素质和环境教育相互作用的结果,而这种作用是通过社会实践来实现的,并在实践中得以巩固和发展。

(二)能力与之相关概念的区别

1.能力与智力

智力和能力在内涵上有较大的相似性,在很多场合,人们把这两个概念等同使用。但能力与智力在严格意义上还是有区别的。

我们通常所说的智力就是指一般性的潜力。在这里我们需要澄清的问题是:智力虽然是能力的核心,但它只能是能力的一种,不能完全等同于能力;智力比较高的人综合能

力不一定强，并不一定能成为某一领域的专家。

综上所述，我们初步认为，智力是一种学习能力，是抽象思维能力，是适应新环境的能力。

2. 能力与个性

人的能力绝不只是一般的认识特点或操作特点。不单纯是由固定的理智方面的因素所组成。它属于个体人的能力。它和每个人所具有的个性相联系，是由个性把能力的各个特征有机的整合在一起，在个人身上表现出自己的独特风格、个性差异，成为个性的一个侧面。即每个人都有各自的个性特点。

总之，能力是组成个性结构的必要成分，因此，在考察能力时，既要注意能力本身的特点，同时也要放在个性结构之中，和个性联系起来考察。

3. 能力与知识

前面已经指出，能力是顺利地完成某种活动的心理特征。这种心理特征是人们在实践活动中形成的。所谓知识是人类社会历史经验的总结和科学概括，是通过学习获得的结果。总结社会生产实践方面的经验称之为社会科学知识，概括自然现象的规律性原理称之为自然科学知识。

能力与知识有密切的联系：

(1)能力是掌握知识、技能的必要前提。能力对知识、技能的掌握是不可缺少的。即是说，无能就是无知。如缺乏感受能力的人就无法获得感性知识。不具有抽象、概括、判断推理能力的人，就不可能领会和掌握理性知识。

(2)能力的高低直接影响着掌握知识技能的难易、速度和程度，也决定着对知识技能的运用及解决实际问题的程度。

反过来说，知识和技能又是形成能力的基础，任何能力的发展均是以知识手段螺旋式推进的。

能力与知识技能的关系虽然如此亲密，但两者发展的路径可能并不完全一致。所以在人才测评中，不能把能力和知识画等号，否则就混淆了知识和能力的界限。

4. 能力与资历

所谓资历，是指个体接受某种专业知识教育以及从事某项工作(社会实践)的时间经历。能力只是在遗传素质的基础上经过教育培养并在实践活动中形成的个性心理特征。两者在本质上不属同一种概念。因此，资历绝不可等同能力。一般来说，接受教育和实践活动的时间越长，人的能力就越强。所以选拔人才要讲一定的资历。

(三)一般能力测评

一般能力测评也就是我们通常所说的智力测评。是对一般智慧能力的测评，它测量的不是一个单独的智力特征，而是一组能力，包括记忆、词汇、数字和口头表达能力。智力是个人适应新环境的能力，是人的行为表现。智力的测量是比较困难的，直到 20 世纪初，人类才发现了能够区别人的智力的量，即理解力和判断力。

智力是大部分人都具备的，只是不同的人拥有不同的突出点。比如，一些人的细节观察能力较强，对物体和图形的有关细节具有正确的察觉能力。对于这类人来说，从事与细节观察有关的职业较有优势，如绘图员、艺术家等。具体情况如下表 6-3 所示。

表 6-3 天赋能力与适合职业对照表

天赋能力	具体特征	适合职业
察觉细节的能力	对物体和图形的有关细节具有正确的察觉能力	绘图员、工程师、艺术家、医生、护士等
运动协调能力	身体能够迅速而准确地做出动作反应	舞蹈演员、健身教练、司机等
动手能力	手、手腕、手指能够迅速而准确地操作小的物体	技术工人、检修人员、模型制造人员、手工艺者等
书写能力	对词、印刷物、账目、表格等的细微部分具有正确的知觉能力	校对、录入人员等
社会交往能力	善于进行人与人之间的互相交往、互相联系、互相帮助，能够协同工作并建立良好的人际关系	公共关系人员、对外联络人员、政府新闻官、物业管理人员等
组织管理能力	擅长组织和安排各种活动以及协调参加活动的人的关系的能力	企业经理、基金管理人等

一般能力倾向测评是由美国劳工部就业保险局设计而成的综合性职业倾向测评，本套测评题由 15 个分测评构成，其中 11 个是笔试，另外 4 个是操作测评，如表 6-4 所示。

表 6-4 一般能力倾向测评的具体项目、测评目的及时间限制

形式	测评项目	测评要求	得分标准	测评目的	时间限制
笔试	工具匹配测评	要求判断四个图形中哪一个所呈现的图形一致	答对得分	空间判断能力(S) 形状知觉能力(P)	1 分 3 秒
	名词比较测评	比较、判定左右一对名词或数字的异同	答对得分	言语能力(V)	3 分
	画纵线(H)测评	在 15 秒内不要碰到 H 两侧的线，但必须切到 H 的横线，尽量多地画短线	正确画出短线，即得分	运动协调能力(K)	15 秒
	计算测评	进行加减乘除的计算	答对得分	数理能力(N)	3 分 30 秒
	平面图判断测评	要求判断改变上(左)框中图形的位置，能构成选取项中的哪个图形	答对得分	空间判断能力(S) 数理能力(N)	2 分
	打点速度测评	在连续排列的四方框中，用铅笔在框中尽快地打 3 个点	所打点的合计数为得分	运动协调能力(K)	30 秒
	立体图判断测评	要求判断将上(左)框中展开的图形折叠，能构成选项中的哪一个	答对得分	智能(G) 数理能力(N)	1 分 30 秒

续表

形式	测评项目	测评要求	得分标准	测评目的	时间限制
笔试	算数应用测评	解答算术应用题	答对得分	书写知觉能力(Q) 智能(G)	3分30秒
	词义测评	主要是词义辨析	答对得分	言语能力(V) 智能(G)	2分
	打记号测评	在四方形框中,尽快地写入某记号	写入记号的数目为得分	运动协调能力(K)	30秒
	形状匹配测评	从一组图形中选出大小和形状与另一组图形一样的各个图形	答对得分	空间判断能力(S) 形状知觉能力(P)	2分
操作测试	插入测评	1.使用手腕作业检查盘(上、下部各有48个孔,盘上部插有48根圆棒) 2.要求两手同时从盘上部拔出圆棒,并插入下部对应盘的孔中	正确插入的次数即为得分	手腕灵活度(M)	15秒(3次)
	调换测评	1.使用手腕作业检查盘 2.要求单手拔出一根棒,用一只手将拔出的棒上下翻转,插入原来的孔中	正确插入的次数即为得分	手腕灵活度(M)	30秒(3次)
	组装测评	1.使用手指灵巧检查盘(50个孔,附有金属铆钉和座圈) 2.要求用一只手从盘上部的孔中拔出圆形铆钉,同时用另一只手从旁边的圆柱中拔出座圈,将其安在铆钉上,仍用第一只手将铆钉插入与盘上部相对应的下部盘的孔中	正确插入的次数即为得分	手指灵活度(F)	1分30秒
	分解测评	使用手指灵巧检查盘	正确插入的次数即为得分	手指灵活度(F)	1分

一般能力倾向测评可以通过测评项目的组合测评出个人的9种能力,这9种能力及其与测评项目的对应关系如表6-5所示。

表 6-5 一般能力倾向测评要素与各项目的对应关系

9 种能力	简介	测评项目
智能 (G)	一般的学习能力，对测评说明、指导语以及各原理的理解能力、推理能力、迅速适应新环境的能力	词义测评 算术应用测评 立体图判断测评
言语能力 (V)	理解言语的意义及其相关联的概念，并有效加以掌握的能力；对言语相关联及文章、句子意义的理解能力；表达信息和自己想法的能力	词义测评 名词比较测评
数理能力 (N)	在正确快速地进行计算的同时，进行推理并解决应用问题的能力	计算测评 立体图判断测评
书写知觉能力 (Q)	对词、印刷品、票据的细微部分正确知觉的能力，直观地比较、辨别词和数字的能力，发现错误或校对的能力	计算测评 算术应用测评
空间判断能力 (S)	对立体图形、平面图形与立体图形的关系的理解能力	工具匹配测评 形状匹配测评
形状知觉能力 (P)	1. 对实物或图形的细微部分正确知觉的能力 2. 视觉对图形形状的细微差异、长宽的细小差别进行辨别的能力	工具匹配测评 形状匹配测评
运动协调能力 (K)	正确迅速地协调使用眼、手并迅速完成任务的能力 1. 正确迅速地做出反应动作进行准确控制的能力 2. 手能跟随眼睛所看到的东西迅速行动并进行正确控制的能力	打记号测评 打点速度测评 画纵线(H)测评
手指灵活度 (F)	迅速而正确地活动手指，用手指能很好地操作细小东西的能力	组装测评 协调测评
手腕灵活度 (M)	1. 灵活地活动手及手腕的能力 2. 拿取、调换、翻转物体时，手的灵活运动和手腕的自由运动能力	插入测评 调换测评

1. 智商

在智力测验中，表示智力水平的高低采用的是"智商"这个概念。智商一般有两种表达方式，一种叫比率智商，一种叫离差智商。比率智商针对儿童比较常用，它的计算方法是用智力年龄(MA)和实际年龄(CA)之比乘以 100，即

$$\text{智商}(IQ)=(MA/CA)\times 100$$

由于智力并非永远随年龄而发展的，显然比率智商对成人来说不太合适，因此在表达成人的智力水平时通常采用离差智商。离差智商假设的是从人类总体来看，人的智力的测验分数是按正态分布的。离差智商的计算以平均数为 100，标准差为 15 来计算。某一个人的离差智商(IQ)应是

$$IQ=100+15Z$$

如图 6-7 所示，一个人智商的高低是取决于他在一个特定团体中的位置，因此是相对的比较。

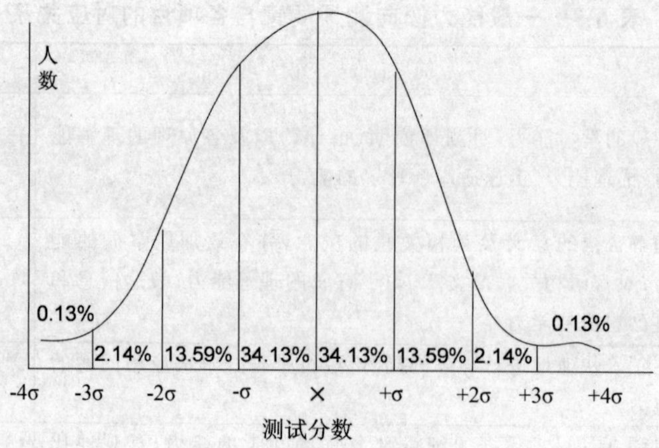

图 6-7　离差智商分布图

如果一个人的智商恰好得了平均分 100 分，那么就说明有 50％的人比他的分数低，有 50％的人比他的分数高；如果一个人的分数在正的一个标准差位置，即 115 分，那么就说明有 85％的人比他的分数低，有 15％的人比他的分数高。

2. 常用的智力测评量表

常用的一般能力测评方法主要有韦克斯勒测评量表和瑞文标准推理测验。

(1)韦克斯勒智力量表

韦克斯勒智力量表测评的是离差智商。它将智商分为言语智商与操作智商两部分，分别给予计分，前者包括常识、理解、算术、类同、背数、词汇六个部分。后者包括数字符号、图形拼凑、填图、图片排列、积木图案五个部分，韦克斯勒成人智力量表如表 6-6 所示。

表 6-6　韦克斯勒成人智力量表

量表	分测评	测评指标和内容	测评介绍
言语量表	常识	知识的广度、一般学习能力、对日常事务的认知能力	共由 33 道题组成，由易到难排列，如“谁发现了美洲”、“太阳从何处落山”等
	背诵数字	注意力和短时记忆能力	呈现一系列随机组合的有顺序的数字，要求顺背或倒背
	词汇	理解能力、抽象概括能力	包括 37 个词，按难易程度排列，要求解释每个词的含义
	算术	数学思维和推理能力、计算能力	包括 15 道算术题，依难易程度排序，要求用心算回答
	理解	判断能力、理解能力、组织信息的能力	包括 18 道题难易不同的问题，要求回答在某种情况下最佳的活动方式及对常用成语的解释，如“打破沙锅问到底是什么意思”等
	类同	逻辑思维能力、抽象思维能力、分析能力、概括能力	包括 14 对配对名词，要求说出每对词的相似性，如“桌子与椅子”、“木与炭”等

续表

量表	分测评	测评指标和内容	测评介绍
操作量表	填图	视觉敏锐性、辨认能力、细节注意力、视觉理解能力	包括 27 张图片，要求在 20 秒内指出图形中所缺的部分
	图片排列	组织能力、分析因果关系的能力、对情境的理解能力	包括 10 组图片，要求将有意打乱顺序的图片排好序，并将其组成一个有意义的故事
	积木图案	观察能力、分析综合能力、空间定向能力、视觉—运动协调能力	包括 10 个积木图案，要求用 4 个或 9 个积木照着图摆出来
	拼图	思维能力、注意力、持久力、视觉综合能力、思维习惯	包括 4 套图形板，要求将零散的图形拼出一个完整的人或物体图形
	数字符号	注意力、知觉辨别速度、反应能力	包括 93 对数字符号，要求依据所提供的数字符号关系，在数字下面填写相应的符号

韦克斯勒离差 G 智商的计算公式为：

$$IQ=100+15Z$$

其中，Z 代表由该人的测验分数计算出来的标准分数，其计算公式为：

$$Z=\frac{X-\overline{X}}{S}$$

式中：X＝测评分数；

$\overline{X}$＝团体平均分数；

S＝团体分数标准差。

韦克斯勒的智力量表将一个人的智力分为言语能力和操作智力两个方面，分别给予计分，这样，在同一个人身上，智力的这两个方面的发展程度就可以进行比较了。在测验中，确实可以发现某一个人的操作智力和言语智力发展不平衡的现象。

在实施以上所介绍的智力量表的时候，需要被测量者有文字形式的参与，这就为研究不同文化的人的智力水平带来了不便。为此，心理学家们又编制出了不需要文字参与的非文字测验，这种类型的测评又被称作文化公平测评。目前在我国广泛采用的非文字测评主要是瑞文推理测评。

(2)瑞文标准推理测评

瑞文标准推理测评主要测量人的推理能力、清晰知觉和思维，以及发现和利用自己所需要信息等能力。它是一种典型的非文字智力测评，测评对象不受文化、种族和语言的限制，既可个别实施，也可团体实施。它的实施时间短，解释结果直观简单，具有较高的信度和效度。因此，瑞文标准推理测评常被用于人才的选拔和培训，它是目前我国企业在选拔和招聘人员时使用最多的能力测评之一。

该测评共有 60 个题目，依次分为 A、B、C、D、E 五组，每组 12 题。从 A 组到 E 组，难度逐步增加；同时每组内部题目也是由易到难排列。每组题目所用解题思路基本一致，但各组之间则有差异。主体上可这样分类：

①A 组题目主要测视觉辨别力、图形比较、图形想象等；

②B组主要测比较、推理、图形组合；

③C组题主要测比较、推理、图形结合；

④D组主要测系列关系、图形套合；

⑤E组主要测套合、互换等抽象推理能力。

其题目类型如图6-8所示。

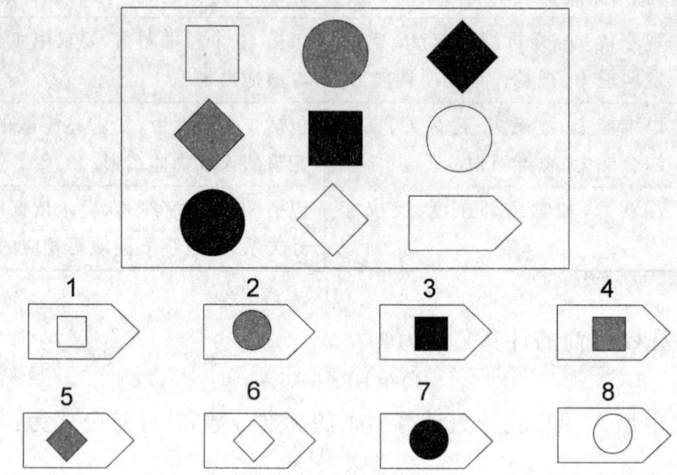

图6-8　瑞文标准推理测评例图

从这个测评中可以看出，该测评具有以下特点：

◆ 是一种典型的非文字智力测评，因此测评对象不受文化、种族与语言的限制。

◆ 使用方便，结果可靠。

◆ 该测评既可个别施测，也可团体施测，施测时间短，结果解释直观简单。

◆ 该测评具有较高的信度和效度。

（四）特殊能力测评

1.特殊能力的含义

特殊能力也称技能。是指经过学习和练习发展起来的能力，比如计算能力、音乐能力、动作协调能力、事务能力、手指灵活度等。特殊能力是某些人具有他人所不具备的能力，例如：有些人的听觉特别敏锐，有些人的视觉特别敏锐，有些人的嗅觉特别敏锐，而有些人的味觉特别敏锐。再比如说，有些人特别擅长于完成某些很精巧的动作，而有些人的力气特别大，有些人对数学、计算机特别精通等等。这些就是一些特殊能力。有时，由于工作的需要，在企业招聘中需要测评一些特殊能力。进行特殊能力测评需要一些心理测评仪器的配合运用。

技能大致可以分为具体技能和通用技能两种。具体技能指的是对你的工作至关重要的技能。比如完成一个复杂的外科手术、拆卸引擎、编写计算机的程序、驾驶轮船或是剪裁一套西服。它是可以通过学习和练习发展起来的能力。通用技能与具体工作技能不同，它并不与具体工作相联系，而是可以从一个工作转移到下一个工作。我们在每天的日常生活中都会使用它。诸如解决问题的能力、交际能力、安排利用时间的能力、检索信息的能力等，都可以归入通用技能的范畴。

特殊能力与相应职业的匹配如表 6-7 所示。

表 6-7 特殊能力与相应职业的匹配

能力类型	概念与特点	相应职业
语言表达能力	指对词的理解和使用能力，对句子、段落、篇章的理解能力以及善于清楚而正确地表达自己的观点和向别人介绍信息的能力，它包括语言文字的理解能力和口头表达能力	教师、营业员、服务员、护士等
算术能力	指迅速而准确地进行运算的能力	会计、出纳、统计、建筑师、工业药剂师等
空间判断能力	指能看懂几何图形、识别物体在空间运动中的联系、解决几何问题的能力	与图纸、工程、建筑等打交道的工作，牙科医生、内外科医生等职业，裁缝、电工、木工、无线电修理工、机床工等
形态知觉能力	指对物体或图像的有关细节的察觉能力，如对于图形明暗、线的宽度和长度做出视觉的区别和比较，能看出其细微的差异	生物学家、建筑师、测量员、制图员、农业技术员、动植物技术员、医生、兽医、药剂师、画家、无线电修理工等
事务能力	指对文字或表格式材料细节的察觉能力，发现错字或正确地校对数字的能力等	设计、校对、记账、出纳、办公室、打字等工作
动作协调能力	指迅速、准确和协调地做出精确的运作和运动反应能力	驾驶员、飞行员、牙科医生、外科医生、雕刻家、运动员、舞蹈家等
手指灵活	指手指迅速准确和谐地操作小物体的能力	纺织工、打字员、裁缝、外科医生、五官医生、护士、雕刻家、画家等
手腕灵活	指手腕灵巧而迅速地活动的能力	体育运动员、舞蹈家、画家、兽医等

2. 特殊能力测评技术

目前已经形成并且在实践中广泛应用的特殊能力测评有许多，下面简要地介绍几种：

(1)文书能力测评

文书能力测评主要是测评应聘者处理办公室日常例行工作的能力，如打字、记录、整理与保管、校对、装订函件和通知联络等。由于工作层次和单位规模不同，文书的工作内容也会有很大的差异。一般来说，文书能力测评包括以下各项：

①快速阅读能力；

②文件整理的效率；

③物品与人名的速记；

④文字校对的正确性；

⑤数字运算能力；

⑥必要的管理知识与社会适应性。

(2)心理运动能力测评

心理运动能力测评主要是用于测量一个人运动反应的速度、灵活性、协调性和其他身体动作方面的特征。这种测评大多数是典型的仪器操作测评，主要应用于工业和军事领域的人员选拔上。它们通常是为某些特殊的工种专门编制的，测评要部分或全部地再现工作本身所需要的运动。

常用的心理运动能力测评有以下两种：

第一种:麦夸里机械能力测评

虽然大多数心理运动能力检测需要特殊的工具，但本测评只需纸和笔。这个测评包括如下七个项目：

a.循轨——在若干条垂直直线构成的很狭窄的断裂空隙间画一条线；

b.敲击——尽快地在纸上打点；

c.打点——尽快地在圆圈里打上点；

d.临摹——临摹简单的图样；

e.定位——在一个缩小图形中定出具体的点；

f.定块——在一个图样中确定有多少块；

g.追视——在一个迷津中追视各种线条。

第二种:澳康纳手指及镊子灵活测评

该测评需要一块有100个洞的木板，每10个洞排列成一行，另有放置数枚大头针或小木栓的浅凹，被试者需用手指或镊子将大头针或小木栓拿起插入小洞中，按完成工作的时间计算总分，这是传统的手指灵巧测评。此测评也可发展成钉板测评，用核仁状螺丝钉堵孔，则为一般所称的手腕灵巧测评。研究表明，这个测评对预测缝纫机操作工培训生、牙科学生和其他需要准确操作技能的工作人员是否会很称职有较好的预测效果。

(3)艺术能力测评

艺术能力测评是测评对美感物体的鉴赏能力，包括图画各部分的平衡、对称、调和、异同等。常用"艺术性向表"进行测评，测评时给应聘者12张卡片，每一张卡片上只有几条线条，由应聘者根据这些线条画成一幅图画，根据评分结果评定其艺术性向的高低。

例如，"梅尔美术判断测评"分析了美术家绘画活动的特点，以比例平衡、明暗排列顺序、线条排列匀称、构图的统一为指标，将著名的图画加以编织成100对图画，要求被试者从每对图画中选择出他感到满意的图画，由于"正确的图画"反映了上述的艺术特点，并被25名美术家公认为属于较好的画，因此被试者的得分就表明其判断与美术家判断一致的程度。

(4)视力测评

一般常用的视力测评采用斯奈伦(Snellen)挂图量表，正常人视力分数为20/20，即站在$6\frac{2}{3}$m的距离，可以看到最下端的第二行符号。视力差者如为20/40，即表明此人站在同样距离只可以看到比正常人大2倍的符号，或正常人可以加倍距离看到同样的符号。

由于视觉因素对工作的重要性，美国鲍希罗眼镜公司根据工业用途的需要曾综合设计了一种视力分类机，可以测定视力的多种特性，包括远视、侧视、双眼明晰度、单眼明晰度、深色觉、色盲、近视等。其测评内容如图 6-8 所示。

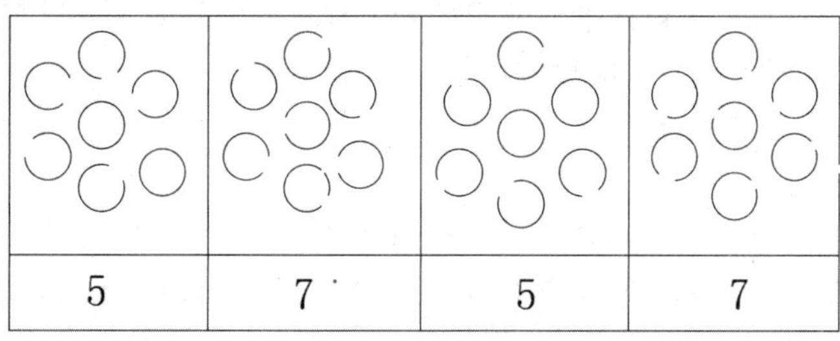

图 6-8　视觉鉴别

(5)机械能力测评

机械能力测评主要测评应聘者的机械操作能力。根据心理测评原理，测评机械能力，应当布置各种标准化的机械情境，使受试者产生反应，再将他的反应和一般受试者的反应比较，以评定高低。

①工具使用测评

工具使用测评就是让受试者应用给定的机械工具，完成给定的任务，然后根据应聘者使用工具的灵活程度评定机械能力。常用的测评方法有两种：

方法一：克劳福小零件灵巧测评

● 材料

克劳福小零件灵巧测评所用的工具为镊子和旋凿，使用的零件是螺栓、插销和小圈。此外，有一块金属平板，上面穿着许多小孔。有些小孔是平滑的，用以放插销；有些小孔孔边是车成螺纹的，用以插螺栓。孔径的大小和插销及螺栓直径的大小，刚好吻合。测评开始，所用的小零件分别放在一个圆盘里。

● 实施程序

测评过程第一步，是使被试者用镊子将插销一一插到平滑的孔里，并将小圈套在凸出的插销上。测评过程第二步，是要被试者将小螺栓一一插入有螺纹的孔里，再用旋凿将它们往下旋，使螺栓穿透平板到底下的盘子里。被试者完成这两项工作所需的时间，就是他的测评成绩。普通被试者可在 15 分钟内完成测评。

方法二：贝内特手工具灵巧测评

● 材料

贝内特手工具灵巧测评主要材料是一个凹形木架和三种不同尺寸的螺栓 12 组(包括螺垫和螺帽)。在木架的左框和右框上，各有和螺栓直径大小相仿的孔位 12 个，用以装置那些螺栓。此外，有大小不同的扳手和旋凿数个。

● 实施程序

开始测评时，将 12 组螺栓装在左框上。使受试者依照规定的顺序，用扳手或旋凿将装妥的螺帽、螺栓和螺垫一一松解拆下，装到右框上去，装妥后，将木架调转方向，即可测评另一个受试者。受试者完成前后工作所需的时间，就是测评分数，这种测评的效度为0.4～0.5，信度为0.91。

②机件配合测评

机件配合测评就是要求被试者将给定的若干种机械原件或其图形装配成一个完整的机件，然后根据被试者装配的正确程度，评定其机械能力的高低。

方法一：明尼苏达集合测评

● 材料

所用材料分装A、B、C三箱，每箱装置机件若干种，均可拆为原件。A箱中的机件9种：即扩大螺旋帽、水管夹、纸夹、发条衣钉、链环瓶塞、按铃、脚踏车铃、扁锁。B箱有机件8种：剃须刀、螺旋钳、架夹、玻璃管夹、发火塞、内弯脚规、塞子和电线、熨斗炳。C箱中有机件16种：即小夹、铁板、钳子、电灯套、异型螺旋盖、玻璃抽屉、联绳器、壶盖球、螺旋锁帽、费德瓷石柱、龙头活嘴、皮带夹、无线电开关机、削测器、气表开关、机械铅笔。

● 实施程序

测评开始时，主试者首先将各种机件拆散，分别放在规定的格子里，测评时，要求被试者将这些拆散了的原件，逐渐装配起来。每一件机件的装备，各有规定的时间限制。时限已到如尚未装就，必须停装文件，而开始下一件的装配工作。每装完一种机件，即装对全部结合者，可得100分；装对一部分者，亦按比例分别给以相应的分数。

方法二：施旦贵斯机械性能测评

● 材料

施旦贵斯机械性能测评所用材料为均分机械图画，分为第一、第二部分。第一部分各图以1、2、3等数字加以标识；第二部分各图以A、B、C等字母加以标识；前者或系后者的部分，或系后者的附件，或在应用上与后者有不可分离的关系。此项图画，本测评中共有95对，分为6组。

● 实施程序

呈现测评材料后，要求受试者寻找第一部分与第二部分所有图画间的关系，按其关系分别加以配合。做答方法，即在1、2、3等数字后面分别注上A、B、C等字母。测评时限为45分钟，答对一题给一分。此项分数的信度系数为0.79，与施旦贵斯另一种机械实施配合测评成绩之相关系数为0.69。

(5)创造能力测评

创造力是一种特殊的能力，是人的一种高级能力，目前人们对创造力有各种各样的定义。衡量创造力的指标有流畅性、变通性和独特性。流畅性是指在一定的时间内，个人能够表达出较多的观念。变通性是指思考灵活多变，可以举一反三、触类旁通，较少受到某一种固定思维模式的影响，能从各种不同的角度去看问题。独特性是指观念和见解新颖独特，不受常规影响。

①创造能力测评的表现

创造力的核心是创造性思维的能力。主要表现在4个方面：

● 思维的灵活性：能够灵活变通地思考和解决问题，遇到障碍时善于迂回解决；

● 思维的发散性：思考问题的角度多、范围宽，不易受到束缚和限制；

● 思维的独特性：观点和见解新颖独特，不受常规影响；

● 思维的流畅性：能迅速产生大量的想法。

常见的创造力问题举例：

● 一张白纸上设计出一个公园的布局方案，在15分钟内设计出越多的方案越好。

● 在下面的图上加上一些图形，使之构成新的图画，请在10分钟内设计出想到的各种画面。

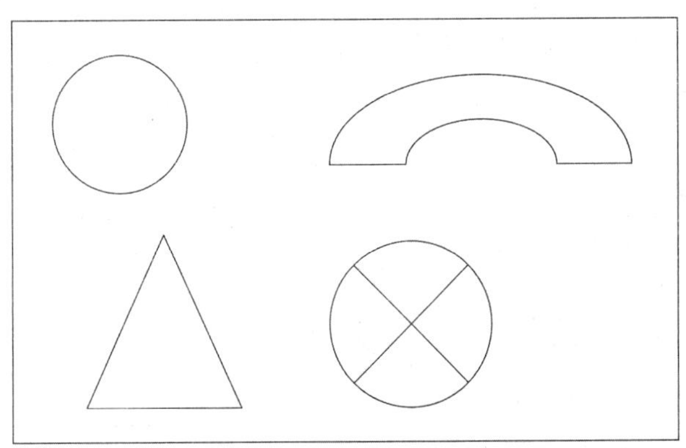

②威廉斯创造力倾向测量表，见表6-8。

在创造能力测评中常用的量表为威廉斯创造力倾向测量表。

A. 测评量表导语

该量表是一份帮助你了解自己创造力的测评。如果你发现表中某些句子所描述的情形很适合你，则请在题后的表格"完全符合"的选项内打钩；如果有些句子对你来说，只在部分时候适合你，则在"部分符合"的选项内打钩；如果有些句子对你来说，根本是不可能的，则在"完全不符"的选项内打钩。

B. 在测评中需注意的以下事项

● 每一题都要做，但不要花太多时间去想。

● 所有题目都没有"正确答案"，凭你读完每一句话后的第一印象作答。

● 虽然没有时间限制，但尽可能地争取以较快的速度完成，愈快愈好。

● 切记：凭你自己的真实感觉作答，在最符合自己的选项内打钩。

● 每一题只能打一个钩。

表6-8　威廉斯创造力倾向测量表

题　　目	完全符合	部分符合	完全不符合
1. 在学校里，我喜欢试着对事物或问题进行猜测，即使不一定都猜对也无所谓			
2. 我喜欢仔细观察我没有见过的东西，以了解详细的情形			
3. 我喜欢变化多端和富有想象力的故事			
4. 画图时我喜欢临摹别人的作品			

续表 1

题　　目	完全符合	部分符合	完全不符合
5.我喜欢利用报纸、旧日历等废物来做成各种好玩的东西			
6.我喜欢幻想一些我想知道或想做的事			
7.如果事情不能一次完成,我会继续尝试,直到成功为止			
8.做功课时我喜欢参考不同的资料,以得到多方面的了解			
9.我喜欢用相同的方法做事情,不喜欢去找其他的新的方法			
10.我喜欢探讨事情的真假			
11.我喜欢做许多新鲜的事情			
12.我不喜欢交新朋友			
13.我喜欢想一些不会在我身上发生的事			
14.我想有一天能成为艺术家、音乐家或诗人			
15.我会因一些令人兴奋的念头而忘记了其他的事			
16.我宁愿生活在太空站,也不喜欢住在地球上			
17.我认为所有的问题都有固定的答案			
18.我喜欢与众不同的事情			
19.我常想知道别人在想什么			
20.我喜欢故事或电视节目里所讲述的事			
21.我喜欢和朋友在一起,和他们分享我的想法			
22.如果最后一本书的最后一页被撕掉了,我就自己编一个结尾			
23.我长大后想做一些别人从没想过的事情			
24.尝试新的游戏和活动是一件有趣的事			
25.我不喜欢受太多的规则限制			
26.我喜欢解决问题,即使没有正确的答案也没有关系			
27.有许多事情我都很想亲自去尝试			
28.我喜欢唱没有人知道的新歌			
29.我不喜欢在班上同学面前发表意见			
30.当我读小说或看电视时,我喜欢把自己想成故事中的人物			
31.我喜欢幻想 200 年前人类生活的情形			
32.我常想自己编一首新歌			
33.我喜欢翻箱倒柜,看看有些什么东西在里面			
34.画图时,我喜欢改变各种东西的颜色和形状			
35.我不敢确定我对事物的看法都是对的			
36.对于一件事物先猜猜看,再看是否猜对了,这种方法很有趣			

续表 2

题　　　目	完全符合	部分符合	完全不符合
37. 玩猜谜之类的游戏很有趣，因为我想知道结果如何			
38. 我对机器很感兴趣，我想知道它里面是什么样子，它是怎么转动的			
39. 我喜欢可以拆开来玩的玩具			
40. 我喜欢想一些新点子，即使用不着也无所谓			
41. 一篇好的文章应该包含许多不同的意见或观点			
42. 为将来可能发生的问题找答案是一件令人兴奋的事			
43. 我喜欢尝试新的事物，目的只是为了想知道会有什么结果			
44. 玩游戏时，我通常有兴趣参加，而不在乎输赢			
45. 我喜欢想一些别人常常谈过的事情			
46. 当看到一张陌生人照片时，我喜欢去猜想他是个怎样的人			
47. 我喜欢翻阅书籍和杂志，但只想大致了解一下			
48. 我不喜欢探讨事物发生的各种原因			
49. 我喜欢问一些别人没有想到的问题			
50. 无论在家还是在学校，我总是喜欢做许多有趣的事			

题目	完全符合	部分符合	完全不符	题目	完全符合	部分符合	完全不符
1				16			
2				17			
3				18			
4				19			
5				20			
6				21			
7				22			
8				23			
9				24			
10				25			
11				26			
12				27			
13				28			
14				29			
15				30			

续表 1

题目	完全符合	部分符合	完全不符	题目	完全符合	部分符合	完全不符
31				41			
32				42			
33				43			
34				44			
35				45			
36				46			
37				47			
38				48			
39				49			
40				50			

本量表共 50 题，包括冒险性、好奇性、想象力、挑战性四项。

①冒险性：包括 1、5、21、24、25、28、29、35、36、43、44 这 11 道题，其中 29、35 为反面题目。得分顺序分别为：正面题目：完全符合 3 分，部分符合 2 分，完全不符合 1 分。反面题目：完全符合 1 分，部分符合 2 分，完全不符合 3 分。

②好奇性：包含 2、8、11、12、19、27、32、34、37、38、39、47、48、49 这 14 道题，其中 12、48 为反面题，其余为正面题目。计分方法同冒险性部分。

③想象力：包含 6、13、14、16、20、22、23、30、31、32、40、45、46 这 13 道题，其中 45 题为反面题，其余为正面题。计分方法同冒险性部分。

④挑战性：包含 3、4、7、9、10、15、17、18、26、41、42、50 这 12 道题，其中 4、9、17 题为反面题，其余为正面题。计分方法同前述。

计算自己的最后得分，得分最高说明能力强，反之，得分低说明能力差。

③吉尔福特创造力测评

吉尔福特运用下表中的 13 个分测评来测量 30 种创造力因素。

表 6-9　吉尔福特创造力测评表

测评项目	测评的内容	举例说明
词语流畅性测评	依据所给的符号，写出或画出各种不同的词语或图形	尽可能多地写出包含字母“O”的单词
思想流畅性测评	命名所有属于特种类别的事物	尽可能多地写出“会燃烧”的液体
联想流畅性测评	写出与所给词意相近的词，针对某对概念的关系想出各种不同关系的概念来	例 1：写出所有与“艰苦”意义相近的词 例 2：列举与“水滴”—“小河”关系相似的尽可能多的成对的事物
表达流畅性测评	将一些数字、词或短句组成不同的句子	请用“老奶奶”、“公德心”、“学生”、“香蕉皮”这四个词写一个简单的故事

续表

测评项目	测评的内容	举例说明
多项用途测评	列举某种事物通常用处之外的所有可能的用处	列举报纸通常用处之外的可能用途
相似解释测评	要求填充意义相似的几个句子	这个妇女的美貌已是秋天；它……
情节标题测评	写出符合某故事情节的所有合适的标题，分别按标题总数（思想的流畅性）和聪明的标题数目（独创性）进行计分	请给下面这一段话拟出标题："冬天快到了，商店新来的售货员忙着销售手套。但他忘记了手套应该配对出售，结果商店里最后剩下100只左手的手套。"
结果测评	列举某种假设事件的所有不同的结果；此测评有两种计分方式：一是直接反应的数目；二是间接反应的数目	如果人们不需要睡眠会产生什么结果
可能工作测评	列出某一个称呼能够代表所有可能的工作	列出"专家"这个称呼代表的可能工作
绘图测评	以给定的原始材料为蓝本，画出尽可能易辨认的图画	用五条直线，组成各种不同的图形
火柴问题测评	移动特定数目的火柴，形成特定数目或符合要求的图形	有六个村庄想修路联络彼此间的交通，但其原始蓝图工程费用太大。请设计几个较节省费用又能达到彼此联络目的的方案
装饰测评	在普通的线条上用不同的图案进行装饰	在有阿拉伯数字的纸上画图，把数字作为图中的一部分
加工物体测评	利用一些简单的图形材料，组合成有意义的图案或事物。所给出的图形材料可以重复使用，可以改变其大小、尺寸，但所组合的图案不能增加其他任何线条或图案	

（五）专业能力测评

1. 专业能力测评方法选择

人才测评总是根据测评的内容，选择最适合的一种或几种同时使用，专业能力与工作样本测评更是如此，在实际操作时，根据测评类型的特点，可能需要选择笔试、面试、心理测评、评价中心、考核等几种测评方法同时使用。

2. 领导能力测评

领导职位所要求的领导人员，不仅需要具备领导人员的智力、知识、能力和能力倾向，而且必须具备领导能力。领导能力是领导人员组织、引导、指挥、控制、协调被领导人员完成预定目标、任务和规划的能力。这种能力带有综合性，要求更高，决定着领导活动的效能、目标和成败，因此在人事测评中占据独特的地位和作用，被理论研究和实际工作所看重。

领导能力由多种能力构成,其中要具有以下几种最基本能力:

(1)逻辑推理能力

逻辑推理能力测评主要适用于具有相当学历水平的中层以上管理人员选拔过程中。

应聘者思维的准确、敏锐程度,逻辑推理的严密性与连贯性是一个管理者应具有的基本素质。对管理者来说,分析问题、解决问题的能力十分重要。

①逻辑推理能力测评目的

本测评的目的就是帮助企业选拔具有很强的语言分析能力,能迅速深入地加工信息,找到问题关键,并善于分析语言文字表达的信息,能基于事实而非主观臆断地做出判断的优秀管理人才。

②测评的施测过程

测评严格限定时间,测评时间为20分钟。纸笔或计算机作答。具体施测过程如下:

● 选择适宜的测评地点,布置考场。考场环境应安静整洁,无干扰,采光照明良好。

● 准备好测评所需用的各种物品。

● 安排考生入场,并宣布测评注意事项。

● 进行测评,并开始计时。

● 回收答题纸,测评结束。

(2)敏感性与沟通能力测评

敏感性与沟通能力测评适用于需要了解人际沟通方面的能力水平和了解是否适宜于从事侧重人际互动活动的工作。

①测评目的与功能

敏感性和沟通能力测评是一种考察洞察力、沟通能力等技能的测量工具。

敏感性和沟通能力测评是通过考查应聘者对特定问题或现象的分析、处理的深度和把握问题实质的敏锐程度,以及在面对各种复杂情况下的应对方略,了解应聘者在沟通中把握人际信息的敏感性及其对事物的洞察、预见和分析能力。同时可以了解其沟通策略模式,预测其在工作中说服、影响、感染他人并且达成协商成果的能力。基于对应聘者在开放式沟通倾向、操纵式沟通倾向方面的量化分析,可全面评估其沟通技巧和有效程度,为其有针对性地修正和提高人际沟通技巧提供依据。

②测评特点

本试验分敏感性测评与沟通能力测评两部分。

敏感性测评考察应聘者对人际问题的洞察、分析和预见能力,特别是在认识和把握问题的实质并进行分析处理时敏锐地捕捉人际信息、利用人际关系有效地解决问题的能力。

沟通能力测评侧重于对应聘者在工作中运用人际沟通技巧和策略方面的考察。

试题的内容和形式结合测评目的具体设计,从生活或工作中经常发生的难题、任务等事件出发,设计出一些情景性案例,并提供见解或处理方式作为备选答案。这种出题形式灵活有趣,体现真实水平,同时也有相应的难度可区分出个体间的水平差异。

③测评的构成

本测评的题目多数采用设定特定情境下的具体问题的形式,提供的被选答案是针对上述问题的不同见解或处理方法,应聘者需按题中指定的身份进行角色扮演,选择出自己认为最恰当的选择。

测评由90道题组成,分为敏感性测评和沟通能力测评两部分,每一部分各有45道题,每道试题有四个答案供选择。第二部分分成两个分测评:

● 敏感性;

● 沟通行为倾向:开放式沟通倾向、操纵式沟通倾向、非沟通倾向。

④测评的步骤

● 选择合适场地。考场环境应安静整洁、无干扰,采光良好。

● 准备好考试中需要的各种物品。

● 安排应聘者入场,宣布测评中应注意事项。

● 进行测评,并开始计时。

● 回收答题纸,测评结果。

⑥测评中特别需要注意的事项

A. 敏感性和沟通能力两部分测评可分开使用,也可以合并使用。但由于人际敏感性是具备高超人际沟通能力的前提,能得到两者分数可对应聘者的发展潜能和绩效做综合预测,因此两部分测评尽可能都做。

B. 敏感性是较为普遍性的心理素质之一,很多行业也需要强调从业者的人际适应力、人际敏感度,这时应考虑使用敏感性测评。

C. 本测评的测评结果可为对管理人员下一步的培训提供建议,用于有针对性地设计培训课程,获得良好的培训效果。

三、职业个性测评

在以往的人员招聘选拔工作中,人们往往只注重一个人的专业和业务方面的能力,而忽视人的个性方面的特征。其实很多个性特征与人们在工作中的成功密切相关。例如,一个性格内向,不善言辞,不喜欢过多地与他人打交道的人,如果让他从事产品推销或公关一类的工作可能会比较困难;一个性格急躁、情绪不稳定的人,如果让他从事装配精密仪器的工作,可能就会经常出错。因此,将个性测评应用到人员招聘与选拔的工作中,有利于提高招聘与选拔工作的有效性。

(一)个性的含义

关于个性,心理学家还没有一个统一的定义。我们可以将其理解为人们所具有的独特的、稳定的对待现实的态度和习惯化了的行为方式,它是一个人区分于其他人的稳定的心理特征,是由先天、后天的交互作用形成的。在心理测量学的意义上,个性是指不同于认知能力的人的心理部分,通常包括情感、动机、态度、性格、兴趣、品德、价值观等。

(二)个性的主要特征

1. 个性具有整体性

个性的整体性是指组成个性的各个要素不是孤立的,而是统一的有机整体,个性具有内在的统一性。一个人的个性统一性,也就是这个人个性结构中的各方面特质是否彼此协调一致,这是一个人心理是否健康的一个重要标志。

2. 个性具有层次性

个性的层次性是指根据各种个性成分的意义和作用的不同，可以将个性分成不同的层次。高层次的个性成分对低层次的个性成分具有决定性作用，处于核心的地位。

3. 个性具有可变性

个性并不是固定不变的东西，一个人在生活的过程中，受到外界环境和其他一些因素的影响，个性特征往往会发生一些变化，因此，个性并非一成不变的。

4. 个性具有稳定性

一个人在不同的时间和场合常常表现出一致性和持久性的个性特征。个性的这种稳定性特征为我们从一个人目前的行为表现推论其未来可能的行为表现提供了依据。但这种稳定并非绝对的稳定而是一种相对稳定。

5. 个性具有独特性和共同性

一些人既具有自己独特的个性特征，也具有其所从属的团体中的一些共同的特征，因此作为个体的人是个性与共性的统一体。我们知道某个人处于某个特定的群体，就可以推论他可能具有某些特定的个性特征。

(三)性格测评

1. 性格与职业匹配

性格是人对现实的态度和行为方式中比较稳定的心理特征的总和。职业性格是一个人对职业的稳定态度和在职业活动中习惯化了的行为方式所表现出来的个性心理特征。职业心理学的研究表明，不同的职业需要具有不同性格的从业者，某一类职业工作能够体现出某一类共同的职业性格，如表 6-10 所示。

表 6-10 性格与职业匹配表

性格类型	优点及缺点	适合的职业
外向型	能运用外在的环境资源，乐意与他人来往，开放的态度，行动派，易被他人所了解	导游、公关
	不够独立，需要和他人共事，喜欢变化、行动，讨厌规范约束	
内向型	独立自主，埋头工作，勤勉奋发，沉思的，照自己的理想去行事，不会轻易以偏概全，不会冲动行事	钢琴师、诗人、心理学家
	对外在环境了解不多，逃避他人，掩饰自己，易为他人误会，不喜欢工作被打断	
感知型	注意细节，重视实际，能记住琐碎细节，耐得住烦闷的工作，有耐心，细心，有系统	律师、秘书、会计师
	失去整体的概念，想不出各种可能解决的途径，不相信直觉，不求创新，无法应付太复杂的工作，不喜欢预测未来	
直觉型	对事情能面面观之，以整体观点看事情，富有想象力，乐意尝试新鲜的构想，喜欢解决新奇的问题	室内设计师、电影评论员、美容师
	不注重细节，不注重实际，不能忍受沉闷，不合逻辑，把握不住现在，喜欢骤下断言	

续表

性格类型	优点及缺点	适合的职业
理性型	合乎逻辑，善于分析，客观公正，能够有组织系统地进行思考，有判断能力、坚定	法官、教导员
	忽略他人感受，误解别人的价值观，不在意和谐的人缘，不暴露感情，较少同情心，不愿说服别人	
感性型	体谅他人的感受，了解他人需要，喜欢和谐的人际关系，易表露情感，喜欢说服他人	宗教人员、播音员、辅导人员
	不合乎逻辑，不够客观，缺乏组织系统的思考，不具有批评精神，全盘接受，感情用事	
决断型	有计划的、有步骤的、有系统的、果断有决心的、有控制能力的，做决定时比较明快	企业家、生产主管、投资顾问
	固执，不易妥协，没有弹性，仅依手边现有的少许信息作决定，任何的修正意见都被预订的计划所埋没	
熟思型	易于协调，可由各种角度欣赏事物，具有弹性，开放的态度，依据可靠的资料做决定，不任意批评	人寿保险顾问、社会工作者、漫画家
	犹豫不决，散漫无计划，不能有效地控制情况，易于分心，不易按计划完工	

一个人的性格特征对其职业选择会产生很大的影响。近年来，用人单位在选人上出现了一种新观念，即认为性格比能力重要。这是因为如果一个人能力不足，还可通过培训提高，但若是性格不好，要改变起来可就困难多了。性格是一个人个性中具有核心意义的部分，几乎涉及一个人的心理过程及个性特征的各个方面。虽然每个人的性格不能完全与某项职业相吻合，但却可以根据自己的职业倾向来培养、发展相应的职业性格。对组织而言，每个员工不同的性格决定了每个员工有着不同的工作岗位和工作业绩；对个人而言，性格则决定着其事业能否成功。因此，性格是组织选人和个人择业的重要因素之一。

性格测评大部分采用自陈量表的形式，即让被测人员通过回答一系列的问题来提供关于个人人格特征的报告，用于性格测评的自陈量表很多，但有代表性的主要是卡特尔16种性格因素测量表和艾森克人格测评问卷。

2.卡特尔16种性格因素测评量表

卡特尔16种性格因素测评量表是有关性格的自陈测量表之一，主要用于教育及教育辅导、心理障碍及身体疾病的预防、诊断及治疗，以及用于人才的选拔和培养。测评题见表6-11。

表 6-11　卡特尔 16 种性格因素测评量表

一、指导语

本测验包括一些有关个人兴趣、爱好的问题，每个人对这些问题会有不同的看法，这些看法并没有好坏对错之分，请不必有任何顾虑，也不必对题目花太多时间去斟酌，看清题意就立即回答，尽量不要选择中性答案，现在开始！

二、测评题

1. 我很清楚本测验的说明	A. 是的　B. 不一定　C. 不是的
2. 我对本测验的每一个问题，都能做到诚实的回答	A. 是的　B. 不一定　C. 不同意
3. 如果我有机会的话	A. 我愿意到一个繁华的城市去旅行 B. 介于 A、C 之间 C. 我愿意游览清净的山区
4. 我有能力应付各种困难	A. 是的　B. 不一定　C. 不是的
5. 即使是关在铁笼里的猛兽，让我看到我也会惴惴不安	A. 是的　B. 不一定　C. 不是的
6. 我总是不敢大胆批评别人的言行	A. 是的　B. 有时如此　C. 不是的
7. 我的思想似乎	A. 比较先进　B. 一般　C. 比较保守
8. 我不擅长说笑话、讲趣事	A. 是的　B. 介于 A、C 之间　C. 不是的
9. 当我见到亲友或邻居争吵时	A. 我总是任其自行解决 B. 介于 A、C 之间 C. 我总是予以劝解
10. 在群众集会中	A. 我谈吐自如 B. 介于 A、C 之间 C. 我保持沉默
11. 我愿意	A. 做一个建筑工程师 B. 不确定 C. 做一个社会科学教授
12. 阅读时	A. 我喜欢读自然科学书籍 B. 不确定 C. 我喜欢阅读政治理论书籍
13. 我认为很多人都有些心理不正常，只是他们不愿意承认	A. 是的　B. 介于 A、C 之间　C. 不是的
14. 我希望我的爱人擅长交际，无需具有文艺才能	A. 是的　B. 不一定　C. 不是的
15. 对于性情急躁、爱发脾气的人我仍然以礼相待	A. 是的　B. 介于 A、C 之间　C. 不是的
16. 被人侍奉时我常常局促不安	A. 是的　B. 介于 A、C 之间　C. 不是的
17. 在从事体力或脑力劳动之后，我总是需要有比别人更多的休息时间，才能保持工作效率	A. 是的　B. 介于 A、C 之间　C. 不是的

续表1

18.半夜醒来我总是感到种种惴虑不安而不能再次入睡	A.常常如此　B.有时如此　C.极少如此
19.事情进行得不顺利时，我常常急得泪流满面	A.从不如此　B.有时如此　C.常常如此
20.我认为只要双方同意，就可以离婚，不要受传统观念的束缚	A.是的　B.介于A、C之间　C.不是的
21.我对人或物的兴趣，都很容易改变	A.是　B.不能肯定　C.否
22.在工作中	A.我愿意和别人合作　B.不确定 C.我愿意自己单独行动
23.我常常会无缘无故地自言自语	A.常常如此　B.偶然如此　C.从不如此
24.无论是工作、饮食或外出游览	A.我总是匆匆忙忙，不能尽兴 B.介于A、C之间 C.我总是从容不迫
25.有时我怀疑别人是否对我的言行真正地有兴趣	A.是的　B.介于A、C之间　C.不是的
26.如果我在工厂里工作，我愿做	A.技术科的工作　B.介于A、C之间 C.宣传科的工作
27.在阅读时，我愿阅读有关	A.太空旅行的书籍　B.不太确定 C.家庭教育的书籍
28.下面列出的三个词哪个与其他两个单词不同类	A.狗　B.石头　C.牛
29.如果我能到一个新的环境，我要把生活安排得	A.和从前不一样　B.不确定　C.和从前相仿
30.在一生中，我觉得自己能达到我所预期的目标	A.是的　B.不一定　C.不是的
31.当我说谎时，总觉得内心羞愧，不敢正视对方	A.是的　B.不一定　C.不是的
32.假使我手里拿着一支装有子弹的手枪，我必须把子弹拿出来才安心	A.是的　B.介于A、C之间　C.不是的
33.多数人认为我是一个说话风趣的人	A.是的　B.不一定　C.不是的
34.如果人们知道我内心的成见，他们会大吃一惊	A.是的　B.不一定　C.不是的
35.在公共场合，如果我突然成为大家注意的中心，我会感到局促不安	A.是的　B.介于A、C之间　C.不是的
36.我总喜欢参加规模庞大的晚会或集会	A.是的　B.介于A、C之间　C.不是的
37.在科学中，我喜欢	A.音乐　B.不一定　C.手工劳动
38.我常常怀疑那些出乎我意料、对我过于友善的人的诚实动机	A.是的　B.介于A、C之间　C.不是的
39.我愿意把我的生活安排得像一个	A.艺术家那样　B.不确定　C.会计师那样
40.我认为目前所需要的是	A.多出现一些改造世界的理想家 B.不确定 C.脚踏实地的实干家
41.有时候我觉得我需要剧烈的体力活动	A.是的　B.介于A、C之间　C.不是的

续表 2

42. 我愿意跟有教养的人来往，而不愿意同鲁莽的人交往	A. 是的　B. 介于 A、C 之间　C. 不是的
43. 在处理一些必须凭借智慧的事务时，我的亲人的确	A. 比一般人差　B. 普通　C. 超人一等
44. 当领导召见我时，我	A. 觉得可以趁机提出意见 B. 介于 A、C 之间 C. 总怀疑自己做错了事
45. 如果待遇优厚，我愿意做护理精神病人的工作	A. 是的　B. 介于 A、C 之间　C. 不是的
46. 读报时，我喜欢	A. 当前世界上的基本问题 B. 介于 A、C 之间　C. 地方新闻
47. 在接受困难任务时，我总是	A. 有独立完成的信心 B. 不确定　C. 希望有别人帮助和指导
48. 在游览时，我宁愿参观画家的写生，也不愿听人家的辩论	A. 是的　B. 不一定　C. 不是的
49. 我的神经脆弱，稍有一点刺激就会使我战栗	A. 时常如此　B. 有时如此　C. 从不如此
50. 早晨起来，我常常感到疲惫不堪	A. 是的　B. 介于 A、C 之间　C. 不是的
51. 如果待遇相同，我愿意选择做	A. 森林管理员　B. 不一定　C. 中小学教员
52. 每逢过节或亲友结婚时，我	A. 喜欢赠送礼品 B. 不太确定　C. 不愿相互送礼
53. 本题选项所列的三个数字中，哪个数字与其他两个数字不同类	A. 5　B. 2　C. 7
54. 猫和鱼就像……	A. 牛和牛奶　B. 牛和牧草　C. 牛和盐
55. 我在小学时敬佩的老师到现在仍然值得我敬佩	A. 是的　B. 不一定　C. 不是的
56. 我觉得我确实有一些别人所不及的优良品质	A. 是的　B. 不一定　C. 不是的
57. 根据我的能力，即使让我做一些平凡的工作，我也会安心的	A. 是的　B. 不太确定　C. 不是的
58. 我喜欢看电影或参加其他娱乐活动，比一般人	A. 多　B. 相同　C. 少
59. 我喜欢从事需要精密技术的工作	A. 是的　B. 介于 A、C 之间　C. 不是的
60. 在有威望、有地位的人面前，我总是较为局促谨慎	A. 是的　B. 介于 A、C 之间　C. 不是的
61. 对于我来说，在大众面前演讲或表演是一件难事	A. 是的　B. 介于 A、C 之间　C. 不是的
62. 我愿意	A. 指挥几个人工作 B. 不确定 C. 和同志们一起工作
63. 即使我做了件让人笑话的事，我也能坦然处之	A. 是的　B. 介于 A、C 之间　C. 不是的
64. 我认为，我遇到困难没有人会幸灾乐祸	A. 是的　B. 不确定　C. 不是的

续表 3

65.一个人应该	A.考虑人生的真正意义 B.不确定 C.踏踏实实地工作和学习
66.我喜欢去处理别人弄得一塌糊涂的工作	A.是的 B.介于 A、C 之间 C.不是的
67.当我非常高兴时,总有一种好景不长的感觉	A.是的 B.介于 A、C 之间 C.不是的
68.在一般困难的情境中,我总能保持乐观	A.是的 B.不一定 C.不是的
69.迁居是一件极不愉快的事	A.是的 B.介于 A、C 之间 C.不是的
70.在年轻的时候,当我和父母的意见不同时	A.保留自己的意见 B.介于 A、C 之间 C.接受父母的意见
71.我希望把我的家庭	A.建成适合自身活动和娱乐的地方 B.介于 A、C 之间 C.成为邻里交往的一部分
72.我解决问题时,多借助于	A.个人独立思考 B.介于 A、C 之间 C.和别人互相讨论
73.在需要当机立断时,我总是	A.镇静地运用理智 B.介于 A、C 之间 C.常常紧张兴奋
74.最近在一、两件事情上,我觉得我是无辜受累的	A.是的 B.介于 A、C 之间 C.不是的
75.我善于控制我的表情	A.是的 B.介于 A、C 之间 C.不是的
76.如果待遇相同	A.我愿做一个化学研究工作者 B.不确定 C.我愿做一个旅行社经理
77.以“惊讶”与“新奇”搭配为例,我认为	A.“惧怕”与“勇敢”搭配 B.“惧怕”与“焦虑”搭配 C.“惧怕”与“恐怖”搭配
78.本题列出的三个分数,哪一个与其他两个不类同	A. 3/7 B. 3/9 C. 3/11
79.不知为什么,有些人总是回避或冷淡我	A.是的 B.不一定 C.不是的
80.我虽善意待人,却常常得不到好报	A.是的 B.不一定 C.不是的
81.我不喜欢争强好胜的人	A.是的 B.介于 A、C 之间 C.不是的
82.和一般人相比,我的朋友的确太少	A.是的 B.介于 A、C 之间 C.不是的
83.不在万不得已的情况下,我总是回避参加应酬性活动	A.是的 B.不一定 C.不是的
84.我认为对领导奉迎得当,比工作表现更重要	A.是的 B.介于 A、C 之间 C.不是的

续表 4

85.参加竞赛时,我总看重竞赛的活动,而不计较成败	A.总是如此 B.一般如此 C.偶然如此
86.按照我个人的意愿,我希望做	A.有固定可靠工资收入的工作 B.介于A、C之间 C.工资高低应随我的工作表现而随时调整
87.我愿意阅读	A.军事与政治的事实记载 B.不一定 C.富有情感和幻想的作品
88.我认为,有许多人之所以不敢犯罪,其主要原因是怕被惩罚	A.是的 B.介于A、C之间 C.不是的
89.我的父母从来不严格要求我事事顺从	A.是的 B.不一定 C.不是的
90.百折不挠、再接再厉的精神,似乎被人们所忽视	A.是的 B.不一定 C.不是的
91.当有人对我发火时,我总是	A.设法使他镇静下来 B.不确定 C.自己也发起火来
92.我希望	A.人们都要友好相处 B.不一定 C.进行斗争
93.不论是在极高的屋顶,还是在极深的隧道中,我都很少感到胆怯和不安	A.是的 B.介于A、C之间 C.不是的
94.只要无过错,不管别人怎么说,我总能心安理得	A.是的 B.不一定 C.不是的
95.我认为,凡是无法用理智来解决的问题,有时不得不用权力来处理	A.是的 B.介于A、C之间 C.不是的
96.我在年轻的时候与异性朋友交往较别人	A.多 B.介于A、C之间 C.少
97.我在社团活动中,是个活跃分子	A.是的 B.介于A、C之间 C.不是的
98.在人声嘈杂中,我仍能不受干扰,专心工作	A.是的 B.介于A、C之间 C.不是的
99.在某些心境下,我常常因为困惑或陷入空想而将工作搁置下来	A.是的 B.不太确定 C.不是的
100.我很少用难堪的言语去刺伤别人的感情	A.是的 B.不太确定 C.不是的
101.如果让我选择,我宁愿选做	A.列车员 B.不确定 C.描图员
102."理不胜词"的意思是	A.说理不如修辞 B.辞藻华丽而说理不足 C.说理多而修辞少
103.以"铁锹"与"挖掘"搭配为例,我认为	A."刀子"应与"琢磨"搭配 B."刀子"应与"切割"搭配 C."刀子"应与"铲除"搭配
104.我在大街上常常避开我所不愿打招呼的人	A.极少如此 B.偶然如此 C.有时如此

续表 5

105. 当我聚精会神地听音乐时，假使有人在旁边高谈阔论	A. 我仍能专心听音乐 B. 介于 A、C 之间 C. 我不能专心而感到恼怒
106. 在课堂上，如果我的意见与老师不同，我常常	A. 保持沉默　B. 不一定　C. 当场表明立场
107. 我单独跟异性谈话时，总显得不自然	A. 是的　B. 介于 A、C 之间　C. 不是的
108. 我在待人接物方面，的确不太成功	A. 是的　B. 不完全是这样　C. 不是的
109. 每当做一件困难工作时，我	A. 总是预先做好准备 B. 介于 A、C 之间 C. 相信到时候总会有办法解决
110. 在我结交的朋友中，男女各占一半	A. 是的　B. 介于 A、C 之间　C. 不是的
111. 我在结交朋友方面	A. 结识了很多的人 B. 不一定 C. 维持几个深交的朋友
112. 我愿意做一名社会科学家不愿做一名机械工程师	A. 是的　B. 不确定　C. 不是的
113. 如果我发现了别人的缺点，我会不顾一切地进行指责	A. 是的　B. 介于 A、C 之间　C. 不是的
114. 我善于设法影响和我一起工作的同事，使他们能协助我实现我所计划的目标	A. 是的　B. 介于 A、C 之间　C. 不是的
115. 我喜欢做戏剧、音乐、歌舞、新闻采访等工作	A. 是的　B. 不一定　C. 不是的
116. 当人们表扬我时，我总是羞愧窘迫	A. 是的　B. 介于 A、C 之间　C. 不是的
117. 我认为一个国家最需要解决的问题是	A. 政治问题　B. 不太确定　C. 道德问题
118. 有时我会无故地产生一种面临大祸的恐惧	A. 是的　B. 有时如此　C. 不是的
119. 在我童年时，害怕黑暗的次数	A. 极多　B. 不太多　C. 几乎没有
120. 在闲暇的时候，我喜欢	A. 看一部历史性的探险电影 B. 不一定 C. 读一本科学性的幻想小说
121. 当人们批评我古怪不正常时，我	A. 非常气恼　B. 有些动气　C. 无所谓
122. 到一个新城市里去找地址	A. 找人问路 B. 介于 A、C 之间 C. 参考市区地图
123. 当朋友声明他要在家休息时，我总是设法怂恿他同我到外面游览	A. 是的　B. 不一定　C. 不是的
124. 在就寝时我常常	A. 不易入睡　　B. 介于 A、C 之间 C. 容易入睡

续表 6

125. 有人烦扰我时，我	A. 能不露声色　　B. 介于 A、C 之间 C. 总要说给别人听，以泄气愤
126. 如果待遇相同，我愿做一个	A. 律师　B. 不确定　C. 航海员
127. “时间变成了永恒”，这是比喻	A. 时间过得很慢 B. 忘了时间 C. 光阴一去不复返
128. 下面三项中，哪一项应接在“xOOOOxxOOOxxx”的后面	A. xOx　B. OOx　C. Oxx
129. 我无论到什么地方，都能清楚地辨别方向	A. 是的　B. 介于 A、C 之间　C. 不是的
130. 我热爱我所学的专业和所从事的工作	A. 是的　B. 不一定　C. 不是的
131. 如果我急于想借朋友的东西，而他又不在家，我认为不告而取也没关系	A. 是的　B. 介于 A、C 之间　C. 不是的
132. 我喜欢向朋友讲述一些我个人有趣的经历	A. 是的　B. 介于 A、C 之间　C. 不是的
133. 我宁愿做一个	A. 演员　B. 不确定　C. 建筑师
134. 业余时间我总是做好安排，不使时间浪费	A. 是的　B. 介于 A、C 之间　C. 不是的
135. 在和别人交往中，我常常会无缘无故地产生一种自卑感	A. 是的　B. 介于 A、C 之间　C. 不是的
136. 和不熟悉的人交谈，对我来讲	A. 毫不困难 B. 介于 A、C 之间 C. 比较困难
137. 我所喜欢的音乐，多是	A. 轻松活泼的 B. 介于 A、C 之间 C. 富有感情的
138. 我爱想入非非	A. 是的　B. 不一定　C. 不是的
139. 我认为未来 20 年的世界局势，定将好转	A. 是的　B. 不一定　C. 不是的
140. 在童年时，我喜欢阅读	A. 神话幻想故事 B. 不确定 C. 战争故事
141. 我向来都对机械、汽车等感兴趣	A. 是的　B. 介于 A、C 之间　C. 不是的
142. 即使让我做一个缓刑释放的罪犯的管理人，我也会把工作做得很好	A. 是的　B. 介于 A、C 之间　C. 不是的
143. 我仅仅被认为是一个能够苦干而稍有成就的人	A. 是的　B. 介于 A、C 之间　C. 不是的
144. 就是在不顺利的情况下，我仍能保持精神振奋	A. 是的　B. 介于 A、C 之间　C. 不是的
145. 我认为，节制生育是解决经济与和平问题的重要条件	A. 是的　B. 不太确定　C. 不是的
146. 在工作中，我喜欢独自筹划，不愿受别人干涉	A. 是的　B. 介于 A、C 之间　C. 不是的

续表 7

147.尽管有的同事和我意见不合,但我仍能跟他保持团结	A.是的 B.不一定 C.不是的
148.我在工作和学习上,总是设法使自己不粗心大意、不忽略细节	A.是的 B.介于A、C之间 C.不是的
149.在和人争辩或险遭事故后,我常表现出震颤、筋疲力尽、不能安心工作	A.是的 B.介于A、C之间 C.不是的
150.医生没给开处方,我是从不乱吃药的	A.是的 B.介于A、C之间 C.不是的
151.根据我个人的兴趣,我愿参加	A.摄影组活动 B.不确定 C.文娱组活动
152.以"火星"与"燎原"搭配为例,我认为	A."姑息"应与"同情"搭配 B."姑息"应与"养奸"搭配 C."姑息"应与"纵容"搭配
153."钟表"与"时间"的关系,犹如	A."裁缝"与"服装"的关系 B."裁缝"与"剪刀"的关系 C."裁缝"与"布料"的关系
154.生动的梦境,常常干扰我的睡眠	A.经常如此 B.偶然如此 C.从不如此
155.我爱打抱不平	A.是的 B.介于A、C之间 C.不是的
156.如果我要到一个新城市,我将要	A.到处闲逛 B.不确定 C.避免去危险的地方
157.我爱穿朴素的衣服,不愿穿华丽的服装	A.是的 B.不太确定 C.不是的
158.我认为,安静的娱乐远远胜过热闹的宴会	A.是的 B.不太确定 C.不是的
159.我明知自己有缺点,但不愿接受别人的批评	A.偶然如此 B.极少如此 C.从不如此
160.我总是把"是、非、善、恶"作为处理事情的原则	A.是的 B.介于A、C之间 C.不是的
161.当我工作时,我不喜欢有许多人在旁参观	A.是的 B.介于A、C之间 C.不是的
162.我认为,侮辱那些即使犯错的有教养的人,如医生、教师等,也是不应该的	A.是的 B.介于A、C之间 C.不是的
163.在各种课程中,我喜欢	A.语文 B.不确定 C.数学
164.那些自以为是、道貌岸然的人使我生气	A.是的 B.介于A、C之间 C.不是的
165.和循规蹈矩的人交谈	A.很有兴趣,并有所得 B.介于A、C之间 C.他们思想简单使我厌烦
166.我喜欢	A.有几个有时对我很苛刻,但富有感情的朋友 B.介于A、C之间 C.不受别人的干涉

续表 8

167. 如果征求我的意见，我赞同	A. 禁止有心理缺陷的人生育 B. 不确定 C. 杀人犯应判处死刑
168. 有时我会无缘无故地沮丧、痛苦	A. 是的　B. 介于 A、C 之间　C. 不是的
169. 当与立场相反的人辩论时，我主张	A. 尽量找出基本概念的差异 B. 不一定 C. 彼此让步
170. 我一向是重感情而不重理智，因而我的观点常常摇摆不定	A. 是的　B. 大致如此　C. 不是的
171. 我的学习多赖于	A. 自己阅读书刊 B. 介于 A、C 之间 C. 参加集体讨论
172. 我宁愿选择一项工资高的工作，不在乎是否有保障，也不愿选择工资低的固定工作	A. 是的　B. 不太确定　C. 不是的
173. 在参加讨论时，我总是能把握住自己的立场	A. 经常如此　B. 一般如此 C. 必要时才会如此
174. 我常常被一些无所谓的小事所烦扰	A. 是的　B. 介于 A、C 之间　C. 不是的
175. 我宁愿住在嘈杂的闹市区，也不愿住在僻静的郊区	A. 是的　B. 不太确定　C. 不是的
176. 下列工作如果任我挑选的话，我愿做	A. 少先队辅导员 B. 不太确定　C. 修表工作
177. 在“一人____事，众人受累”这一填空句中应填	A. 偾　B. 愤　C. 喷
178. 在“望子成龙的家长，往往____苗助长”这一填空句中，我认为应该填	A. 揠　B. 堰　C. 偃
179. 气候的变化并不影响我的情绪	A. 是的　B. 介于 A、C 之间　C. 不是的
180. 因为我对一切问题都有一些见解，所以大家都认为我是个有头脑的人	A. 是的　B. 介于 A、C 之间　C. 不是的
181. 我讲话的声音	A. 洪亮　B. 介于 A、C 之间　C. 低沉
182. 一般人都认为我是个活跃、热情的人	A. 是的　B. 介于 A、C 之间　C. 不是的
183. 我喜欢从事出差机会较多的工作	A. 是的　B. 介于 A、C 之间　C. 不是的
184. 我力求把事情办的尽善尽美	A. 是的　B. 介于 A、C 之间　C. 不是的
185. 在取回或归还借的东西时，我总是仔细检查，看是否保持原样	A. 是的　B. 介于 A、C 之间　C. 不是的
186. 我通常总是精力充沛、忙碌多事	A. 是的　B. 不一定　C. 不是的
187. 我相信我没有遗漏或不精心回答上面的任何问题	A. 是的　B. 不确定　C. 不是的

续表 9

三、计分方法

本测评共包括 16 种性格因素的测评，各个因素所包括的测评题如下表所示。

16 种因素	包括的测评题题号
A	3,26,27,51,52,76,101,126,151,176
B	28,53,54,77,78,102,103,127,128,152,153,177,178
C	4,5,29,30,55,79,80,104,105,129,130,154,179
E	6,7,31,32,56,57,81,106,131,155,156,180,181
F	8,33,58,82,83,107,108,132,133,157,158,182,183
G	9,34,59,84,109,134,159,160,184,185,
H	10,35,36,60,61,85,86,110,111,135,136,161,186
I	11,12,37,62,87,112,137,138,162,163
L	13,38,63,64,88,89,113,114,139,164
M	14,15,39,40,65,90,91,115,116,140,141,165,166
N	16,17,41,42,66,67,92,117,142,167
O	18,19,43,44,68,69,93,94,118,119,143,144,168
Q_1	20,21,45,46,70,95,120,145,169,170
Q_2	22,47,71,72,96,97,121,122,146,171
Q_3	23,24,48,73,98,123,147,148,172,173
Q_4	25,49,50,74,75,99,100,124,125,149,150,174,175

将每个因素所包括的测评题得分加起来，就是该项性格因素的原始得分。具体每题的计分方法有以下三种。

第一，下列题凡是选对应选项加 1 分，否则 0 分。

28	53	54	77	78	102	103	127	128	152	153	177	178
B	B	B	C	B	C	B	C	B	B	C	A	A

第二，下列每题凡是选 B 均加 1 分，选以下对应选项加 2 分，否则 0 分。

3	4	5	6	7	8	9	10	11	12	13	14	15	16
A	A	C	C	A	C	C	A	C	C	A	C	C	C
17	18	19	20	21	22	23	24	25	26	27	29	30	31
A	A	C	A	A	C	C	C	A	C	C	C	A	C
32	33	34	35	36	37	38	39	40	41	42	43	44	45
C	A	C	C	A	A	A	A	A	C	A	A	C	C
46	47	48	49	50	51	52	55	56	57	58	59	60	61
A	A	A	A	A	C	A	A	A	C	A	A	C	C
62	63	64	65	66	67	68	69	70	71	72	73	74	75

续表 10

C	C	C	A	C	C	C	A	A	A	A	A	A	C
76	79	80	81	82	83	84	85	86	87	88	89	90	91
C	C	C	C	C	C	C	C	C	C	A	C	C	A
92	93	94	95	96	97	98	99	100	101	104	105	106	107
C	C	C	C	C	C	A	A	C	A	A	A	A	C
108	109	110	111	112	113	114	115	116	117	118	119	120	121
C	A	A	A	A	A	A	A	A	A	A	A	C	C
122	123	124	125	126	129	130	131	132	133	134	135	136	137
C	C	A	C	A	A	A	A	A	A	A	C	A	C
138	139	140	141	142	143	144	145	146	147	148	149	150	151
A	C	A	C	A	A	C	A	A	A	A	A	A	C
154	155	156	157	158	159	160	161	162	163	164	165	166	167
C	A	A	C	C	C	A	C	C	A	A	C	C	A
168	169	170	171	172	173	174	175	176	178	179	180	182	183
A	A	C	A	C	A	A	C	A	A	A	A	A	A
184	A	185	A	186	A								

第三，对于 1、2、187 题，无论选哪一项均不计分。

四、原始分换算成标准分

在统计出各项性格因素的原始得分后，可对应下表将其换算成标准分。

表 6-12　16PF 原始分与标准分换算表

因素	原始得分									
A	0～1	2～3	4～5	6	7～8	9～11	12～13	14	15～16	17～20
B	0～3	4	5	6	7	8	9	10	11	12～13
C	0～5	6～7	8～9	10～11	12～13	14～16	17～18	19～20	21～22	23～16
E	0～2	3～4	5	6～7	8～9	10～12	13～14	15～16	17～18	19～26
F	0～3	4	5～6	7	8～9	10～12	13～14	15～16	17～18	19～26
G	0～5	6～7	8～9	10	11～12	13～14	15～16	17	18	19～20
H	0～1	2	3	4～6	7～8	9～11	12～14	15～16	17～19	20～26
I	0～5	6	7～8	9	10～11	12～13	14	15～16	17	18～19
L	0～3	4～5	6	7～8	9～10	11～12	13	14～15	16	17～20
M	0～5	6～7	8～9	10～11	12～13	14～15	16～17	18～19	20	21～26

续表

因素	原始得分									
N	0～2	3	4	5～6	7～8	9～10	11	12～13	14	15～20
O	0～2	3～4	5～6	7～8	9～10	11～12	13～14	15～16	17～18	19～26
Q_1	0～4	5	6～7	8	9～10	11～12	13	14	15	16～20
Q_2	0～5	6～7	8	9～10	11～12	13～14	15	16～17	18	19～20
Q_3	0～4	5～6	7～8	9～10	11～12	13～14	15	16～17	18	19～20
Q_4	0～2	3～4	5～6	7～8	9～11	12～14	15～16	17～19	20～21	22～26
标准分	1	2	3	4	5	6	7	8	9	10

在实际工作中，卡特尔 16 种性格因素测量表中的 16 种因素可以分开使用，也可以合并应用。表 6-16 详细列出了 16 种性格因素，并描述了高分者、低分者的人格特征及其职业倾向。

表 6-13　卡特尔性格因素详细列表

因素	名称	测评作用	低分者特征	职业倾向	高分者特征	职业倾向
A	乐群性	测被测者与外界环境的交流程度	缄默、孤独、冷漠	创造性的工作，如科学家、音乐家、作家等	外向、热情、乐群	社会性的工作，如管理、公关、营销等
B	聪慧性	测被测者的智力及其可发展潜力	反应迟钝、学识浅薄、抽象思维能力差	简单劳动	聪慧、富有才识、善于抽象思维	复杂的脑力劳动
C	稳定性	测被测者的情绪特征和情绪控制能力	情绪激动、易烦恼	富于变化的工作，如艺术、创作等	情绪稳定而成熟，能够面对现实	技术性、管理性工作，如技术员、管理者、医护人员等
E	恃强性	测被测者的争强好胜及固执己见的程度	谦逊、服从、恭顺	教育、医疗、服务性工作	好强、固执、独立、积极	政治、军事、管理等方面的领导工作及富有挑战性的工作
F	兴奋性	测被测者的兴奋特质	严肃、审慎、冷静、少语	会计、行政人员、艺术家、工程师、科研人员	轻松、兴奋、随遇而安	运动员、商人、飞行员、空姐等
G	有恒性	测被测者做事态度是权宜、敷衍还是有恒心、负责任	权宜、敷衍、不守信	艺术、文化、演艺、社交等自由度大的工作	有恒心、负责任、做事尽职尽责	财务、会计、图书管理员、政客等

续表

因素	名称	测评作用	低分者特征	职业倾向	高分者特征	职业倾向
H	敢为性	测被测者是否有冒险敢为的人格特征	畏怯、退缩、缺乏恒心	编辑、档案资料管理、图书资料管理	冒险、敢为、少有顾虑	商人、企业中高层管理人员等
I	敏感性	测被测者对待外界的敏感程度	理智、注重现实、自食其力	销售经理、工程师、技师	敏感、感情用事	演员、作家、艺术工作者等
L	怀疑性	测被测者的处世怀疑态度	随和、易与人相处、值得信赖	财务、会计、飞行人员、基层管理人员等	怀疑、刚愎自用、固执己见	艺术家、中高层管理人员、创造性科研人员等
M	幻想性	测被测者的想象力	合乎成规、力求妥善、合理	务实、规范、有章可循、重复性工作	幻想、狂妄、任性	变化性、挑战性工作
N	世故性	测被测者在为人处世时的世故程度及老练程度	坦白、直率、天真	艺术家、普通工人等	精明、能干、世故	企业家、商人、服务人员等
O	忧虑性	测被测者是否有忧郁状况	沉着、自信、坦然，易适应环境，有时自命不凡	行政人员、机械师、工程师等	忧虑抑郁、烦恼自扰	艺术家等
Q_1	实验性	测被测者对环境的批评性特征	保守、服从传统观念、行为标准	商人、家政人员	自由、批评、激进、不拘泥于现实	作家、工程师、发明家等
Q_2	独立性	测被测者的独立能力	依赖、附和、随群	厨师、保姆、护士、社会工作者等	自立、当机立断	工程师、科研人员、教授、作家、中高层管理人员等
Q_3	自律性	测被测者处世时的自律性、自觉性特征	矛盾冲突、不识大体	艺术家、演员	识大体、自律严谨	行政领导、飞行员、机械师、科学家等
Q_4	紧张性	测被测者的焦虑、紧张状况	心平气和、闲散宁静	空姐、飞行员、海员等	紧张、困扰、激动	记者、作家、演艺人员等

3. 艾森克人格测评问卷

艾森克人格测评问卷由英国的艾森克（H. J. Eysenck）夫妇编制，主要用来测量人们在内外倾向、神经质（情绪性）、心理变态倾向这三个方面的表现程度，采用是非题的形式，被测评人员的回答与所述情形一致记“1 分”，否则记“0 分”。测评题见表 6-14。

表 6-14 艾森克人格测评问卷

编号:________姓名:____________性别:____年龄:____ 测验日期:________年____月____日

一、指导语

本问卷共有 88 个问题,请根据自己实际情况作"是"或"不是"回答,并在相应题号后面画"√"。

这些问题要求你按自己的实际情况回答,不要去猜测怎样才是正确的回答。因为这里不存在正确或错误的回答,也没有捉弄人的问题,将问题的意思看懂了就快点回答,不要花很多时间去想。

每个问题都要回答。问卷无时间限制,但不要拖延太久,也不要未看懂问题便回答。

二、正式测评问卷

问 题	是	否	问 题	是	否
1.你有许多不同的业余爱好			2.你在做任何事情以前都要停下来仔细思考		
3.你的心境常有起伏			4.你曾有过明知是别人的功劳而你去接受奖励的事吗		
5.你是否健谈			6.负债会使你不安吗		
7.你曾无缘无故觉得"真是难受"吗			8.你曾贪图分外的东西吗		
9.你在晚上会小心的关好门窗			10.你是否比较活跃		
11.你在见到小孩或动物受折磨时是否会感到非常难过			12.你是否常常为自己不该做而做了的事,不该说而说了的话而紧张		
13.你喜欢跳降落伞吗			14.通常你能在热闹的联欢会中尽情地玩吗		
15.你容易激动吗			16.你曾经将自己的过错推给别人吗		
17.你喜欢会见陌生人吗			18.你是否相信保险制度是一种好方法		
19.你是容易伤感情的人吗			20.你所有的习惯都是好的吗		
21.在社交场合你是否总不愿崭露头角			22.你会服用奇异或有危险作用的药物吗		
23.你常有"厌倦"之感吗			24.你曾拿过别人的东西吗(哪怕一针一线)		
25.你是否常爱外出			26.你是否因伤害你所喜爱的人而感到快乐		
27.你常为有罪恶之感而苦恼吗			28.你在谈论中是否有时不懂装懂		
29.你是否宁愿去看书而不愿多见人			30.你有要伤害你的仇人吗		
31.你觉得自己是一个神经过敏的人			32.对人有所失礼时你是否经常要表示歉意		
33.你有许多朋友吗			34.你是否喜欢讲些可能伤害他人的笑话		

续表 1

35. 你是一个多忧多虑的人吗			36. 你在童年按照吩咐让做什么就做什么		
37. 你认为你是一个乐天派吗			38. 你很讲究礼貌和整洁吗		
39. 你总在担心会发生可怕的事情			40. 你曾损坏或遗失过别人的东西吗		
41. 交新朋友时一般是你采取主动吗			42. 当别人向你诉苦时，你很容易理解他们的苦衷		
43. 你认为自己很紧张，如同“拉紧的弦”一样吗			44. 在没有废纸篓时，你是否将废纸扔在地板上		
45. 当你与别人在一起时言语很少			46. 你是否认为结婚制度过时了，应该废止		
47. 你是否有时感到自己可怜			48. 你是否有时有点自夸		
49. 你很容易将一个沉寂的集会搞得活跃起来			50. 你是否讨厌那种小心翼翼开车的人		
51. 你为你的健康担忧吗			52. 你曾讲过什么人的坏话吗		
53. 你喜欢讲笑话或有趣的故事			54. 你小时候曾对父母粗暴无礼吗		
55. 你是否喜欢和人混在一起			56. 若你知道自己工作有错误，这会使你感到难过吗		
57. 你患失眠症了吗			58. 你吃饭前必定洗手吗		
59. 你常无缘无故感到无精打采吗			60. 和别人玩游戏时，你有过欺骗行为吗		
61. 你喜欢从事一些动作敏捷的工作			62. 你的母亲是一位善良的人吗		
63. 你是否常常觉得人生非常乏味			64. 你曾利用过某人为自己取得好处吗		
65. 你常常参加许多活动，超过你的时间所允许的范围			66. 是否有几个人总在躲避你		
67. 你是否为你的容貌而非常烦恼			68. 你是否觉得人们为了未来有保障而办理储蓄和保险所花的时间太多		
69. 你曾有过“不如死了好”的想法吗			70. 若有把握不会被别人发现，你会逃税吗		
71. 你能使一个集会顺利进行吗			72. 你能克制自己不对别人无礼吗		
73. 遇到一次难堪的经历后，你是否在很长的一段时间内还感到难受			74. 你患有“神经过敏”吗		
75. 你曾经故意说些什么来伤害别人的感情吗			76. 你与别人的友谊是否容易破裂，虽然不是你的过错		
77. 你常感到孤单吗			78. 当人家寻你的差错，找你工作中的缺点时，你是否容易在精神上受挫伤		

续表 2

79.你赴约或上班迟到过吗			80.你喜欢忙忙碌碌地过日子吗		
81.你愿意别人怕你吗			82.你是否觉得有时浑身是劲,而有时又懒洋洋的		
83.你有时把今天应做的事拖到明天去做吗			84.别人认为你是生机勃勃吗		
85.别人是否对你说了许多谎话			86.你是否对某些事物容易冒火		
87.当你犯了错误时,你是否常常愿意承认它			88.你会为动物落入圈套被捉而感到很难过吗		

三、计分方法按 P、E、N、L 可将 88 个问题分为四类,并按顺序答题。P 卷共有 23 题,包括题 2、6、9、11、18、22、26、30、34、38、42、46、50、56、62、66、68、72、75、76、81、85、88。

E 卷共有 21 题,包括题 1、5、10、13、14、17、21、25、29、33、37、41、45、49、53、55、61、65、71、80、84。

N 卷共有 24 题,包括题 3、7、12、15、19、23、27、31、35、39、43、47、51、57、59、63、67、69、73、74、77、78、82、86。

L 卷共有 20 题,包括题 4、8、16、20、24、28、32、36、40、44、48、52、54、58、60、64、70、79、83、87。

P 量表中,2、6、9、11、18、38、42、56、62、72、88 题答"否"时,得 1 分;其余各题答"是"时,得 1 分。E 量表中,21、29、45 题答"否"时,得 1 分;其余各题答"是"时,得 1 分。N 量表中,所有题均答"是"时,各题均得 1 分。L 量表中,20、32、36、58、87 题答"是"时,得 1 分;其余各题答"否"时,得 1 分。因此 P、E、N、L 量表的满分分别为 23、21、24、20 分。很少有人得满分 88 分,也很少有人得 0 分,大多数位于 0~88 分。

艾克森人格测评问卷有四个分量表,分别为 P、E、N、L 量表。P、E、N、L 分别代表三个维度,L 是后加的效度量表,测量说谎和掩饰性。表 6-15 列出了各个量表的高低分特征。

表 6-15 艾克森人格测评问卷各分量表的高分者与低分者特征

量表名称	简称	低分者特征	高分者特征
精神质(倔强性)量表	P	乐群、乐于关心他人,容易适应新环境,为人处世温和,善解人意	孤独、倔强、固执、粗暴、强横,不关心他人,难以适应外部环境,不近人情,感觉迟钝,与他人关系不佳,喜寻衅闹事
内外倾向量表	E	内向、喜静、内省,对人比较冷淡,不喜欢刺激,喜欢有秩序的生活	外向,喜好交际,渴望刺激和冒险,容易冲动
神经质(情绪性)量表	N	情绪稳定,性情温和,善于自我控制,不易焦虑	易焦虑、担忧,情绪不稳定,甚至有强烈的情绪反应,以致出现不理智的行为
效度量表	L	表示朴实、单纯、幼稚	表示老成、圆滑

4. YG 性格测评

YG 性格测评是由日本原京都大学教授失田部大郎在吉尔福特的个性量表的基础上编制出来的。该量表被广泛地应用于青少年心理咨询、就业指导、人才选拔与培训、公安司法等方面。

YG 性格问卷包括 12 个分量表,每个分量表表示一种特质。12 个分量表所测量的特质及高分者、低分者特征如表 6-16 所示。

表 6-16　YG 性格测评各分量表所测量的特质及高分者、低分者特征

特质	量表简称	高分者特征	低分者特征
抑郁性	D	忧郁、悲观、有罪恶感,对什么都不感兴趣,常常感到疲劳、无精神	乐观、满足,感到充实,什么也不担心,有精神
循环性	C	情绪变化明显,易惊慌,气量小,常把小事放在心上,经常担心	心情平静安定,不担心
自卑性	I	缺乏自信,过低地估计自己,强烈的不适感,畏首畏尾,优柔寡断	充满自信,心情开朗积极
神经质	N	常担心事,神经过敏,易不满,焦躁	不担心事,开朗,乐观,爽快
主观性	O	爱幻想,过敏,主观,不能冷静地客观地判断事物	形式主义,冷静客观地判断事物,乐观、安定、充实、稳健
非合作性	Co	牢骚多,不信任别人,不适应社会环境 、	设法与别人合作,善于与人合作,有时对此过于费心机
攻击性	Ag	攻击性强,具有社会活动性	有自卑感,无斗争性,处事态度采取保守态度
一般活动性	G	活泼,喜欢身体运动,动作敏捷,干事爽快、效率高、乐观,和他人关系好,能干	认为自己无能,工作效率低,比较忧郁,行动不活泼
乐天性	R	开朗,活泼,快乐,冲动,随便,粗心大意	过于谨慎,优柔寡断,不易下决心,不开朗,稳重
思维外向性	T	不爱沉思默想,无忧无虑,漫不经心,乐观,随和,爱交际,思维深度不够	常把小事放在心上,悲观,爱思考,行动不活泼
支配性	A	具有社会指导性,能领导他人,自信	不想指导别人,缺乏自信,爱沉思
社会外向性	S	外向,喜欢社会交往,社交活动多	不爱交际,喜欢独处,缺乏自信心

YG 性格测评除了测量特质之外,还可以评定个性类型,它将个性分为 5 大类。每个人可能具有这 5 大类个性类型中的一种典型特征,也可能是几种个性类型的组合。这 5 大类型分别是:

(1)均衡型

均衡型意思就是在 12 个分量表上的得分都接近平均;因此,无论在情绪的稳定度及活动、主导性上都属普通,没有什么强烈的性格特征。均衡型的人在团体中表现平凡,没有什么杰出的表现,但他们在团体中却可以发挥“支撑”与“平衡”的功能。均衡型的人可以适应一般的非主观工作。对于已经有相当专业知识的均衡型人,如果能够加强其活动及主导性,也可以在工作中有出色的表现。

(2)偏执型

偏执型主要特点为情绪不稳定、活动及主导性高。这种类型的人容易喜怒形于色,较不易被约定俗成的价值观及理念所规范,他们喜欢随自己喜好及情绪行事,容易在人际关系上与他人造成冲突。偏执型的人在压力及恶劣环境的刺激下,较易产生偏激及反社会的行为。偏执型人在制度完善、运作良好的组织里逐渐改善性格上的不稳定;在良好环境下,也许能逐渐成为同样具有高度行为及主导性,但是情绪相当稳定的稳定型。

(3)稳定型

稳定型主要特点为情绪稳定度高,活动及主导性低;给人的印象是安静温和而守规矩。不过也由于太过安于现状与内向,易流于消极、被动。稳定型人的优点是个性稳定度较高,适合从事行政、技术等工作或者对诚实度要求高的工作,如财务会计等工作。

(4)活跃型

活跃型其特点为情绪稳定度高,活动及主导性也高;社会适应良好,能创造机会,积极而有干劲。在团队及组织里,活跃型人通常很活跃,而且表现出色;常常担任重要的领导,工作表现和人际关系也很好,对于工作和环境上的变化能自行调适,应付自如。冲动性、不安定性及思考外向性低的活跃型具有沉稳的领袖风格,思虑周详;能够在团体中发挥稳定军心、解决问题的领导力量。这样的特质也是成为成功管理者所应具备的。

(5)怪癖型

怪癖型这种类型的特点与活跃型相反,也就是情绪稳定度低,活动及主动性低,对社会的适应力比较不好,这样的人在压力及不良环境的刺激下较一般人容易产生精神官能方面的问题。

(四)管理人员个性测评

1.管理人员个性测评适用对象

该测评广泛适用于对各种管理岗位人员的评估以及管理岗位职务候选人的选拔。该测评对测评对象的职业、性别、年龄等均无限制,可普遍适用。

2.管理人员个性测评的目的与作用

个性与管理活动的关系十分重要。我们通过该测评从正性情绪倾向、负性情绪倾向、乐群性、责任心、广纳性、内控性、自控性、自信心、A型人格、成就动机、权力动机等与管理绩效有关的人格特点对个体进行描绘,以了解应聘者在行为风格、思维和处事方面的特点,并以此预测应聘者的组织管理能力,是企业管理者选拔、录用、安置的依据。个性特征在一定程度上决定了个体适合什么样的工作及可能取得的绩效,可以通过诊断一个人的个性特征或类型,来预测其管理是否会成功。不同的个性类型,所适宜的管理环境也不同。针对与管理绩效密切相关的各个方面,对管理者或应聘人员的人格类型进行测评,可以为人力资源的选拔和配置提供依据。

3.管理人员个性测评的特点

该个性测评是依据"大五"人格模型中五种人格维度即正性情绪倾向、负性情绪倾向、乐群性、责任心、广纳性及经大量研究证明与管理绩效有关的"大七"人格模型构成的一项个性测评。测评题目以选择题形式出现,约40分钟测评时间。

测评方式为:自陈量表。

优点是高度结构化,实施简便,计分、解释都比较客观、容易。但有以下缺点:

(1)应试者常因自身因素的改变而做出不同的反应,测评的信度不高。

(2)由于个性特质难于定义,个体行为总是受到环境与人格的交互作用影响,测评效度较低。

(3)应聘者对问卷的回答不一定能反映其自身的真实情况。

(4)思维定势和反应特征影响测评结果的准确性。

4. 管理人员个性测评的施测过程

在测评中,应聘者作题时应以自觉性的反应回答,无需过多斟酌。测评有两种实施方式:纸笔作答和计算机施测。具体施测过程如下:

(1)选择合适的测评场地。

(2)准备测评时需要的物品、工具。

(3)安排考生入场,并宣布测评注意事项。

(4)进行作答,作答时要求应聘者注意下列五点:

①每题选择一个答案;

②所有题目必须做完;

③避免长时间斟酌答案;

④选择适合自己的答案;

⑤尽量避免选择中性答案。

(5)检查并收回答题纸,测评结束。

知识链接:

一、"大五"人格模型简介

1. "大五"人格模型的出现与验证

1949年,著名的人格心理学家、社会学家 Fiske 从 Cattell 词单中抽出22个词用于描述128名临床心理培训生。描述的办法有3种:(1)自我描述;(2)教师的评定;(3)相互描述。而后,分别对三种评定作因素分析,结果得出5个人格因素。

1961年图普斯(Tupes)和克罗斯特尔(Christal)运用 Cattell 的35个成对词对8个不同的群体进行测评,有军人、大学生等,评定者包括同伴、指导者、教师及有经验的临床医生。所有因素分析的结果,均出现了5个相对稳定的因素。这些因素后来被 Goldberg 称为"大五"因素,以强调它们的广泛性,与 Cattell 的前5个因素基本相似。

之后 Norman 根据 Tupes 和 Christal 的五因素结构，从 Cattell 的词表中选取了最具代表性的 20 对双极形容词，根据大学生测试的评定结果，得到了同样的 5 个因素。Borgatta 根据 Cattell 的 35 个变量进行了研究，结果也重复得到了 5 个因素。据此认为 Cattell 的 35 个变量可以用 5 个因素进行概括。

2."大五"人格模型的内容

"大五"模型理论主要做法是：首先把某一语系所有描写人的词汇挑选出来，然后进行筛选、比较和匹配，根据语义将词纳入不同的范畴组，制成词表，用这个词表让被试者对自我或他人进行描述，最后对各个范畴求出相关因素，形成相关矩阵，再作因素分析。结果得到几个因素，取前几个载荷量大的因子作为人格的基本因素。

经过近 50 年的研究，学者们对大五模型的 5 个维度的认识逐步趋向一致，虽然至今还可能有不同的名称在使用，但一般的命名是(1)外倾性(extraversion)；(2)宜人性(agreeableness)；(3)责任感(conscientiousness)；(4)情绪性(emotionality 或 neuroticism)和(5)开放性(openness to experience 或 intellect)，它们的意义在不同的心理学分支学科的使用中大体是一致的。

3."大五"各维度的描述性特质表现

(1)外倾性——表示人际互动的数量和密度、对刺激的需要以及获得愉悦的能力。这个维度将健谈的、主动的、活泼的、趋于好动和乐观的个体与沉默的、严肃的、腼腆的、安静的人作对比。这个方面可由两个品质加以衡量：人际的卷入水平和活力水平。前者评估个体喜欢他人陪伴的程度，后者反映了个体个人的节奏和活力水平。外倾性正面表现为健谈、面部表情丰富并喜欢做出各种姿势。他们果断，好交友，很活泼，富有幽默感，容易激动，好刺激，趋向于好动、乐观，负面表现为沉默寡言、呆滞。

(2)宜人性——宜人性考察个体对其他人所持的态度，这些态度既包括善于为别人着想、富有同情心、信任他人、宽大、心软、直率，也包括充满敌对情绪、愤世嫉俗、爱摆布人、缺乏同情心。

(3)责任感——责任意识评估个体在目标导向行为上的组织、坚持和动机。这个子维度把可靠的、讲究的、有能力的个体和懒散的、行为不规范的个体作比较。同时反映个体自我控制的程度以及推迟需求满足的能力。正面表现为行为规范、可靠、有能力、有责任心。他们似乎总是能把事情做好，处处让人感到满意。负面表现为行为不规范、粗心、做事效率低、不可靠。

(4)情绪性——评估的是情感的调节和情绪的不稳定性。情绪性高分的个体倾向于有心理压力、不现实的想法、过多的要求和难以控制冲动以及不适宜的反应。虽然这个方面的高分并不预示着存在临床上的障碍，但患有临床综合症的个体往往会在这个量表上得高分。正面表现为情绪理性化、冷静、脾气温和、满足感、与别人相处愉快。负面表现为自我防卫、担忧、担心个体是否适应，往往容易情绪波动并易产生负面情绪，如生气、自罪和厌恶感，还易于产生非理性的想法，在压力状况下比他人效果差。

(5)开放性——对经验本身的积极寻求和欣赏以及对不熟悉情境的容忍和探索。这个维度将那些好奇的、对新鲜物感兴趣的、新颖的、非传统的以及富有创造性的个体与那些循规蹈矩的、无分析能力的、不善于创造性思考的个体做比较。正面表现为对新鲜事物感兴趣,尤其是对知识、各种艺术形式和非传统观念的赞赏。人们常常认为他们勤于思考,好幻想,知识丰富,富于创造性。负面表现为自我封闭、循规蹈矩、喜欢固定的生活和工作程式、不善于创造性的思考。

二、"大七"人格模型简介

①正情绪性(PEM,positive emotionality)。标定词包括:抑郁的、忧闷的、勇敢的、活泼的,等等。

②负价(NVAL,negative valence)。标定词包括:心胸狭窄的、自负的、凶暴的,等等。

③正价(PVAL,positive valence)。标定词包括:老练的、机智的、勤劳多产的,等等。

④负情绪性(NEM,negative emotionality)。标定词包括:坏脾气的、狂怒的、冲动的,等等。

⑤可靠性(DEP,dependability)。标定词包括:灵巧的、审慎的、仔细的、拘谨的,等等。

⑥宜人性(AGR,agreeableness)。标定词包括:慈善的、宽宏大量的、平和的、谦卑的,等等。

⑦因袭性(CONV,conventionality)。标定词包括:不平常的、乖僻的,等等。

(五)气质测评

气质是指一个人稳定的心理活动的动力特征,它是一个人个性特征中的重要因素之一。它不仅影响着一个人性格的表现形式,而且在某些性格品质及能力的形成发展中也会起到一定的促进或延缓作用。典型气质具有不同的特征指标,会在个体身上表现出典型的心理特征和稳定的行为。每种气质类型都有其自身的职业适应性,而从事某一类职业活动往往也都能体现出某些共同的气质特征,因此在职业领域中,不同的气质类型者就可以扬长避短,选择适应自己气质类型的工作,如表 6-17 和表 6-18 所示。

表 6-17 基本气质类型与职业匹配

气质类型	心理行为特征	工作特点	对应的职业
胆汁质	精力充沛、反应迅速、态度直率,能以极大的热情投入工作;有较高的主动性,但往往比较粗心,自制力较差,容易感情用事	适合反应迅速、动作有力、应急性强、危险性较大、难度较高而费力的工作,不适宜从事稳定、细致的工作	公共关系人员、导游、推销员、节目主持人等

续表

气质类型	心理行为特征	工作特点	对应的职业
黏液质	安静稳重但反应迟缓，无论环境如何变化，都能保持心理平衡，有良好的自制力，但过于拘谨，不善于随机应变，常常墨守成规，故步自封	适合做有条不紊、刻板平静、难度不高的工作，不适宜从事剧烈多变的工作	会计、出纳员、话务员、播音员等
多血质	活泼好动，反应迅速，动作敏捷、灵活，但情绪不够稳定，易于浮躁；容易适应新环境，有高度的可塑性	适合做社交性、文艺性、多样性、要求反应敏捷且均衡的工作，不太适应做需要细心钻研的工作；可从事广泛的职业	外交、管理、律师、记者、运动员、驾驶员等
抑郁质	感觉敏锐、体验深刻、富有想象力，易受到伤害；多愁善感，挫折承受力、主动性和耐受性差	适合做兢兢业业、持久细致的工作，不适宜做要求反应灵敏、处理果断的工作	化验员、登记员、保管员、检查员等

表 6-18 气质与职业的匹配

气质类型	概念与特征	适合的职业
变化型	这些人在新的工作环境中感到愉快。他们喜欢工作内容经常有些变化，在有压力的情况下他们工作得很出色。他们追求多样化的工作，善于将注意力从一件事转到另一件事情上	记者、推销员、演员、采购员等
重复型	适合连续从事同样的工作，按固定的计划或进度办事，喜欢重复、有规律、有标准的工作	纺织工、印刷工、装配工、机床工、电影放映员等
服从型	喜欢按别人的指示办事，而不愿意自己独立作出决策和承担责任	秘书、打字员、办公室职员、翻译人员等
独立型	喜欢计划自己的活动和指导别人的活动。他们在独立的和负有职责的工作情况中感到愉快，并喜欢对将来发生的事情作出决定	管理人员、律师、医生、电影制片人
协作型	在与人协同工作时感到愉快，他们善于让别人按照他们的意愿来办事，他们想得到同事的喜欢	驾驶员、飞行员、公安人员、消防员、救生员、潜水员
机智型	在紧张和危险的情况下能够自我控制、沉着应付，在意外的情境中工作很出色，不易慌乱	驾驶员、飞行员、公安人员、消防员、救生员、潜水员等
自我表现型	喜欢能表现自己爱好和个性的工作，喜欢通过工作来表达自己的理想，他们往往会根据自己的感情来作出选择	演员、诗人、音乐家、画家、文艺工作者等
经验型	喜欢根据自己的经验做出判断，喜欢处理那些直接经历或直觉到的事，必要时会用直接经验和直觉来解决问题	采购员、供应人员、批发人员、推销人员、个体摊贩等

续表

气质类型	概念与特征	适合的职业
事实型	喜欢根据事实来做出决策，根据调查、统计的充分证据做结论	大学老师、化验员、自然科学工作者等
严谨型	注重细节的精确性，愿意按一套规则和步骤将工作尽可能做得完美，倾向于严格	会计、出纳、统计员、档案管理员等
劝服型	喜欢通过谈话或写作等使别人同意自己的观点，对别人有较强的判断力，善于影响别人的观点	政治辅导员、行政人员、老师、宣传工作者、作家等

在实际生活中，大多数人的气质都表现出混合型的特点。即多数人都是混合型气质，接近于某种类型，同时兼有其他一两种气质类型的某些特点。气质作为职业决策需要考虑的心理因素之一，可以使个人更好地适应工作，提高效率。但气质并不是决定职业适应和成功的主要因素，它只具有一定的辅助作用。

气质的测量方法有行为评定法、实验法、问卷法等，其中问卷法是测量气质的有效方法之一。问卷法是通过完成一系列标准化的问题，然后分析自己对问题的回答，从中作出有关气质特征的判断，如表 6-19 所示。

表 6-19　气质测量表

题　　目	很符合	比较符合	不确定	比较不符合	完全不符合
1. 做事力求稳妥，一般不做无把握的事					
2. 遇到生气的事就发怒，心里面藏不住话					
3. 宁可一个人做事，也不愿与很多人一起去做					
4. 到一个新的环境中能很快适应					
5. 厌恶强烈的刺激					
6. 和人争吵时总是先发制人，喜欢挑衅					
7. 喜欢安静的环境					
8. 善于和人交往					
9. 羡慕那种善于克制自己感情的人					
10. 生活有规律，很少违反作息制度					
11. 在多数情况下情绪是乐观的					
12. 碰到陌生人觉得很拘束					
13. 遇到令人气愤的事，总是能很好地克制自己					
14. 做事总是有旺盛的精力					

续表 1

题　　目	很符合	比较符合	不确定	比较不符合	完全不符合
15. 举棋不定，优柔寡断					
16. 在人群中觉得很自在					
17. 情绪高昂时，觉得什么都很有趣；低落时，觉得什么都没有意思					
18. 当注意力集中于某事时，别的事物很难使我分心					
19. 理解问题比一般人快					
20. 在危险情况下有一种极度的恐惧感					
21. 对学习、工作怀有很高的热情					
22. 能长时间做枯燥、单调的工作					
23. 只有在感兴趣时才会干劲十足					
24. 一点小事就能引起情绪波动					
25 讨厌做那些琐碎细致的工作					
26. 与人交往不卑不亢					
27. 喜欢热闹					
28. 爱看感情细腻、描写人物内心活动的文艺作品					
29. 工作学习时间长了，常会感到厌倦					
30. 不喜欢长时间讨论思索，更愿意实际动手尝试					
31. 宁愿侃侃而谈，不愿窃窃私语					
32. 给别人闷闷不乐的印象					
33. 理解问题比别人慢半拍					
34. 疲倦时只需要短暂的休息就能恢复精神，重新投入工作					
35. 心里有话不愿说出来					
36. 认准一个目标就希望尽快实现，不达目的誓不罢休					
37. 学习、工作同样一段时间，常比别人更感疲倦					
38. 做事有些莽撞，常常不顾后果					
39. 在别人讲授新知识、新技术时，总希望讲得慢一些					
40. 能够很快就忘掉那些不愉快的事					
41. 完成一件工作总要比别人花费更多的时间					
42. 喜欢大运动量的体育活动					
43. 不能很快地把注意力从一件事转移到另一件事上去					

续表 2

题　目	很符合	比较符合	不确定	比较不符合	完全不符合
44.总希望把任务尽快完成					
45.更倾向于墨守成规,而不是冒险					
46.能够同时注意几件事情					
47.当烦闷时,别人很难帮上忙					
48.爱看情节起伏跌宕、激动人心的小说					
49.对工作抱认真严谨始终一贯的态度					
50.和周围人的关系总是不协调					
51.喜欢熟悉的工作					
52.希望做变化大、花样多的工作					
53.小时候会背的诗歌,仍然记得很清楚					
54.别人觉得我"出语伤人、不会说话",可我并不觉得如此					
55.在体育活动上常因反应慢而落后					
56.反应敏捷,头脑机智					
57.喜欢有条有理的工作					
58.兴奋的事常使我失眠					
59.接受新概念会慢一些,但一旦理解了就很难忘记					
60.假如工作枯燥无味,马上就会情绪低落					

说明:

·"多血质"题目包括:4、8、11、16、19、23、25、29、34、40、44、46、52、56、60 题;

·"胆汁质":题目包括:2、6、9、14、17、21、27、31、36、38、42、48、50、54、58 题;

·"黏液质":题目包括:1、7、10、13、18、22、26、30、33、39、43、45、49、55、57 题;

·"抑郁质":题目包括:3、5、12、15、20、24、28、32、35、37、41、47、51、53、59 题。

符合自己情况的,记 2 分;比较符合的,记 1 分;不确定的,记 0 分;比较不符合的,记−1 分;完全不符合的,记−2 分。将各项分数相加,得到 4 个气质分数。

如果某项得分超过 20 分,则为典型的该气质类型。如多血质的分超过 20 分,则为典型的"多血质"类型。如果某项得分在 20 分以下、10 分以上,其他各项得分较低,则为该气质的普通型;如果各项得分均在 10 分以下,但某项得分较其他高(相差 5 分以上),则略倾向于该气质。一般来说,正分越高,表明该气质特征越明显;负分越大,表明越不具备该气质类型的特点。

(六)伪装性测评

对于招聘人员来说,一个重要的问题是测评结果的真实性,因为应聘者对测评的反应有可能带有一定的伪装性。

伪装性通常包括两个因素:自我欺骗和印象管理(Paullaus,1989)。

自我欺骗是指应聘者对自己在个性特征中的积极方面持过分乐观的态度，同时又极力掩饰消极的方面。

印象管理主要是指应聘者在外人面前总是试图表现得更“完美”，因为他们担心自己不会被社会所认同。

在总体上，这两个方面都可能导致应聘者在完成心理测评时的测评过程中试图戴上一种“虚伪的假面具”。

尽管现有的大量研究结论说明，许多个性测评都具有一定的伪装性，但是针对现实中的应聘人员所进行的研究表明，绝大多数被测评者不会掩盖自己的真实反应。例如，霍夫(Hough)等人于1990年在一项相关标准有效性的研究中，把245名“伪装者”(现有工作的在职人员)的测评反应与125名工作应聘人员进行了比较。前者成功地按照指导的要求对测评进行了掩盖，而在应聘人员中却几乎没有任何故意伪装的迹象。更重要的是，无论是否存在伪装性，各种个性测评方法所体现的相关标准有效性几乎不变。事实上，人际交往中的本能性反应对大多数组织行为的研究都没有什么影响，这一观点在最近的一项针对各种组织变量进行的交互分析研究中得到有效的证实。(Moorman and Podsakoff，1922)。

对于那些认为伪装性已经构成一个相当严重问题的选聘人员来说，可以采取以下的防护性措施：

(1)警告人们要对自己的伪装性行为可能造成的后果负责(比如解雇他们)；

(2)建立侦测伪装性系统(这项工作最好由特许职业心理医师负责)；

(3)利用附加的或其他的信息，如“正直性测评”，对发现的伪装性问题进行处理。

(七)正直性测评

对于许多工作来说，特别是在某些涉及金钱或其他很容易转换成货币的财务性工作中，员工的正直性是非常重要的。在这种情况下，企业在正式聘用员工之前，都会尽可能地采用各种可靠而有效的手段对他们的正直性进行检验，这一点是很重要的。

检验应聘人员正直性的方法之一，是采用“脉搏测谎器”。测谎器的工作原理是检验被测评者的皮肤对电脉冲刺激的反应(即电导率)或呼吸次数(脉搏)的变化，以判断他们是否存在恐惧或焦虑的情绪。但是，测谎器的问题在于，诚实的人如果在测评中过于紧张的话，那么根据测评结果，就应该认为他们缺乏正直性；而那些不诚实的人如果能在测评中保持冷静，而且能够从容回答问题的话，就很难根据测评结果对他们进行正确的检验。正是由于这种最基本的缺陷存在，使得这种测评方法使用较少且推广受到阻碍。

在鉴别应聘人员的正直性方面，一个更完善的方法是采用“书面”问卷调查。它主要包括两种类型：

1. 公开性测评注重应聘者的以往行为(如“你是否被指控过有偷窃行为?”)或对犯罪行为的态度(如“公司是否应当开除有偷窃行为的员工?”)。

2. 基于个性的测评所涉及的范围更广，它可能对所有可能降低生产能力的行为进行测评，如应聘者是否有延长工作假期的倾向、滥用病假制度、违纪问题或犯罪等行为。这些衡量手段在本质上是考察应聘者的责任感、可靠性和自觉性。

这种“书面”问卷调查方法在最近得到了较大的发展，所有已公布的研究都表明，两种类型的问卷调查在鉴别应聘者的诚实性方面都是行之有效的。

一般情况下，我们根据不同的标准对公开性测评和基于个性的测评进行检验。大多数公开性测评的结果都要和伪装性测评的结果进行比较。而基于个性的测评则要和工作的效绩的管理评价或个人档案（如缺勤次数）中记载的客观资料相比较。基于个性的正直性测评效果最好，它可以揭示出有犯罪记录的人在社会自觉性方面的评分较低，而且由于他们常常忽视组织性纪律和社会规范，因而被认为缺乏足够的责任感和可靠性。

（八）诚信度测评

1.诚信度测评的含义

诚信度测评是人力资源选拔中的又一种选拔测评方法，是一种评价应聘者或员工诚实及诚信度的纸笔测评，用于测评员工的怠工行为倾向，应用诚信度测评选拔员工一般有两种模式：

①一是企业向测评题目出版商购买量表自行施测；

②另一种是企业聘请测评专家来企业施测，结果报告由专家通过传真、信笺等方式提供给企业。

无论哪一种形式，测评专家一般都会划分分数线，并为不同分数值注明风险水平（可能给企业造成损失，如偷盗或滥用物品等的概率），企业可以根据分数线和不同分数的风险水平，决定聘用或不聘用该应聘者。

诚信度测评开发后就成为筛选应聘者的主要工具，其应用一直飞速发展。心理学家的研究表明，诚信度测评对关注绩效有较好的预测力，具有积极的应用价值。

2.诚信度测评的局限性

虽然诚信度测评具有良好的应用价值，但还存在着一些缺陷：

(1)诚信度测评过程中，未通过测评的个体都被定义为不诚实，有错误定义的可能，有必要进行更多地验证；

(2)预测使用者的筛选和培训中资质合格性问题；

(3)预测过于依赖确定的分数线，有错误录用的可能。

3.诚信度测评中应注意的事项

鉴于目前诚信测评存在的以上问题，在进行诚实度测评中应注意以下几点：

(1)心理学家应以严谨和慎重的态度编制试题

①禁止心理学家通过营销手段向不具备资质的人推销测评。

②禁止将测评结果和数据散播给不具备资质使用这些信息的人。

③心理专家为测评使用者服务时，必须熟悉其效度、信度和标准化，考虑不同的测评因素和个人特质将影响解释的准确性等。

(2)正确判断与解释测评结果

诚信度测评的错误判断多数来自不正确使用和对结果的错误解释与对待。在应用诚信度测评的过程中应规范使用程序，严格筛选使用者，并对使用者进行必要的培训。要求使用者严格按照测评的指导，谨慎地下结论，确保测评结果的正确性。

四、职业倾向测评

员工的职业倾向性主要包括需求、动机、兴趣和价值观，决定着他们对现实的态度以及对事物的选择。职业倾向性是员工从事活动的基本动力，对他们的职业生涯有着重要的影响作用。

美国著名职业指导专家霍兰德曾提出一种世界上颇有影响的职业指导理论。他认为，每个人的个性都可划分成与职业相应的类型，目前的个性和社会的职业类型可以划分成六种。它们分别是：实际型、研究型、艺术型、社会型、事业型和传统型。每一种类型的人对相应的职业类型感兴趣，个性类型和职业类型要进行合理的搭配。

霍兰德对个性类型与职业类型的划分以及两者之间的关系进行了一些说明。

(一)个性与职业关系的假设

1.在我们的社会中，大多数人的个性都可以分为6种类型，每一特定类型个性的人，会对相应职业类型中的工作或学习感兴趣。

2.职业环境也可区分为上述的6种类型。

3.人们寻求能充分施展其能力与价值观的职业环境。

4.个人的行为取决于个体的个性和所处的环境特征之间的相互作用。

基于上述理论，霍兰德提出了个性类型与职业类型模式。不同类型的个性需要不同的生活环境或工作环境，例如“实际型”的人需要实际型的环境或职业，因为这种环境或职业才能给予他所需要的机会或奖励，这种情况即称为“和谐”。类型与环境不和谐，则该环境或职业无法提供个人能力与兴趣所需的机会与奖励。

(二)霍兰德个性与职业类型

(1)现实型(R)

现实型的人往往表现出看重具体的事物或真实的个人特点的价值观。具有现实型人格类型特点的人偏好与物体打交道，喜欢摆弄和操作工具、机械、电子设备等有形的实物。

(2)研究型(I)

研究型的人多体现出看重科学研究的价值观。他们偏好对各种现象进行观察、分析和推理，并进行系统的创造性的探究，以求能理解和把握这些现象。

(3)艺术型(A)

艺术型的人想象丰富，看重美的品质。具有艺术特点的人偏好模糊、自由和非系统化的活动，并在这些活动中创造艺术作品，完成自我表现。

(4)社会型(S)

社会型的人表现出重视社会和伦理道德问题的价值观。社会型的人偏好对他人进行传授、培训、教导、治疗和咨询等方面的社会服务性的活动。

(5)企业型(E)

企业型的人看重政治和经济方面的成就。企业型的人对领导角色和冒险活动感兴趣，喜欢从事领导他人实现组织目标或获取经济收益的活动。

(6)传统型(C)

传统型的人看重商业和经济方面的具体成就。传统型的人偏好对数据资料进行明确、有序化和系统化的整理工作，如按既定的规程保管记录，填写并整理书面和数字的资料，使用文字和数据处理设备等协助实现组织目标或获取经济收益。

这 6 种职业兴趣类型可以用图 6-10 表示。

从图 6-10 中可以看出，每一类型都有两种相近的类型。例如实际型相近类型为传统型和研究型。每一类型又有两种中性关系的类型，即处于相近和相斥类型间。每一类型又都有一种相斥类型。这里的相近说明二者之间有许多一致性，中性表示二者之间有一致的地方，也有不一致的方面，相斥表示二者之间毫无共同之处。

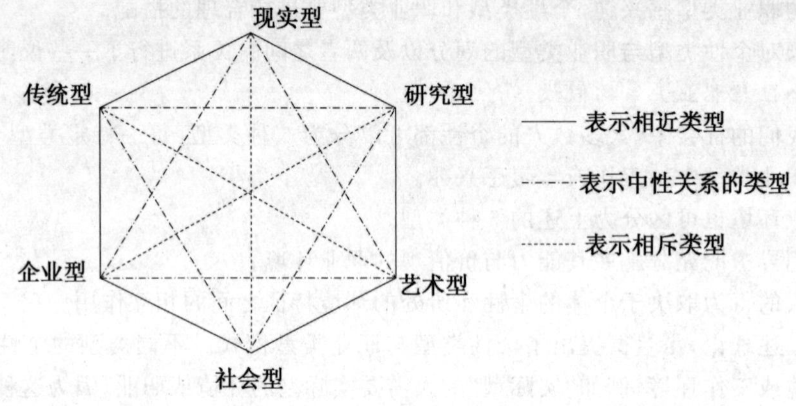

图 6-10　个性类型关系图

霍兰德认为，最为理想的职业选择是个体能找到与其个性类型重合的职业环境，如现实型个性的人在现实型的职业环境中工作，这称为“一致性”。一个人在与其个性类型相一致的环境中工作，容易感到乐趣和内在满足，最可能充分发挥自己的才能。如果个人不能获得与其个性类型重合的职业，则寻找与其个性相近的职业环境，即两种类型之间有较高的相关系数，如实际型个性的人在研究型的环境中，经过努力，能适应其职业环境。然而，个人如果选择与其个性类型相斥的职业，则既不可能感到乐趣，也很难适应，甚至无法胜任工作，这称为“非一致性”，如传统个性的人在艺术型的职业环境中。总之，个性类型与职业类型的相关程度越高，个体的职业适应性越好；相关程度越低，个体的职业适应性越差。霍兰德理论的提出为人们更恰当地选择职业提供了一个科学合理的依据。

霍兰德 6 种个性、环境和职业类型的特点及匹配的对比与举例可见下表 6-20 所示。

表 6-20　霍兰德 6 种个性、环境和职业类型特点及匹配

类型	个性特点	环境特点	职业特点	适应的职业举例
现实型（R 型）	具备机械操作能力或体力，适合与机器、工具、动植物等具体事物打交道。	要求明确的、具体的工作任务，人际要求不高	熟练的手工和技术工作，运用手工工具或机器进行工作	工程师、操作 X 光的技师、飞机机械师、无线电报务员、自动化技师、电工、鱼类和野生动物专家、机械工、木工等

续表

类型	个性特点	环境特点	职业特点	适应的职业举例
研究型（I型）	具备从事观察、评价、推理等方面活动的能力，讲究科学性	要求具备思考和创造性能力，社交要求不高	科学研究和试验工作，研究自然界、人类社会的构成和变化	科研人员、科技工作者、实验者、数学家、物理学者、化学家、植物学家、动物学家、科学报刊编辑、地质学者等
艺术型（A型）	具有艺术性的、独创性的表达和直觉能力，不喜欢硬性任务，情绪性强	通过语言、动作、色彩和形状来表达审美原则，单独工作	从事艺术创造	作家、演员、记者、诗人、画家、作曲家、编剧、舞蹈家、音乐教师、雕刻家、摄影家、室内装修专家、服装设计师等
社会型（S型）	喜欢从事与人打交道的活动，人道主义，但不能理智解决问题	解释和修正人类行为，具备高水平的沟通技能，热情助人	通过命令、教育、培训咨询等方式帮助、教育、服务人	联络员、外交工作者、教师、学校领导者、导游、社会福利机构工作者、社会群众团体工作者、咨询人员、思想工作者等
企业型（E型）	以劝说、管理、监督和领导等能力获得法律、政治、社会和经济利益	需作言行反应，有说服他人和管理能力，完成监督性角色	劝说、指派他人去做事、去工作	厂长、各级领导者、管理者、政治家、律师、推销员、批发商、零售商、调度员、广告宣传员等
传统型（C型）	注重细节，讲求精确，具备记录和归档能力	要求系统、常规的行为，体力要求低，人际技能低	各种办公室事务性工作	会计员、统计员、出纳员、办公室职员、秘书、计算机操作员、打字员、成本核算员、法庭速记员等

当然，上述的个性类型与职业关系也并非绝对的。我们在运用过程中应视实际情况，灵活运用。

（三）需求测评

需求是员工行为和心理结构的内部动力，在个性中占有重要地位，对员工的工作积极性起着关键作用。作为人力资源部门的管理者，只有清楚地认识和准确地把握员工的不同需要，才有可能对症下药地满足他们的需要，激发他们的工作积极性，使他们创造出更好的业绩，并使他们的职业生涯更容易成功。

表6-21列出了一些影响员工需求的关键因素。让员工对这些因素进行评分和排序，从中可以找出激励员工更好地工作的方法。

表 6-21　员工在工作中的需求

评价主体 评价项目	员工评分
高工资	
工作安全	
在组织中的提升与成长	
良好的工作条件	
有趣的工作	
对员工的个人忠诚	
为员工着想的工作纪律	
对所完成工作的充分认可	
对个人问题的热心帮助	
正在从事某种事业的参与感	

（四）动机测评

1.动机的类型

在招聘选拔中，常常要对应聘者的动机倾向进行测评。动机是在人的需要指引下使人朝向一定目标行动的动力。在实际工作中，不同的动机倾向和水平可能导致不同的工作绩效，因此有必要在招聘的时候就识别出应聘者的动机特点。大多数动机测评都是基于麦克利兰提出的 3 种需要理论，他认为个体在工作情景中有 3 种重要的动机或需要：

(1)成就需要：争取成功，希望做得最好的需要

麦克利兰认为，具有强烈的成就需要的人渴望将事情做得更为完美，提高工作效率，获得更大的成功，他们追求的是在争取成功的过程中克服困难、解决问题、努力奋斗的乐趣，以及成功之后的个人成就感，他们并不看重成功所带来的物质奖励。

(2)权力需要：影响或控制他人且不受他人控制的需要

权力需要是指影响和控制别人的一种愿望或驱动力。权力需要较高的人喜欢支配、影响他人，喜欢对别人"发号施令"，注重争取地位和影响力。他们喜欢具有竞争性和能体现较高地位的场合或情境，他们也会追求出色的成绩，但他们这样做并不像高成就需要的人那样是为了个人的成就感，而是为了获得地位和权力或与自己已具有的权力和地位相称。权力需要是管理成功的基本要素之一。

(3)亲和需要：建立友好亲密的人际关系的需要

亲和需要就是寻求被他人喜爱和接纳的一种愿望。高亲和动机的人更倾向与他人进行交往，至少是为他人着想，这种交往会给他带来愉快。高亲和需要者渴望友谊，喜欢合作而不是竞争的工作环境。希望彼此之间的沟通与理解，他们对环境中的人际关系更为敏感。亲和需要是保持社会交往和人际关系和谐的重要条件。

总之，在人员选拔和安置上，通过测量和评价一个人动机体系的特征对于如何分派工

作和安排职位有重要的意义。

麦克利兰对动机的测量是采用一种叫做主题统觉测评的投射测评。这种投射测评就是呈现给被测评者一些图片,让他们根据图片讲故事,测评者从他们所讲述的故事中对他们的动机系统特征做出推断。后来也出现了一些自陈式量表的动机测评。

下面的表 6-22～表 6-25 是关于成就动机的两套测评题,从中可以对员工的成就动机进行分析和评价。

表 6-22 成就动机测评题(1)

题　目	选　择
1.如果要你在生活愉快和富有之间选择,你总是选择生活快乐,因为你认为它最重要	A、B、C、D
2.如果某项工作非完成不可,你就会不管压力和困难有多大,都会努力去完成它	A、B、C、D
3.成败论英雄有时确实存在	A、B、C、D
4.你容不得他人或者自己犯错误,一旦犯了,你会严厉批评或惩罚	A、B、C、D
5.你非常看重名誉	A、B、C、D
6.你的适应能力强	A、B、C、D
7.只要是你决心做的事情,就会坚持到底	A、B、C、D
8.如果别人把你看成身负重任的人,你会感到很高兴	A、B、C、D
9.你有一些高消费的嗜好,并且你有能力承受和乐意承受这份消费	A、B、C、D
10.如果你知道某个项目会有好的结果,你就很小心地将时间和精力花在这个项目上	A、B、C、D
11.在一个团队里,你认为团队的成功比你个人成功更重要	A、B、C、D
12.你是一个认真的人,即使眼看赶不上进度了,你也不愿草率工作	A、B、C、D
13.能够正确地表达你的意思,你会很高兴,但你必须确定别人是否能正确了解你	A、B、C、D
14.你的工作情绪总是很高,精力充沛	A、B、C、D
15.你并不看重所谓的“金点子”,而更看重良好的判断和整体策划	A、B、C、D

注:A 代表“非常赞同”,B 代表“比较赞同”,C 代表“不太赞同”,D 代表“不赞同”。

表 6-23 评分标准

题号	答案及分值			
1	A:0	B:1	C:2	D:3
2	A:3	B:2	C:1	D:0
3	A:2	B:3	C:1	D:0
4	A:1	B:3	C:2	D:0
5	A:3	B:2	C:1	D:0
6	A:3	B:2	C:1	D:0

续表

题号	答案及分值			
7	A:3	B:2	C:1	D:0
8	A:3	B:2	C:1	D:0
9	A:3	B:2	C:1	D:0
10	A:3	B:2	C:1	D:0
11	A:3	B:2	C:1	D:0
12	A:3	B:2	C:1	D:0
13	A:3	B:2	C:1	D:0
14	A:3	B:2	C:1	D:0
15	A:3	B:2	C:1	D:0

评价：

总分为 0～15 分，说明你成就欲望不强，你更看重家庭生活的美满与精神生活的充实。

总分为 16～30 分，说明你成就欲望较强，你会权衡利弊后作出决定。

总分为 31～45 分，说明你成就欲望强烈，对名利、金钱、权力很看重，野心勃勃。

表 6-24 成就动机测评题(2)

题　目	选择（是√或否×）
1. 在通常情况下，工作之余的时间，你是否都打发在和朋友喝茶、闲聊或其他消遣中？	
2. 如果你一个人待在办公室里，你是否感到无聊？	
3. 你认为有人羡慕你，比有人喜欢你更让你高兴，因为有人羡慕证明你很成功，是吗？	
4. 通常，在与人交际时，你是否表现得很有耐心，等对方把话说完，而不打断对方？	
5. 在亲友眼中，你是否是一个生活得很自在、休闲的人？	
6. 如果你正忙着，你的同事来与你聊天，你会感到不耐烦吗？	
7. 无论工作还是生活中，你不主张活得太累，因而你总是知难而退，是吗？	
8. 你总是把工作带回家，晚上工作到很晚才睡，是吗？	
9. 在赴约时，你是否能很准时去？	
10. 你的下属，或者其他与你关系密切的人工作效率低，你无法容忍，是吗？	
11. 你付出很大努力做出了成绩，却没有得到领导肯定，你会感到失意，是吗？	
12. 当一群人在一起谈论一些无关紧要的事情时，你总想着溜回工作岗位上去，是吗？	

表 6-25　评分标准

题　号	评　分
1	是 0 分　　否 1 分
2	是 0 分　　否 1 分
3	是 1 分　　否 0 分
4	是 0 分　　否 1 分
5	是 0 分　　否 1 分
6	是 1 分　　否 0 分
7	是 0 分　　否 1 分
8	是 1 分　　否 0 分
9	是 1 分　　否 0 分
10	是 1 分　　否 0 分
11	是 1 分　　否 0 分
12	是 1 分　　否 0 分

评价：

如果总得分在 8～12 分，说明你是一个成就欲望很强的人；

如果总得分在 5～7 分，说明你的成就欲望很一般；

如果总得分 5 分以下，说明你成就欲望很低，对事业成功与否抱顺其自然的态度。

表 6-26　不同动机配置与领导结果

风险动机	权力动机	成就动机	亲和动机	领导结果
较高	高	较高	适度	适合于整个组织的发展与领导
较低	低	较高	高	稳定型主管，对个人有利，对组织不利
低	较高	高	低	有利于个人成功，对稳定组织不利(无团队精神)
较高	低	高	较高	无法统率团体，缺乏权威性
较低	高	低	较高	可能偏袒私人，不利于组织发展
高	较高	低	高	把组织当成社交场所，有利于个别，对组织不利
太低	太低	低	高	无法统率下属，不能完成工作任务
低	太低	太低	高	无法完成机构的任务、影响个人发展
低	太低	太低	太低	无法与人交往的孤独者，无法统率团体

(五)兴趣测评

1. 职业兴趣的含义

兴趣是多种多样的，不同的人兴趣不同，同一个人也有多种不同的兴趣。其中职业兴

趣是职业的多样性、复杂性与就业人员自身个性的多样性相对应下反映出的一种特殊的心理特点。

不同个体在职业兴趣上的差异是相当大的,也是十分明显的。因为,一方面,随着社会的职业分化,各职业差距越来越大,工作要求与规则越来越复杂,各种职业间的差异也越来越明显,所以对个体的吸引力和要求也就各有不同。另一方面,个体自身的心理、生理、教育、社会经济地位、环境背景不同,所乐于选择的职业类型、所倾向于从事的活动类型和方式也就十分不同。

所以职业兴趣反映了职业上的特点和个体特点之间的匹配关系,是人们职业选择的重要依据。职业兴趣测评正是用于了解这两方面特点之间的匹配关系,从而为实现"恰当的人从事恰当的工作"提供了可靠的科学依据。

2.职业兴趣测评的作用

(1)职业兴趣测评能使个体明确自己的兴趣倾向,从而能得到最适宜的工作情境并给予最大的能力投入。

(2)职业兴趣测评不但对就业人员选择职业有指导意义,而且对管理人员的选拔和安置也起着举足轻重的作用。

(3)职业兴趣测评还可以在能力测评的基础上预测可能取得的最大工作绩效。

3.职业兴趣测评题目的编制

职业兴趣测评是根据职业自身的特点,在职业理论的基础之上,采取艺术取向、事务取向、经营取向、研究取向、操作取向、社交取向 6 种职业倾向为测量维度,其中包括活动、工作、技能 3 个方面,见表 6-27。题目的设计应具有隐蔽性,尽量避免使受测者有对职业的优劣感。同时各维度的题目合并混排,降低测评题目维度属性的可猜测性,以适合于管理人员测评的需要。

4.职业兴趣测评的施测过程

职业兴趣测评不限定时间。测评有两种实施方式:纸笔作答和计算机施测。具体施测过程如下:

(1)选择适宜的测评场地;

(2)准备齐全测评中需要的各种物品;

(3)安排应聘者入场,并宣布注意事项;

(4)开始并监督测评进行;

(5)收回答题纸,测评结束。

表 6-27 霍兰德职业倾向测验量表

本测验量表将会帮助你发现和确定自己的职业兴趣和能力特长,从而更好地作出求职择业的决策。如果你已经考虑好或选择好了自己的职业,本测验将使你的这种考虑或选择具有理论基础,或向你展示其他合适的职业;如果你至今尚未确定职业方向,本测验将帮助你根据自己的情况选择一个恰当的职业目标。

本测验共有七个部分,尽管每部分测验都没有时间限制,但还是请你尽快按要求完成。

第一部分 你心目中的理想职业(专业)

对于未来的职业(或升学进修的专业)你也得早有考虑,它既可能很抽象、很朦胧,也可能很具体、很清晰。不论是哪种情况,现在都请你把自己最想干的3种工作或最想读的3种专业按顺序写下来。
1.
2.
3.

第二部分 你所感兴趣的活动

下面列举了若干种活动,请根据自己对这些活动的感觉来进行判断。若是喜欢,请在"是"栏里打"√",若是不喜欢就在"否"栏里打"×"。请按顺序回答全部问题。

R:现实型活动	是	否
1.装配修理电器或玩具	□	□
2.修理自行车	□	□
3.用木头做东西	□	□
4.开汽车或摩托车	□	□
5.用机器做东西	□	□
6.参加木工技术学习班	□	□
7.参加制图描图学习班	□	□
8.驾驶卡车或拖拉机	□	□
9.参加机械和电器学习班	□	□
10.装配修理机器	□	□
统计"是"一栏的得分总计——		
A:艺术型活动	是	否
1.素描制图或绘图	□	□
2.参加话剧/戏曲演出	□	□
3.设计家具/布置室内	□	□
4.练习乐器/参加乐队	□	□
5.欣赏音乐或戏剧	□	□
6.看小说/读剧本	□	□
7.从事摄影创作	□	□
8.写诗或吟诗	□	□
9.进艺术(美术/音乐)培训班	□	□
10.练习书法	□	□

续表 1

统计“是”一栏的得分总计——		
I:调查型活动	是	否
1.读科技图书和杂志	□	□
2.在实验室工作	□	□
3.改良水果品种,培育新的水果	□	□
4.调查了解土和金属等物质的成分	□	□
5.研究自己选择的特殊问题	□	□
6.解算术或数学游戏	□	□
7.物理课	□	□
8.化学课	□	□
9.几何课	□	□
10.生物课	□	□
统计“是”一栏的得分总计——		
S:社会型活动	是	否
1.学校或单位组织的正式活动	□	□
2.参加某个社会团体或俱乐部活动	□	□
3.帮助别人解决困难	□	□
4.照顾儿童	□	□
5.出席晚会、联欢会、茶话会	□	□
6.和大家一起出去郊游	□	□
7.想获得关于心理方面的知识	□	□
8.参加讲座或辩论会	□	□
9.观看或参加体育比赛、运动会	□	□
10.结交新朋友	□	□
统计“是”一栏的得分总计——		
E:企业型(事业型)活动	是	否
1.说服鼓动他人	□	□
2.卖东西	□	□
3.谈论政治	□	□
4.制订计划、参加会议	□	□
5.以自己的意志影响别人的行为	□	□
6.在社会团体中担任职务	□	□
7.检查与评价别人的工作	□	□

续表 2

8. 结交名流	□	□
9. 指导有某种目标的团体	□	□
10. 参与政治活动	□	□
统计“是”一栏的得分总计——		
C:常规型(传统型)活动	是	否
1. 整理桌面和房间	□	□
2. 抄写文件和信件	□	□
3. 为领导报告或公务信函	□	□
4. 检查个人收支情况	□	□
5. 参加打字培训班	□	□
6. 参加算盘、文秘等实务培训	□	□
7. 参加商业会计培训班	□	□
8. 参加情报处理培训班	□	□
9. 指导有某种目标的团体	□	□
10. 写商业贸易信	□	□
统计“是”一栏的得分总计——		

第三部分　你所擅长或胜任的活动

下面列举了若干种活动，其中凡是你能做或大概能做的事，请在“是”栏里打“√”；反之，在“否”栏里打“╳”。请回答全部问题。

R:现实型能力	是	否
1. 能使用电锯、电钻和锉刀等木工工具	□	□
2. 知道万用表的使用方法	□	□
3. 能够修理自行车或其他机械	□	□
4. 能够使用电砖床、磨床或缝纫机	□	□
5. 能给家具和木制品刷漆	□	□
6. 能看建筑设计图	□	□
7. 能够修理简单电器	□	□
8. 能修理家具	□	□
9. 能修收录机	□	□
10. 能简单地修理水管	□	□
统计“是”一栏的得分总计——		
A:艺术型能力		
1. 能演奏乐器	是	否

续表 1

	是	否
2. 能参加二部或四部合唱	□	□
3. 独唱或独奏	□	□
4. 能扮演剧中角色	□	□
5. 能创作简单的乐曲	□	□
6. 会跳舞	□	□
7. 能绘画、素描或书法	□	□
8. 能雕刻、剪纸或泥塑	□	□
9. 能设计板报、服装或家具	□	□
10. 写得一手好文章	□	□
统计“是”一栏的得分总计——		
I:调查型能力	是	否
1. 懂得真空管或晶体管的作用	□	□
2. 能够列举三种蛋白质多的食品	□	□
3. 理解铀的裂变	□	□
4. 能用计算尺、计算器、对数表	□	□
5. 会使用显微镜	□	□
6. 能找到三个星座	□	□
7. 能独立进行调查研究	□	□
8. 能解释简单的化学现象	□	□
9. 理解人造卫星为什么不落地	□	□
10. 经常参加学术会议	□	□
统计“是”一栏的得分总计——		
S:社会型能力	是	否
1. 有向他人说明解释的能力	□	□
2. 经常参加社会福利活动	□	□
3. 能和大家一起友好相处地工作	□	□
4. 善于与年长者相处	□	□
5. 会邀请人、招待人	□	□
6. 能简单易懂地教育儿童	□	□
7. 能安排会议等活动顺序	□	□
8. 善于体验人心和帮助他人	□	□
9. 帮助护理病人和伤员	□	□
10. 安排社团组织的各种事物	□	□

续表 2

统计“是”一栏的得分总计——		
E:企业型能力	是	否
1. 担任过学生干部并且干得不错	□	□
2. 工作上能指导和监督他人	□	□
3. 做事充满活力和热情	□	□
4. 有效利用自身的做法调动他人	□	□
5. 销售能力强	□	□
6. 曾作为俱乐部社团的负责人	□	□
7. 向领导提出建议或反映意见	□	□
8. 有开创事业的能力	□	□
9. 知道怎样成为一个优秀的领导者	□	□
10. 健谈善辩	□	□
统计“是”一栏的得分总计——		
C:常规型能力	是	否
1. 会熟练地录入中文	□	□
2. 会使用外文打字机或复印机	□	□
3. 能快速记笔记和抄写文章	□	□
4. 善于整理保管文件和资料	□	□
5. 善于从事事务性的工作	□	□
6. 会用算盘	□	□
7. 能在短时间内分类和处理大量文件	□	□
8. 能使用计算机	□	□
9. 能搜集数据	□	□
10. 善于为自己或集体做财务预算表	□	□
统计“是”一栏的得分总计——		

第四部分 你所喜欢的职业

下面列举了多种职业，请逐一认真考虑，如果是你有兴趣的工作，请在“是”栏里打“√”，如果是你不太喜欢、不关心的工作，请在“否”栏里打“×”。请全部作答。

R:现实型职业	是	否
1. 飞机机械师	□	□
2. 野生动物专家	□	□
3. 汽车维修工	□	□

续表 1

4. 木匠	□	□
5. 测量工程师	□	□
6. 无线电报务员	□	□
7. 园艺师	□	□
8. 长途公共汽车司机	□	□
9. 火车司机	□	□
10. 电工	□	□
统计"是"一栏的得分总计——		
A:艺术型职业	是	否
1. 乐队指挥	□	□
2. 演奏家	□	□
3. 作家	□	□
4. 摄影家	□	□
5. 记者	□	□
6. 画家、书法家	□	□
7. 歌唱家	□	□
8. 作曲家	□	□
9. 电影电视演员	□	□
10. 节目主持人	□	□
统计"是"一栏的得分总计——		
I:调查型职业	是	否
1. 气象学或天文学家	□	□
2. 生物学家	□	□
3. 医学实验室的技术人员	□	□
4. 人类学家	□	□
5. 动物学家	□	□
6. 化学家	□	□
7. 数学家	□	□
8. 科学杂志的编辑或作家	□	□
9. 地质学家	□	□
10. 物理学家	□	□
统计"是"一栏的得分总计——		
S:社会型职业	是	否
1. 街道、工会或妇联干部	□	□
2. 小学、中学老师	□	□

续表 2

3.精神病医生	□	□
4.婚姻介绍所工作人员	□	□
5.体育教练	□	□
6.福利机构负责人	□	□
7.心理咨询员	□	□
8.共青团干部	□	□
9.导游	□	□
10.国家机关工作人员	□	□
统计"是"一栏的得分总计——		
E:企业型职业	是	否
1.厂长	□	□
2.电视片编制人	□	□
3.公司经理	□	□
4.销售员	□	□
5.不动产推销员	□	□
6.广告部长	□	□
7.体育活动主办者	□	□
8.销售部长	□	□
9.个体工商业者	□	□
10.企业管理咨询人员	□	□
统计"是"一栏的得分总计——		
C:常规性职业	是	否
1.会计师	□	□
2.银行出纳员	□	□
3.税收管理员	□	□
4.计算机操作员	□	□
5.簿记人员	□	□
6.成本核算员	□	□
7.文本档案管理员	□	□
8.打字员	□	□
9.法庭书记员	□	□
10.人口普查登记员	□	□
统计"是"一栏的得分总计——		

第五部分　统计和确定你的职业倾向

下面两张表是你在 6 个职业能力方面的自我评定表。你可以先与同龄者比较出自己在每一方面的能力，然后经过斟酌对自己的能力做一评价。请在表中适当的数字上画圈。数字越大，表示你的能力越强。

注意，请勿全部画同样的数字，因为人的每项能力不可能完全一样。

表 A

	R 型	A 型	I 型	S 型	E 型	C 型
	机械操作能力	艺术创造能力	科学研究能力	解释表达能力	商业洽谈能力	事务执行能力
	7	7	7	7	7	7
高	6	6	6	6	6	6
↑	5	5	5	5	5	5
中	4	4	4	4	4	4
↓	3	3	3	3	3	3
低	2	2	2	2	2	2
	1	1	1	1	1	1

表 B

	R 型	A 型	I 型	S 型	E 型	C 型
	体力技能	音乐技能	数学技能	交际技能	领导技能	办公技能
	7	7	7	7	7	7
高	6	6	6	6	6	6
↑	5	5	5	5	5	5
中	4	4	4	4	4	4
↓	3	3	3	3	3	3
低	2	2	2	2	2	2
	1	1	1	1	1	1

第六部分　统计和确定你的职业倾向

请将第二部分至第五部分的全部测验分数按照前面已经统计好的 6 种职业倾向（R 型、A 型、I 型、S 型、E 型、C 型）得分填入下表，并作纵向累加。

测评	R 型	A 型	I 型	S 型	E 型	C 型
第一部分						
第二部分						
第三部分						
第四部分						
总分						

请将以上表中的 6 种职业倾向总分数按大小顺序依次从左到右排列：

1	2	3	4	5	6
______型	______型	______型	______型	______型	______型
最高分——		你的职业倾向性得分——		最低分——	

第七部分 你所看的东西——职业价值观

这一部分测验列出了人们在选择工作时通常会考虑的9种因素(见所附工作价值标准表)。现在请你从中选出最重要的两项因素以及最不重要的两项因素,并将其序号填入下边相应的空格上。

工作价值标准表

1. 工资高、福利好			
2 工作环境(物质方面)舒适			
3. 人际关系良好			
4 工作稳定有保障			
5. 能提供较好的受教育机会			
6. 有较高的社会地位			
7. 工作不太紧张、外部压力小			
8. 能充分发挥自己的能力特长			
9. 社会需要与社会贡献大			
最重要:	次重要:	最不重要:	次不重要:

全部测验到此结束。现在将你测验得分居第一位的职业类型找出来,对照表6-20,判断一下适合自己的职业类型,然后与第一部分所填的3个最感兴趣的职业相对照。

下面介绍与职业兴趣类型一致的职业表,对照方法如下:首先根据你的职业兴趣代号在表6-28中找出相应的职业,例如如果你的职业兴趣代号是RIA,那么牙科技术员、陶工等就是适合你兴趣的职业。然后寻找与你职业兴趣代号相近的职业,假如你的职业兴趣代号是RIA,那么其他与由这三个字母组合成的编号(如IRA、IAR、ARI等)相对应的职业也会比较适合你的兴趣。

表6-28 与职业兴趣类型一致的职业表

职业兴趣代号	与职业兴趣类型一致的职业
RIA	牙科技术员、陶工、建筑设计员、模型工、细木工、制作链条人员
RIS	厨师、林务员、跳水员、潜水员、染色员、电器修理、眼镜制作、电工、纺织机器装配工、服务员、装玻璃工人、发电厂工人、焊接工
RIE	建筑和桥梁工程、环境工程、航空工程、公路工程、电力工程、信号工程、电话工程、一般机械工程、自动工程、矿业工程、海洋工程和交通工程技术人员、制图员、家政经济人员、计量员、农民、农场工人、农业机器操作员、清洁工、无线电修理、汽车修理、手表修理、管道工、线路装配工、工具仓库管理员

续表 1

职业兴趣代号	与职业兴趣类型一致的职业
RIC	船上工作人员、接待员、杂志保管员、牙医助手、制帽工、磨坊工、石匠、机器制造工、机车(火车头)制造工、农业机器装配工、鞋匠、锁匠、货物检验员、电梯机修工、托儿所所长、钢琴调音员、装配工、印刷工、建筑钢铁工人、卡车司机
RAI	手工雕刻者、玻璃雕刻者、制作模型人员、家具木工、制作皮革员、手工绣花者、手工钩针编制者、排字工人、印刷工人、图画雕刻、装订工
RSE	消防员、交通巡警、警察、门卫、理发师、房间清洁工、屠夫、锻工、开凿工人、管道安装工、出租汽车驾驶员、货物搬运工、送报员、勘探员、娱乐场所服务员、起卸机操作工、灭害虫者、电梯操作工、厨房助手
RSI	纺织工、编织工、农业学校教师、某些职业课程教师(诸如艺术、商业、技术、工艺课程)、雨衣上胶工
REC	抄水表员、保姆、实验室动物饲养员、动物管理员
REI	轮船船长、航海领航员、大副、试管实验员
RES	旅馆服务员、家畜饲养员、渔民、渔民修补工、水手长、收割机操作工、搬运行李工人、公园服务员、救生员、登山导游、火车工程技术员、建筑工人、铺轨工人
RCI	测量员、勘测员、仪表操作者、农业工程技师、化学工程技师、民用工程技师、石油工程技师、资料室管理员、探矿工、煅烧工、烧窑工、矿工、保养工、磨床工、取样工、样品检验员、纺纱工、炮手、漂洗工、电焊工、锯木工、刨床工、制帽工、手工缝纫工、油漆工、染色工、按摩工、木匠、农民、建筑工人、电影放映员、勘测员助手
RCS	公共汽车驾驶员、一等水手、游泳池服务员、裁缝、建筑工人、石匠、烟囱修建工、混凝土工、电话修理工、爆炸手、邮递员、矿工、裱糊工人、纺织工
RCE	打井工、吊车驾驶员、农场工人、邮件分类员、铲车司机、拖拉机司机
LAS	普通经济学家、农场经济学家、财政经济学家、国际贸易经济学家、试验心理学家、工程心理学家、心理学家、哲学家、内科医生、数学家
LAR	人类学家、天文学家、化学家、物理学家、医学病理学家、动物标本剥制者、化石修复者、艺术品管理员
ISE	营养学家、饮食顾问、火灾检查员、邮政服务检查员
ISC	侦查员、电视播音室修理员、电视修理服务员、验尸室人员、编目录者、医学实验室技师、调查研究者
ISR	水生生物学家、昆虫学家、微生物学家、配镜师、矫正视力者、细菌学家、牙科医生、骨科医生
ISA	实验心理学家、普通心理学家、发展心理学家、教育心理学家、社会心理学家、临床心理学家、目录学家、皮肤病学家、精神病学家、妇产科医生、眼科医生、五官科医生、医学实验室技术专家、民航医务人员、护士

续表 2

职业兴趣代号	与职业兴趣类型一致的职业
IES	细菌学家、生理学家、化学学家、地质专家、地理物理专家、纺织技术专家、医院药剂师、工业药剂师、药房营业员
IEC	档案保管员、保险统计员
ICR	质量检验技术员、地质学技师、工程师、法官、图书馆技术辅导员、计算机操作员、医院听诊员、家禽检查员
IRA	地理学家、地质学家、水文学家、矿物学家、古生物学家、石油学家、地震学家、声学物理学家、原子和分子物理学家、电学和磁学物理学家、气象学家、设计审核员、人口统计学家、数学统计学家、外科医生、城市规划家、气象员
IRS	流体物理学家、物理海洋学家、等离子体物理学家、农业科学家、动物学家、食品科学家、园艺学家、植物学家、细菌学家、解剖学家、动物病理学家、作物病理学家、药物学家、生物化学家、生物物理学家、细胞生物学家、临床化学家、遗传学家、分子生物学家、质量控制工程师、地理学家、兽医、放射治疗技师
IRE	化验员、化学工程师、纺织工程师、食品技术、渔业技术专家、材料和测评工程师、电气工程师、土木工程师、航空工程师、行政官员、冶金专家、原子核工程师、陶瓷工程师、地质工程师、电力工程师、口腔科医生、牙科医生
IRC	飞机领航员、飞行员、物理实验室技师、文献检查员、农业技术专家、动植物技术专家、生物技师、油管检查员、工商业规划者、纺织品检验员、照相机修理者、工程技术员、编计数机程序者、工具设计者、仪器修理工
CRI	簿记员、会计、计时员、铸造机操作工、打字员、按键操作工、复印机操作工
CRS	仓库保管员、档案管理员、缝纫工、讲述员、收款员
CRE	标价员、实验室工作者、广告管理员、自动打字机操作员、电动机装配工、缝纫机操作工
CIS	记账员、顾客服务员、报刊发行员、土地测量员、保险公司职员、会计师、估价员、邮政检查员、外贸检查员
CIE	打字员、统计员、支票记录员、订货员、校对员、办公室工作人员
CIR	校对员、工程职员、海底电报员、检修计划员、发报员
CSE	接待员、通讯员、电话接线员、卖票员、旅馆服务员、私人职员、商学教师、旅游办事员
CSR	运货代理商、铁路职员、交通检查员、办公室通信员、簿记员、出纳员、银行财务职员
CSA	秘书、图书管理员、办公室办事员
CER	邮递员、数据处理员、航空邮件检查员
CEI	推销员、经济分析家
CES	银行会计、记账员、法人秘书、速记员、法院报告人
ECI	银行行长、审讯员、信用管理员、地产管理员、商业管理员

续表 3

职业兴趣代号	与职业兴趣类型一致的职业
ECS	信用办事员、保险人员、各类进货员、海关服务经理、售货员、采购员、会计
ERI	建筑物管理员、工业工程师、农场管理员、护士长、农业经营管理人员
ERS	仓库管理员、房屋管理员、货栈监督管理员
ERC	邮政局长、渔船船长、机械操作领班、木工领班、瓦工领班、驾驶员领班
EIR	科学、技术和有关期刊的管理员
EIC	专利代理人、鉴定人、运输服务检查员、安全检查员、废品收购人员
EIS	警官、侦察员、交通安检员、安全咨询员、商人
EAS	法官、律师、公证人
EAR	展览室管理员、舞台管理员、播音员、驯兽员
ESC	理发师、裁判员、政府行政管理员、财政管理员、工程管理员、职业病防治员、售货员、商业经理、办公室主任、人事负责人、调度员
ESR	家具售货员、书店售货员、公共汽车的驾驶员、日用品售货员、护士长、自然科学和工程的行政领导
ESI	博物馆管理员、图书馆管理员、古迹管理员、饮食业经理、地区安全服务管理员、技术服务咨询者、超级市场管理员、零售商商品店店员、批发商、出租汽车服务站调度员
ESA	博物馆馆长、报刊管理员、音乐器材售货员、广告商、售画营业员、导游、(轮船或班机上的)事务长、飞机上的服务员、船员、法官、律师
ASE	戏剧导演、舞蹈教师、广告撰稿人、报刊专栏记者、记者、演员、英语翻译
ASI	音乐教师、乐器教师、美术教师、管弦乐指挥、合唱队指挥、歌星、演奏家、哲学家、作家、广告经理、时装模特
AER	新闻摄影师、电视摄像师、艺术指导、录音指导、丑角演员、魔术师、木偶戏演员、骑士、跳水员
AEI	音乐指挥、舞台指导、电影导演
AES	流行歌手、舞蹈演员、电影导演、广播节目主持人、舞蹈教师、口技表演者、喜剧演员、模特
AIS	画家、剧作家、编辑、评论家、时装艺术大师、新闻摄影师、演员、文学作者
AIE	花匠、皮衣设计师、工业产品设计师、剪影艺术家、雕刻品大师
AIR	建筑师、画家、摄影师、绘图员、环境美化工、雕刻家、包装设计师、陶器设计师、绣花工、漫画工
SEC	社会活动家、退伍军人服务官员、工商会事务代表、教育咨询者、宿舍管理员、旅馆经理、饮食服务管理员
SER	体育教练、游泳指导

续表 4

职业兴趣代号	与职业兴趣类型一致的职业
SEI	大学校长、学院院长、医院行政管理员、历史学家、家政经济学家、职业学校教师、资料员
SEA	娱乐活动管理员、国外服务办事员、社会服务助理、一般咨询者、宗教教育工作者
SCE	部长助理、福利机构职员、生产协调人、环境卫生管理员、戏院经理、餐馆经理、售票员
SRI	外科医师助手、医院服务员
SRE	体育教师、职业病治疗者、体育教练、专业运动员、房管员、儿童家庭教师、警察、引座员、传达员、保姆
SRC	护理员、护理助理、医院勤杂工、理发师、学校儿童服务人员
SIA	社会学家、心理咨询者、学校心理学家、政治科学家、大学或学院的系主任、大学或学院的教育学教师、大学农业教师、大学工程和建筑课程的教师、大学法律教师、研究生助教、成人教育教师
SIE	营养学家、饮食学家、海关检查员、安全检查员、税务稽查员、校长
SIC	描图员、兽医助手、诊所助理、体检检查员、监督缓刑犯的工作者、娱乐指导者、咨询人员、社会科学教师
SIR	理疗员、救护队工作人员、手足病医生、职业病治疗助手
SAC	理发师、指甲修剪师、包装艺术家、美容师、整容专家、美发设计师
SAE	听觉病治疗师、演讲矫正者
SAI	图书馆管理员、小学教师、幼儿园教师、学前儿童教师、中学教师、师范学院教师、盲人教师、智力障碍人的教师、聋哑人的教师、护士、牙科助理、飞行指导员

（六）职业价值观测评

价值观就是指关于对事、对人、对社会重要性的评价标准和尺度，包含认知、情感和行为成分的信念。价值观并不只是静态的，它不仅有对客观事物意义的判断和评价，也具备发动、推动、调整行为，使其向着有价值的或更有价值的目标迈进的动力性特征。

工作是我们生活中最重要的活动之一。我们寻求那些能够满足我们价值观的工作。不同的职业在满足人的价值和愿望时的效果往往也是不一样的。职业价值观是人们在选择职业时对职业给人的回报的偏好，涉及自己从所选择的职业中可以获得的乐趣和报酬，是价值观最重要的一个表现领域。

职业价值观建立在职业需要的基础上，反过来又影响到职业需要，并通过个体的职业需要来调控、影响其职业动机和职业行为。我们可以根据自己的职业价值观对自己的职业需要加以比较与选择。美国著名的社会心理学家 G. 奥尔波特认为，事物主要的价值有六种：经济价值、理论价值、审美价值、权利价值、社会价值和宗教价值。这六种价值对于帮助我们全面分析职业价值、作出职业选择是很有意义的，也就是说，对每一种职业价值的评估都不应该过于单一，而是应该做多角度、多方位的分析，只有这样才有可能获得正确的认知。

职业专家通过大量的调查研究，从人们的价值观角度把职业分为九大类，如表 6-29 所示。

表 6-29　价值观与职业匹配

职业价值观	特　点	相应职业类型
自由型	不受别人指使，凭自己的能力拥有自己的小天地，不愿受人干涉，想充分施展本领	作家、演员、记者、编剧、画家、装修工程师等
经济型	认为世界上的各种关系都是建立在金钱的基础上，包括人与人之间的关系。他们确信，金钱可以买到世界上所有的幸福	各种职业中都有这种类型的人，尤其以商人为多
支配型	想当上组织的一把手，飞扬跋扈，无视他人的想法，为所欲为，并视此为至高无上的快乐	采购员、零售商、旅店经理、广告人员、调度员、律师、政治家等
小康型	追求虚荣，优越感强，渴望有社会地位和名誉，希望常常受到众人的尊敬	会计、出纳、打字员、统计员、税务员等
自我实现型	一心一意想发挥个性，追求真理。不考虑收入、地位及他人对自己的看法，尽力挖掘自己的潜力，施展自己的本领，并视此为有意义的生活	科学家、编辑、实验室工作人员等
志愿型	富于同情心，把他人的痛苦视为自己的痛苦，不愿干表面上哗众取宠的事，把默默地帮助不幸的人视为无比快乐	社会学者、导游、咨询师、社会工作者、教师、护士等
技术型	性格沉稳，做事组织严密、井井有条，并且对未来充满平常心	工程师、机械师、电工、司机等
合作型	人际关系比较好，认为朋友是最大的财富	公关人员、推销人员、秘书等
享受型	喜欢安逸的生活，不愿从事任何挑战性的工作	无固定职业类型

一个人的职业价值观，对于选择一个满意的工作能起到关键的作用，这是人们经过了半个世纪才理解的理论。如果你想找到一个合意的工作，韦斯布鲁克博士的《职业价值观量表》(见表 6-30)会给你一个非常好的职业价值观的测评结果。同样，它也会给职业咨询人员提供非常大的帮助。

众所周知，多数工作都是有利有弊的。例如，作为一个大学心理学教授，这个职位使人很有安全感，同时，工作环境舒适，收入稳定，在教学过程中，会有一种“为人师表”的满足感。但是，从另一个方面看却并非如此。首先，他必须要学习将近 20 年的时间，然后才能得到这份工作，而且一个大学教授的收入是远远比不上那些在公司工作或者从事商务工作的人。学校还会经常要求他做一些本专业的深奥的学术研究，却较少考虑这种研究有什么社会和教育方面的效益。而一个学习心理专业的学生如果去从事销售工作，很快就能赚到超过一个大学教授三四倍的钱，然而他们没有时间来享受快乐的假期，他们必须要不停地改变，以适应市场经济的变化，才能保持自己所处的位置，这使他们缺少安全感。

每个人的职业价值观都有所不同，当你知道了自己最关心的价值之后，你就可以看看自己想要的工作，是否和自己的职业价值观相适合。在选择职业时，和正在从事着那些工作的人进行交流是一个很好的办法，从他们那里得到的信息，能帮助你确定你所选择的职业领域是否值得。此外，与不止一个人进行交流也十分重要。常常会有这样的情况，两个从事着同样职业的人对于自己工作的看法完全不同。通过与他们的交流，听一听他们对这个职业的看法，喜欢什么，抱怨什么，是否有安全感……这些对你来说太重要了。譬如，你十分看重工作的安全感，而有个正在从事着这项工作的人告诉你，这个职业不能满足你的要求，他向你抱怨平时假期少，报酬也不高等等，这时你千万不要泄气，因为也许这正是一个能够满足你的要求的安全系数很高的工作。

韦斯布鲁克的职业价值观量表和其他类似的量表也差不多，都要求做测评的人在两种价值观之间作出一个选择。例如题目1，如果你选择A，就表明你要求的威信比自主性更重要。再如题目5，假如你选择B，则表明，对于工作的自主性和安全感两方面，你更看重后者。这种测评方法可以使被测人把自己最关注的东西清晰地排列出一个顺序，无疑对选择职业会很有帮助。但是这种方法也有它的局限性，如果一个人对题目中的两种价值观的关注程度相差不多，而另一个人对于这两种价值观的看重程度非常不同，他们在这张量表上得出的结果会是一样的，这样就不能区别他们赋予这两种价值观的重要性的不同。举个简单例子来说明，在题目1中，A认为威信比自主性只不过重要一点点，而B则认为自主性一点也不重要，虽然他们的测评得分相同，但实际上A和B赋予这两种价值观的重要性是不同的。因此，你要明白，这张量表的测评结果，只是给你提供了一个你自己对各种价值观的排序，如果你在某个价值观上的得分很高，那只表明你认为这个价值观比其他价值观更重要；如果得分较低，也只意味着你觉得这个价值观不如其他的价值观重要而已。就是由于这个原因，也许会出现下面这种情况，虽然有的人觉得量表中涉及的10种价值观都是你很重视的，但你却发现你在某些价值观上的得分却比50%的人要低。

表6-30　韦氏职业价值观量表

下列每个题目都描述了两个工作。阅读这些题目，并选出你所喜欢的工作，填在选择栏里。

题　　目	选择
题目1 (A)在工作A中，人们尊重你、仰慕你，并且遵从你的观点，但是你没有自由做自己的决定 (B)工作B不允许你在自己所喜欢的某个领域做事情，但是你必须日复一日地做同样的事情 (C)不能确定	
题目2 (A)工作A会有各种不同的活动和问题、很多的变化，会接触到不同的人，只是你不能做你最喜欢做的事情。 (B)工作B允许你在自己所喜欢的某个领域做事情，但是你必须日复一日地做同样的事情。 (C)不能确定。	

续表 1

题　　目	选择
题目 3 (A)在工作 A 中，你可以在自己喜欢的领域做事情，但你不能帮助别人。 (B)在工作 B 中，帮助别人是你的主要工作，但是不能自己做决定。 (C)不能确定。	
题目 4 (A)在工作 A 中，人们尊重你、仰慕你，并且遵从你的观点，但是你没有能力做这个工作 (B)在工作 B 中，你不会丢掉你的工作，但是没有人仰慕你，也没有人会听从你的意见。 (C)不能确定。	
题目 5 (A)在工作 A 中，你可以自己做决定，但是你需要考虑可能会丢掉工作问题。 (B)工作 B 是个很有安全感的工作，你肯定不会丢掉它，但是你不能做自己的决定。 (C)不能确定。	
题目 6 (A)在工作 A 中，帮助别人是你的主要工作，但是工作的时间很长、假期很少，而且你不能自己选择休息的时间。 (B)在工作 B 中，工作时间较短、假期很长，也可以自己选择休息的时间，但是帮助别人不是你的主要工作。 (C)不能确定。	
题目 7 (A)工作 A 可以给你安全感，但是你的工作不是你最喜欢的领域。 (B)工作 B 是你喜欢的领域，但没有什么安全感，你可能不能持续做这个工作很多年。 (C)不能确定。	
题目 8 (A)工作 A 允许你做自己的决定，但是这工作不是你喜欢的领域。 (B)工作 B 属于你喜欢的领域，但你不能做自己的决定。 (C)不能确定。	
题目 9 (A)工作 A 的主要任务就是帮助别人，但是你不能领导别人、不能指使别人做什么，也不必对他们的工作负责。 (B)在工作 B 中，你要领导别人，可以指使别人做事情，还要对他们的工作负责，但是你的主要任务不是帮助别人。 (C)不能确定。	
题目 10 (A)在工作 A 中，你可以自己做决定，但是工作时间很长，假期很短，而且不能自己选择休息的时间。 (B)在工作 B 中，你的工作时间很短，假期很长，也可以自己选择休息的时间，但是无权自主做决定。 (C)不能确定。	

续表 2

题　目	选择
题目 11 (A)在工作 A 中,你可以自由地做决定,但是你不能领导别人,不能指使别人做什么事情,也不用对他们的工作负责。 (B)在工作 B 中,你可以领导别人,指使别人做一些事情,也要对他们的工作负责,但是你无权自主做决定。 (C)不能确定。	
题目 12 (A)工作 A 很有安全感,但是很单调,你将日复一日地做同样的事情。 (B)工作 B 很丰富多彩——有各种不同的活动和问题,变化很多,会接触到很多不同的人。但是没有什么安全感,即可能不能持续做这个工作很多年。 (C)不能确定。	
题目 13 (A)在工作 A 中,你可以自由地做决定,但是你要日复一日地做同样的事情。 (B)在工作 B 中,会有各种不同的活动和问题,变化很多,会接触到不同的人,但是你不能自由地做决定。 (C)不能确定。	
题目 14 (A)工作 A 可以让你获得很多的钱,可能超过你的生活所需,但是帮助别人不是你的主要工作。 (B)在工作 B 中,你的主要任务就是帮助别人,但是收入可能不会很丰厚。 (C)不能确定。	
题目 15 (A)在工作 A 中,你可以领导别人,指使别人做一些事情,也要对他们的工作负责,但是你没有很多的空余时间。 (B)在工作 B 中,你可以有很多的空余时间,但是你不能领导别人。 (C)不能确定。	
题目 16 (A)在工作 A 中,你不必担心会丢掉饭碗,但是你参加工作之前,必须要接受很多年的教育。 (B)你可以很快就参加工作 B,但是不能保证这个工作可以做很多年。 (C)不能确定。	
题目 17 (A)工作 A 很有安全感,但是你没有很多的业余时间。 (B)工作 B 可以给你很多的业余时间,但是没有什么安全感。 (C)不能确定。	
题目 18 (A)工作 A 可以给你提供高收入,但是需要你花费很多的时间、精力和金钱接受很多的教育。 (B)工作 B,高中生就可以做,不需要接受很多的教育和训练,但是不能提供高收入。 (C)不能确定。	

续表 3

题目	选择
题目 19 (A)在工作 A 中，人们尊重你、仰慕你，并且遵从你的观点，但是你不能领导别人，指使别人做事情，也不需要对他们的工作负责任。 (B)在工作 B 中，你可以领导别人，指使别人做一些事情，也要对他们的工作负责。但是人们不会尊敬你、仰慕你，也不会遵从你的观点。 (C)不能确定。	
题目 20 (A)在工作 A 中，人们尊重你、仰慕你，并且遵从你的观点，但是帮助别人不是你的主要工作。 (B)在工作 B 中，帮助别人是你主要的工作，但是人们不会尊敬你、仰慕你。 (C)不能确定。	

计分：本职业价值观量表的评分为 10 个维度，记分的过程较为麻烦，选择 A 和 B 在不同的题目中的得分是不同的，有时得分 1 分，有时是－1 分，选项 C 不计分，因此如果你想计算自己的分数，就必须耐心地将每个维度的题目得分相加，然后才能获得你的分数。

声望	独立性	助人	安稳	丰富性	领导权	兴趣	轻松	教育要求	收入
1A＋1	1A－1	3A－1	4A－1	1B－1	9A－1	1B＋1	6A－1	16A－1	14A＋1
4A＋1	3A＋1	3B＋1	4B＋1	2A＋1	9B＋1	2A－1	6B＋1	16B＋1	14B－1
4B－1	3B－1	6A＋1	5A－1	2B－1	11A－1	2B＋1	10A－1	18A－1	18A＋1
19A＋1	5A＋1	6B－1	5B＋1	7A－1	11B＋1	7B＋1	10B＋1	18B＋1	18B－1
19B－1	5B－1	9A＋1	7A＋1	12A－1	15A＋1	8A－1	15A－1		
20A＋1	8A＋1	9B－1	7B－1	12B＋1	15B－1	8B＋1	15B＋1		
20B－1	8B－1	14A－1	12A＋1	13A－1	19A－1		17A－1		
	10A＋1	14B＋1	12B－1	13B＋1	19B＋1		17B＋1		
	10B－1	20A－1	16A＋1						
	11A＋1	20B＋1	16B－1						
	11B－1		17A＋1						
	13A＋1		17B－1						
	13B－1								

常模

声望	独立性	助人	安稳	丰富性	领导权	兴趣	轻松	教育要求	收入	百分数
4	5	5	6	3	4	4	4	2	2	85

声望	独立性	助人	安稳	丰富性	领导权	兴趣	轻松	教育要求	收入	百分数
3	2	3	3	1	2	3	2	1	1	70
1	−1	0	0	−1	0	1	0	0	0	50
−1	−4	−3	−3	−3	−2	−1	−2	−1	−1	30
−2	−7	−5	−6	−5	−4	−2	−4	−2	−2	15

某个维度的高分表明，你在这个维度上的价值对你而言比较重要。譬如：你在声望这个维度上得分的百分数是 85，那就是说，你比 85％的人更看重声望的价值。

第三节　测评技术——评价中心

一、评价中心概述

（一）了解评价中心

评价中心是一种包含多种测评方法和技术的综合测评系统。一般而言，它总是针对特定的岗位来设计、实施相应的测评方法与技术。通过对目标岗位的工作分析作业，在了解岗位的工作内容与职务素质要求的基础上，事先创设一系列与工作高度相关的模拟情景，然后将被试者纳入到该模拟情景中，要求其完成该情景下多种典型的管理工作，如主持会议、处理公文、商务谈判、处理突发事件等。在被试者按照情景角色要求处理或解决问题的过程中，主试者按照各种方法或技术的要求，观察和分析被试者在模拟的各种情境压力下的心理、行为表现，测量和评价被试者的能力、性格等素质特征。

评价中心是近几十年来西方企业中流行的选拔和评价管理人员的一种测评方法。和思顾问集团在为央企、外资企业、中国企业等客户招聘人才或内部人才选拔时，大量使用评价中心技术，取得了很好的实际效果，得到客户的高度认同。

（二）评价中心测评法的特点

人才素质测评技术经历了一般测验阶段、人事考核阶段、评价中心民主阶段，评价中心是在总结以前测评的经验与教训的基础上产生的，它具有以下几个特点：

1. 针对性

评价中心根据对不同层次管理人员的岗位要求和必备能力，设计不同种类的模拟情景，适应不同岗位的需要，具有很强的针对性，因而较好地避免了那种在一般的职业测评中得分高，但在实际工作中能力差的高分低能倾向，增加了测评的可靠性。

2. 综合性

这主要针对评价中心的技术运用而言的。与其他素质测评方法相比，评价中心突出的特点之一是它对其他多种测评技术与手段能够综合运用。对于心理测评、笔试、面试、公文处理、小组讨论、管理游戏、角色扮演等测评技术，评价中心往往是选择其中多种技术的综合实施、取长补短、相互补充，填补了它们独立使用的不足之处，使得对人才素质的测

评更加全面和深入。

3.全面性

全面性主要是针对测评中心的测评内容而言的。由于测评中心采用多种人才测评技术综合运用,使它不仅能够很好地测评被评价者的实际工作能力,而且还可以测评其他方面的各种能力和素质。

4.多样性

评价中心综合使用了多种测评技术,由多个评价者进行评价,因此它提供了不同的角度对被评价者的目标行为进行观察和评价的机会。能够得到大量的信息,从而能对被评价者进行较为可靠和有效的观察与评价。

5.动态性

形式上是分开的、单独的各种测评,而实质却是彼此相关非独立的,同时提供了较长时间的紧张压力,让被评价者在其中与各种有关的人员打交道,处理事宜,能在动态中评价一个人。

6.可靠性

评价中心往往选用多种方式和技术对被评价者进行多次测评,并由多个不同主试小组成员分别给予评价。另外,评价中心还在测评后,请被评价者说明测评时的想法以及处理问题的理由,从而获得更多的信息。在此基础上,主试人进一步评定被试人处理实际问题的能力和技巧,把定量评价与定性评价结合起来考虑,使评价结果的可靠性大大加强了。

7.预测性

预测性是就评价中心的功能而言的。评价中心具有预测人才未来工作绩效的功能,模拟的更高层次的工作环境为尚未进入这一层次的人员提供了一个发挥其才能与潜力的机会。因此它对于测量与评价人员的素质和能力具有一定的预测作用,可以为将来选拔和使用人才提供重要的参考依据。根据研究表明,评价中心的预测结果与事实的吻合程度远远高于其他测评方法。

(三)评价中心测评法的优缺点

1.评价中心测评法的优点

(1)信度高。该技术采用了多种测评手段,综合了各种测评手段的长处,从不同角度对被评价者进行全面的观察和评估。而且该技术多采用一些动态的测评方法,对被评价者的具体行为做出评价,这样评价的准确性也要高些。

(2)效度高。该方法所采取的测评手段多为对真实情况的模拟,尤其是对拟聘岗位所涉及的业务行为的模拟,因此被评价者的表现也就更接近在实际工作时真实的情况,因为在复杂的情况下做出伪装较简单情况下要难得多。

(3)信息量大。评价中心是综合多种测评活动,由多个测评人员共同测评。测评方式突破各种形式的限制,测评内容涉及监督、管理与决策等诸方面的技能。

(4)形象逼真性。评价中心的每一个情景测评,都是从许多实际工作样本中挑选出来的典型,经过测评技术的处理,使许多与测评无关的因素都得到了有效的控制,因而具有模拟逼真性。

2.评价中心测评法的缺点

(1)评价中心测评的主观性程度较高。在评价中心技术所采用的情境性测评中,制定统一的评价标准比较困难,并且这种测评形式由于其任务的复杂程度较高,任务的设计和实施中的控制也比较困难。

(2)评价中心测评的成本较高。首先,在时间上和空间上的要求较高;其次,评价中心对评价者的要求也较高,需要对评价者进行比较系统的培训;再次,所需的费用较高。

(3)评价中心测评的应用范围小,主要用于管理能力的测评,且一次测评的人数不宜过多。

(4)评价中心测评存在一些不可克服的误差。首先被测评者目前工作行为表现并不一定能揭示他在以后新的工作中的管理能力;其次评价者在观察评定中存在错误与偏见。

(四)评价中心的主要形式

评价中心测评的形式主要包括公文处理、无领导小组讨论、角色扮演、案例分析、管理游戏、演讲、事实判断、模拟面谈等。

1.公文处理

公文处理是评价中心用得最多的一种测评形式。在测评中,被评价者假定为接替某个管理人员的工作,他将面对一大堆等着处理的各种文件,并要求他在规定时间内处理完毕,还需要回答评价人员的提问以及说明为什么要这样处理的一种测评形式。

2.无领导小组讨论

无领导小组讨论就是让一组被评价者在一定的背景下围绕给定问题进行讨论,并要求其达成一个小组决定。所有参与讨论者地位完全平等,评价人不参与讨论,只是事先给出讨论的问题和所处的背景及讨论要求的一种测评形式。

3.角色扮演

角色扮演主要用于测评人际关系处理能力。在测评活动中,评价者设置了一些尖锐的人际矛盾和人际冲突,要求被评价者扮演某一角色并进入角色情景去处理各种问题和矛盾的一种测评形式。

4.案例分析

案例分析是先让被评价者阅读一些关于企业中某些问题的材料,然后要求其向高层管理部门提交一份分析报告,以考察其综合分析能力和做出判断决策能力的一种测评形式。

5.个人演讲

个人演讲可分为即兴演讲和有准备演讲,通过让演讲者就一定的题目发表演讲来评价其沟通技能、思维敏捷性、系统性、条理性、创造性、说服能力,以及自信心等的一种测评形式。

(五)评价中心测评的操作程序

评价中心从搜集、汇总信息到对被评价者行为进行评价的整个评价程序中,会有很多变化,但它还是有其基本程序的。主要有以下几个方面。

1.观察行为

每位评价者要观察和记录一个或两个被评价者的行为。记录做得越详细越好,他们的记录要求用客观的语气记录下被评价者所说所做的具体事情。为了避免不成熟的结

论，本阶段不允许有任何解释。被评价者在各种测评中由不同的评价者进行观察。

2.分类记录

测评结束后，评价员要马上整理行为观察的结果，并归入该中心目标要素中，之所以采用这些要素，是因为它们对管理工作是必需的，并在该项测评中可以观察到。它们通常被列在一张测评报表中。

3.行为评分

对要素的所有行为证据要进行考察，在核查的基础上对要素进行打分。通常采用1～5分的等级，如表6-31所示。

表6-31　测评要素计分表

分数标准 / 得分 / 评测项目	远远高出标准（5分）	略高出标准（4分）	达到标准（3分）	略低于标准（2分）	远低于标准（1分）
监督能力					
职位要求					
知识能力					
自我实现					
自信心					
判断力					
安全的需要					
亲和力					
创新能力					
要求高收入					
权力欲望					
成熟感					
气质魅力					

4.测评报告

在讨论中，每位评价者要宣读事先写好的测评报告，报告包括对被评价者在测评中的作用的简短叙述、要素评分以及与每项要素有关的观察到的行为。

5.评价者记录行为

每一位评价者宣读报告时，其他评价者在一张特制的表格上记录重要的行为，并在此基础上，独立地就每项要素给被评价者打分。评价者允许提问以澄清事实。但是，不能相互讨论，也不能对评价者在该点上多评分的解释提出疑问。测评报告和要素评分要一直延续到所有测评报告都宣读过为止。

6. 要素分析

进行要素分析时，每位评价者独立地考察对每项要素所报出的数据。在考察了所有测评行为后，评价者提出一项初步的要素评分，显示出所有测评表现出的技能水平。

7. 公布初步要素评分

把初步的要素评分公布在一张图表上，在左边列出各要素，在上端横栏列出评价员的名字。这张图表可以让人们马上看出不同评价者的评分标准是否一致。

8. 评价者讨论

评价者讨论每项要素评分，直到达成一致意见为止。在一些评价活动中，是通过对评价者的评分进行平均以得到一项最终要素评分的。

9. 总体评分

在多数情况下，每位评价者独立地给出总体评分，然后公布结果，由小组讨论，直到达成一致。总体评分也是关于聘用后能否成功的一种预测。它考虑了所有评价者在所有测评中观察到的要素。

10. 其他评论

根据评价活动的目的，现在可以进行另一项讨论。评价者可以提出以后发展的建议，并提出对被评价者本人及被评价者的管理进行书面或口头反馈的方式。

通常情况下，评价中心要使用 4 至 6 种测评方法和练习来进行测评。实施过程需要 2 到 3 天完成。主试人员由组织内部经验丰富的上级主管和经过专门训练的专家组成。下面介绍一个比较典型的评价中心的测评日程及内容。

案例 6-1

第一天

1. 情况介绍

简要介绍一下测评的程序和安排，说明测评中的注意事项和要求，为正式开展测评作准备。

2. 面试

由主试人通过与被试人的交谈、问答、观察，评价被试人的言谈、举止、气质、风度等外部行为特征和表达能力、应变能力、自信心和控制力等智能要素以及工作动机、工作和学习经历、个性与追求等内容，对被试人进行初步评价。

3. 管理游戏

游戏的题目是“组建新的集团公司”。将被试人按 4 人一组分成几个小组，形成若干个公司董事会，给各董事会一些关于市场状况和本公司下属各单位情况的资料，要求他们研究确定进行内部结构调整优化的目标，并做好计划与组织工作。与其他公司董事会进行谈判，转让影响公司发展的部门，买进本公司需用的企业或单位(或者是控股权)，完成调整任务，组建一个结构合理、有发展潜力的新的集团公司。

4.案例分析讨论

讨论的题目是“管理问题”。主试人给4人小组提供4个不同类型的小型案例，分别考察被试人不同方面的能力，如决策、计划、组织、控制、激励、创新等能力。要求他们作为企业的高级管理顾问，在1小时内分析、讨论、解决案例中所提出的问题，形成一致意见，并提交书面建议。

5.角色扮演

主题为“研究预算”。被试人被告知自己刚刚被任命为部门经理，接替突然因故离职的原经理。新任经理收到一份简要的情况介绍，内容是最近其前任拒绝继续给一项研究提供资金的说明，然而项目负责人一直要求经理改变这个决定，继续提供资金以便顺利完成该项研究课题。被试人有15分钟的时间进行提问，可以深入了解有关这件事情的各种信息，以便发现和分析问题。在此之后的一段时间内，被试人不但要作出具体决策，还要口头说明自己发现问题、分析问题的过程及决策的理由和根据，并回答主试人提出的各种有关问题。

第二天

1.公文处理

要求被试人模拟某公司的一个部门经理，处理各种信函、报告、备忘录、申请书、电话记录等公文。被试人要浏览所有文件，分清各种工作的重要性和紧迫程度，依次处理，并按照自己权限情况分别对待：或上报上级主管、或自行处理、或授权下级解决。同时，做好计划、组织、监控工作，使各种文件得到相应的处理。主试人在观察公文处理过程和审阅被试人的处理办法及处理意见后，同被试人进行1小时的面谈，详细了解其在处理每一件公文时的想法和理由，以获得更多的信息。

2.分角色小组讨论

讨论内容为薪金委员会如何为下属加薪。某公司董事会决定每月拿出8000元钱非指定性地给公司内部5个中级管理人员加薪。被试人分别模拟公司各个部门（如生产部门、销售部门、财务部门、人事部门）的主管，组成薪金委员会，评选出5名加薪的中级管理人员。要求各部门主管尽最大努力为本部门的人员争取到这个奖励，并且在委员会中发挥作用，使委员会最合理、最有效地分配这项奖励基金。

3.无领导小组讨论

讨论内容为“财务问题”。被试人作为某食品公司的高级顾问，去帮助解决两个问题。其一，该公司一个分支机构由于财务混乱，出现资金流失问题；其二，根据该公司的财务状况和市场调查报告，是否应该扩大生产规模，怎样筹集扩大生产所需资金。主试人给出该公司的各种财务资料和其他有关信息，要求被试人提出解决问题的办法和方案，并分别在8分钟内口头说明，然后再将被试人分成小组进行讨论，最后形成统一的建议报告。

第三天

各个测评项目的主试人集中在一起，研究、讨论每一名被试人的评价结果，对每一项测评内容的评价形成一致意见后，写出书面报告，对被试人各方面素质和发展潜力进行综合评价。

(六)评价中心测评的作用

企业在员工招聘选拔过程中运用评价中心测评,有如下作用:

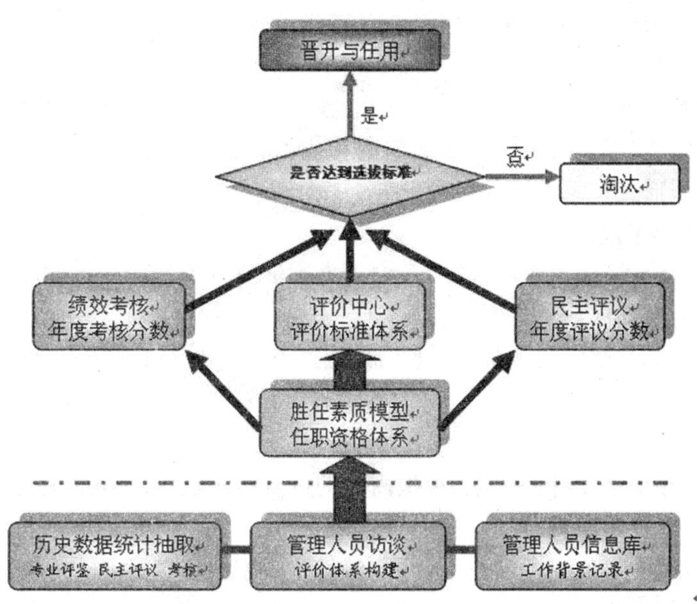

图 6-11 评价中心在管理人员选拔基本流程中的位置

1. 为企业选择到最佳人选

因为评价中心不只是由一种方法组成的,而是由多种测评方法组成,因此可以全面地、多角度地观察、分析、判断、评价一个应聘者,这样企业就能选择到最佳人选。

2. 为企业节省培训费用

因为评价中心是模拟了即将上任的工作岗位的实际环境,而且考察了应聘者的实际工作能力和潜在能力,这样选拔的人员,一般可以直接上岗,不需要再经过培训,所以节省了大量的培训费用。

3. 使被评价者得到一次实际的锻炼

有时应聘者是本企业的员工,在这种情况下,企业为被评价者组织一次评价中心测评,客观上就起到了一次有效的培训作业,使被评价者在评价中心的测评中得到一次锻炼,使他们的实际能力有所提高。

4. 使企业获得更大的经济收益

由于以上原因,企业如果通过评价中心测评来招聘员工,从一段时间来说,可能投入的费用比较高,但是,从实际效果来说,因为他选择的人员符合本企业的需要,而且,招聘的人员素质比较高,这样从长期来看企业会获得更高的经济收益。

(七)应需注意的问题

评价中心的优点是显而易见的,因此我们应该尽量发挥它的优点,克服它的缺点,在员工招聘选拔时积极地运用。在运用过程中,应注意以下问题:

1. 成本问题

在员工招聘中先用其他方法筛选掉大部分不合格的应聘者，在最后阶段才用评价中心方法测评，这样既可以节省时间，又可以降低费用。另外，企业自己不要轻易主持评价中心，这样费用太高，而且效果不好，除非是大公司有足够的人力物力来支持评价中心，一般应该请专业公司来主持，这样比较经济合算。

2.测评内容和测评方法问题

评估难度和标准的确定是使用评价中心技术的首要问题。首先要根据职务分析，确定适合于拟招聘职务的关键特征，才能制定相应的评价维度和标准。然后根据评价维度选择合适的评价形式。

3.选择评价者问题

应选择责任感强、能力水平高、有一定人事测评或管理经验的人担任评价者。

4.评价者的培训问题

评委基本上都是临时组成的，因此培训工作十分重要。对评价者培训主要包括以下一些内容：

(1)给出某种行为的定义。

(2)参加一些特别设计的练习，来提高他们区分行为表现好坏的能力。

(3)向评价者展示事例，说明应该怎样来记录行为，必须做哪些笔记。

(4)在练习中学习如何观察行为，并如何得到观察的反馈意见。

(5)练习如何交流观察到的信息，如何得到完整的信息，以及如何收集有意义的反馈意见。

(6)评价者参加评委模拟讨论，使他们充分认识到每一次评分对于评估是十分重要的。

(八)改进方法

经过数十年的实践和研究，一些专家也找到了一些进一步提高测评效度的途径和方法：

1.选择合适的测评方法

根据需要测评的素质内容，选择适合的、有针对性的测评方法，并做好相应的题目设计。

2.尽可能多地采用各种测评方法来做评价

从理论上来讲，采用的测评方法越多，层次越丰富，测评的素质内容也越全面，测评结果也越真实、可靠。但是，由于采用的测评方法越多，相应的测评成本也就越高，所以要根据具体情况做选择。

3.挑选合适的评价者，并做好培训工作

一般来讲，评价者最好由直线管理人员和人力资源部门或其他职能部门的人员组成。这些评价者事先要接受两天或几个星期的训练。训练期的长短要视评价中心的复杂性、评价决策的重要性和评价者训练的重要性而定。培训要使主试人了解评价的要素、方法、程序，掌握观察、记录、汇总、分析信息的技能。

二、公文处理测评

(一)什么是公文处理测评

公文处理,也称公文测验、提篮练习、文件筐测评,是评价中心中最常用和最核心的技术之一。

将被评价者置于特定职位或管理岗位的模拟环境中,由评价者提供一批该岗位经常需要处理的文件,要求被评价者在一定的时间和规定的条件下处理完毕。并且还要以书面或口头的方式解释说明这样处理的原则和理由。

这里的公文指一批随机排列、杂乱的文件,包括电话记录、请示报告、上级主管的请示、待审批签发的文件、统计资料和报表、备忘录、各种函件、建议、抱怨、投诉等与工作有关的各种资料,它们是根据该岗位经常会遇到的,分别来自上级和下级,组织内部与组织外部的各种典型问题而设计的,包括日常琐事和重要大事的处理。甚至有些文件可能是预先设好的陷阱。

评价者通过被评价者在测评中的下列表现,对被评价者的分析判断能力、组织与计划能力、决策能力、心理承受能力和自控力等管理才能进行评价。

1. 是抓住主要矛盾和关键问题,有条不紊、合理分类,果断灵活地解决,还是性质不分,一人包揽或一揽请示或授权,甚至不知所措,杂乱无章地处理,拘泥于细节问题等。

2. 是很快发现问题所在,分出轻重,先重后轻,果断地合情合理、恰到好处、准确地处理,还是不分青红皂白,没有头绪,对公文处理方法也不恰当,处理结果也不理想。

3. 是进一步发现了更深层、更重要的问题,或找到了问题的内在联系,并加以全面解决,还是就事论事,只注意表面问题。

4. 处理各公文依据的原则和理由是否正确,考虑问题是否全面等等。

(二)公文处理测评的特点

1. 公文处理测评的优点

(1)公文处理测评把被评价者置于模拟的工作情境中去完成一系列工作,与通常的纸笔测评相比,显得生动而不呆板,较能反映被评价者的真实能力水平。

(2)具有灵活性,可以因不同的工作特性和所要评估的能力而设计题目。

(3)作为一种情景模拟测评,它可以对个体的行为做直接的观察。

(4)由于把人置于模拟的工作情境中去完成一系列工作,为每一个被评价者都提供了条件和机会相等的情境。

(5)它能预测一种潜能,这种潜能可使人在管理上获得成功。

(6)实施操作非常简便,对实施者和场地的要求较低。

(7)表明效度高,所采用的形式易为被评价者所理解和接受。

(8)由于公文处理测评能从多个维度上评定一个人的管理能力,它不仅能挑选出有潜力的管理人才,还能训练他们的管理与合作能力,使选拔过程成为培训过程的开始。

(9)在实践中,公文处理测评除用作评价、选拔管理人员外,还可用于培训,提高管理人员的管理技巧、解决人际冲突和组织内各部门间的摩擦的技巧,以及为人力资源计划和组织设计提供信息。

2. 公文处理测评的缺点

(1)公文处理测评成本很高

主要表现在两个方面：一方面是对公文的编制人员要求很高，编制文件的人员应由测评专家、管理专家和行业专家(实际工作者)3部分组成，3类专家相互配合才能完成公文的编制工作；另一方面是编制公文中的文件所需投入的精力和费用都比较多，比如，收集不同的文件，并对文件进行典型化处理都需要投入大量的人力和物力。

(2)评分比较困难

因为公文处理测评的作答基本上是用开放式的方式，不同的人由于背景、经验、管理观念、素质等不同，其处理文件的方式也不同。不同的评价者之间对此也会有不同的认识，尤其是专业人员与实际工作者之间的认识有较大的差异。但是，目前这方面的问题已经得到一定的改善，因为很多人已经尝试将作答方式改成标准化试题。

(3)缺少人际沟通能力评价

公文处理测评中，被评价者是单独作答，很难看到他们与他人交往的能力。

(三)公文处理测评的功能与范围

公文处理测评通过对管理者的计划、授权、预测、决策、沟通等方面能力的考察，特别是针对管理者综合业务信息，审时度势全面把握、运筹自如的素质来考察高层管理者综合性管理技能，尤其是考察经理一级管理者的胜任能力。

在实践中，公文处理测评主要用作评价、选拔管理人员培训。提高管理人员的管理技巧、解决人际冲突和组织内各部门间的摩擦的技巧，以及人力资源计划和组织设计提供信息当中。

(四)公文处理测评的内容与对象

1. 与人有关的能力

在公文处理中会提到各种各样的人物以及他们之间的关系，这些文件也是来自不同的人，设计得好的公文处理测评会把人物的特点勾勒得淋漓尽致。被评价者除了善于处理文件中的事情之外，还要对文件有关的人非常敏感，而且很多情况下，事情处理得是否得当就取决于是否能够正确理解人的意图、愿望、性格特点和人物之间的关系。因此，在公文处理测评中也能很好地测量与人打交道的能力，尽管这种能力是通过书面的形式间接表现出来的，而不是像无领导讨论等方法是直接表现出来的。

2. 与事有关的能力

公文处理测评中的各种文件都会涉及组织中的各种事情，被评价者收集和利用信息的(洞察问题)能力首先会体现其中，另外有的事情需要被评价者作出分析、综合、判断，有的事情需要做出决策，有的事情需要组织、计划、协调，有时还需要分清轻重缓急，因此这些能力都可以在公文处理测评中得到反映。

3. 公文处理测评的主要对象

公文处理测评的使用对象为具有较高学历的人或企业的中高层管理者，它可以为企业有针对性地选拔中高层管理人员或考核现有管理人员。

(五)公文处理测评的形式

公文处理按其具体内容可分为3种形式：

(1)所需处理的公文已有正确结论,是已经处理完毕归入档案的材料,用这样的公文来让候选人处理,是要检验候选人处理得是否有效、恰当、合乎规范。

(2)处理条件已具备,要求候选人在综合分析的基础上作出决策。

(3)尚缺少某些条件或信息,看看候选人是否能够发现问题和提出进一步获得信息的要求。

公文处理的测评方法便于操作,效度也很高,因为测评情景与工作情景几乎一致。对于候选人的处理方式的评估,由几名评估员在评分基础上讨论决定。有研究表明,两个评估员对同一候选人公文处理案卷及解释,相关系数高达0.92。

(六)公文处理测评的实施过程

公文处理测评有四个分测评,每一分测评都有严格的时间控制,总计时间为115分钟。测评的具体过程如下:

(1)根据具体情况选择适当的测评场地;

(2)准备好测评所用的各种材料;

(3)安排进入考场,宣布测评中注意事项;

(4)开始测评,监督被评价者测评;

(5)测评结束回收答题纸。

(七)公文处理测评注意事项

1.公文处理测评的适用对象为中高级管理人员,它可以帮助企业选拔优秀的管理人才或考核现有管理人员。

2.由于它的测评时间比较长(一般约为2个小时),因此它常作为选拔和考核的最后一环使用。

3.公文处理测评从业务和技能两个角度对管理人员进行测评。业务角度,公文处理测评的材料涉及财务、人事、行政、市场等多方面业务。它要求管理者具有对多方面管理业务的整体运作能力,包括对人、财、物流程的控制等;技能角度,主要考察管理者的计划、预测、决策和沟通能力。

4.公文处理测评对评价者的要求较高,它要求评价者了解测评的内核,通晓每份材料之间的内部联系,对每个可能的答案了如指掌,评分前要对评价者进行系统的培训,以保证测评结果的客观和公正。

案例 6-2:人事管理能力测量

今天是 2010 年 10 月 14 日,恭喜你有机会在以后的两个小时内担任商业银行人力资源部的副总经理。由于人力资源部的刘总经理正在外地分公司视察,因此,你将在他回来之前全权代理他的职务。商业银行是一家大型国有股份制企业,其人力资源部下设三个处:人事处、劳资处、福利处,分别处理人力资源调配、工资奖金和员工福利等项工作。

现在是上午九点钟,在听取了下属的工作汇报,做好今天的工作安排之后,你来到办公室。秘书已经将你需要处理的近日积压文件整理好,放在文件夹内。文件的顺序是随机排列的,没有任何意义,你需要自己去排序处理。你必须在两个小时内处理好这些文件,并做出批示。十一点钟在会议室还有一个重要的会议等你主持。在这两个小时里,你的秘书会为你推脱掉所有的杂事,相信没有什么人会来打扰你。另外,很抱歉,由于电话线路正在维修,你在处理文件的过程中,没有办法与外界通话,所以,需要你以文件、备忘录、便条、批示等形式将所有文件的处理意见、办法,做书面表达,最后交给秘书负责传达。

在银行,您被员工称为"吴副总"或"吴总"。

好了,可以开始工作了,祝您一切顺利。

文件一:

吴总:

前一段时间,福利处对同行业的员工福利状况进行了一次调查。就每个月用于员工的人均福利费而言,我们银行位于同行业的中上等水平。但考虑到现在行业的激烈竞争和高流动率,为了增强我们的凝聚力和吸引力,我们认为,提高员工的福利待遇是一项有力的激励措施。因此,我们提出一项增加员工福利的计划,也就是将现在的人均福利费1 000元/元提高到人均1 500元/月的较高水平。不知您对这项计划的意见如何?

请指示。

福利处

2010 年 10 月×日

文件二:

吴副总:

近几周来,有某支行员工反映他们的工资分配不合理,他们指责支行经理王卫在进行绩效考核时不能客观、有效地对员工进行评定。此外,某支行还有克扣临时工工资的现象,他们有可能会集体罢工或辞职。

此事如何处理?请您批示。

劳资处

2010 年 10 月×日

文件三：

吴总：

收到一份通知，本月20日在北京饭店召开北京地区大型企业人力资源管理研讨会。届时到会的均为各企业人力资源部总经理或副总经理以及国内外一些人力资源管理专家和学者。

您是否参加？请回复，以便我及早做出安排，办理相关报名事务。

开会时间：10月20日　上午8:00—11:30 下午13:30—16:30

秘书

2010年10月×日

文件四：

吴副总：

根据刘总经理上周指示，我们做了一个工资分配调整方案，基本思路是增加银行核心岗位优秀员工的工资收入，吸引他们为企业长期服务，同时降低公司一般事务性岗位上员工的工资收入，因为他们可以很容易地被劳动力市场上的他人所替代，他们的流动不会影响企业的发展。

此方案当否，请批示。

劳资处

2010年10月×日

文件五：

吴副总：

近期各部门相继反映，由于我行的不断发展扩大，各部门的事务性工作量大幅度增长，因此需要聘用一些专职秘书以缓解各部门的工作压力。以往我们的做法是从银行的员工中选拔能胜任此项工作的人员。总的感觉是，这些员工从事一般性秘书工作来可以，但是，从现代管理的角度出发，他们的个人素质限制了我行秘书工作的质量和效率。因此，我们拟从社会招聘一批素质较高的秘书人员，数额大约二十余名，此项工作不知您的意向如何？

另外，如果决定招聘这批秘书人员，您是否参加面试？

人事处

2010年10月×日

文件六：

吴副总：

银行办公室转来一封群众来信。信中说我行总务处员工李小军在其居住地扰得四邻不安，群众很有意见。如果情况属实，将会对我行名誉产生负面影响，特别是其居住地附近住有我行重要大客户的一些中高级管理人员。总裁要求尽快处理此事。

秘书

2010年10月×日

附群众来信：

商业银行：

我们是富豪居民小区24栋楼的部分住户。贵行员工李小军在我们这里租房居住。他经常在家中搞舞会接待朋友，唱卡拉OK，夜里很晚也不结束，影响了我们正常的生活和休息。此外，他还常与社会上一些不三不四的无业人员来往密切，令人反感。希望贵行能够对此人帮助教育。如果他继续这样下去，我们将与派出所联系解决。

24栋楼部分居民

2010年10月×日

文件七：

吴总：

根据我们的调查，我行中青年员工离职率高与银行现有住房制度有一定关系。目前，银行已停止为员工建设或购买住房，仅为员工提供住房补贴，让他们自行租房居住或由银行提供帮助向银行抵押贷款买房居住。但由于房价太高，中青年员工无力购买，租房又不稳定，员工没有安全感。我们考虑，是否可由银行出资建设或购买一些小型公寓，以适当价格出租给暂时无房的员工，并规定在一定的期限后迁出公寓，给后来的员工使用。这样可以使中青年员工安居乐业，降低核心员工流动率。此建议当否，请指示。如果可行，我们将向总行办公室提出报告。

福利处

2010年10月×日

文件八：

吴副总：

最近，从财务部的部分员工那里反映上来的一些情况引起了我们的注意。您知道，前两个月我们刚刚从其他公司调入了一位具有丰富管理经验和特长的刘东林任财务部经理，目的是为了进一步开展财务部的工作。但近来我们发现，因为多种原因使得原来的财务部副经理在与刘东林的工作配合上不尽如人意，并产生了一些矛盾。虽然二人之间的冲突尚未公开化，但已在财务部内部引起一些反应，并对工作和人员的情绪产生了不利的影响。这件事如何处理，想听听您的意见。

人事处

2010年10月×日

文件九：

吴总：

由于受世界金融危机的影响，我行近来效益有所下降。目前银行承受较高的工资成本有一定困难。行长提出适当降低公司的工资水平，但这又有可能造成企业核心员工流失。另外，如果真的降低工资水平，是降低固定工资水平还是降低奖金水平？请批示。

劳资处

2010年10月×日

文件十：

吴副总：

关于开展“如何建设我们银行的企业文化”的讨论现已告一段落，我们计划下周三上午10:00召开一个中层正职以上管理人员参加的专题讨论会。会议主题是：如何确立银行的企业文化、怎样建设我行的企业文化。会上想请您说一说对这个问题的看法。届时我们准备把您的讲话要点打印成文件下发。望您务必参加，并将您的看法写成文字资料交给我们以便打印。（要求：必须在文件处理中由您本人完成此项工作）。

人事处

2010年10月×日

文件十一：

吴副总：

我们对近年来人员变动情况进行了统计，将结果呈报给您。为了减少人员流动、保持员工的相对稳定性，我们采用了许多手段，如提高福利待遇水平，增加工资性收入，提高本行工龄津贴水平，但总觉得收效不明显。我部对此问题探讨了很久，尚不能确定问题的症结何在，望您指示。

人事处

2010年10月×日

文件十二：

吴副总：

我们根据行长办公室的意见，分析了目前银行工资水平及工资结构。与同行业其他银行相比，本行的工资水平处于中上等，但这并未能对员工提高工作绩效产生良好的推动作用。我们认为，这可能是因为银行的固定工资和绩效奖金的比例不尽合理。目前，前者与后者的比例大致为8比2，绩效奖金所占比例太少，同等资历的员工的收入相差不大，即使他们的工作绩效大不一样，也未能产生良好的激励作用。因此，我们建议调整银行的工资结构，将固定工资与绩效奖金的比例增加到6比4或5比5。

此建议当否，请批示。

劳资处

2010年10月×日

三、无领导小组讨论测评

(一)无领导小组讨论介绍

无领导小组讨论,又称无主持人讨论,就是指一组被评价者开会讨论一个实际经营中存在的问题,讨论前并不指定谁主持会议,在讨论时观察每一个被测评者的发言,以便了解被评价者心理素质和潜在能力的一种测评方法。

在评价中心技术中,用于评估和选拔管理人员的情景模拟测评有两种:(1)小组作业:参与者处于这样一种情境,任务的圆满完成需要参与者们的密切协作。(2)个人作业:测评要求参与者独立完成任务,无领导小组讨论属于前者,是评价中心中常用的一种技术,也是一种对应试者进行集体测评的方法。通过给一定数目的应试者一个与工作相关的问题,让他们进行一定时间长度的讨论,来检测应试者的组织协调能力、洞察力等技巧,非言语沟通能力(如面部表情等)等各个方面的能力,以及自信程度等个性特点和行为风格,以评价应试者之间的优劣。

无领导小组讨论由一组应试者组成一个临时工作小组,讨论给定的问题,并做出决策,由于这个小组是临时拼凑的,并不指定谁是负责人,目的就在于考察应试者的表现,尤其是看谁会从中脱颖而出,成为自发的领导者。在无领导小组讨论中,或者不给应试者指定特别的角色(不定角色的无领导小组讨论),或者只是给每个应试者指定一个彼此平等的角色(定角色的无领导小组讨论),但这两种类型都不指定谁是领导,也并不指定每个应试者应该坐在哪个位置,而是让所有受测者自行安排,自行组织,评价者只是通过安排应试者的讨论题目,观察每个应试者的表现,给应试者的各个要素评分,从而对应试者的能力、素质水平做出判断。无领导小组讨论将自主形成三类角色:(1)组织者;(2)时间控制者以及记录者;(3)以及参与融入者。

组织者有别于领导,能在讨论过程中对所有成员以组织引导作用,比如带领团队确定讨论标准,控制大家的发言次序,使之有序,引导没发言的发表意见,控制言语多的时间,重点表达观点等。时间控制者对团体讨论时间做提醒与控制,记录者可以是每一位,记录讨论的过程,各观点和意见,用以总结归纳等作用。每一位队员都将能融入讨论中,即参与者。

(二)无领导小组讨论的作用与功能

1.无领导小组讨论的作用

通过集体性的讨论环境,考察被评价者领导能力、团队合作能力以及某些个性品质,评价被评价者是否适合胜任某一管理职位。

2.无领导小组讨论的功能

通过测评被评价者的组织协调、口头表达、洞察力、说服力、感染力、处理人际关系的技巧、非言语沟通等各个方面的能力,以及自信程度、进取心、责任心、灵活性、情绪控制等个性特点和行为风格,用来评价被评价者个人能力及被评价者之间的优劣。

(三)无领导小组讨论的特点

1.无领导小组讨论的优点

无领导小组讨论作为一种有效的测评工具，和其他测评工具比较起来，具有以下几个方面的优点：

(1)能测评出笔试和单一面试所不能检测出的能力或者素质；

(2)能观察到应试者之间的相互作用；

(3)能依据应试者的行为特征来对其进行更加全面、合理的评价；

(4)能够涉及应试者的多种能力要素和个性特质；

(5)能使应试者在相对无意之中暴露自己各个方面的特点，因此预测真实团队中的行为有很高的效度；

(6)能使应试者有平等的发挥机会从而很快地表现出个体上的差异；

(7)能节省时间，并且能对竞争同一岗位的应试者的表现进行同时比较(横向对比)；

(8)应用范围广，能应用于非技术领域、技术领域、管理领域和其他专业领域等。

2. 无领导小组讨论的缺点

(1)对测评题目的要求较高；

(2)对考官的评分技术要求较高，考官应该接受专门的培训；

(3)对应试者的评价易受考官各个方面特别是主观意见的影响(如偏见和误解)，从而导致考官对应试者评价结果的不一致；

(4)应试者有存在做戏、表演或者伪装的可能性；

(5)指定角色的随意性，可能导致应试者之间地位的不平等；

(6)应试者的经验可以影响其能力的真正表现。

(四)无领导小组讨论测评的内容

1. 被评价者在团队中工作与他人发生关系时所表现出来的能力

主要有言语和非言语的沟通能力、辩论说服能力、组织协调能力、合作能力、影响力、人际交往的意识与技巧、团队精神等。

2. 被评价者在处理一个实际问题时的分析思维能力

主要包括理解能力、分析能力、综合能力、推理能力、想象能力、创新能力、对信息的探索能力和利用能力。

3. 被评价者的个性特征和行为风格

主要包括动机特征、自信心、独立性、灵活性、决断性、创新性、情绪的稳定性等特点，另外还包括考虑问题时喜欢从大处着手还是关注细节、喜欢较快地做出决定还是喜欢广泛地考虑各种因素而不受最终目标的限制、是否喜欢在活动开始时设定行动目标和计划等行为风格特征。

(五)无领导小组讨论的评价标准

在无领导小组讨论中，考官评价的依据标准主要是：

1. 受测者参与有效发言次数的多少；

2. 受测者是否有随时消除紧张气氛，说服别人，调节争议，创造一个使不大开口讲话的人也想发言的气氛的能力，并最终使众人达成一致意见；

3. 受测者是否能提出自己的见解和方案，同时敢于发表不同意见，并支持或肯定别人的意见，在坚持自己的正确意见基础上根据别人的意见发表自己的观点；

4.受测者能否倾听他人意见，并互相尊重，在别人发言的时候不强行插嘴；

5.受测者语言表达、分析问题、概括或归纳总结不同方面意见的能力；

6.受测者反应的灵敏性、概括的准确性、发言的主动性等。

(六)无领导小组讨论题目的编制

1.测评题目的形成

无领导小组讨论的讨论题一般都是职能性的题目，从形式上来分，可以分为以下5种：

(1)任意性问题

所谓任意性问题，是其答案的范围可以很广、很宽。主要考察应试者们思考问题时是否全面、是否有针对性、思路是否清晰、是否有新的观点和见解。

(2)多项选择问题

此类问题是让被评价者在多种答案中选择其中有效的几种或对备选答案的重要性进行排序。主要考察被评价者分析问题实质、抓住问题本质方面的能力。此类问题对于评价者来说，比较难于出题目，但对于评价被评价者各个方面的能力和人格特点则比较有利。

(3)资源分配问题

此类问题适用于指定角色的无领导小组讨论。是让处于同等地位的被评价者对有限的资源进行分配，从而考察被评价者的语言表达能力、分析问题能力、概括或总结能力以及说服能力。

(4)不定性问题

所谓不定性问题，是让被评价者在两种互有利弊的答案中选择其中的一种。主要考察被评价者分析能力、语言表达能力以及说服力。

(5)实操性问题

所谓实操性问题，是给被评价者一些材料、工具或者道具，让他们利用所给的这些材料，设计出一个或一些由考官指定的物体来，主要考察被评价者的主动性、合作能力以及在一些实际操作任务中所充当的角色。

案例 6-3：中国移动客户经理胜任力认证无领导小组讨论题

讨论题一：集团客户营销服务方案

随着市场竞争的日益加剧，各大电信运营商之间围绕提高客户市场占有率、挖掘与稳定集团客户等方面展开一轮又一轮的较量。在某通信运营领域，某移动牢牢占据领导地位，但自 3G 牌照发放以来，随着移动、电信、联通三足鼎立的竞争格局形成，某移动正面临越来越大的竞争压力，市场份额增速减缓，集团客户也越来越多地被电信挖走。针对电信对集团客户资源的争夺，我们处于被动防守的不利局面。

面对某移动通信运营领域的竞争态势，当前重中之重的工作在于稳定与拓展集团客户，尤其是中小集团客户，充分发挥我们在集团客户领域的竞争优势地位。

请通过讨论，结合某移动目前集团客户工作开展的现状，从客户服务、营销推广、客户管理、信息化推广等多角度出发，完成一份拓展与维护中小集团客户的营销服务方案，以提升某移动在集团客户市场的主导地位，并将讨论结果写在 A4 白纸上。

讨论题二：客户经理招聘

某移动公司市场竞争激烈，为了提高竞争优势，强化集团客户主导地位，赢得 3G 市场竞争，公司拟招聘客户经理 10 名。

从现在开始，大家分别组成了一个临时团队，团队的任务是帮助某移动公司招聘客户经理，现整理出关于客户经理职位的能力要求。

一、客户经理主要岗位职责

1. 协助片区经理开展新业务推广，并负责本区域的新集团客户拓展挖掘工作。

2. 负责收集分析和传递市场信息，并向营销中心汇报信息收集情况。

3. 负责对其营业厅所在区域的集团客户和 C 类个人客户的拓展、服务、咨询、投诉和挽留工作。

4. 定期拜访相关客户，每日填写相关的客户拜访的记录。

5. 要求必须熟练掌握业务知识，并及时掌握客户服务的最新精神和最新的营销措施及相关规定。

6. 制定每月集团客户发展计划，总结每月集团客户发展情况。

二、客户经理主要完成指标

1. 集团客户新业务发展数量、重点新业务发展数；

2. 中高端客户保有率、新增集团成员数、全球通客户发展数量；

3. 大客户服务测评满意度、投诉处理满意度；

4. 行业应用推广发展数；

5. 用户发展数。

下表列出了 25 项能力素质，请你们从中选出 6 项作为客户经理的能力素质要求，并按重要性顺序写在后面的表格中。

然后，就 6 项能力展开讨论，每个人都要谈自己的观点，并达成集体的一致的意见。

1	责任感	11	计划能力	21	方案撰写技能
2	坚韧性	12	反馈能力	22	信息收集与分析技能
3	应变能力	13	倾听能力	23	冲突处理技能
4	自信	14	协调能力	24	社交技能
5	关注细节	15	公关能力	25	语言表达技能
6	策反技能	16	业务演示技能	26	
7	谈判技能	17	客户导向	27	
8	客户拜访技能	18	学习能力	28	
9	客户挽留技能	19	结果导向	29	
10	业务推介技能	20	团队合作能力	30	

个人意见表：

我认为以下 6 种能力对客户经理来说最重要(重要性高的排在前面)：

1	2	3	4	5	6

集体意见表格：我们集体认为以下 6 种能力对客户经理来说最重要(重要性高的排在前面)：

1	2	3	4	5	6

注：备有 A4 稿纸，请不要在试题上直接作答。

讨论题三：如何成为一名优秀的客户经理，应该从哪些方面予以培养

某移动公司市场竞争激烈，为了提高竞争优势，强化集团客户主导地位，赢得 3G 市场竞争，公司现决定对已选出的 20 名实习客户经理进行重点培养。

从现在开始，大家组成了一个临时团队，你们团队的任务是帮助某移动公司制定客户经理的培养计划。你作为公司老客户经理，根据你的经验，请贡献你的智慧。

无领导小组讨论规则和程序：

1. 每人拿一张白纸和笔，各自列举出培养实习客户经理的措施与办法。

2. 将每人的答案公布于众，并各自解释你们选择这些答案的原因。

3. 大家最终要达成一致意见，选出八条最合适的措施与办法。

4. 选举一位代表陈述你们小组的结论，陈述理由。

小组观点：

序号	最适合的措施与办法	理由
1		
2		
3		
4		
5		
6		
7		
8		
9		
10		

注：备有 A4 稿纸，请不要在试题纸上作答。

讨论题四：荒岛逃生

私人飞机坠落在荒岛上，只有 6 人存活。这时逃生工具只有一个只能容纳一人的橡皮气球吊篮，没有水和食物。

这 6 个人分别是：

1. 孕妇：怀胎八月。

2. 发明家：正在研究新能源（可再生、无污染）汽车。

3. 医学家：经年研究艾滋病的治疗方案，已取得突破性进展。

4. 宇航员：即将远征火星，寻找适合人类居住的新星球。

5. 生态学家：负责热带雨林抢救工作组。

6. 流浪汉。

任务：

请大家组成一个团队，一起讨论出推荐谁逃生，并推选代表陈述小组观点。时间共计 40 分钟，3 分钟时间供大家思考题目，35 分钟时间供大家讨论，2 分钟时间陈述小组观点。

注：备有 A4 稿纸，请不要在试题纸上作答。

讨论题五:客户满意度提升

2009 年,某移动公司决心在客户满意度提升工作上有一个大的突破。本着踏实推进、逐项落实的原则,公司依据 2009 年上半年满意度调查中各品牌客户优先改进项目,制定了 2009 年下半年满意度提升方案及服务工作思路,明确了集团客户、VIP 客户满意度、全球通客户满意度三项重点提升指标。

调查显示,满意度提升的关键项目包括:

1. 话费信息:话费信息一项在 VIP 客户、全球通客户优先改进项目中是须重点提升的项目之一。

2. 新业务推荐:"新业务"在 VIP 客户、全球通客户优先改进项目中须重点提升。

请通过讨论达成一致意见,提出对上述关键项目的具体改进措施,同时讨论,在工作中还有其他哪些方面的因素,导致客户满意度不高,以及针对集团客户的客户满意度提升的其他方面措施。

讨论题六:集团彩玲推广策略

在日常工作中,或是去客户端拜访之前,我们经常要从各种渠道了解客户的性格、习惯、做事风格等,然后针对不同性格的客户采用不同的侧重点进行攻坚。

现在,我们把客户简要地分为 9 类:政绩挂帅型、敢于创新型、利欲熏心型、务实为公型、观望保守型、瞻前顾后型、犹豫不决型、可有可无型、但求无过型。

第一类　政绩挂帅型　　这种类型的客户喜欢独树一帜,喜欢与众不同,喜欢引入新型的东西,并且把这种新的事物在媒体上广做宣传,一方面是提高组织知名度,更重要的是要突出自己的政绩,突出在自己任期对组织所做出的贡献,从而达到被上级领导重视或是升迁等目的。

第二类　敢于创新型　　这种类型的客户往往比较年轻有为,接受新事物的能力强,本身信息化的水平也比较高,有能力、有魄力、敢于创新。

第三类　利欲熏心型　　这种类型的客户一般也能够很快接受我们的服务内容,接受我们的服务方式,也会认定这项业务会给组织带来一定的便利。但他在接受我们的服务的同时也会提出自己的要求,或是索取一定分成,或是索取一定的报酬。

第四类　务实为公型　　这种类型的客户完完全全是站在单位的角度上来考虑问题的,他们会认真思考移动产品是否真正能为员工及家属联系上带来方便,是否加大了员工的工作量,是否会给单位带来负面影响等。

第五类　观望保守型　　这种客户往往是那种不敢第一个吃螃蟹的人,一旦事情出现不好的结果,怕承担责任,并且还有一个心理就是希望那个第一个吃螃蟹的人出现不好的结果,于是心里暗暗庆幸。等到别的单位实施成功之后,他才会小心翼翼地开展。

第六类　瞻前顾后型　　这种类型的客户性格小心谨慎、犹疑,不敢轻易下决定。这种客户往往首先会肯定移动产品能给单位带来便利的服务。但是常常思前顾后,担心一旦开通这个业务会带来不可预知的影响,而迟迟难以签署合作协议。

第七类 犹豫不决型 这种类型的客户往往会被别人的意见所左右，态度比较反复，决定也经常改动。代理商或是客户经理通过一番游说之后，他会马上肯定移动公司的服务，也会马上答应下来签署协议，同时也要征求别人的看法，如果有人反对，他也会认真考虑那人的意见，签署协议也就会告一段落。

第八类 可有可无型 这种类型的客户往往会对移动业务不置可否，抱着可有可无的态度，可以合作，但是合作的力度往往不大，不出问题还好，一旦出现问题，合作便很难继续下去。这种类型的客户还有一个特点，往往关于本业务的事务都会交给下面的一个负责任的员工，自己不关心事情的进展。

第九类 但求无过型 这种类型的客户往往对任何新生事物都是很消极的态度，认为自己的任期内不出任何问题就是最佳的政绩，保守、谨慎。这种客户有时也会是那种再过不久就退休，在此期间内"多一事不如少一事"，"不求有功，但求无过"。

请根据9类客户的不同特点，设计拜访时应该采用的策略和话术，并通过讨论达成一致意见。

2.测评题目的编制要求

(1)测评题目应有两套以上，以备测评时临时改换。

(2)测评题目应内涵深刻、立意高远，同时应使可讨论的内容具体、现实，以便能正确地评价。

(3)测评题目的内容应与拟任职务匹配，以便达到最大限度的情景模拟。

(4)测评题目应具有相当难度，而且可以多角度阐述，适合讨论。

(5)测评者应具有典型性、客观性，可以全面考察被评价者能力，而且使被评价者在测评中地位平等、机会相等。

3.测评题目的编制程序

编制无领导小组讨论的试题通常有以下程序：

(1)工作分析

进行有关的工作分析，了解拟任岗位所需人员应该具备的特点、技能。根据岗位的这些特点和技能来进行有关试题的收集和编制。

(2)信息收集

收集拟任岗位的相关案例，所收集的相关案例应该能充分地代表拟任岗位的特点，并且能够让被评价者处理时有一定的难度。

(3)总结提炼

对收集到的所有原始案例进行甄选、筛选，选出难度适中、内容合适、典型性和现实性均较好的案例。

(4)对所筛选出的案例进行加工和整理

主要包括剔除那些不宜公开讨论的部分或者过于琐碎的细节，相应地，应该根据所要

考察的目的，补充那些所需要的内容，尤其是要设定一些与岗位工作相关而又符合讨论特点的情况或者问题，使其真正成为具备科学性、实用性、可评性、易评性等特点，成为既凝练又典型的讨论题。

(5)试题评估

讨论题编制完成以后，可以对相关的一组人(不是被评价者)进行测评，来检查讨论题的优劣，检查此讨论题能否达到预期的目的。

(6)试题修正

检验完后，对于那些效果好的讨论题可以直接使用，而对于那些不好的讨论题则要进行修正，直至达到预期的效果。

(7)信息反馈

试题使用后，把测评时的预测结果与工作绩效对比，总结试题在使用中的优劣，进行信息反馈。

(七)无领导小组讨论测评的实施

1.分类:应把应试者按拟任职务、参加测评经验等不同标准分组，把其有相同性的被评价者放在一组。

2.选择场地，合理安排:场地安排应使被评价者气氛融洽，座位合理，体现平等。

3.准备资料、物品:准备好为应试者提供的必要资料及物品，交代问题背景与讨论要求。

4.进行讨论。

5.讨论结束进行评价。

6.总结。

在进行完无领导小组讨论后，所有评价者都要写评定报告，内容包括此次讨论的整体情况，所问的问题内容以及此问题的优缺点，主要说明每个被评价者的具体表现、自己的建议、最终录用结果等。

(八)无领导小组讨论应注意的问题

1.施测环境设置应注意的问题

无领导小组讨论的施测环境除了满足安静、明亮等与其他测评方法一样的要求之外，还有一些特殊的要求。

(1)在无领导小组讨论中，环境中的人际距离应适合从事所欲完成的工作任务，应试者之间距离应适中。

(2)评价者与被评价者之间的位置关系也是应该考虑的一个重要因素。尽量让被评价者处于轻松、自然、没有压力的环境中。

目前，最理想的测评环境是使用带有单向玻璃和摄像镜头的专业观察室，让被评价者在观察室内活动，评价者通过单向玻璃或监视器进行观察。但目前大多数情况下，评价者和被评价者同在一个房间里，可以考虑以下的位置关系，如图 6-12 所示。

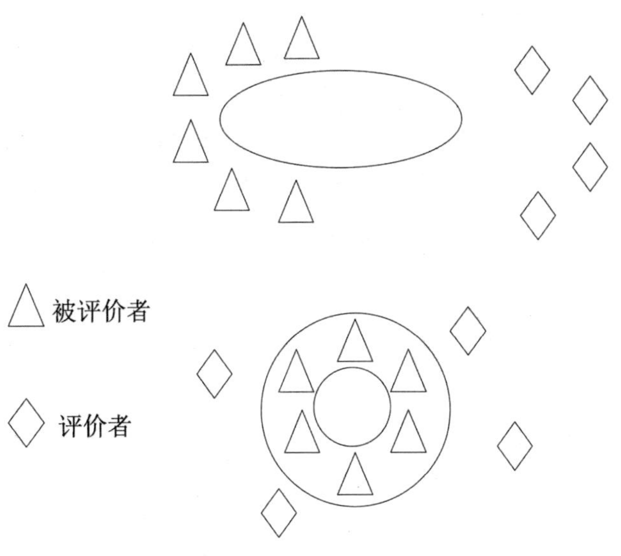

图 6-12 无领导小组讨论中评价者与被评价者的位置关系

2.施测过程中应注意的问题

(1)确立统一的评定标准。评定标准应该细化到要素的行为水平,不能太抽象,以免评委不得要领,或产生不同的理解,仅凭简单想象给分。

(2)适当控制小组的人数。被评价者人数以 4～6 人为宜,若人数太多,会使评价者的观察点太分散,评定的准确性降低,若人数太少,则不易形成讨论的气氛,不利于被评价者发挥水平。

(3)向被评价者宣读的指导语应该事先准备好,保证对每组被评价者宣读的指导语都是一样的。

(4)在被评价者讨论的过程中,评价者不应介入,不干涉被评价者的讨论。评价者要认真观察,注意记录被评价者的行为表现。

四、评价中心的其他测评形式

(一)角色扮演

1.什么是角色扮演

角色扮演法,要求被评价者扮演一个特定的管理角色来处理日常的管理事务,以此来观察被评价者的各种表现,了解其心理素质和潜在能力的一种测评方法。

评价者通过对被评价者在不同角色的情景中表现出来的行为进行观察和记录,评价其是否具备符合其身份的素质特征,以及个人在模拟的情景中的行为表现与组织预期的行为模式,即代表了个人的个性特征与工作情景的和谐统一程度。这种个性特征越是与某项工作情景相吻合,就越能发挥其潜在能力,并使其获得心理满足,从而在模拟的情景中更充分地表现自己。因此,角色扮演法成为管理人员素质评价的一种重要方式,它主要用来评价一个人的人际关系的技巧,情绪的稳定性和情绪的控制能力,随机应变能力,处理各种问题的技巧和方法。

2.角色扮演的形式

角色扮演一般模拟答辩会、记者招待会、职工代表会、专题座谈会、个别谈话等多种形式,由被评价者扮演指定的“领导者”,由评价者扮演“记者”、“上级领导”、“职工群众”、“有思想情绪的下属”等多重角色,双方进行逼真的压迫式口试。通过口头交锋,直观了解被评价者的思维能力、应变能力、口头表达、外语水平、主动精神、政策水平、对本单位的熟悉程度,以及言谈举止、仪表风度等。

以招聘推销员为例,应试者刚坐下,毫无心理准备,评价者立即出示该公司的一种产品(被评价者最好事先做点准备,对该公司的产品不但要有概括的认识,而且要清楚知道这些产品在市场上的竞争情况,掌握其他竞争商家的资料,那就更好了)。对“攻其不备”的评价者,被评价者唯有以“有备无患”的策略对付,才能在面试时表现得理想。不过若被评价者对评价者拿出的产品一无所知的话,切忌胡吹瞎扯,否则愈弄愈糟,只会令评价者失去聘用你的信心。相反,如果以坦诚的态度承认对产品的不了解,又能巧妙地将自己熟知的另一种产品向他推销,效果可能会较好,说不定还因此反守为攻,赢得好印象。

在角色扮演中评价者对被评价者的行为一般表现,从以下几个方面进行评价:

(1)角色的把握性。被评价者是否能迅速地判断形势并进入角色情景,按照角色规范的要求去采取相应的行动。

(2)角色扮演的表现,包括被评价者在角色扮演中所表现出来的行为风格、人际倾向、口头表达能力、思维敏捷性、对突发事件的应变能力等。

(3)角色的衣着、仪表与言谈举止是否符合角色及当时的情景要求。

(4)其他。包括被评价者缓和气氛化解矛盾的技巧、行为策略的正确性、行为优化程度、情绪控制能力、人际关系技能等。

案例 6-4:中国移动市场代表角色扮演测评题

案例 1

假如公司未来给你配备了助理,现在你需要你的助理了解网点最基本的销量,你做了销售台账管理,目的是使你能够准确掌握渠道的库存有多少卡,卖了多少卡。因此你设计了销售台账管理,设计好后让你的助理去推广。但是你的助理都不知道怎么用这个台账。

任务:接下来你会怎么做?

案例 2

在推广 12580 的业务过程中,通过后台取数,整个数据看 12580 拨打率比较低。你去渠道网点检查的时候,希望他们能够在营销的时候推广此项业务,但你的渠道说肯定做不了的。

任务:接下来你会怎么做?

案例 3

在一次给渠道排摸的活动中，公司希望在排摸的过程中进行放号。这是你第一次和渠道打交道。在你和第一家去到打交道的时候一味和商家推卡，但是商家并不是很信任你。第一次的交流之后，你与这家商家并没有找到合理的突破口改善这种信任。这次到了第二家，突然看到了放在门口的宣传材料，你想借此机会为切入点，与第二家商家进行沟通，建立信任关系。

任务：接下来你会怎么做？

案例 4

有一次代理商在搞促销活动，移动去进行监督，在一旁发现代理商的营业员不是很善于推销产品，对于客户的一些需求不能很准确把握，错失了很多的机会。

任务：假如你现在要和店长交流，你会怎么做？

案例 5

你在某月 20 日得知，号卡的优惠政策要进行调整，号卡不如以前的优惠，渠道商家意见很大，原先的 50 元开卡赠送 100 元话费，变为 100 元开卡赠送 100 元话费。

任务：假如你现在要和销售主管沟通，你会怎么做？

案例 6

有两家商户，一家是签约渠道，一家是非签约渠道，因为签约渠道刚开张就有一些新的优惠政策，街对面的代理商看到了就开始恶性竞争，降价销售号卡。销售经理要去找非签约渠道进行谈判阻止他恶意降价。

任务：接下来你会怎么做？

案例 7

竞争对手电信在民工聚集点入口很热闹的一个点，在做一个现场销售，我第一时间得到这个消息

任务：假如你要和领导谈，接下来你会怎么做？

案例 8

最近发现很多电信的代理商家采取了一些策略，在你所管辖的范围内开了很多网点，领导对此很着急，找你来谈一下应该有什么对策。

任务：接下来你会怎么做？

案例 9

有一家老的商家，想要去投资超市，并要到外地去发展，已经决定撤销代销店，现在销售经理上门去和商家老板沟通，了解这个情况。

任务：接下来你会如何挽留这个商家？

案例 10

有一家非签约渠道，目前电信和移动都在争取让这家渠道转做签约，据了解目前电信给予的佣金政策非常具有诱惑性，这时候你得到一个机会和这个商家进行沟通。

任务：你会怎么做？

案例 11

有某家在农村的代理一直做电信的。每次走访的过程中进行沟通，说我们移动的优势，一次对方表示有意思要和移动合作，对方的需求是要 3 万块钱。但是 3 万元的补助明显高于移动的政策规定。

任务：面对渠道提出来这样的要求，接下来你会怎么和渠道谈？

案例 12

在农村的代办点的服务规范不好，尤其是工号牌的佩戴这项基本上每次检查都被扣分，每次去让他们规范佩戴，他们的回答都是一样的话，比如不好看、忘记带或者丢了，每次去都有借口的。

任务：你会怎么说服代办点的营业员？

（二）管理游戏

这是一种被评价者共同完成一例具体的管理事务或企业经营活动，根据每个人在游戏中的角色行为对其进行评估的方法。

在这项活动中，被评价者们被分配一定的任务，他们必须合作才能较好地解决它。有时，评价者还会引进一些竞争因素，以进一步分出优劣。有些管理游戏中包括劳动力组织与划分和动态环境相互作用及更为复杂的决策过程。通过被评价者在完成任务的过程中所表现的行为来测评其素质，有时还伴以小组讨论。

在这种活动中，小组成员各被分配一定的任务，必须合作才能较好地解决它。有时引入一些竞争因素，如三四个小时同时进行销售或进行市场占领，以分出优劣。通过被评价者在完成任务过程中所表现出的行为来测评被评价者的素质。

1. 管理游戏的优点

（1）它能突破实际工作情景时间与空间的限制。许多行为在实际工作情形中也许要几个月甚至几年才会发生一次，而这里几小时内就可以发生。

（2）它具有趣味性。由于它模拟内容真实感强，富有竞争性，又能使参与者马上获得客观的反馈信息，故能引起被评价者的浓厚兴趣。

（3）管理游戏能帮助被评价者对错综复杂的组织内部各单位之间的相互关系有一个更加深刻的了解。

2. 管理游戏的缺点

（1）管理游戏可能会压抑某些被评价者的开创性；

（2）在游戏中，被评价者可能会专心于战胜对方从而忽略对所掌握的一些管理技术的学习等。

3. 实例

（1）键盘销售

6 个应试者一组扮演小型企业的管理委员会，他们经营计算机键盘的买卖业务，对于给定的具有不同利润的键盘，每个小组成员均要就投资、购买及销售问题发表意见。评价者通过对被评价者行为表现的观察，关注小组讨论中自然形成的领导人以及其他成员的组织能力、思维的敏捷性及压力条件下的工作情况等。

(2)模拟组建公司

由几名被评价者组成一个小型公司，主管范围、经营机制、产品设计、生产与营销、人事财务等问题均由小组自定。被评价者将相互合作组建公司，并进一步给公司定位，拟定财务设计、确定投资、安排生产各环节、市场营销等。在这个活动中主要考察：谁是小组中自然形成的领导人，他的组织能力、经营能力、市场敏锐性及在压力条件下的工作能力；当外界经营环境发生变化的时候，这个领导人快速适应新情况的能力。

评价者可以在客观的环境下，有效地观察被评价者的领导特征、能力特征、智慧特征和社会关系特征等。

(三)模拟面谈

模拟面谈是评价中心中通常采用的一种人才测评方法。一般是由评价者的一名助手扮演与被评价者谈话的人，这个人是经过培训的，他的行为将遵循一种标准化的模式。这个与被评价者谈话的人可以充当对被评价者在工作当中发生关系的角色，甚至可以充当对被评价者进行采访的电视台的记者。按照具体情景的要求，这个人可以向被评价者提出问题、建议或反驳被评价者的意见，拒绝被评价者的要求等等。被评价者必须与这个人进行交谈以解决他所要解决的问题，由评价者对面谈的过程进行观察和评价。这种测评方法主要考察被评价者的说服能力、表达能力和处理冲突的能力以及思维的灵活性和敏捷性等等。

对于许多在工作中经常需要与他人进行谈话的职位来说，如何通过交谈来获取信息、准确地表达自己的意思以及说服他人都是非常关键的技能，因此通过模拟面谈的方法来模拟与被评价者未来工作的谈话情景，考察被评价者在面谈中的表现将是一种非常有用的评价手段。

模拟面谈方法的主要优点是它费时较少。当然，这种方法也有一些不足的地方。它需要一个人来扮演与被评价者进行交谈的人，那么由谁来扮演这个人呢？这个人需具备怎样的条件呢？

(1)他必须非常了解模拟面谈方法的意图，知道通过什么方法来引发被评价者的反应。

(2)这个人必须有灵活迅速的反应能力，能够根据被评价者的不同反应对事先准备好的脚本进行调整。

(3)这个人要有表演能力，将情境表现得非常逼真。

有的时候让评价者本人扮演与被评价者进行交谈的人，这样做就给评价者增加了难度，他需要同时既当评价者，又当与被评价者谈话的人，他的注意力就容易分散，因此还是专门让一个扮演与被评价者交谈的人而由另外的人做评价者会比较好。

总之，模拟面谈根据拟任职务不同，有多种形式，如表 6-32 所示。

表 6-32 面谈模拟实例

拟聘职位	面谈对象	面谈内容
中层行政管理	上级领导	绩效考核内容
高层主管	记者	捆绑销售问题
销售者服务代理	发怒的顾客	劣质产品投诉

在上述各种面谈模拟中，面谈对象往往由评价者扮演，他们接受过专门的训练，会按照标准化的方式向被评价者提问、建议并且回答问题甚至作出一些令候选人心烦意乱的行为。在面谈模拟中面谈对象往往是比较主动的。面谈模拟对于测评候选人口头交流技巧、谈话机智、人际关系技巧以及问题解决能力等等，非常有效。

第七章 人才梯队资源库建设

第六步,建立人才梯队资源库。通过前面的人力资源盘点,厘清了企业的人才缺口。企业必须进行人才梯队建设,解决人才缺口问题,对关键岗位制定继任者计划,相关岗位制定储备人才计划,建立企业人才梯队资源库;设计测评方法和工具,挑选有潜力的员工进行测评,使测评合格者进入人才梯队资源库,为对进入人才梯队资源库的人才进行系统、针对性的培养打好基础。

第一节 认识人才梯队资源库

一、建立人才梯队资源库的目的

(一)什么是人才梯队资源库

1.人才梯队资源库:根据企业关键职位继任计划和相关职位储备人才计划的需要,通过一定程序和相关方法取得继任候选人资格或储备人才资格的员工,由这些员工组成,形成了企业的人才梯队资源库;继任人及相关职位的任用人将从人才梯队资源库选拔。

2.员工怎么入“库”

是否能够挑选出真正的人才加入到人才梯队资源库中,是人才梯队资源库建设能否成功的关键一步,员工入“库”有以下几个途径:

(1)人力资源部门定期甄选

人力资源部门是公司选拔人才、任用人才的重要部门,根据人力资源规划,每年对人力进行盘点,策划和组织人才甄选和考核工作,把公司内部或外部符合条件的人才填充到“库”中。

(2)企业高层领导推荐

高层领导对企业的发展方向、发展目标以及企业的整个战略计划都比较了解和清楚,在人才使用上更能从大局和全局考虑。因此,当企业高层领导认为某个员工是个可用之才,可以直接推荐入“库”。

(3)部门推荐

部门负责人对本部门的人员状况最清楚，建立人才梯队资源库首先要得到各部门负责人的认同和大力支持，使每个部门负责人都能怀着对企业发展的关心，公平、公正地将真正的人才举荐上来，经人力资源部门考核合格后进入人才梯队资源库。

(4)自我推荐

毛遂自荐是甄选人才的有效途径。企业人才梯队资源库的大门应该向每一位员工敞开，只要员工认为自己是一个有能力的人，他就可以提出申请"入库"。人力资源部经过严格的考核，确认有符合条件的，方能"入库"。

(二)人才继任计划

1. 什么是人才继任计划

人才继任计划是指在本岗位任职者正常任职的情况下，由企业发现、挑选并培养本岗位继任候选人的行为。继任人选来自两个方面：企业内部选拔和外部招聘，但企业管理意识与能力较强的企业更喜欢内部选拔、培养。继任候选人是作为本岗位的储备干部，并非取而代之。企业在发现并确认继任者的情况下，结合企业人才发展与培养计划，给予继任候选人更多的业务辅导、重点管理沟通和培训机会，使继任候选人得到更大的提升，从而具备担任更高职位的资质和能力。人才继任计划实施的直接结果是形成企业人才梯队，即企业不同层级的重要岗位都有继任候选人名单，保证了企业人才队伍的连续性，满足企业业务持续发展的需求。

2. 人才继任计划的类别

人才继任计划一般可以分为两种：关键岗位继任计划与人才储备计划：

(1)关键岗位继任计划：首先，确定企业哪些是属于关键岗位，如：总经理、副总经理、总监、技术核心骨干、营销核心骨干、企业管理核心骨干等职位，再对这些关键岗位甄选继任候选人，对候选人进行培养、选拔、任用等系列工作。

案例 7-1：托起 GE 的巨人是怎样产生的

1998 年，美国的 GE 公司(通用电气公司)以 93 亿美元的年利润，列世界 500 强第一。《财富》杂志将 GE 公司评为全美最受推崇的公司。执掌 GE 公司董事长、总裁要职达 18 年之久的杰克·韦尔奇，是 GE 公司光辉业绩的主要创造者。但是，并非人人明白，GE 公司发展史上最成功的决策，却发生在韦尔奇上任之前。韦尔奇的前任雷吉·琼斯，用 7 年时间物色了韦尔奇。如果说韦尔奇改写了 GE 公司的历史，那么，韦尔奇改写 GE 公司的过程，是从琼斯决定任用韦尔奇的决策开始的。琼斯用 7 年时间选拔继承人的过程，编织了 GE 公司历史上最辉煌的一页，也是历史上最成功的决策。

1974 年，琼斯担任 GE 公司董事长才 3 年，便开始考虑挑选自己的继任人。琼斯一开始就认定，他要挑选的是一位与自己风格不一样、能够领导 GE 公司改革的继任者。他认为，继任者应当与前任不同，因为公司需要改变：假若继任者仅仅是前任的拷贝，公司无疑会失去活力。

在琼斯的要求下，人事部门提供了一份包含 96 位候选人的名单。琼斯发现名单上少了一个应有的人，那就是负责塑料企业的杰克・韦尔奇。人事部门认为韦尔奇为人特别、好闹独立，而且只有 39 岁，10 年后考虑也不晚。琼斯以命令方式，将韦尔奇补充进候选人圈子。综合考虑各种因素后，有效的候选人最后减少到 11 位，韦尔奇名列其中。

经过 3 年的考察，各位候选人在琼斯心目中的形象越来越清晰了。为了进一步了解候选人相互之间的印象和对自己本身的感觉，琼斯开始实施他的“机舱面试”计划。

三个月后，琼斯把候选人压缩到了八人，并再次分别召见他们，作第二次“机舱面试”。这时，琼斯心目中的继任者形象和姓名已经明确了，他就是：杰克・韦尔奇。

为了让董事会认识韦尔奇，琼斯让韦尔奇进入董事会。经过一段时间的考查，琼斯让人事部门提交了包括聪明才智、吃苦耐劳、自我管理、同情心在内的 15 个项目的测评结果。韦尔奇在所有董事长、总裁候选人中得分最高。这次，不仅琼斯本人，GE 公司的其他 19 名董事会成员，都表示同意推举韦尔奇为下一任 GE 董事长。

韦尔奇无疑是伟大的，但就是因为他太伟大，因此 GE 公司历史上最伟大的决策并不是韦尔奇做了什么，而是他的前任琼斯做出了最伟大的决策，选择了最合适的接班人。

案例 7-2：权杖的交接，希望的延续

——“全球第一 CEO”杰克・韦尔奇禅让

1981 年，杰克・韦尔奇成为 GE 121 年历史上第 8 位 CEO。在杰克・韦尔奇执掌 GE 期间，这家老牌的电气公司焕发了勃勃生机，一直执全球电气领域牛耳。GE 接连被《财富》、《金融时报》等评为“全球最受尊敬的公司”，并多次蝉联第一名；杰克・韦尔奇本人多次被评为全球“最佳首席执行官”，成为全球企业追崇的 CEO，赢得“全球第一 CEO”的美誉。杰克・韦尔奇的铁面无私、雷厉风行的风格，为全球的 CEO 树立了永远的楷模，被奉为企业界的“神明”。

正是这位传奇人物，却早在他处于事业巅峰的 1994 年，他 59 岁的那一年，就已经开始考虑 GE 接班人的问题。

这就是真正的杰克·韦尔奇,这正是他的过人之处。当事业处于巅峰的时候能够急流勇退,并用6年的时间来选择一名CEO,这需要的是宽广的胸怀,坚定的信念,更需要周密的谋划。要知道,GE如今已经是一家年赢利150亿美元的巨头,拥有的资产与赚钱的能力比某些国家都庞大。为这样庞大的公司选接班人,正像为一个国家选总统一样,是一个巨大的挑战。

而且,500强公司在选接班人时栽过跟头的也不少。近年来朗讯、可口可乐、吉利、英国航空公司、P&G、施乐等公司新上任的CEO都连屁股没坐热就下了课。

1994年6月,在GE董事会专责管理发展与后备人才的委员会上,杰克·韦尔奇第一次正式提出了选拔接班人的问题。他向委员会提交了一份手写的24名候选人名单。这份名单分为三组,第一组是GE 7家最大的分公司的负责人,他们在GE占有重要的地位,被考虑进了候选人行列。第二组包括4名地位仅次于第一组7人的高层管理人员。第三组共13人,有着不一样的职位与级别,他们的表现与潜质引起了杰克·韦尔奇的注意。实际上,第三组的13人是最令杰克·韦尔奇心动的未来之星,杰克·韦尔奇最终确定的3名种子选手都出自这13人当中。从这时起,杰克·韦尔奇就有意对他们委以重任,重点栽培。

用杰克·韦尔奇自己的话说:"我们像老鹰一样关注着这些家伙。"杰克·韦尔奇煞费苦心地安排各种活动让董事们与候选人接触,让董事们充分了解每一位候选人。每年4月的董事会之前,他邀请董事及所有候选人在佐治亚州的国家高尔夫俱乐部比赛;7月董事会例会前安排与候选人到GE总部附近的俱乐部打高尔夫球,随后共进晚餐;12月董事会例会前一天的晚上,杰克·韦尔奇安排他们在洛克菲勒中心GE大厦65层举行晚宴与舞会……这些看似平常的聚会,杰克·韦尔奇都会亲自精心安排,从比赛的分组到宴会的坐席排列都有韦尔奇的用意,并且每年都记录下相关情况。通过每年的这些活动,保证董事们能够与不同的候选人都有机会接触与交流。

杰克·韦尔奇期望董事们能够对候选人的个性等都有深刻的认识。之后,杰克·韦尔奇与公司的董事们在每年12月的董事会例会上,会对每位候选人的表现进行讨论。人力资源部门的官员会首先将一份关于所有候选人工作经历及业绩的综合报告呈递给董事会。每年6～7月的董事会例会之前,杰克·韦尔奇也会召集专门委员会委员对所有候选人的工作表现进行认真评议。

为了让董事会对候选人中的佼佼者有更深的了解,杰克·韦尔奇在1996—1997年组织董事会专门委员会成员实际考察了GE的几家公司。考察团以了解公司业务情况为名义,丝毫没有暴露出考察的真实目的。通过实地参观、座谈,使董事会了解各候选人的管理特长,考察候选人的工作团队,看其与下属间的关系是否融洽等等。

1997年12月,董事会对各位候选人的表现进行了集中讨论,把候选人范围缩小到8人。半年之后,杰克·韦尔奇把表现最突出的几位候选人都放到GE重要的岗位上,接受最后的考验。经过2年多的考察,杰克·韦尔奇最终把目光锁定在3位最出类拔萃的候选人身上,包括:GE医疗全球CEO杰夫·伊梅尔特(44岁),GE飞机发动机业务负责人McNerny(51岁),GE透平及发电机业务负责人Nardelli(52岁)。2000年6月,杰克·韦尔奇正式宣布他们三人成为GE下任CEO的最后角逐者。

为全球称颂的这段企业领导人考察临近终点。2000 年 7 月,杰克·韦尔奇召集董事会召开了 GE 具有决定性意义的会议。会议上,董事弗兰克·若德第一个提议杰夫·伊梅尔特为比较合适的人选时,杰克·韦尔奇道:“好! 这正是我所想的,也是其他几位董事所想的。”GE 董事会对公司下一任 CEO 的正式投票表决会安排在 2000 年感恩节前的星期五。董事会的所有成员对三位候选人进行投票,结果杰夫·伊梅尔特名列第一。董事会一致通过杰夫·伊梅尔特为 GE 下一任 CEO。这既是董事会全体董事的选择,也是杰克·韦尔奇的选择。

还没到画上句号的时候,其他两位候选人怎么办? 尽管很难,但无论如何还是要让他们知道。杰克·韦尔奇赶在公司正式宣布结果前,马不停蹄地从佛罗里达的家中飞到辛辛那提和阿尔巴尼,把这个消息告诉了他们。不久,McNerny 成为 3M 的 CEO,Nardelli 成为 Home Depot 的 CEO,这两家公司都是全球 500 强公司。至此,被全球推崇的 GE 这段马拉松式的领导人交接告以圆满结束。

杰克·韦尔奇的使命完成了,近乎完美、圆满。在为他光荣退休举行的晚会上,十多位 500 强的 CEO 都到场向他致意,他们曾是杰克·韦尔奇的下属,是杰克带领他们迈向成功。

造就辉煌的 GE,带出众多成为 500 强 CEO 的徒弟,选出杰克·伊梅尔特,以及如今 GE 全球业务的继续增长,是杰克的成功,更是 GE 用人文化的成功。

(2)人才储备计划:针对企业关键中基层管理岗位、专业性或技术性复杂岗位、市场供应量不足的紧缺人才,及对非管理职根据通道各层级对人才的需要而制定的人才储备计划,对储备人才进行培养,以保证人力资源充足供应企业相关岗位/通道层级。

(三)实施人才继任计划的目的与作用

1. 继任计划的目的

一般继任计划有三个目的:

(1)继任计划使企业人才有发展空间,得到综合培养,能为企业留住优秀人才。

(2)使企业在吸引和招聘高潜能员工方面有竞争力。

(3)为企业培养高层岗位的高素质人才。

2. 继任计划的作用

企业继任计划有四个作用:

(1)满足企业未来对人力资源的需求并对现有人力资源进行优化整合。

(2)帮助员工规划职业生涯发展道路,有助于企业吸引、留住优秀人才。

(3)为企业的关键员工订立更高的目标,以留住优秀人才,确保重要岗位都有称职的人才可以继任。

(4)确保企业内部有一批训练有素、经验丰富、善于自我激励的优秀人才接任未来的重要岗位。

案例 7-3:IBM 借“长板凳计划”解决接班人问题

在纽约《世界经理人》杂志 2002 年推出的“发展领导才能的最佳公司”的排名中,IBM 名列榜首。正是拥有这种各级领导力,IBM 才能够直面日趋激烈的竞争,不断变革,大胆转型,继续成为 IT 行业的领导型企业。

长板凳计划是一个完整的管理系统。由于接班人的成长关系到自己的位置和未来,所以主管以上的员工会尽力培养他们的接班人,帮助同事成长。当然,这些接班人并不一定会接某个位置,但由此形成了一个接班群,员工看到了职业前途,自然会坚定不移地向上发展。

公司要求主管级以上员工将培养手下员工作为自己业绩的一部分。每个主管级以上员工在上任伊始,都有一个硬性目标,确定自己的位置在一两年内由谁接任,三四年内谁来接,甚至你突然离开了,谁可以接替你,以此发掘出一批有才能的人。公司有意让他们知道公司发现了他们并重视他们的价值,然后为他们提供指导和各种各样的丰富经历,使他们有能力承担更大的职责。

每年 2 月,IBM 中国会要求每一个重要职位都提出他的接班人,第一期是谁,第二期是谁,然后人力资源部的负责人会和 IBM 中国的 CEO 一起,结合 IBM 其他区域甚至总部的接班人计划,来决定接班人在新的一年内的培养计划,作为未来升迁的考虑和依据。如果你培养不出你的接班人,你就一直待在这个位置上好了,你上不去也走不了,因为这是一个水涨船高的过程,你手下的人好,你才会更好。

二、确定人才梯队资源库“容量”

如果企业确定了哪些岗位需要实施人才继任计划,准备建立人才梯队资源库,那么这个库到底建多大适合呢?库中的人才多了,会增加企业对人才的培养费用,库中的人才少了,某岗位需要选拔任用人才时,可能面临选拔对象太少而选不到适合的人才可任用。

(一)人才梯队资源库分类

1. 关键岗位人才梯队资源库

进入关键岗位人才梯队资源库的员工的目标很明确,就是为担任某个关键岗位而准备的,所以在制定培养计划时,也是应这个关键岗位的能力/素质要求而制定。

2. 岗位/层级人才梯队资源库

即为某个岗位、某个通道的层级储备人才而建立的人才梯队资源库。岗位包括管理岗位和非管理岗位,如车间主任、组长、招聘专员等。通道的层级比如是高级培训专员(五层级)、资深软件工程师(六层级)。在制定培养计划时,也是应这个目标岗位/层级的能力/素质要求而制定。

(二)人才梯队资源库“容量”的确定

1.人才梯队资源库“容量”的确定应该考虑两个因素:

(1)企业近期可能离职、岗位调动的人数。

(2)企业培养人才的成功率,即人才梯队资源库的人才经过企业培养后,成功率是多少?

2.“容量”的确定

人才梯队资源库的人员数量是由企业对该岗位、通道层级的人员的总需求以及总需求与人才梯队的比率而决定的。

(1)关键岗位的人才梯队资源库“容量”

为避免继任计划“人盯人”的误区,根据实践经验和成功企业的经验,一个关键岗位的继任候选人应该有三个,即1∶3。其他岗位的人才储备也可以参考1∶3的模式。

(2)通道层级人才梯队资源库“容量”

通道层级人才梯队资源库“容量”首先应该考虑该通道某层级的人员需求总量,以1∶3为参考,在这个基础上充分考虑前面提到的两个因素,制定总需求与人才梯队的比率。

进入人才梯队资源库的人才当任继任人无望时,符合规定要求的,应该给予通道层级的晋升,给予人才发展机会。

第二节 关键岗位继任候选人甄选

一、什么是关键岗位

(一)关键岗位的定义

关键岗位是指在企业经营、管理、技术、生产等方面对企业生存发展起重要作用,与企业战略目标的实现密切相关,承担起重要工作责任,掌握企业发展所需的关键技能,并且在一定时期内难以通过企业内部人员置换和市场外部人才供给所替代的一系列重要岗位的总和。

(二)确定关键岗位的意义

确定关键岗位的意义主要有以下三点:

1.有利于企业对战略目标的传递与实现,使企业的战略目标能够及时传递给其内部的关键岗位上,从而可以充分发挥关键岗位员工在管理、技术等各方面的专业才能,使企业战略目标的实现得到可靠的保证。

2.有利于员工全面了解企业内部岗位设置,保持企业内部岗位相对价值关系的一致性,为制定公正合理的薪酬分配和实行人力资源的差异化管理提供重要的依据。

3.有利于企业为应对未来组织结构和劳动力市场变化能够及时作出反应提供策略性框架,从而避免因关键岗位上的人才流失,造成关键岗位空缺而影响到企业的正常发展。

二、关键岗位评估技术

关键岗位的评估方法可分为定性评估方法与定量评估方法。在企业规模不大,机构、岗位并不复杂的情况下,可以考虑使用关键岗位定性评估方法;当企业上了一定的规模,机构与岗位相对复杂时,建议使用关键岗位定量评估方法。

不论是定性评估方法还是定量评估方法,关键岗位的确定必须全面结合企业的现状和发展规划,以企业的发展战略目标、关键成功要素为核心评价因素,对岗位进行综合评价,从而确定企业关键岗位。

(一)关键岗位定性评估方法

1.德尔斐法

(1)组成专家小组。邀请对本企业发展战略、行业特点、管理水平、企业文化、岗位职责比较熟悉的内部人员及外部的企业管理专家,组成专家小组。专家人数一般不超过15人。

(2)告诉所有专家关键岗位的定义,提供所有被评估的岗位名称,并附上岗位说明书。同时请专家提出还需要什么材料。然后,由专家做书面答复。

(3)各个专家根据他们所收到的材料,提出自己的评估意见,并说明自己是怎样利用这些材料进行评估的。

(4)将各位专家第一次判断意见汇总,列成图表,进行对比,再分发给各位专家,让专家比较自己同他人的不同意见,修改自己的意见和判断。也可以把各位专家的意见加以整理,或请身份更高的其他专家加以评论,然后把这些意见再分送给各位专家,以便他们参考后修改自己的意见。

(5)将所有专家的修改意见收集起来,汇总,再次分发给各位专家,以便做第二次修改。逐轮收集意见并为专家反馈信息是德尔斐法的主要环节。收集意见和信息反馈一般要经过三四轮。在向专家进行反馈的时候,只给出各种意见,但并不说明发表各种意见的专家的具体姓名。这一过程重复进行,直到每一个专家不再改变自己的意见为止。

(6)对专家的意见进行综合处理。经过分析、统计处理,最终得出哪些是关键岗位。

德尔斐法同常见的召集专家开会、通过集体讨论、得出一致评估意见的专家会议法既有联系又有区别。德尔斐法能发挥专家会议法的优点,即:①能充分发挥各位专家的作用,集思广益,准确性高。②能把各位专家意见的分歧点表达出来,取各家之长,避各家之短。同时,德尔菲法又能避免专家会议法的缺点:①权威人士的意见影响他人的意见;②有些专家碍于情面,不愿意发表与其他人不同的意见;③出于自尊心而不愿意修改自己原来不全面的意见。德尔斐法的主要缺点是过程比较复杂,花费时间较长。

2.董事会评估法

由对企业情况了解的董事会成员组成评估小组,各成员根据自己的经验和直觉,对各岗位进行评估。具体做法类似于德尔斐法。

(二)关键岗位定量评估方法

1.利用传统的岗位价值评估模型进行确定

利用传统的岗位价值评估模型来确定哪些是关键岗位,如海氏工作评价系统、评分法、国际职位评价模型(IPE)、CRG岗位评价模型等。但这些评价模型对于关键岗位的确定来说,存在一些不足,如:这些评价模型主要是用于衡量企业内部不同岗位的相对价值,并没有系统化结合企业的发展战略目标以及其关键成功要素对岗位进行综合地评价,容易误解为相对价值较高的岗位就是企业的关键岗位;再者,有些指标体系不够量化,难以准确评估。

知识链接:

◆**海氏工作评价系统介绍**

海氏(Hay)工作评价系统又叫"指导图表—形状构成法"(guide chart-profile),是由美国工作设计专家艾德华·海(Edward Hay)于1951年研究开发出来的。它有效地解决了不同职能部门的不同职务之间相对价值的相互比较和量化的难题,在世界各国上万家大型企业推广应用并获得成功,被企业界广泛接受。海氏工作评价系统指标体系如图7-1所示。

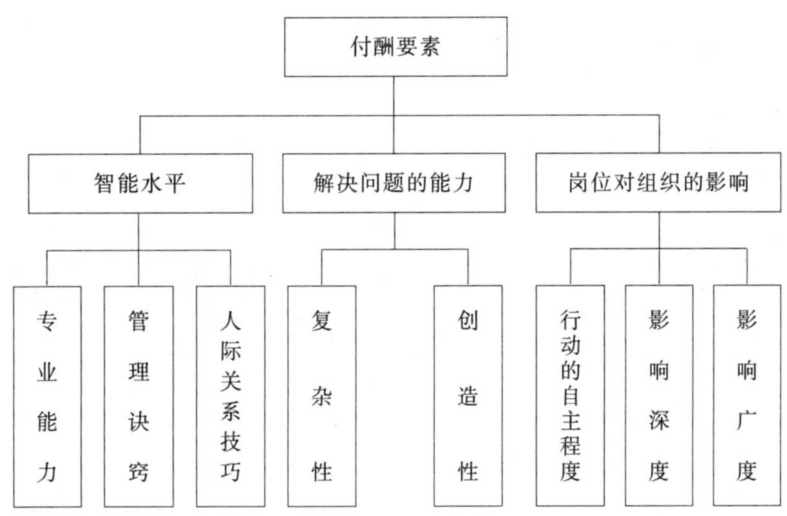

图7-1 海氏工作评价系统模型指标体系

海氏工作评价系统实质上是一种评分法,是将付酬因素进一步抽象为具有普遍适用性的三大因素,即技能水平、解决问题能力和风险责任,相应设计了三套标尺性评价量表,最后将所得分值加以综合,算出各个工作职位的相对价值。海氏认为,各种工作职位虽然千差万别、各不相同,但无论如何总有共性,也就是说,任何工作职位都存在某种具有普遍适用性的因素,他认为最一般地可以将之归结为三,即技能水平、解决问题能力和风险责任(如图7-2所示)。相应地,形成三套用以指导评价的量表。根据这个系统,所有职务所包含的最主要的付酬因素有三种,每一个付酬因素又分别由数量不等的子因素构成。

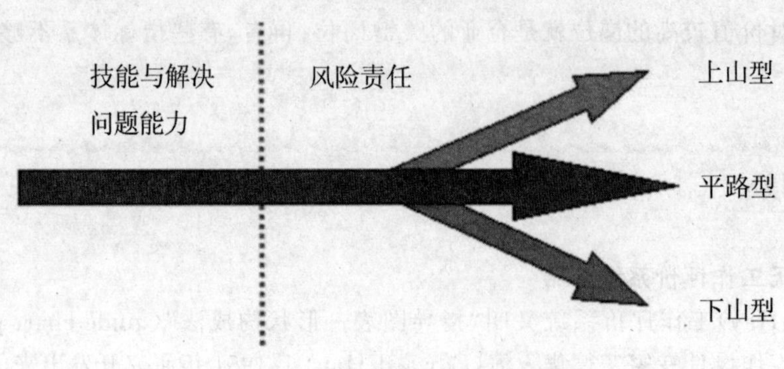

图 7-2　职务的形态构成

(1)“上山”型

此岗位的责任比技能与解决问题的能力重要。如公司总裁、销售经理、负责生产的干部等。

(2)“平路”型

技能和解决问题能力在此类职务中与责任并重,平分秋色。如会计、人事等职能干部。

(3)“下山”型

此类岗位的职责不及技能与解决问题能力重要。如科研开发、市场分析干部等。

通常要由职务薪酬设计专家分析各类岗位的形状构成,并据此给技能、解决问题的能力这两因素与责任因素各自分配不同的权重,即分别向前两者与后者指派代表其重要性的一个百分数,两个百分数之和应为100%。当然,海氏评估法还涉及每个因素的评估标准和程序,以及评估结果的处理和形成一个公司的岗位等级体系等分析过程。

◆因素评分法岗位价值评估模型

因素评分法首先是建立评估模型,从所有待评价的岗位中确定几个主要评估因素,每个主因素按标准评出一个相应的分数(权重),然后对每个主因素分为若干个子因素,对子因素赋予分值,每个子因素分为若干个等级,并对每个等级进行定义描述,每个等级又给予不同的分值。最后每个岗位对照评估模型进行评估,得出分数值,并对每个岗位的分数值进行排序,从中可以看出每个岗位的重要程度。因素评分法最大的优点体现在它的公平性和准确性。因素评估法岗位价值评估模型如表7-1所示。

表 7-1 岗位价值评估模型参考表

主因素	权重	子因素	等级	权重(%)
责任 9	45%	风险控制的责任	5	34
		成本控制的责任	6	18
		指导监督的责任	7	18
		内部协调的责任	5	14
		外部协调的责任	4	14
		工作结果的责任	6	20
		组织人事的责任	5	16
		法律上的责任	5	18
		决策的责任	5	28
知识技能 8	25%	最低学历要求	6	8
		知识多样性	4	12
		熟练期	5	8
		工作复杂性	5	16
		工作灵活性	5	14
		工作经验	7	16
		文字能力	4	8
		综合能力	4	18
努力程度 6	20%	工作压力	4	16
		精力集中程度	5	16
		体力要求	4	4
		创新与开拓	4	16
		工作紧张程度	4	16
		工作均衡性	4	12
工作环境 4	10%	工作时间特征	4	12
		危险性	4	12
		职业病	4	6
		环境舒适性	6	10
合　计	100%			400

◆国际职位评价模型(IPE)介绍

国际职位评价模型(International Position Evaluation，简称 IPE)，最早是由欧盟内部组织的通用性职位评价方法，目前在世界各地多个组织中得到广泛应用。IPE 模型至今已经开发出第三版，共有 4 个因素、10 个维度、104 个级别。总分1 225分，评估的结果可以分为 48 个级别。

IPE法是一个建立在4个因素基础上的岗位评价模型，这4个因素覆盖了确定岗位价值大小的关键因素。每个因素分为2～3个子维度，每个子维度有不同的等级和相应的权重。评估过程比较简单，只需为每个维度选择适当级别，就可以确定岗位在该因素上的得分，把所有因素的得分累加，就得到该岗位的总体分值。国际职位评价模型如表7-2所示。

表7-2　IPE法指标评价体系

因素	因素说明	二级维度
影响	本因素考虑的是：岗位在其职责范围内所具有的影响性质和范围，并以岗位对组织的贡献作为修正。	岗位在组织内部的影响 岗位贡献的大小 组织规模
沟通	本因素着眼于岗位所需要的沟通技巧。首先决定胜任者所需要的沟通类型，然后在选定对岗位最困难和最具有挑战性的沟通的描述后决定。	岗位的沟通方式 组织架构
创新	本因素着眼于岗位所需的创新水平。首先确定对岗位期望的创新水平，然后决定该创新水平的复杂程度，明确岗位的要求，识别并改进程序、服务和产品，或者发展新的思想、方法、技术、服务或产品。	岗位的创新水平 岗位的复杂性
知识	知识是指工作中为达到目标和创造价值所需的知识水平。知识可能通过正规教育或者工作经验获得。首先制定应用知识的深度，然后指出该岗位在团队中的位置，最后确定应用知识的区域。	确定知识水平 确定知识深度 确定团队角色

◆CRG岗位评价模型介绍

CRG岗位评估模型是从瑞士国际资源管理集团(CRG)引进的一套岗位评价模型，在该套评价模型中，对岗位评价及所涉及的评价标准提出了一整套完整的指标体系。CRG评价指标中一共包括七项评价标准。CRG岗位评估模型如表7-3所示。

表7-3　CRG岗位评估模型指标体系

指　标	具体内容
组织影响力	在企业中起什么作用，对企业的影响有多大，规模有多大
监督治理	管理多少个部门，管理多少人，管理什么岗位
责任范围	独立性怎么样，责任的宽度和广度如何
沟通技巧	交往频率如何，技巧难度有多大
工作复杂性	要求具备什么学历，要求具备什么经验
解决问题难度	是否需要有很强的创造性
环境条件	工作环境如何，具备什么工作环境

2.开发关键岗位评估模型

如前面所述，利用定性评估方法和传统的岗位价值评估方法来确定关键岗位，都存在很多不理想之处，根据作者在为中国移动、中国烟草、房地产行业、生产制造行业等各类行业、企业提供人才梯队建设项目服务的实践经验，企业完全可以自行开发一套关键岗位评估模型，通过验证、分析、调整，会得到很好的应用。

(1)设计关键岗位评估模型的原则

①体现公司战略目标的原则

关键岗位与企业的战略目标的实行是紧密相关的，岗位是否关键，最重要的是对企业发展战略的贡献度。关键岗位评估模型指标体系建立必须体现企业未来的重点发展战略目标，把企业内部不同岗位对企业将来发展的不同重要程度和贡献度显示出来，以便于管理者可以准确界定和确定关键岗位。

②全面性原则

评估因素应能够全面反映所有待评估岗位的工作特性，对于不同岗位应该具有普遍的适用性和代表性，而不是仅仅适用或反映个别的特殊岗位。因此，评估因素的全面性原则要求所选择的评估因素既能涵盖所有待评估岗位的共性，又能体现不同岗位之间的个性内容。

③体现岗位职责的原则

使用的岗位评估模型应该涵盖企业所有岗位的共同点，以避免评估结果的非公正性。

④科学性原则

关键岗位评估指标体系的建立，在理论和实际的结合与科学方法的采用等方面，必须符合科学性原则，指标体系的基本概念和逻辑结构要保持严谨、合理，各个岗位的评估因素之间应该相互独立，反映岗位在某一方面的价值特性，而不应该存在交叉，导致评估结果产生偏差。

⑤简单操作原则

一个合理有效的关键岗位评估模型不在于它选择的价值因素的多少和评估过程的复杂程度，而是在于运用它评估的结果是否满足企业的整体思路，所以，在选择和设计关键岗位评估模型的过程中，应力求简单、有效。

(2)开发关键岗位评估模型的步骤

第一步　评估模型主因素确定

主因素的提炼和确定需要考虑岗位与企业发展战略的关联度，及岗位的任职资格要求、岗位责任重要度及工作的复杂程度等因素。主因素确定后，给每个主因素进行定义，并按标准评出一个相应的分数(权重)。

第二步　主因素权重分配、确定

对各主因素的重要性进行评估，分配、确定权重，在确定权重时必须考虑未来公司的发展战略。例如：A公司认为战略贡献度、工作技能、工作强度和任职条件这四个因素中，战略贡献度最为重要，我们假设它的价值为1，经过关键岗位评估委员会成员的判断，工作技能相对于战略贡献度的价值为0.8，工作强度和任职条件相对于战略贡献度的价值为0.1和0.3，则：

◆战略贡献度的权重=1/(1+0.8+0.3+0.1)×100%=45%

◆工作技能的权重=0.8/(1+0.8+0.3+0.1)×100%=36%

◆任职条件的权重=0.3/(1+0.8+0.3+0.1)×100%=14%

◆工作强度的权重=0.1/(1+0.8+0.3+0.1)×100%=5%

第三步　子因素确定和定义

对每个主因素进行细化和分解，分为若干个子因素，例如：责任包括与财务、原料、生产、销售、人员等有关的责任。再对子因素分配权重，子因素的分数确定可以参照主因素的权重分配方法。

第四步　子因素分级与定义

对每个子因素分为若干个等级，并对每个等级进行定义描述，给每个等级分配分数(是否对子因素再进行分级，视企业的复杂程度而定)。如：子因素"决策责任"的分级如表7-4所示。

表7-4　"决策责任"因素的分级与定义表

因素九：决策的责任 定义：指在正常工作中需要参与的决策。其责任大小根据参与决策的层次作为判断基准。
等级1：(18分)工作中常做一些小的决定，一般不影响他人。
等级2：(36分)工作中需要做一些大的决定，只影响与自己有工作关系的部分普通员工。
等级3：(54分)工作中需要做一些对下属人员有影响的决策。
等级4：(72分)工作中需要做一些大的决策，但必须与其他部门负责人共同协商。
等级5：(90分)工作需要参与最高层决策。

确定子因素每个级别分数的方法：首先子因素已经分若干个级别，则：

子因素分数/级别数×级别排位数=该级别分数

如某子因素分数为100分，共分五级，则：

第一级：100÷5×1=20分

第二级：100÷5×2=40分

第三级：100÷5×3=60分

第四级：100÷5×4=80分

第五级：100÷5×5=100分

(3)关键岗位评估流程

第一步　关键岗位评估模型设计

根据企业自身情况，选择最适合的评估模型(模型案例如表7-5所示)。

第二步　成立专家评估小组

专家评估小组由公司高层、中层、外部专家组成，一般在10～15人左右。

第三步 对评估小组成员培训

评估小组必须参加培训，掌握评估细节和被评估岗位的全部知识，全面掌握关键岗位评估模型的内容和评估方法。

第四步 关键岗位评估数据分析

分数评估出来后，对所有岗位的分数进行排序，并确定哪些是关键岗位，可以根据分数把岗位划分为三个类别(假设总分为 100 分，岗位得分为 G)。如：

第一类 当 80<G≤100 分，该岗位属于关键岗位；

第二类 当 60<G≤80 分，该岗位属于重要岗位；

第三类 当 G≤60 分，该岗位属于一般性岗位。

表 7-5 案例：关键岗位识别指标体系

	一级指标	代号		二级指标	代号		
		指标	权重		指标	权重	得分
关键岗位识别指标体系	战略贡献度			产值利润			
				技术创新			
				管理支持			
	任职条件的独特性			关键技能			
				实践经验			
				文化素质			
	岗位责任重要度			风险控制责任			
				成本控制责任			
				决策责任			
	岗位责任复杂度			工作难度			
				工作压力			
				协调难度			

注：岗位评估得分满分为 100 分

根据上表，下面依次给出上述关键岗位识别指标体系中各个指标要素的分级评价定义与评分标准。具体如下所示：

战略贡献度：指参评岗位对企业战略目标实现的贡献程度，包含 3 个二级指标：产值利润贡献度、技术创新贡献度和管理支持贡献度，具体如表 7-6 所示。

表 7-6　战略贡献度指标分级定义

产值利润贡献度：岗位所创造的产值利润对实现企业战略目标的贡献程度，依据岗位职责以及对产值利润贡献的方式与程度来判断。

等级	评　价　等　级　说　明	评分
1	负责主营业务部门的全面工作，组织审核部门规划和工作计划、完善与优化流程、提高管理效率和生产率，对企业的产值利润有直接的重大贡献。	100
等级	评　价　等　级　说　明	评分
2	负责主营业务部门的主要工作，制定部门工作计划；或负责其他业务部门的全面工作，组织审核部门的工作计划；提高管理效率和生产率，最小化产品的成本，对公司的产值利润有较大贡献。	80
3	负责主营业务部门某一重要方面工作，有利于提高产品或服务的质量，对企业产值利润有直接的贡献；或负责其他业务部门的主要工作，完善优化管理流程，对企业产值利润具有间接重大贡献。	60
4	负责主营业务部门某一重要方面的工作或其他业务部门某一方面的主要工作，对企业产值利润具有一定的贡献。	40
5	负责主营业务部门的一般管理工作或其他业务部门日常工作，对企业产值利润具有一定的辅助贡献。	20

技术创新贡献度：为企业战略目标的实现提供技术创新的支持程度，依据岗位职责以及对产品研发贡献的方式与程度来判断。

等级	评　价　等　级　说　明	评分
1	负责企业产品研发的策划和组织，审核企业技术创新方案，对产品研发有重大的贡献	100
2	负责企业产品研发的技术把关，制定企业技术创新方案，对产品研发有较大的贡献。	80
3	负责企业产品研发的主要设计实施方案，执行企业技术创新方案的主要工作，对产品研发有一定的贡献。	60
4	负责企业产品研发的一般设计工作，执行企业技术创新方案的具体工作，对产品研发有相关的贡献。	40
5	在产品研发与技术创新方面起到辅助作用，对产品研发有辅助的贡献。	20

管理支持贡献度：为企业战略目标的实现提供主要的管理支持与改进。依据岗位职责对企业管理制度建设以及改进方面所作的贡献程度来判断。

等级	评　价　等　级　说　明	评分
1	负责一级部门的全面管理工作，在管理制度建设与改进上对公司有较大或对一级部门有重大的贡献。	100

续表 1

等级	评价等级说明	评分
2	负责一级部门的主要管理工作，在管理制度建设与改进上对公司有较大或对一级部门有重大的贡献。	80
3	负责二级部门的全面管理工作，在管理制度建设与改进上对一级部门有较大或对二级部门有重大的贡献。	60
4	负责二级部门的主要管理工作，在管理制度建设与改进上对二级部门有较大的贡献。	40
5	负责二级以下部门的管理工作，在管理制度建设与改进上对二级以下部门有一定的贡献。	20

任职条件的独特性：是指该岗位在关键技能、实践经验与综合文化素质等方面的要求很高。要求能深入系统地掌握本领域的理论、原理、方法及程序，并具有丰富的实践经验与良好的综合文化素质。包括 3 个二级指标：关键技能、实践经验和综合文化素质，具体如表 7-7 所示。

表 7-7 任职条件的独特性指标分级定义

关键技能：关键技能指该岗位在生产和管理流程中不可或缺的技能，可以从掌握难度的大小与掌握人数的多少两方面来综合衡量。		
等级	评价等级说明	评分
1	该岗位所需的技能要求很高，完全熟练掌握的难度很大，并且掌握该技能的人数很少。	100
2	该岗位所需的技能要求较高，完全熟练掌握的难度较大，并且掌握该技能的人数较少。	80
3	该岗位所需的技能要求一般，完全熟练掌握的难度较低，并且掌握该技能的人数较多。	60
4	该岗位所需的技能要求较低，完全熟练掌握的难度低，并且掌握该技能的人数多。	40
5	该岗位所需的技能要求很低，很容易完全熟练掌握，并且掌握该技能的人数很多。	20
实践经验：对判断和处理岗位异常情况所需的经验。		
等级	评价等级说明	评分
1	异常情况多，处理复杂，需 5 年以上的专业实践经验。	100
2	异常情况较多，处理较复杂，需 4 年以上专业实践经验。	80
3	异常情况一般，处理一般复杂，需 3 年以上专业实践经验。	60

续表

关键技能：关键技能指该岗位在生产和管理流程中不可或缺的技能，可以从掌握难度的大小与掌握人数的多少两方面来综合衡量。		
4	异常情况少，容易处理，需1～2年以上专业实践经验。	40
5	不容易出现异常情况，只需1年以下专业实践经验。	20

综合文化素质：能顺利完成工作所要求的综合文化知识水平。以接受过最高教育水平为评价主要判断基准。

等级	评 价 等 级 说 明	评分
1	研究生毕业以上水平。	100
2	大学本科毕业。	80
3	大学专科毕业。	60
4	职业中学或高中毕业。	40
5	初中毕业或初中以下。	20

岗位责任重要度：指岗位所承担的工作责任对组织的生存、发展影响的广度与深度。包括3个二级指标：风险控制责任、成本控制责任与决策控制责任，具体如表7-8所示。

表7-8　岗位责任重要度指标分级定义

风险控制责任：指在不确定的条件下，为保证组织正常运营，并维持公司合法权益所承担的责任。

等级	评 价 等 级 说 明	评分
1	风险性极高，若出现问题会严重影响公司的正常运营，甚至会令公司倒闭。	100
2	有较高的风险，若发生问题对公司将会造成严重的损害。	80
3	有一定的风险，若发生问题对公司所造成的影响较明显。	60
4	仅有一些风险，但即使发生问题也不会给企业造成大影响。	40
5	无任何风险。	20

成本控制的责任：指在正常工作情况下，对日常工作所发生的成本而承担的管理责任，包括成本计划的审批、考核，成本计划制定，成本日常控制与管理。责任重要度可由成本管理的范围和内容来判断。

等级	评 价 等 级 说 明	评分
1	一级部门成本计划的审批与考核。	100
2	一级部门成本计划的制订、控制与管理，二级部门成本计划的审批与审核。	80
3	二级部门成本计划的制订、控制与管理，三级部门成本计划的审批与考核。	60
4	三级部门成本计划的制订、控制与管理，三级以下部门成本计划的审批与考核。	40
5	三级以下部门的成本控制和管理。	20

续表

决策责任:岗位所作出的决策对企业生存、发展所承担的责任。		
等级	评 价 等 级 说 明	评分
1	决策有直接的战略影响力,其决策将会影响企业战略目标的制定,属于战略层决策。	100
2	决策有间接的影响力,其决策将会影响到企业战略目标的贯彻,属于策略层决策。	80
等级	评 价 等 级 说 明	评分
3	执行上级的决策,其决策为了保证战略目标的实现,属于执行层决策。	60
4	负责具体部门的基层决策,主要为了保障本部门完成上级的任务。	40
5	主要从事个人日常工作决策。	20

岗位职责复杂程度:指在工作中履行岗位职责的复杂程度。包括 3 个二级指标:工作难度、工作压力与协调难度,具体如表 7-9 所示。

表 7-9　岗位职责复杂程度指标分级定义

工作难度:在工作中需要解决问题的复杂程度。依据岗位的工作性质和方法来判断。		
等级	评 价 等 级 说 明	评分
1	工作内容有很大的不确定性,需要通过研讨与策划,在解决重大实际问题中作出判断。	100
2	工作内容有较大的不确定性,需要通过分析与综合,在涉及大量复杂问题中作出判断。	80
3	工作内容有一定的不确定性,在涉及较复杂的专业业务问题中作出判断与改进。	60
4	工作任务具有一定的规律性,需根据有关的环境条件作出分析与判断。	40
5	工作任务简单,按固定的程序进行。	20
工作压力:指工作本身给任职者带来的压力。		
等级	评 价 等 级 说 明	评分
1	工作压力很大,每日工作节奏十分紧张,需要时刻保持注意力的高度集中。	100
2	工作压力较大,工作节奏、时限较难自我控制,工作紧张。	80
3	工作压力一般,工作节奏、时限基本可以自我控制。虽然有时紧张,但持续不长。	60
4	工作压力较小,紧迫感较小。	40
5	工作节奏、时限自己掌握,没有紧迫感。	20
协调难度:指在正常工作中,需要通过合作共同开展业务的协调活动难度。		
等级	评 价 等 级 说 明	评分
1	与企业内部各部门的负责人和企业外界有密切工作联系,在工作中保持随时联系与沟通,协调不力对整个企业有重大的影响。	100

续表

2	与企业所有一般员工和外界几个固定机构有密切联系，或与部门负责人有工作协调的必要，协调不力对企业有较大影响。	80
3	与本部门和其他部门员工有工作联系，与外界联系较小。协调不力会影响双方的工作。	60
4	仅与本部门的员工有密切工作联系，只是偶尔与其他部门的一些个别员工联系。协调不力一般只会影响自己的工作，对别人的影响较少。	40
5	一般情况下，不需要与其他员工进行协调。	20

三、甄选关键岗位继任候选人

(一)提炼成功关键因素

员工与员工之间，有些人工作绩效高，有些人工作业绩平平，分析原因，有些员工具备较好的能力素质，有些员工的行为方式与众不同，有些员工的职业态度和价值观与企业比较一致等等。这些因素经过事实证明，是最有利于实现企业战略目标和企业愿景的，如果把这些成功因素提炼出来，进而归纳、总结，就是评选关键岗位继任候选人的标准。

根据实践经验，关键岗位成功关键因素的表现方式一般分为两种——关键特质和岗位价值驱动因素，企业结合自身实际情况选择其中一种，两种成功关键因素可以用不同的方法分别提炼。

1.提炼关键岗位的关键特质

高绩效者是因为他们具备了一般人所没有的某些特质，而正是这些特质导致了他们的工作绩效不同于一般的员工。以所有被企业确定为关键的岗位为研究对象，参考胜任力模型构建的方法进行关键岗位的关键特质提炼，并对每项特质进行行为描述，由于本书第三章已经对建立胜任力模型的方法进行了介绍，这里不再详细阐述。关键岗位的关键特质一般是指关键岗位任职者应具备的职业素养、核心能力、心理素质、知识素质等，其中以核心能力为重点。

案例 7-4：IBM 甄选关键岗位继任人的 11 项优秀素质要求

必胜的决心(包括行业洞察力、创新的思考和达成目标的坚持)、快速执行的能力(包括团队领导、直言不讳、团队精神和决断力)、持续的动能(包括培养组织能力、领导力和工作奉献度)以及核心特质(对业务的热诚)。

案例 7-5：美的集团空调事业部甄选关键岗位继任人的12项关键资质要求

(1)沟通能力；(2)分析判断能力；(3)计划组织能力；(4)管理控制能力；(5)应变能力；(6)执行力；(7)创新能力；(8)领导能力；(9)决断力；(10)人际关系能力；(11)团队合作能力；(12)承受压力的能力。

案例 7-6：某商业银行甄选关键岗位继任人的胜任力模型

以六大核心能力为一级素质，13 项评估素质为二级素质。核心能力模型如表 7-10 所示。

表 7-10　银行关键岗位继任人核心能力模型

一级素质	二级重要素质	二级次要素质
统筹规划能力	计划能力	资源配置能力
洞察决策能力	决策能力	分析判断能力
学习创新能力	学习能力	创新能力
沟通能力	协调能力	沟通能力
知人善任能力	人员配置能力	授权能力　指挥能力
语言文字能力	口头表达能力	文字表达能力

测评活动重点围绕对二级素质的评估展开，二级素质按不同权重反映至一级素质，从而评价一级素质的能力水平，进而对被测评对象的能力素质状况作出综合评价。权重分配经过多次讨论得出，根据权重的不同，将二级素质区分为重要素质和次重要素质两档。如表 7-11 所示。

表 7-11　二级素质权重分配表

一级素质	二级素质	权重	一级素质	二级素质	权重
统筹规划能力	计划能力	1.00	协调沟通能力	协调能力	0.60
	资源配置能力			沟通能力	0.40
洞察决策能力	决策能力	0.06	知人善任能力	人员配置能力	0.40
				授权能力	0.30
	分析判断能力	0.40		指挥能力	0.30
学习创新能力	学习能力	0.60	语言文字能力	口头表达能力	0.60
	创新能力	0.40		文字表达能力	0.40

2.提炼岗位价值驱动因素

以岗位价值驱动因素为评估标准甄选关键岗位继任候选人,最重要的是评估候选人的行为是否符合企业最高价值追求,而追求企业最高价值是由一系列的行为因素组成的,因此,必须对所有关键岗位提炼体现其价值的、共性的驱动因素,也就是说,哪些重要因素是能够实现企业最高价值追求的,这些因素就是岗位价值驱动因素。

(1)提炼岗位价值驱动因素

①提炼岗位价值驱动因素的原则

■体现企业最高价值追求的原则

每家企业都有自己最高价值追求的定位,有些企业是将追求股东利益最大化作为企业最高价值的体现,有些企业是把回报社会作为企业最高价值的体现;企业追求的最高价值可能在"企业愿景"中出现,也可能没有形成文字,也可能没有或者不成熟,这就需要进行讨论、分析、归纳、提炼,从而确定企业的最高价值追求。

在提炼岗位价值驱动因素时,必须把能实现企业最高价值追求的主要因素,作为(关键)岗位价值驱动因素。假如企业是把追求股东利益最大化作为企业最高价值,那么,在提炼岗位价值驱动因素时,就必须体现哪些重要因素是为股东创造最大价值的,这些因素就是岗位价值驱动因素,是实现岗位价值最重要的因素。

■体现实现企业战略目标的原则

不管企业的最高价值追求是什么,企业需要生存和持续发展,就应该实现战略目标。有利于实现企业战略目标、促进企业可持续发展的思维、能力和行为,就是体现岗位价值的驱动因素。

■共同性原则

岗位价值驱动因素是涵盖企业所有关键岗位的,而不是适合于部分岗位,或者某一个特殊的岗位。

②岗位价值驱动因素提炼方法

当我们知道了企业最高价值追求时,基于关键岗位层级高、重要性强、对企业影响大等特点,分析实现企业最高价值由哪些重要因素组成,对这些因素进行归纳、提炼,找出最重要、共性的部分,并对这些因素作出定义。岗位价值驱动因素以多少为宜,没有明确的要求,但不宜太多,以4～6项较为适合。

例如,某上市通信企业把"增加股东利益和价值"作为企业最高价值追求,那么,企业所有人员的行为都应该是符合企业的最高价值追求的,特别是任职于关键岗位的员工,我们通过对"增加股东利益和价值"进行分析就会发现关键岗位需要具备以下驱动因素才能实现企业最高价值追求。如表7-12所示。

表 7-12 案例:岗位价值驱动因素分析表

企业最高价值追求:增加股东利益和价值	
驱动因素	因素定义
企业发展战略规划	规划企业的发展战略,并为企业取得竞争优势和使员工的行为与企业的战略目标相一致。
人才培养与激励	开发、培养员工,让员工具备胜任能力,能应付竞争的挑战。正确使用人才,激励企业的人力资本创造优异的业绩。
增加收入	增加企业的销售业绩,提高经营效益。
业务运作	推动业务实施,提高企业运营效率,控制业务运作成本,以增加企业利润,实现高效低耗的企业业务运作模式。

(2)建立岗位价值驱动因素行为描述库

对每个价值驱动因素设计相关的行为描述。这种行为描述必须反映企业特定的经营情景。每个价值驱动因素由一系列行为(价值驱动因素行为描述)体现,这些行为全面清晰地反映了关键岗位任职人为实现企业最高价值的过程。岗位价值驱动因素和关键特质的区别在于:关键特质中的"特质"关注人格、动机和技能,而价值驱动因素关注直接和企业最高价值追求相关的行为。

价值驱动因素行为描述库建设由两个步骤组成:行为信息收集和驱动因素行为描述。

①行为信息收集

驱动因素的行为信息可参考"行为事件访谈法"进行收集,针对每个驱动因素分别收集行为信息。

"行为事件访谈法"(Behavioral Event Interview,简称 BEI),是一种开放式的行为回顾式探索技术,是揭示行为特征的主要工具,这种方法源于 McClelland、McBer 公司及哈佛商学院等的研究(Klemp,1977;Spencer,1983)。结合 John C. Flanagan 的关键事例法(Critical Incident Technique,CIT)与主题统觉测验(Thematic Apperception Test,TAT)的访谈方式。

参考"行为事件访谈法"进行岗位价值驱动因素行为信息收集方法如下:

"行为事件访谈法"主要过程是请受访者(一般包括董事会成员、企业高管、关键岗位任职者等)回忆过去一年他针对某个驱动因素在实际工作中最感到具有成就感(或挫折感)的关键事例,其中包括:

◆情境的描述:当时的情境是怎样?什么事情导致了这个情境?

◆涉及哪些人?

◆在那种情境下,你的想法、感受和最想做的事情是什么?

◆你实际采取了哪些行为?

◆结果如何？请陈述一个完整的故事。

在具体访谈过程中，需要被访谈者列出他针对某个驱动因素在实际工作中遇到的关键情境，包括最成功的三件事和最失败的三件事。

在进行“BEI”的时候，访谈者访谈的重点是在过去真实的情境中采取措施和行动方面，需要采用“STAR”方法来深层次挖掘出具体的行为细节来。

“STAR”方法主要有4个问题：

S(Situation)：“那是一个怎么样的情境？什么样的因素导致这样的情境？在这个情境中有谁参与？”

T(Task)：“您面临的主要任务是什么？为了达到什么样的目标？”

A(Action)：“在那样的情境下，您当时心中的想法、感觉和想要采取的行动是什么？”在此，要特别了解被访谈人对于情境的认知和事例的关注点。

“被访谈人如何看待其他的人(例如：肯定或是否定)或情境(例如：问题分析与解决的思考)？”

“被访谈人的感受是什么(例如：害怕、信心、兴奋)？”

“被访谈人内心想要做的是什么？什么想法激励他们(例如：想把事情做得更好，让老板印象深刻)？”

R(result)：“最后的结果是什么？过程中又发生了什么？”

“STAR”是“BEI”的时候非常有效的问法，访谈中主要使用“STAR”提问。但是“STAR”也是一项比较复杂的技术，实施的关键点在于：

◆从正向的事件开始。

◆遵循事件本身的时间顺序。

◆探究相关的时间、地点和心情，通常有助于被访谈人回忆起当时的情节。

◆强化被访谈者多说有用的素材。通过不断地强化，可以训练被访谈人，如何描述此类事件。

◆了解访谈过程，被访谈人可能会引发情绪的反应。

◆一次只描述一个情况，注意探究其行为模式。探究思想上的起因S和行为过程A，即实例中的技术问题的解决模式和策略规划的思考程序。

为了能够更好地应用“STAR”技术，更加客观地反映被访谈者的实际情况，我们在访谈的过程中还要注意以下几点：

◆在对访谈者进行STAR提问时，避免被访谈者进入理论化或泛泛的陈述中，发现这样的情况时，应该礼貌地打断对方，使其谈话回到具体事件访谈中。

◆当询问意图问题后，跟进一个问题：您实际上做了什么？整个计划中，什么是特别重要的步骤？有哪些是您最难忘的事情？

◆避免问题转向绝对化和抽象化。访谈核心是了解被访谈人过去实际做过的事情。一般不会使用“为什么”。“为什么”经常会诱发一个人陷入描述情境的理论模式，而非谈出他实际采取的行动；这样的问题会引发对方的理论探讨，谈的更多的是他的思想而不是事实。因而一般会用这样的提问：“当时是什么情况促使您这样做？”

◆避免使用现在式和未来式的问法。“在这样的情况下，您会做什么？”“下一次，您将会怎么做?”等,这些现在式和未来式的问法容易导致假设性的答案。

◆避免使用问假设性问题:“您当时觉得该如何去做?”这样问,对方会回答他当时想采取的措施,而未必就是实际采取的措施,一般的提问是:“您当时做了些什么?”

◆避免问一般性的问题:“您通常会如何做?”“通常”两个字会把他带入一般性的或理论性的做法,应该采用这样的提问:“当时情况下您做了什么?”

◆避免使用引导型问题或直接跳向事件结论:“这种情况您尝试去说服他吗?”“关于用人方面您能谈谈吗?”“您经常培训下属吗?”

对那些优秀的管理者而言,当问他成功事例时,往往会脱口而出,因为一个成功业绩会凝结他的心血,对此他的印象是极深刻的,而引导性问题会把被访谈人带入理论探讨,或者一般性的叙述中。

◆不揣测和诱导被访谈者说的内容,避免探究那些会限制被访谈者思路的领域。

②驱动因素行为描述

行为信息收集完成后,对收集的信息进行整理、归纳、提炼,行为描述语言必须精炼、准确,每个驱动因素选择出现频率最高的正面行为描述和负面行为描述各10～15条,提交给企业领导层讨论、调整、删减,最终审核确定,每个驱动因素正面行为描述和负面行为描述各5～10条为宜,不宜太多。最终确定行为描述的人员由董事会成员、总经理、相关高层管理人员、人力资源管理负责人组成。如表7-13所示。

表7-13 案例:岗位价值驱动因素行为描述

企业最高价值追求:增加股东利益和价值			
驱动因素	因素定义	正面行为描述	负面行为描述
人才培养与激励	开发、培养员工,让员工具备胜任能力,能应付竞争的挑战。正确使用人才,激励企业的人力资本创造优异的业绩。	1.针对每个下属的具体情况,制定了相应的完善的培训计划和培养方案。 2.在工作中主动、及时指导下属,无特殊原因,从不拒绝回答问题。 3.正确、及时激励下属,使下属保持旺盛的工作热情。 4.……	1.培养下属缺乏系统的培训计划,临时性居多;培养方案比较单一。 2.发现下属工作或能力出现问题,很少主动、及时教导、帮助下属。 3.缺乏有效激励,使下属员工工作业绩不佳,对工作缺乏兴趣。 4.……

(二)设计继任岗位评估模型

完成成功关键因素提炼后,需要对每个继任岗位开发一套评估模型。根据关键岗位的定义和内涵,被继任关键岗位一般由成功关键因素、任职资格要求、以往工作绩效、综合素质要求等要素组成:

1.成功关键因素

成功关键因素分为两种——“关键特质”和“岗位价值驱动因素”，在构建继任岗位评估模型时，企业结合自身实际情况选择其中一种成功关键因素。然后参照胜任力模型构建方法，对各项成功关键因素分配权重或分值。

如企业提炼成功关键因素有困难，也可以以胜任力模型代替成功关键因素。

2.任职资格要求

任职资格要求在岗位说明书和任职资格体系中都有规定，一般由专业知识、基本技能、工作经验组成。

3.以往工作绩效

评估继任候选人在最近1～3年的工作业绩是否达到一定要求，如良好以上等级的成绩。

4.综合素质

综合素质由职业能力类型、职业个性(气质、性格)、职业倾向(动机、兴趣、价值观)等组成，评估候选人的能力类型与岗位匹配度、性格与岗位的匹配度、气质类型与岗位的匹配度、职业动机与岗位匹配性、职业兴趣与岗位匹配度、职业价值观与岗位匹配度等。

案例7-7：美的集团空调事业部关键岗位继任者和后备人才甄选评估模型

1.知识经验和工作业绩：基于“知识全面、经历丰富、业绩出色的员工综合素质较强，并且服众”的假设。

2.关键资质：基于“在每个岗位上，都有一些人做得比其他人好，绩效好的人与绩效平平的人采取的工作方式是不同的；高绩效者之所以能采取不同的工作方式，是因为他们具备了一般人所没有的某些特质，而正是这些特质导致了他们的高绩效”的假设。(事业部12项关键资质：(1)沟通能力；(2)分析判断能力；(3)计划组织能力；(4)管理控制能力；(5)应变能力；(6)执行力；(7)创新能力；(8)领导能力；(9)决断力；(10)人际关系能力；(11)团队合作能力；(12)承受压力的能力。)每项指标的评价标准参见《空调事业部12项资质定义及行为评价标准》。

3.综合素质和潜质

(1)性格特征；(2)职业倾向；(3)综合能力。

(三)测评方法选择和测评工具开发

1.测评方法选择

继任岗位评估模型的内容比较复杂,结合评估模型中需要测评的具体内容,选择测评方法,开发测评工具,在实际测评时,可能需要选择几种测评方法同时使用。本书已在第六章"建立人才测评系统"系统介绍了测评方法的选择,在这里不再详细阐述。常用测评方法如表7-14所示。

表7-14 测评常用方法比较表

方法名称	简介	适合测评的项目	使用说明
笔试	通过多种选择题、是非题、匹配题、填空题、简答题、回答题、小论文等测试,了解被测评人所具有的知识、才能和观念等	测量人的基本知识、专业知识、管理知识、综合分析能力和文字表达能力等素质及能力的差异	可以与其他测评方法结合使用
心理测试	通过成就测试、智力测试、能力测试等获得被测人员的智力水平、工作能力及发展潜力的相关信息	智商、工作能力、工作动机、职业兴趣、人际关系敏感性、个人承压能力、自信心、发展潜力等	适用于教育评估、职业发展以及人才的招聘、选拔
结构化面试	实行标准化方法,包括标准的测评要素及维度、标准的面试题目、标准的评分标准、标准的评价程序	沟通能力、分析能力、影响力、责任心、独立性、人际洞察力、判断能力、承压能力等	适用于科技人员、基层管理人员的聘用与选拔
模拟面试	1.由经过培训的人扮演某个角色与被测人员进行谈话 2.面谈过程中,测评人员对面谈过程进行观察和评价 3.测评人员本人还可以直接扮演与被评价者谈话的角色	主动性、适应性、沟通能力、独立性、自信心、思维灵活性与敏捷性、情绪稳定性等	可以与公文筐测验结合使用
信息搜寻	1.提供某个特定的问题 2.要求被测人员通过不断提问来获取能合理解释这个问题的详细信息的方法	责任心、独立性、想象力、推理能力、分析能力、人际洞察力、判断能力、在压力下的反应和表现等	可以与其他技术结合使用
演讲	被测人员按照给定的材料组织并向测评人员阐述自己的观点及依据	组织能力、分析能力、语言表达能力、分析推理能力、压力的反应能力、时间管理能力	可以与其他技术结合使用

续表

方法名称	简介	适合测评的项目	使用说明
案例分析	被测人员阅读相关问题及材料,准备出一系列建议、对策及分析报告	组织规划能力、创新能力、综合分析能力、决策判断能力、基本业务技能、书面表达能力	可以与其他测评方法结合使用
角色扮演	1.被测人员通过扮演某些角色,来模拟完成工作情景中的一些活动和过程 2.模拟情景通常是非结构化的	人际关系能力、说服能力、表达能力、应变能力、处理突发事件能力、冲突处理能力、团队合作意识、个人承压能力、自信心	适用于管理潜能的预测,适用于管理人员的聘用与选拔
无领导小组讨论	一组无具体负责人的被测人员在一定时间内,围绕给定的问题或在既定的背景之下展开讨论,得出小组意见	组织协调能力、口头表达能力、综合分析能力、说服能力、洞察能力、影响力、人际交往倾向、自信心、积极主动性、自我控制能力、责任感、团队意识	适用于管理能力的评价,适用于管理人员的聘用和选拔
公文筐测验	公文筐测验又称公文处理练习,是针对具体管理岗位,在一定时限内,要求被测人员处理报告、信函和备忘录等文件	书面沟通能力、资料分析与综合能力、获取信息能力、洞察问题能力、判断预测能力、计划能力、组织协调能力、决策能力、任用授权能力、制导控制能力、岗位特殊素质	适用于管理潜能的预测 适用于管理能力的测评 管理人员的聘用与选拔
考核	一种有效、却比较传统的方法。依照考核标准,定期或不定期进行定量和定性的考核,评估考核对象的德、能、勤、绩	主要是考核工作绩效,也可以对素质(如品德、能力、勤奋度等)测评	适合于各类人员的选拔,与其他的人才选拔测评方法结合使用

2.测评方式

各个模块分别测评,但成功关键因素是否决项,如果成功关键因素测评没有达到要求,则该继任候选人失去本次候选人的资格,不再参与后面的测评。任职资格要求、以往工作绩效、综合素质的评估分别进行(如果在进行职业生涯规划时已经对综合素质做了测评,且间隔时间不长,可参考测评结果)。

(四)候选人测评与甄选

第一步　提炼成功关键因素

企业确定关键岗位后,提炼关键岗位最有利于实现企业战略目标和企业愿景的成功因素,关键岗位成功关键因素分为关键特质和岗位价值驱动因素两种,两种成功关键因素用不同的方法分别提炼。

提炼关键岗位成功因素时，根据企业大小和实际情况，可以将关键岗位分为若干组，分别提炼，如企业首席执行官为一组，其他关键岗位为一组，如果企业比较大，其他关键岗位还可以分为集团本部关键岗位组、子公司（事业部）关键岗位组等，按不同的组别分别提炼关键岗位成功因素。

第二步　设计继任岗位评估模型

对每个被继任关键岗位分别开发一套评估模型。被继任关键岗位评估模型一般由成功关键因素、任职资格要求、以往工作绩效、综合素质要求等要素组成。评估模型中的各要素之间一般不设权重，分别测评，综合评估。

第三步　选择测评方法

根据关键岗位评估模型中的测评项目，选择适合的测评方法。

第四步　开发测评工具

根据选择的测评方法，开发测评工具，但测评方法的不同，测评工具有很大的区别，如笔试是相对静态的测评方法，测评工具就是由考试题和评分标准组成；而无领导小组讨论的测评方法由讨论题和复杂的评分标准组成。

第五步　组建测评小组

甄选不同关键岗位的继任候选人，应由不同的人员组成测评小组，测评小组的成员必须具有权威性和代表性，除外部专家、特邀专业人员和人力资源部人员外，还需要职位层级高于被继任岗位的其他人员组成。

测评小组必须参加培训，掌握测评细节和被继任岗位的全部知识，全面掌握继任岗位评估模型的内容和测评方法/工具。

第六步　测评实施

企业公布关键岗位继任人甄选信息，接受员工的报名应聘，选择符合评估模型中"任职资格要求"、有潜力的员工，按对应的被继任岗位评估模型进行测评。参与测评人员的数量，参考人才梯队资源库容量的相关要求。

各个模块分别测评，但成功关键因素是否决项，如果成功关键因素测评没有达到要求，则该继任候选人失去本次候选人的资格，不再参与本模型后面其他项的测评。

第七步　撰写测评报告

◆各要素的单项得分。

◆个人的成功关键因素评估结果描述。

◆个人的成功关键因素评估结果描述与岗位的成功关键因素要求的契合程度。

◆任职资格要求的评估结果，与继任岗位对任职资格要求的匹配程度。

◆以往工作绩效的评估结果，与继任岗位对以往工作绩效要求的匹配程度。

◆综合素质的评估结果，与继任岗位对综合素质要求的契合程度。

◆个人综合的优点和弱点。

第八步　确定继任候选人

◆形成人岗匹配分析表。

人岗匹配分析表案例如表 7-15 所示。

表 7-15　人岗匹配分析表

目标岗位：省公司市场部总经理

匹配维度 / 姓名	任职资格			领导力素质							总体人岗匹配程度
	专业知识	工作经验	以往绩效	大局观	团队领导	市场意识	沟通协调	客户服务意识	合作精神	组织意识	
后备 A	●	●	○	●	●	○	●	●	●	●	●
后备 B	●	■	●	●	●	○	○	○	●	○	○
后备 C	●	●	●	■	■	■	●	●	●	●	○
后备 D	○	○	●	●	●	○	●	○	○	■	○
后备 E	●	■	●	○	●	■	■	●	■	○	■

图例：●已经准备好；○需要 1～2 年；■需要 3～5 年

◆确定进入人才梯队资源库的继任候选人，原则上可以按 1∶3 甄选，但需要考虑影响人才梯队资源库“容量”的相关因素。

◆进入人才梯队资源库的候选人将按企业制定的人才培养计划接受培训。

第三节　储备人才候选人甄选

本节的储备人才甄选，指目标岗位（非关键岗位，包括管理岗位和非管理岗位）的储备人才甄选，通道层级的人才储备甄选不在本书介绍，操作方法可以参考企业的“任职资格等级认证”、“晋升管理”等企业管理制度。

目标岗位储备人才候选人甄选与关键岗位继任候选人甄选的方法和步骤基本相似。

一、设计储备人才甄选评估模型

储备人才甄选之前，需要对每个目标岗位开发一套评估模型。评估模型一般由胜任力、任职资格要求、以往工作绩效、综合素质要求等要素组成。

（一）胜任力模型构建

胜任力是目标岗位所需要的关键特质，所以在评估之前必须对每个目标岗位构建一套胜任力模型。如企业已经建立了岗位胜任力模型，则可以借鉴使用。

（二）任职资格要求

任职资格要求在岗位说明书和任职资格体系中都有规定，一般由专业知识、基本技能、工作经验组成。

（三）以往工作绩效

评估候选人在最近 1～2 年的工作业绩是否达到一定要求，如良好以上等级的成绩。

（四）综合素质

综合素质由职业能力类型、职业个性（气质、性格）、职业倾向（动机、兴趣、价值观）等组成，评估候选人的能力类型与岗位匹配度、性格与岗位的匹配度、气质类型与岗位的匹配度、职业动机与岗位匹配性、职业兴趣与岗位匹配度、职业价值观与岗位匹配度等。

二、测评方法选择和测评工具开发

(一)测评方法选择

评估模型中的胜任力模型测评可以参考"胜任力模型验证"的方法，综合素质测评参考职业生涯规划中的相关测评方法。

(二)测评方式

胜任力、任职资格要求、以往工作绩效、综合素质的分别测评，对各个模块单独评估匹配度，然后进行综合评估，最终确定是否作为储备人才进入人才梯队资源库。

三、候选人测评与甄选

(一)组建测评小组

测评小组一般由特邀专业人员、人力资源部人员、层级高于目标岗位的人员组成。测评小组必须参加培训，掌握测评细节和目标岗位的全部知识，全面掌握目标岗位评估模型的内容和测评方法/工具。

(二)测评实施

企业公布目标岗位储备人甄选信息，接受员工的报名应聘，选择符合评估模型中"任职资格要求"、有潜力的员工，按对应的目标岗位评估模型进行测评。

(三)撰写测评报告

◆储备人才甄选评估模型中各模块的单项得分。

◆个人的胜任力验证结果描述。

◆个人的胜任力验证结果描述与目标岗位的胜任力要求的匹配程度。

◆任职资格要求的评估结果，与目标岗位对任职资格要求的匹配程度。

◆以往工作绩效的评估结果，与目标岗位对以往工作绩效要求的匹配程度。

◆综合素质的评估结果，与目标岗位对综合素质要求的契合程度。

◆个人综合的优点和弱点。

(四)确定储备人才候选人

◆形成人岗匹配分析图。

◆确定进入人才梯队资源库的目标岗位储备人才候选人，原则上可以按 1∶3 甄选候选人，但需要考虑影响人才梯队资源库"容量"的相关因素。

◆进入人才梯队资源库的候选人将按企业制定的人才培养计划接受培训。

第八章
人才培养与选拔

第七步，进行人才培养体系设计，实施体系方案。进入人才梯队资源库的人才，根据继任计划/人才储备计划，结合个人的职业生涯发展目标，企业对人才梯队资源库的人才规划培训课程体系，设计培养方法，制定培养管理制度，对他们进行针对性的培养，以达到人才梯队建设的目的。

进入人才梯队资源库的人才经过一段时间培养后，企业会根据目标岗位/通道层级对人才的需要，在资源库中选拔继任者，选拔成功者成为继任人而"出库"，选拔失败者淘汰"出库"。一批人才"出库"了，企业根据储备人才的需要，又会甄选一批人才"入库"，周而复始，不断为企业培养合格的继任人才。

第一节　培训需求分析

一、培训需求分析

在企业战略地图的指引下，企业培训需求分析是指在企业规划与设计每项培训工作之前，由外部咨询机构或企业内部培训部门、主管负责人、培训工作人员等采用各种方法与技术，对参与培训的所有组织及其员工的培训目标、知识结构、技能状况等方面进行系统的鉴别与分析，以确定这些组织和员工是否需要培训及如何培训的一种活动或过程。培训需求分析也是一个复杂的系统，它涉及人员、工作组织及其组织所处的环境。

在实际操作中，有几点需要注意：企业常规的培训由于经费、时间等原因，一般不会给基层员工每个人制定一套培训课程，对核心骨干、高级管理人员则比较可能规划个人的培训课程。而对进入人才梯队资源库的人才（关键岗位继任候选人和储备人才），在候选人阶段，是参加统一的培训课程，需要针对每个岗位/层级的候选人规划统一的培训课程，而成功甄选为继任者后，需要规划个人的个性化培训课程。所以，应该注意这种特点，在做培训需求分析时有所区别和侧重。

人才梯队培训需求分析分为三个部分：

继任岗位/层级分析:根据组织战略、组织管理和该岗位的工作特点,分析继任该岗位的继任者需要培训哪些课程。

继任候选人分析:对继任候选人的能力、素质、态度等进行分析,找出候选人的共同点;根据继任岗位/层级的培训需求,增加或减去继任候选人的共同点,按岗位/层级规划候选人培训课程体系,每个岗位/层级的候选人采用统一的培训课程体系。

继任者分析:通过甄选,确定继任者后,根据参与候选人测评的结果、继任候选人培训结果、新岗位/层级上任前的需求,规划继任者个人的培训课程体系。

(一)培训需求产生的原因和作用

1. 培训需求产生的原因

美国著名的人才发展和培训管理专家汤姆·W. 戈特博士说:作出任何一项重大经营决策前一般都需要进行形势分析和结果预测。与此类似,培训前的需求分析确定我们想到哪里去,而学习目标则像地图一样标明我们前进的道路。

有效的培训需求分析是建立在对培训需求成因有效性的分析基础之上的,培训需求形成原因的客观分析直接关系着培训需求分析的针对性和实效性。企业、员工、工作内容、工作业绩都在变化之中,为了满足企业发展的需要,由此产生了培训的需求。培训需求产生的原因大致可分以下三种:工作变化、人员变化、绩效低下。

第一种:工作变化

企业处在不断变化、发展的环境之中,工作环境、工作岗位、工作内容都可能会发生变化,为了适应这种变化,就会产生培训需求。

第二种:人员变化

一家企业来了新的员工,他们踏入了新的工作领域,不管有无工作经验,不管能力高低,为了尽快地进入工作状态,实现较好的工作业绩,相关培训是不可或缺的。

第三种:绩效低下

实现既定的或更优异的绩效是企业所希望的,但部分员工因各种原因,其现有状态和应有的状态之间会存在一定的差距,达不到要求,因此会产生相关的培训需求。

进入人才梯队资源库的人才的培训需求属于第一种:工作变化,他们是为更高职务、更重要的岗位而储备的,这就意味着对这些人才的思想意识、专业能力、领导力等综合素质提出了更高的要求,否则难以成功选拔进入目标岗位,难以胜任新岗位的工作要求。所以,参加培训是人才梯队资源库人才的首要选择。

关键岗位继任者培训分为两个阶段:一是关键岗位继任候选人培训,指进入人才梯队资源库后,参加关键岗位继任者甄选前的培训,根据新关键岗位的要求,规划该岗位所有候选人参加统一的培训课程;二是关键岗位继任者培训,指成为关键岗位继任者后,等待就任目标岗位前的培训,根据新关键岗位的要求、个人的不足之处、组织需求等,规划继任者个性化的培训课程。

储备人才的培训与关键岗位继任者培训相似,也分为两个阶段:一是储备人才候选人培训,指进入人才梯队资源库后,参加新岗位/层级选拔前的培训,根据新岗位的要求,规划该岗位/层级所有候选人参加统一的培训课程;二是新岗位/层级继任者培训,指成为新岗位/层级继任者后,即将就任目标岗位/层级前的培训,根据新岗位/层级的要求、个人的

不足之处、组织需求等，规划继任者个性化的培训课程。

2.培训需求分析的作用

培训需求分析对整个培训工作发挥着重要作用，主要体现在以下四个方面：

(1)有利于确定需要培训的员工的情况

对员工的知识和技能进行调查分析，可以明确培训的内容；对受训员工的岗位和人数进行分析，可以清楚地知道哪些岗位需要进行培训以及培训的优先性和迫切性；对员工的培训态度进行分析，可以清晰地了解员工对培训的认识，以便采取相应的培训动员措施。

(2)有利于制订培训方案

明确了需求，就有了培训的内容和目标。只有具备了内容和目标，才能确定出有效的培训方案，从而取得良好的培训效果。

(3)有利于获得领导的支持

任何一个培训项目的实施，都需要得到企业相关领导的支持，如何说服他们启动并且支持培训项目的开展是问题的关键，而培训需求分析是领导者进行培训决策的第一资料，好的培训需求报告有利于领导快速作出决策。

(4)有利于进行培训效果评估

培训需求分析可以为培训效果的评估提供可供参照的标准。

3.培训需求分析的流程

培训是一个由多环节组成的系统工程，任何一个环节出现纰漏都可能会影响到培训的进程和效果。由于培训需求调查分析是整个流程中的第一个环节，是培训管理的基础性工作，因此需要全员参与(包括企业经营者、相关部门经理、培训具体实施者以及人力资源经理)。培训需求分析流程如图8-1所示。

(二)培训需求分析的内容

培训的成功与否在很大程度上取决于需求分析的准确性和有效性。培训需求分析主要从三个层面进行分析：战略层面分析、组织层面分析和个人层面分析。培训需求分析方法比较多，常用的方法包括以下七种：组织需求分析、职务分析、员工个人分析、任务和技能分析、业绩分析、重大事件分析、其他信息来源分析等，企业在做培训需求分析时一般以组织需求分析、职务分析、员工个人分析为主，以后面四种为辅。

在对人才梯队进行培训需求分析时，有两点很重要：

一是在对人才梯队进行培训需求分析时，是以人才梯队的目标岗位(或发展通道层级)的要求为标准而进行分析的，同时也对组织需求和个人需求及其他需求进行分析。

二是进入人才梯队资源库的人才在进入之前进行过了各种测评，这些测评结果是培训需求分析的重要信息之一，分析这些信息有助于规划人才的个性化培训计划和培训课程。

1.组织需求分析

(1)组织目标分析。明确、清晰的组织目标对组织的发展起着决定性、引导性的作用，同时也对培训规划的总体设计与实施起着决定性的作用。组织目标包括企业的短、中、长期战略目标，没有制定企业战略目标的，一般会有短期目标。

(2)组织资源分析。培训的实施需要一定的人力、物力、财力等作为基础。从财力上

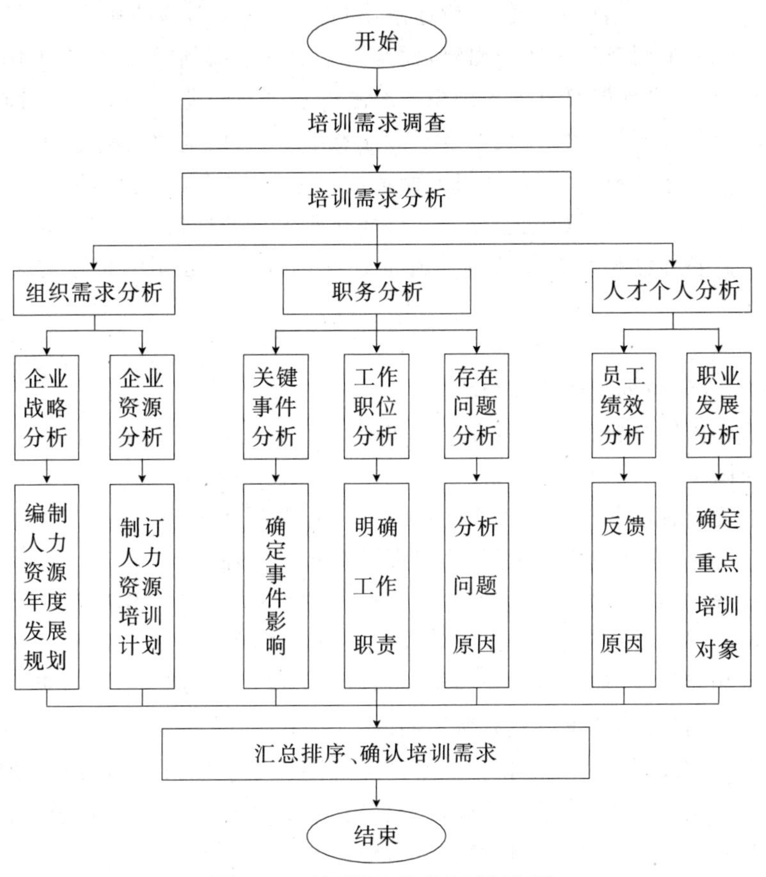

图 8-1　培训需求分析的流程

来说，组织提供的培训经费会影响到培训的范围、频率、执行力度等；在时间方面，培训时间的合理安排是影响培训效果的重要因素之一；在人力方面，培训需求分析工作、培训实施过程及培训评估过程，都需要人员的配合。

(3)组织环境分析。组织环境分析主要从组织内部环境与外部环境两方面进行，组织内部环境包括企业文化，企业的软硬件设施，企业经营运作的方式，各种规章制度等；外部环境包括企业所在地的经济、社会及人文气息等。

(4)企业员工素质结构分析。对员工进行素质结构分析，一方面有助于企业准确地制定培训方案，另一方面可以充分利用各种有效的资源，使培训收益最大化。

①员工所受教育水平分析。分析员工是什么学历，所取得的学历是全日制教育还是其他类型的，求学是在国内学校还是国外学校。

②专业结构分析。分析员工学习了什么专业，学了几个专业，专业主要课程是什么，等等。

③年龄结构分析。一般来说，年轻的员工有活力，容易接受新事物但缺乏稳重；年长的员工具有较丰富的各种经验，较沉着。在进行培训时，企业需要根据工作岗位的特点和在岗人员的年龄特点来确定培训的内容。

④性格结构分析。培训并不能有效地解决员工工作中出现的所有问题。例如,财务部某工作人员编制的财务报表频频出错,而据同事及其上级领导反映,该工作人员工作态度良好、专业知识水平深厚且具备该岗位所要求的能力。企业经认真调查分析后得知,出现问题的根本原因在于该工作人员办事不太注意细节,是由其性格决定的。

对员工进行需求分析时,若从性格方面考察,可就如下问题进行探讨:某一岗位的工作特点要求岗位任职者的性格是怎样的?目前在职人员的性格是什么样的?两者是否相符?公司员工的整体性格结构是偏向于外向还是内向?和公司的企业文化定位是否一致?等等。

2.职务分析

(1)员工所在岗位的工作特征分析

①一般工作内容分析。其目的在于让非岗位任职人员快速了解该工作的工作性质、主要职责与权限等,是培训需求分析的基础。

②工作的复杂程度分析。以工作的每一个工作要项为基础,分析其工作标准、特点、所需的知识技能、安全及注意事项等,为培训需求和评估提供依据。

③工作任务的饱和度分析。主要是对工作量的大小、主要工作所消耗时间等方面进行分析,如行政部的工作特点是事小、多且繁杂,但工作时间相对较短,而人力资源部的工作则是工作量相对较少,但是对工作的细致程度却要求较高,那么在对这两个部门的人员进行培训时,其各自培训的重点是有所不同的。

④所在岗位的发展趋势的变化。主要是考虑随着企业的发展,该岗位所在部门或岗位本身的工作量是否会加大、工作任务是否变得繁重、工作难度是否增强等。在培训时,要注意对这些问题的前瞻性和预见性进行考虑。

⑤管理权限分析。管理权限分析主要是针对企业管理类职位的分析,从而确定其所接受培训的程度以及培训的节奏。

⑥岗位任职资格分析。岗位任职资格分析主要是依据岗位说明书的信息,分析岗位必备的知识、技能并找出岗位任职者欠缺之处,从而提取培训需求信息。

(2)工作中存在或需解决的问题分析

培训解决的主要是岗位任职人员的技能和能力问题,了解员工目前工作中存在的最需要通过培训来解决的问题,有针对性地对员工所欠缺的工作技能、知识进行培训,以提高培训的效果,从而达到提高员工工作绩效的目的。

3.人才个人分析

培训是针对具体的人才(员工)和岗位进行的,所以,在公司整体员工素质结构分析基础之上进行的对被培训个体的素质分析,是整个培训需求分析的核心,对培训结果起着决定性的作用。

对员工个人层面的分析主要从以下两个维度进行:一是员工所具备的知识和技能;二是员工个人的态度和职业素养。

(1)培训对象区域划分。主要针对员工的知识水平、技术技能、职业素质、工作态度等方面进行分析。在明确了个人岗位的任职资格要求后,找出员工目前状态和应有状态之间的差距,从而确定培训需求。员工区域分析按照工作技能和工作态度两项指标划分,可得出四种不同的结果，具体如图 8-2 所示。

图 8-2　员工区域划分图

第一区域员工：德才兼备，各方面都过硬，已是或将是企业核心员工或业务骨干。

这类员工是企业重点培养的对象和培训工作的重点。培训部的职责就是督促这些员工规划自己的职业发展，安排一些提升培训，不断引导，使其从操作层向执行层、管理层发展。

第二区域员工：知识和技能过硬，但工作态度不好，职业素质不高。

针对这类员工的培训要解决的是其工作态度和职业素养的问题，培训部可以安排其参加企业文化培训、团队协作精神训练、职业素养提升培训等，并加大绩效考核的力度。

第三区域员工：知识和技能不符合岗位要求，工作态度也不好。

对于这一区域内的员工，人力资源部门可以与其进行个别谈话，了解其想法；向其直属领导了解实情，要求这类员工在有限的时间内适应岗位的要求，否则予以转岗或辞退。企业可以安排这类员工接受各项培训。当然，这会花费很大的人力、物力和财力。

第四区域员工："次品"式员工，知识和技能不符合岗位要求，但工作态度好。

培训部需要安排这些员工参加专业知识培训和技术操作训练，使其尽快达到岗位的硬件要求，以更好地为企业服务。

(2)培训需求对象分析。不同工作性质的人员，其培训需求是不同的，按进入组织先后划分，可以把员工分为新员工和老员工(即在职员工)，而在职员工按其从事的岗位级别可分为基层员工、中层主管人员、高层管理人员。

(3)人才梯队的个人职业生涯规划。管理比较规范的企业一般会给员工进行职业生涯规划，在做培训需求分析时，应该准确把握员工的职业锚，分析员工职业生涯规划的不同时期、担任不同的工作和岗位、可能晋升或转换的岗位、各阶段的工作能力和业绩等因素，为培训需求提供依据。员工在职业发展各阶段企业应该如何开展培训工作如表 8-1 所示。

表 8-1　职业发展各阶段的培训特点

职业发展阶段	阶段存在的特征和员工关心的问题	企业如何开展培训工作
探索期	择业者初步职业定位、 初步形成自我概念	择业者针对职业定位 自主地学习
建立期	如何得到工作 如何和同事相处 如何学会工作 再次职业定位	提供企业的信息 上岗导向培训 岗位技能培训 企业文化培训
职业中期	错误次数逐渐增多 决定努力的程度 重新定前进的进程和目标方向 决定是从事技术型工作还是管理职业	规章制度培训，加强惩戒力度 思想政治教育，树立正确价值观 家庭和工作矛盾平衡，技能培训
职业后期	承担更大的责任或维持现状 充当元老和师长角色，培养有能力的下属员工	专业技能的广度和深度培训 充分利用员工的经验和技术，传帮带培训
衰退期	工作绩效下降 员工产生失落感和敌对情绪 退休安排	思想政策教育，安慰和诱导，确保工作顺利开展 退休后生活安排、福利待遇等说明

4.任务和技能分析

这种分析方法适用于新员工的上岗引导，或引进新技术，增设新的职位，或重新定义工作职位，或重新定义工作职责等情况。

在进行任务和技能分析时可以遵循以下六个步骤：

(1)确认一项职务或工艺。

(2)把职务(或工艺)分解成若干项主要任务。

(3)把每个任务分解成若干项子任务。

(4)确定所有的任务和子任务，在工作表格上用正确的术语将它们列出来，每个任务单列一项，并列出子任务。

(5)确定完成每项任务和子任务所需的技能。

(6)确定对哪些任务和技能需要进行员工培训。

这一过程需要消耗相当多的时间和金钱，所以必须在需求明确时才加以运用。

5.业绩分析

培训的最终目标是改进工作业绩，因此对个人或集体的业绩进行考核可以作为分析潜在需求的一种方法。

在进行业绩考核时值得大力推荐的一种方法是，使用现有的业绩管理和评估体系，在业绩较差或者可以继续提高的领域中确认所需的培训项目。做这项工作时要记住以下几个要点：

(1)将明确规定、得到一致同意的标准作为考核基线。

(2)集中注意希望达到的业绩。

(3)精确地记录实际业绩。

(4)确定未达到理想业绩水平的原因。

(5)确定通过培训是否能够达到理想的业绩水平。

6.重大事件分析

重大事件——那些对实现目标起关键性积极或消极作用的事件——为培训项目分析提供了方便而有意义的信息来源。确定重大事件的原则是,工作过程中发生的对企业的效能有重大影响的特定事件。这些重大事件包括系统故障、顾客迫切要求和存在的主要问题(如产品交货期或事故数量过高)。

采用重大事件分析法,一般分为下列几步:

(1)确认哪些为重大事件,将其与日常工作分离。

(2)确定保存重大事件记录的指导原则。

(3)确定记录人和记录媒体。

(4)对记录进行定期的分析,以确定某一重大事件对企业效率的正面和负面的影响。

(5)由此确定培训项目和受训人。

7.其他信息来源

(1)现有记录分析。这也是获取培训需求信息的重要方面。这些现有记录包括:产品数量、产品质量、废品率、缺勤率、客户投诉率、事故率、绩效评估、设备运作年报、生产年报、聘用标准、个人档案等等。通过对现有记录分析,找到员工的现状与期望之间的差距,并由此定出培训计划。

(2)客户调查。通过与客户访谈,可以发现产品和服务中存在的问题,并据此来提高人员的素质,令顾客真正满意。

8.培训需求阶段性分析

除了对培训需求进行上述各个层面的分析外,企业还需对培训需求进行阶段性分析,培训需求分析分为目前阶段培训需求分析和未来阶段培训需求分析。目前阶段培训需求分析是为了了解员工目前最需要培训的内容,以解决其目前的实际问题;未来阶段培训需求分析是为了了解员工未来一段时期所需的知识和技能,以便有计划、有针对性地对其进行培训。

根据和思顾问集团的实践,在针对企业常规的培训需求进行规划时,客户一般会提出规划三年的培训课程体系的要求;而对继任者的培训课程会规划两个阶段:一是进入人才资源库后,参加选拔前的培训课程体系;二是选拔成功后,等待就任新岗位/层级前的培训课程体系。

(三)培训需求分析的方法和工具

1.培训需求分析的方法

培训需求分析常用的方法主要有九种:访谈法、观察法、问卷调查法、测验法、工作任务分析法、资料分析法、重点团队调查法、绩效分析法和全面分析法等,如图 8-3 所示。

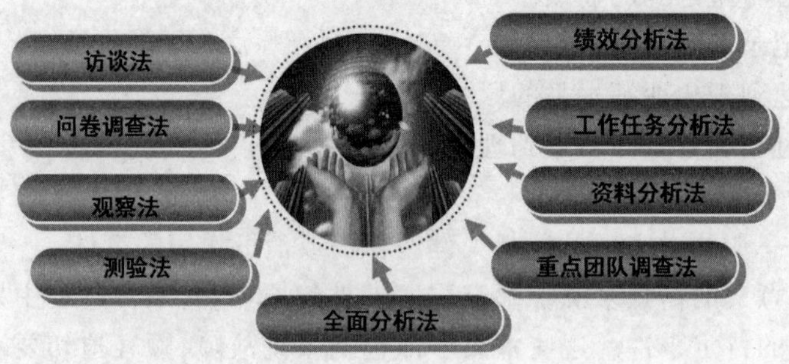

图 8-3 九种培训需求分析方法

企业在实际操作时，根据每种培训需求分析方法的特点和适用范围，结合企业情况，及工作内容和培训对象的不同，选择最适合的几种培训需求分析方法综合使用，对企业培训需求进行综合分析。培训需求分析方法的特点、适用范围如表 8-2 所示。

表 8-2 培训需求分析方法的特点和适用范围

名称	分析方法	特 点	适用范围
观察法	培训者通过与员工在工作岗位上一起工作，或通过其主管、同事对其工作进行考察、评价来确定培训需求的方法	■基本方法，应当与其他调查工具配合使用 ■对员工有直接的了解 ■时间长 ■要求观察者对工作背景熟悉 ■使用观察记录表	■生产性工作 ■服务性工作 ■范例如表 8-3，8-4 所示
问卷调查法	培训管理者确定与培训有关的问题，将一系列问题编辑成调查问卷，发放给调查对象，等调查对象填写之后再收回分析	■简单有效，节省时间 ■成本较低 ■可针对较大规模人群广泛实施 ■结果间接取得，真实性受影响 ■问卷发放量足够大，才能得到较全面的信息 ■问卷编制、数据分析难度较大，对培训管理者要求较高 ■问卷应当包括开放性问题和封闭性问题	■使用范围较广 ■范例如表 8-6，8-7 所示
访谈法	培训管理者为了了解培训对象在哪些方面需要培训，就其工作技能、工作态度和知识等方面的需求进行面对面访谈的方法。它可以是正式的或非正式的，结构性的或非结构性的	■有效地了解员工的需求 ■容易建立互相信任的关系 ■充分的沟通 ■时间长，不适合大规模人群 ■可能会影响员工的工作 ■要求培训管理者有较高的面谈技巧	■培训对象数目较少 ■管理者培训 ■范例如表 8-8 所示

续表

名称	分析方法	特点	适用范围
测验法	使用标准的统计分析量表对各类人员的知识、技能、观念和素质等进行评估，根据评估结果决定培训需求，本方法可以用笔试和评价中心法的方式来进行	■结果客观，容易量化比较 ■主要用在个人分析方面	■与其他方法配合使用
工作任务分析法	培训管理者以职位说明书、工作规范或工作任务分析记录表作为确定员工达到要求所必须掌握的知识、技能和态度的依据，确定培训需求的方法	■结论可信度高 ■时间长 ■费用较高	■新员工培训需求分析 ■范例如表 8-9 所示
资料分析法	通过对包括组织的图表、计划性文件、政策手册、审计和预算报告等资料的分析确定培训需求	■结论可信度较高 ■必须与其他方法配合使用才能得到可靠的结论	■适用于组织层次的培训需求分析 ■范例如表 8-13 所示
重点团队调查法	访谈法的改进方法。通过对重点团队的访谈确定培训需求。重点团队一般由熟悉问题的员工代表组成，人数控制在 10 人左右	■节省时间和费用 ■能够得到有价值的需求信息 ■有利于增加员工对组织的认同感 ■要求讨论组织者的调动技巧较好，避免讨论流于形式 ■培训对象的代表性要好	■适用于广泛性培训需求调查 ■操作步骤如表 8-10 所示
绩效分析法	绩效分析法也称问题分析法。它主要考察员工目前绩效与理想绩效之间的差距以及通过培训缩小这些差距的方法	■有效性高 ■它集中在问题解决而不是组织系统方面	■适用问题较突出的部门 ■操作步骤如表 8-11 所示
全面分析法	全面分析法是指通过对组织及其成员进行全面、系统的调查，以确定理想状况与现有状况之间的差距，从而进一步确定是否进行培训及培训内容的一种方法	■确定教育培训需求常用的方法 ■有效性好 ■时间较长 ■成本较高 ■由于组织的不断创新与变革，教育培训工作需要不断更新，因此这种分析工作必须是持续的，而非一次性的	■在职员工培训需求分析 ■制订教育培训规划 ■操作步骤如表 8-12 所示

2.培训需求分析方法使用工具

(1)培训需求分析——观察法

观察法是收集第一手资料最基本、最常用的方法。它是根据一定的研究目的，直接观察被研究对象，从而获得资料的一种方法。观察法工具如表 8-3 和表 8-4 所示。

表 8-3　培训需求分析观察记录表(一)

编号：

被观察者姓名		部　门						
职　位		岗位名称						
观察时间	年　月　日至　年　月　日							
观　察　记　录								
项　目	内　容		评　价					评价者
			优秀	较好	普通	较差	极差	
专业知识	1. 业务知识的掌握							
	2. 行业基本情况							
	3. 竞争对手情况							
	4. 客户情况							
	5.							
	6.							
工作技能	1. 人际沟通技巧							
	2. 谈判技巧							
	3. 聆听与谈话技巧							
	4. 问题处理							
	5.							
	6.							
工作态度	1. 工作主动性							
	2. 合作意识							
	3. 遵守规章制度							
	4. 出勤情况							
	5. 学习意识							
	6.							
	7.							
其他方面	1.							
	2.							

填表说明：(1)考核内容可根据被观察者的具体情况适当调整。(2)评价者包括培训管理者、被观察者主管和被观察者同事。(3)评价者直接在对应栏目画“√”。

问题说明：

改善建议：

备注：

部门：　　　　　　记录时间：

表 8-4 培训需求分析调查观察表(二)

观察对象		地点		观察时间	
观察内容	差	一般	较好	好	优秀
工作纪律遵守					
工作态度					
工作熟悉程度					
时间安排的合理性					
工作方法的合理性					
工作完成情况					
工作效率					
团队意识					
整体工作状态					

(2)培训需求分析——问卷调查法

设计调查问卷是将有关调查工作的事项转化成相关的问题,以形成调查问卷的过程。设计的问题要简单明了、信息量大、语言表达准确,最重要的是能够反映调查者想要获得的信息。调查问卷的问题一般分为三种——开放式问题、探究式问题、封闭式问题,表 8-5 列出了其各自不同的特征与作用。

表 8-5 调查问卷的问题类型及其特征与作用

类型	特征	作用
开放式问题	使用“什么”、“如何”、“为什么”和“请”等词语,不能用“是”或“否”来回答。例如,“你为什么参加此类培训?”	发掘对方的想法和观点
探究式问题	更加具体化,使用“多少”、“多久”、“谁”、“哪里”、“何时”等词语。例如,“你希望这样的培训多久举行一次?”	缩小所要收集的信息范围
封闭式问题	只能用“是”或“否”来回答,或用选择题的形式表达	限制所要收集信息的范围

采用问卷调查法时有两个执行要点:

①编辑与完善调查问卷。把设计好的调查问题按一定的逻辑顺序加以编辑,形成调查问卷。在设计调查问卷时,要避免问题的变相重复和引导答案式的问题出现,也不要把问题搞得非常复杂。其实,简单易回答的调查问卷更容易让回答者以轻松的心态自由地表达其想法,还能够收到很好的效果。

调查问卷编辑完毕后,还需对其进行不断地修改与完善。经过修改并最终定稿后,就要准备实施调查——发放、回收问卷,并对调查结果进行分析。

②调查问卷结果汇总分析。通过对调查问卷进行分析,人力资源部门或培训部应明

确企业的目标是什么，企业对所属员工的期望是什么，员工的实际工作绩效与企业的期望之间存在哪些差距，其中哪些问题是通过培训可以解决的等一系列问题。

问卷调查法工具如表 8-6 和表 8-7 所示。

表 8-6　培训需求调查问卷(一)

尊敬的__________：

为了满足公司的发展需求和员工个人职业生涯规划的需要，公司人力资源部计划近期为员工提供培训机会。为了能更好地了解培训需求，达到培训的目标，人力资源部特设计了本调查问卷，请您配合人力资源部的工作，真实、详细地填写以下问卷，并于________年____月____日以前将问卷交回。

感谢您的合作。

________年____月____日

姓名：________________　部门：________________

职位：________________　岗位：________________

年龄：________________　性别：________________

■您的工作职责是什么？

____

____

____

■您在工作中需要应用到什么样的主要技能？

____

____

____

■您在工作中遇到的最大问题是什么？

____

____

____

■您对您现在的绩效满意吗？

____

____

■您的工作需要与哪些部门配合？配合情况如何？

____

____

■您希望人力资源部门提供什么样的培训？

____

____

■您希望培训时间如何安排？

____

____

____

……

____

主管说明：

1.

2.

……

填写说明：

1. 问卷以如下方式返回：□手工回收 □电子邮件 □传真。

2. 问卷如果填写不下，可以自己加附页。

3. 问卷复制有效。

4. 如有疑问可与____________________联系。

表 8-7 培训需求调查问卷(二)

为了更好地提升公司员工的职业技能，计划近期对部分岗位开展培训，请您根据实际情况填写此项调查问卷，感谢您的配合！

一、基本情况

姓名		性别		年龄	
部门		职务		入职时间	
教育背景	时间	学校名称		专业	学历
培训经历	培训时间	培训机构		培训内容	所获证书

二、对以往培训的感知(可复选)

1. 以往培训形式	□课堂讲授式 □小组讨论式 □角色扮演式 □游戏训练 □案例分析
2. 以往参加的培训	□自己要求 □领导指派 □企业要求 □自费学习
3. 以往培训是否针对个人做过培训需求征询	□是 □否 □偶尔
4. 培训后技能、绩效提升是否明显	□明显提升 □稍有提升 □基本无效 □不了解

续表

<table>
<tr><td>5.以往的培训是否与个人的绩效考核相联系</td><td colspan="2">□是　□否</td></tr>
<tr><td colspan="3">6.目前工作中遇到的困难与挑战(与职务要求相比,您还欠缺哪方面的知识及技能,需要借助哪些培训来提高自己)</td></tr>
<tr><td colspan="3">7.职业生涯规划(目标可以是掌握某种技能、承担某种责任、担任某种职务、达到多少年收入等)
近期目标:　　中期目标:　　长期目标:</td></tr>
<tr><td colspan="3">三、你对哪种培训方式感兴趣</td></tr>
<tr><td>内部培训</td><td colspan="2">□课堂讲授　□小组讨论　□案例分析　□角色扮演　□会议　□其他</td></tr>
<tr><td>外部培训</td><td colspan="2">□去同行单位交流　□院校合作　□全脱产　□其他</td></tr>
<tr><td colspan="3">四、对未来培训的建议和想法(请在方框内填写数字1～7以表示您的选择顺序)</td></tr>
<tr><td>1.您最喜欢、最有效、最理想的培训方式排序是</td><td colspan="2">□课堂讲授　□小组讨论　□角色扮演式　□头脑风暴</td></tr>
<tr><td>2.最能接受的培训时间排序是</td><td colspan="2">□上班时间　□休息日　□下班后　□无所谓</td></tr>
<tr><td>3.最想要接受的培训课题排序为</td><td colspan="2">□专业技术知识　□沟通技巧　□销售技巧　□管理技能</td></tr>
<tr><td>4.合适的培训频率是</td><td colspan="2">□每月一次　□每两月一次　□每季度一次　□每半年一次</td></tr>
<tr><td>5.没有列出,但有必要写明的内容</td><td colspan="2"></td></tr>
<tr><td colspan="3">6.目前您急需参加的其他培训(如学历教育、计算机技能、英语技能等,至少列出两项)</td></tr>
<tr><td colspan="3">7.迫切希望提高的技能和掌握的知识(至少列出两项)</td></tr>
</table>

注:请填写以上信息,并在　　月　　日前以部门为单位交到人力资源部,以便安排年度培训计划。

案例8-1:《基于中国移动发展战略的培训需求规划咨询项目》

中国移动某公司培训需求调查问卷

尊敬的某移动公司管理干部:

您好!

我们是和思顾问集团的顾问师,正与你们一起为建立公司培训课程体系而努力。此次问卷调查的目的是为了进一步了解公司人力资源管理、培训开发的客观情况、广大员工的真实想法和需求,以及对相关方面的改善要求。您的意见和建议对于公司的发展至关重要,和思顾问集团将以职业态度对您的问卷严格保密,并只在咨询顾问范围内作统计使用。请您认真填写问卷,感谢您的积极参与支持!

问卷填写说明：

1.本问卷仅限于和思项目组成员内部统计使用，希望如实反映本人的想法。

2.请仔细阅读题目，在相应括号内打“√”。该问卷有两种题型，即“单选题”和“多选题”。

3.请将完成的问卷交给公司人力资源部，于×月×日（星期×）××点前收齐后统一交给和思项目组。

4.问卷填写过程中如有疑问，请打电话：××××咨询，联系人：×××

和思顾问集团咨询项目组
2008年×月×日

第一部分 个人信息

（仅用于统计目的）

<table>
<tr><td>所属部门</td><td colspan="2"></td><td>职位名称</td><td colspan="2"></td></tr>
<tr><td>工作类别</td><td colspan="5">1.您分管哪几个职系？（管理职、操作职、技术职、销售职、辅助职，打“√”）
2.您分管哪些部门、分公司？</td></tr>
<tr><td>性别</td><td></td><td>年龄</td><td></td><td>进入公司年限</td><td></td></tr>
<tr><td>用工性质</td><td colspan="2">社会用工()企业用工()</td><td>最高学历</td><td colspan="2"></td></tr>
</table>

第二部分 公司战略方面

（以下问题如无特别说明，请只选一个答案，按实际情况在相应的选项上打“√”或填写有关内容。）

（一）您了解公司的战略吗？

了　解	一　般	不太了解	不知道
1	2	3	4

请简述您所知道的战略或注明不清楚的原因：

____

____

____

____

（二）您认为公司未来的发展方向应该是：

1.（ ）继续以2G业务为主；2.（ ）拓展3G市场；3.（ ）手机网络；

4.（ ）互联网宽带；5.（ ）如果您有其他的建议，请在下面横线上写明您的看法：

____

____

____

(三)您认为公司过去取得成功的关键因素是:(多选,限选4个)

1.( )行业市场不断增长的结果

2.( )中国移动集团的正确决策和远见

3.( )管理科学.职责明确、考核到位

4.( )产品适应市场的需求变化快

5.( )销售人员积极开拓市场的结果

6.( )技术改造,设备领先的结果

7.( )各科室部门的相互积极支持与配合

8.( )领导班子深谋远虑,紧密配合,领导大家共同奋斗

9.( )创新能力强,设计人员不断开发出新产品

10.( )如果您有其他的建议,请在下面横线上写明您的看法:

(四)您认为要在现有主业上取得成功的关键因素是:(多选,限选4个)

1.( )服务水平; 2.( )销售渠道; 3.( )产品多元化;

4.( )管理水平; 5.( )资金; 6.( )社会关系;

7.( )品牌; 8.( )如果您有其他的建议,请在下面横线上写明您的看法:

(五)您认为您所在的公司未来前景如何?

好	一般	不好	说不清楚
1	2	3	4

(六)您认为公司的风险来自哪些方面?(多选,选出您认为最重要的4个)

1.( )市场增长趋缓

2.( )行业竞争太激烈

3.( )公司的市场开发能力不足

4.( )研发不足,公司没有明显的技术优势

5.( )人力资源政策过时,关键技术人员流失

6.( )公司各级协调不力,效率低

7.( )其他:

(七)以下是我们公司与竞争对手相比的一些能力,请您在认为合适的选项内打"√"。

	强于竞争对手 (1)	与竞争对手差不多 (2)	比竞争对手弱 (3)	不知道 (4)
技术研发				
服务质量				
品牌形象宣传推广能力				
产品开发				
企业管理能力				
销售能力				
总部对分支机构的管理控制能力				
人才培育能力				
政府公关能力				
企业凝聚力				
资源整合能力				

第三部分 公司能力素质需求调查

(以下问题如无特别说明,请只选一个答案,按实际情况在相应的选项上打"√"或填写有关内容。)

(八)您认为公司用工现有的核心价值观是:(可多选,不超过5种)

1.( )诚信务实, 2.( )学习创新, 3.( )顾客满意, 4.( )敬业,
5.( )团队精神, 6.( )优胜劣汰, 7.( )以人为本, 8.( )充分考虑员工利益,
9.( )公司利益至上, 10.( )人尽其才, 11.( )其他:____________________

(九)从公司的战略及核心价值观出发,您认为每一位合格的公司员工都必须具备什么样的核心能力素质?(可多选,不超过5种)

1.( )诚信敬业, 2.( )开拓创新, 3.( )顾客导向, 4.( )团队协作
5.( )卓越高效, 6.( )积极主动, 7.( )沟通交流, 8.( )其他:__________

(十)请选择或填写您认为胜任本职工作最需要的基本能力素质,并在相应级别上打"√"(多选,限选5种):

项目			专家级	高级	中级	初级
基本能力素质	1	通信行业知识				
	2	业务谈判能力				
	3	项目管理能力				
	4	分析判断能力				
	5	解决问题能力				

续表

项目			专家级	高级	中级	初级
基本能力素质	6	合作能力				
	7	创新能力				
	8	客户导向思维				
	9	学习能力				
	10	系统思考能力				
	11	制定决策能力				
	12	团队建设能力				
	13	尊重和培养人才能力				
	14	激励和指导下属能力				
	15	沟通影响能力				
	16	计划和控制能力				
	17	其他(请填写)				

● 初级:基本了解,能进行基础应用;

● 中级:较全面了解,能够在较少指导或没有指导的情况下进行独立操作和应用;

● 高级:能够对问题进行较全面的综合分析,能够指导他人进行应用;

● 专家级:能够进行全面评估、模板设计、理论总结。

(十一)请选择或填写您分管的部门(科室)、员工胜任其工作需要的通用能力素质,并在相应级别上打"√"(多选,项目限选5种):

项目			最需要	很需要	一般需要
通用能力素质	1	沟通协调能力			
	2	分析判断能力			
	3	计划执行能力			
	4	客户导向思维			
	5	业务谈判能力			
	6	项目管理能力			
	7	应变能力			
	8	学习能力			
	9	创新能力			
	10	团队合作			
	12	诚信敬业			
	12	吃苦耐劳			
	13	坚韧性			
	14	主动性			

续表

项目			最需要	很需要	一般需要
通用能力素质	15	纪律性			
	16	责任心			
	17	其他(请填写)			

(十二)请列出您分管的部门(科室)、员工胜任其工作最需要的专业能力(含知识和技术)是:

项目			范例(如财务部)
专业能力	1		会计核算能力
	2		财务分析能力
	3		预算计划能力
	4		资金管理能力
	5		税务管理能力
	6		会计电算化能力
	7		……

第四部分 管理现状调查

(十三)您认为我们公司目前急需改进的是什么?(多选,不超过4项)

1.( )提高管理者的管理水平; 2.( )改善薪资状况;

3.( )改善福利; 4.( )加强公司内部信息沟通;

5.( )改善公司内部人际关系; 6.( )给予员工更多的培训和指导;

7.( )给予更多的晋升机会; 8.( )加强绩效管理;

9.( )其他______________________________

(十四)您认为在公司工作中最令您苦恼的是什么?(只能选择1项)

1.( )人际关系上的冲突; 2.( )低工资;

3.( )部门间的协作不顺畅; 4.( )晋升机会少;

5.( )裙带关系严重; 6.( )工作压力大;

7.( )企业管理缺乏民主; 8.( )工作条件差;

9.( )个人才能得不到发挥; 10.( )缺乏发展和提高能力的机会;

11.( )其他______________________________

问卷调查结束。最后,请你给公司领导层推出3个建议(你认为最重要/最突出的问题),你的建议是?

1.

2.

3.

非常感谢您的参与和积极配合!

(3)培训需求分析——访谈法

访谈法是培训需求调查人员通过与员工自身、员工的管理者或企业高层管理人员进行访谈，了解员工或企业管理层人员对企业或本身工作的态度、看法、建议等，从而分析得出企业需要安排哪些培训的一种方法。采用访谈法时需要列出访谈清单，以免部分信息遗漏。

访谈法工具如表 8-8 所示。

表 8-8　培训需求访谈记录

访谈对象：　　　　　　　　　　　　　　访谈时间：

具体问题	访谈记录
您认为组织状况如何？	
您认为目前组织存在什么问题？	
您认为应当如何改进这些问题？	
员工特别出色的知识、技能表现在哪些方面？	
员工特别需要学习的知识和技能包括哪些？	
员工对现职的热忱、关系度如何？	
员工有望取得的成就或可担任的职务	
对员工今后培训方面的意见	
其他需要说明的内容	

记录人：　　　　　记录工具：　　　　　记录时间：

案例 8-2:《基于中国移动发展战略的培训需求规划咨询项目》

中国移动某公司培训需求调查访谈提纲

尊敬的中国移动某公司管理干部：

您好！

《基于中国移动发展战略的培训需求规划咨询项目》已经于 2008 年×月×日正式启动。

为了深入了解公司的发展战略、核心竞争力、企业文化、管理现状等情况，我们拟进行一次集中的访谈。访谈计划时间见附表。

考虑到此次访谈涉及的人员多、范围广、任务重，我们希望相关人员能够在百忙之中抽出时间按照下表所列的时间接受访谈。如果确有困难，请提前一天与项目组联系，以便我们进行时间上的调配。

感谢您对我们工作的大力支持！

说明：

1. 本访谈计划为初步的计划安排，具体可据实际情况作适当调整；

2. 若被访人临时有事，亦请尽早与项目组联系，以便能在时间上的重新调配；

3. 本轮访谈为第一轮的初步访谈，项目组将根据实际情况，有可能再进行第二轮的深入访谈。

和思顾问集团咨询项目组
2008年×月×日

移动公司培训需求分析内部访谈计划表

日期	时间	访谈对象	部门	职位	备注
10月12日					

以下是全面的提示性访谈提纲，被访人员可就自己认为重要的问题，展开谈自己的认识。

访谈提纲——中高层管理人员

第一部分　公司总体概况

1. 公司的现状、发展前景如何？

2. 公司的定位如何，公司战略规划考虑的是什么？要实现公司战略面临的最大挑战是什么？

3. 公司目前在系统内处于什么样的位置？你认为公司成功的关键要素是什么？企业发展了这么多年沉淀了哪些比较有价值的东西？

4. 公司目前的核心竞争力有哪些？

5. 公司目前存在哪些主要问题？（人员素质、制度健全、企业发展阶段、组织结构、管理风格等）有什么样的解决方案？

6. 你认为公司目前管理现状如何？如果按照10分制，你打多少分？依据是什么？

7. 你认为公司现有员工队伍的素质和结构能否适应公司下一步的发展要求？为什么？如果不能，你觉得有哪些是需要改善的？你认为通过什么方式来进行改善？

8.企业文化对公司发展重要吗？你感受到的企业文化是怎么样的？9.您对公司组织结构、部门职责及岗位设置的现状，以及您分管部门的发展情况有何看法？

第二部分　员工队伍

1.现有人员的配置是否和公司的长期发展目标相匹配（员工年龄、流动率、素质）？

2.近两年人员流动率是多少？人员流动的原因是什么？（调入或调出）其中您分管部门的人员流动有多少？哪些人流失，对他们流失您的态度如何？

3.人员观念

（1）接受变革的观念如何？

（2）竞争的观念如何？

（3）危机感如何？

4.实现企业三年发展战略应该具备哪些能力素质？（包括知识、技能、能力、动机、价值观、兴趣等，选择你分管的范围回答）

（1）管理人员，（2）网络技术人员，（3）市场人员，（4）销售人员，（5）人力资源管理人员，（6）财务管理人员，（7）行政后勤人员，（8）您本人。

第三部分　企业文化

1.请概括公司的企业文化。

2.公司的企业文化与集团公司制定的企业文化有何区别？

3.企业文化在战略、生产、管理中是否发挥了很大作用，还存在哪些问题？

第四部分　培训开发现状

1.这些年你是否参加过公司内部或外部举办的培训？曾参加什么训练？你希望接受哪些课程的培训？

2.公司有无培训计划？公司为员工提供如外派学习、岗位交流、员工培训等是否经常？

3.公司现在进行了哪些培训，如新员工培训、员工在职培训、中高层管理人员培训等？

4.有无培训制度、培训经费、培训人员教师来源？

5.公司有无培训工作的评价、反馈制度和手段？

6.你认为各级员工的培训有必要吗？对公司的发展有多大的影响？

7.对员工有无职业生涯规划方面的职业辅导？

8.是否有不合格员工被淘汰？你认为他们被淘汰的主要原因是什么？

最后，请你给公司领导层提出3个建议（你认为最重要/最突出的问题），你的建议是什么？

非常感谢您的参与积极配合！

(4)培训需求分析——工作任务分析法

工作任务分析法工具如表 8-9 所示

表 8-9 工作任务分析记录表

编号：

姓 名		部 门	
职 位		岗位名称	

任务分析记录

工作任务项目	执行频率	绩效标准	执行环境	所需技能	学习训练场地	……

问题说明：

希望的培训项目：

填写人： 时间：

(5)培训需求分析——重点团队调查法

重点团队调查法工具如表8-10所示。

表8-10　重点团队调查法操作步骤

序号	步　骤	要　　点
1	培训对象分类	按照培训需求的类似性将培训对象分类 在各类对象中挑选代表性员工 代表性员工应当具有较丰富的工作经验，最好不是员工的直接主管
2	安排讨论会议	讨论时间安排 讨论场地安排 确认讨论方式 准备讨论提纲
3	讨论记录	记录工具选择：纸笔、录像、录音 记录人员安排 记录整理
4	讨论结果整理	会议记录数据的整理分析 确认没有争议的培训需求 有争议的培训需求的处理方式
5	再次讨论	如果需要，对有争议的问题再次讨论，重复1～4的步骤，或者更换参与讨论的人员
6	确定培训需求	根据讨论结果确认培训需求 制作培训需求报告 向主管部门汇报和审批

(6)培训需求分析——绩效分析法

绩效分析法工具如表8-11所示。

表 8-11 绩效分析操作步骤

序号	步 骤	内 容
1	发现问题	■生产力问题 ■士气问题 ■技术问题 ■变革的需要问题
2	预先分析	由培训者进行的直观判断阶段，要作出两项决定： 是否是系统的、复杂的问题 应用何种工具收集资料
3	资料收集	综合使用各种收集资料的技术
4	数据整理和分析	寻找绩效差距： 技术上的缺陷 管理上的缺陷 未来组织需求
5	需求分析结果	确认培训需求 输出培训需求分析报告

(7)培训需求分析——全面分析法

全面分析法如表 8-12 所示。

表 8-12 全面分析法操作步骤

序号	步 骤	内 容
1	技术阶段	确定计划范围 任命咨询团队
2	预先分析	探究目标计划，对每项工作都有总体上的描述
3	任务或技能目标阶段	将任务分解成微小的单位，形成一个完全详细的任务目录清单 把工作剖析成一些任务，形成一个描述任务目录的技能目标
4	任务或技能分析阶段	评估所有工作任务的重要性 分析任务的执行频率、熟练水平、严重性及责任感的强弱程度等
5	需求分析结果	确认培训对象需要什么类型的培训

(8)培训需求分析——资料分析法

资料分析法首先确定进行培训需求分析需要哪些资料,找出资料后对这些资料进行分析。培训需求资料的内容如表 8-13 所示。

表 8-13　培训需求资料一览

培训需求资料分类		内　容	来　源
内部资料	组织资料	组织决策者的指导性文件	企业领导层
		新业务开发资料	相关部门
		组织目标和战略规划资料	企业领导层
	部门资料	市场营销部门的客户反馈资料	相关部门
		人力资源部门招聘、调动等资料	人力资源部
		财务部门的经营损耗资料	相关部门
		生产部门的生产情况资料	相关部门
		职位(工作)说明书	人力资源部
		各部门的具体工作计划	相关部门
	人员资料	员工行为评估资料	人力资源部
		以往培训情况的记录	人力资源部
		员工绩效考核报告	人力资源部
外部资料		培训资料库的外部培训资料	外部培训
		专业培训顾问的培训资料	教育机构

(9)培训需求分析——测验法

测验法主要是对继任者的知识、技能、素质和心理等方面进行测试,一般由笔试和评价中心法(包括公文处理、无领导小组讨论、角色扮演、案例分析、管理游戏、演讲、模拟面谈等方式)组成,由于本书在职业生涯规划等章节已经对评价中心法进行了比较详细的介绍,并且继任者在进入人才资源库时已经进行了综合测验,这些测验结果都可以用在培训需求分析里面,所以这里不再介绍测验法。

3. 培训需求分析方法选择

培训需求分析的方法和工具种类很多,培训需求分析可以使用复杂方法,也可以使用简单方法,在实际应用时,要根据具体情况来选择合适的分析工具。一般的培训需求分析技术是从组织分析、职务分析和个人分析入手,去查找绩效差距,这种系统的方法较适合大中型企业的人力资源部门进行年度或中长期的培训需求分析,但不适合企业进行短期或即时性的培训需求分析。

如何选择合适的培训需求分析方法?可以参考以下因素进行选择(如表 8-14 所示)。

表 8-14 培训需求分析方法选择依据

序号	选择依据	内　　容
1	评估的目的	组织层次培训需求分析 任务层次培训需求分析 人员层次培训需求分析
2	培训目标的特点	培训需求对象的个人特征 目标人群的规模 目标人群在组织中的地位
3	对培训的态度	确定目标人群及其管理者对培训的态度
4	所需资料的类型	客观资料(可计量分析的事实和信息) 主观资料(评价、工作态度、行为特征等)

(四)培训需求分析报告

规范化的或需要达到的工作绩效(现在的或将来的)－实际的工作绩效(现在的或将来的)＝培训需求。

培训需求分析报告是培训需求分析工作的最终表现,在完成了继任岗位/层级和候选人的培训需求调查和分析后,就要将培训需求调查分析的结果用文字描述出来,它的目的在于对各部门申报汇总上来的培训需求作出解释和评估结论,形成正式书面报告。最终确定是否需要培训和培训什么,以此作为开展培训和申请培训的正式文件。因此,培训需求分析报告是确定培训目标、制订培训计划的重要依据和前提。

培训需求分析报告一般包括以下 8 个方面的内容(如表 8-15 所示)。

表 8-15 培训需求分析报告内容一览表

序号	项　目	内　　容
1	报告提要	简明扼要介绍报告的主要内容
2	实施背景	阐明产生培训需求的原因 培训需求的意向
3	目的和性质	说明培训需求分析的目的 以前是否有类似的培训分析 以前的培训分析的缺陷和失误
4	实施方法和过程	介绍培训需求分析使用的方法 介绍培训需求分析的实施过程
5	培训需求的分析结果	阐明通过培训需求分析得出了什么结论,包括继任岗位/层级的培训需求,候选人共同的培训需求。

续表

序号	项目	内容
6	分析结果的解释、评论	论述培训的理由 可以采取哪些措施改进培训 培训方案的经济性 培训是否充分满足了需求 提供参考意见
7	培训课程体系规划建议	针对培训需求分析结果和存在问题的原因，提出解决问题应该培训哪些课程的建议，形成培训课程体系
8	附录	分析中用到的图表、资料

案例 8-3：《中国建设银行×省分行人才梯队建设咨询项目》

中国建设银行省分行人才梯队继任者培训需求分析报告

一、培训需求分析报告概要(略)

二、培训需求调研诊断背景

中国建设银行股份有限公司×省分行(以下简称分行)是中国建设银行股份有限公司(以下简称中国建设银行)的一级分行，成立于 1952 年×月×日。

分行通过遍布×省内的分支机构和完善的电子网络，为客户提供全面的商业银行产品和服务，主要经营领域包括公司与机构银行业务、个人银行业务和资金业务，与区域内众多机构、大型企业集团及行业主导企业保持密切业务合作，积累了广泛的公司与机构客户和个人客户基础，在存贷款规模、中间业务收入、住房金融与个人贷款、银行卡、电子银行等业务领域始终保持当地市场领先地位。分行已成为×省内最受认可的金融服务品牌之一，连续四届被省委、省政府授予“创建文明行业先进单位”荣誉称号。

然而，随着我国金融体制改革的不断深入，新知识、新业务层出不穷，随着国内其他大型国有银行产品和服务水平的提高、国内不断成立新的合资银行、国外银行如雨后春笋般地在中国大量涌现，银行业的竞争更加激烈，对中国建设银行×省分行带来了挑战和机遇。

银行是资金密集型和知识密集型的行业，人才对银行的发展至关重要，由于历史等原因，造成员工老龄化现象严重，全省分行整个系统都严重缺乏中青年核心骨干人才，这对省分行的可持续发展造成很大的影响。为解决人才的问题，建设人才梯队，省分行领导高瞻远瞩，及时聘请和思顾问集团实施“省分行人才梯队建设工程”，本培训需求分析报告就是对全省各分支机构进入人才梯队资源库的人才进行的培训需求分析。

三、培训需求调研诊断方法

针对省分行的实际情况，和思顾问集团咨询项目组基于以下原则和方法来进行项目的调研诊断及成果设计：

（一）工作原则

1. 基于客观事实

咨询项目组的一切成果及建议均来源于工作过程中所了解和掌握的客观事实与真实信息资料，而不是主观臆断或模仿抄袭他人成果；所运用的行业资料及同行信息也来源于和思顾问集团多年的专业资料库及实际工作积累，以确保项目成果的真实有效。

2. 科学与艺术的结合

通过调查、访谈等方法掌握项目有关的详尽事实和数据，运用合适的理论模型和工具等分析方法对相关的事实和数据进行分析，确定并解决省分行培训需求规划方面所面临的具体问题，提出实效性的解决方案。

3. 保密原则

咨询项目组将对在工作过程中所涉及省分行的一切经营信息、商业资料予以保密，并不得运用于其他项目工作中。

（二）调研诊断方法

1. 访谈法

咨询项目组分为两个项目工作小组，共访谈省分行行长、副行长、省行部门经理以上高管 25 人，访谈内容包括集团战略定位、关键成功要素、企业核心文化、经营管理现状、继任者能力素质现状、个人成功要素、企业人才观与人才策略、培训管理及绩效管理等，整理汇总了约 5 万字的访谈记录资料。

2. 问卷调查法

为进一步更深入地掌握情况，在直接访谈的基础上，咨询项目组对受访人员进行了详细的问卷调查，调查内容包括省分行战略管理、人才管理、能力素质需求、人力资源管理现状等 4 部分共 16 个维度；共发放问卷 128 份，回收 128 份，回收率达 100%，有效样本 122 份，有效率达到 95%。

通过与省分行核心团队的直接沟通及问卷调查，咨询项目组了解到大量第一手的真实资料信息，对涉及项目内容的省分行各方面经营管理信息有了比较直观的了解与掌握。

3. 资料分析法

咨询项目组在第一阶段工作过程中，还查阅、分析了大量企业书面、电子资料及行业信息资料，结合与省分行核心团队的访谈及问卷调查资料，充分了解了省分行的项目需求及所存在问题。

4. 现场观察法

咨询项目组还通过在与省分行、下属各分行、支行、营业网点的访谈中，感受工作气氛和工作节奏，通过两周一次的升旗仪式，企业宣传片拍摄现场，各单位宣传标语，内部宣传网站，团队旗，以及保卫、食堂、招待所等工作和生活现场，体会了省分行全系统的文化内涵。

5.……

和思顾问集团咨询项目组基于科学而严谨的工作态度，实用的咨询方法，经过信度检验和效度检验，在此基础上提出了正式的培训需求分析报告。

四、培训需求调研结果分析

（一）分行行长继任岗位

1.分行行长岗位培训课程，根据对建设银行总行战略、省行战略和管理现状、分行行长岗位需求的分析，我们认为分行行长岗位的培训课程包括见下表（略）。

2.在对分行行长3名候选人的培训需求分析中，发现候选人对中国建设银行和省行的发展战略理解比较透彻，建议本课程可以不再安排培训；个人各层面的培训需求分析结果见下表（略）。

（二）信贷部总经理继任岗位

……

五、培训课程建议

根据各继任岗位的培训需求，结合各继任候选人的共同特点，各继任岗位候选人培训课程分为四部分：共性知识、基础技能、专业知识/技能、管理技能，各继任岗位候选人培训课程体系建议如下：

建行×省分行人才梯队建设候选人培训课程体系

继任岗位名称	课程类别	排序	课程名称	课程内容定义	课题时数建议	培训阶段建议	培训方法建议
继任岗位A	共性知识	1	《国际银行业的发展趋势与中国银行业改革发展》				课堂培训
		2					
	基础技能	3	《公文写作》				书籍自学
		4					
	专业知识/技能	5	《金融产品组合策略》				课堂培训+书籍自学
		6	《分行行长业务技能》				轮岗
继任岗位A	管理技能	7	《分行行长领导力》				课堂培训/兼职
		8					
继任岗位B							

第二节 培训实施与评估

一、制订培训计划

培训需求分析报告中对需要进行培训的课程提出了建议,按一定审批程序确定这些培训课程后,需要对培训提出目标,并制订成可实施的培训计划。

(一)培训计划的类别和内容

1. 培训计划的类别

培训计划可以按三个维度来划分:培训层次、时间跨度、培训对象,具体划分如表8-16所示。

表 8-16 培训类别划分表

划分维度	培训类别
培训层次	公司培训计划、部门培训计划、专项培训计划
时间跨度	长期培训计划、年度培训计划、季度培训计划、月份培训计划
培训对象	新员工培训计划、在职人员培训计划、管理人员培训计划、人才梯队培训计划

2. 培训计划的内容

对培训计划的各项内容进行具体的规定,包括:培训方式的选择、培训机构的选择、培训教材的编制、培训课程的开发、培训师的选择、培训预算以及对培训人员的考核方案等内容。计划内容应当考虑以下几方面的问题:

(1)培训方式的选择。根据培训目标和对象选择培训方式:是内部培训还是外部培训?是业余培训还是脱产培训?是集中培训还是分散培训?

(2)培训机构的选择。以什么标准选择培训机构?有哪些可供选择的培训机构?各有什么优势和劣势?

(3)培训教材的编制。有无现成的教材?如果有,是否需要修改?如何修改?谁来修改?如果没有,如何编制?谁来编制?

(4)培训课程开发。包括课程定位、课程目标、学习策略、教学模式选择、如何评价等内容。

(5)培训师的选择。选择内部培训师还是外部培训师?培训师的风格如何?如何考核教学效果?是否需要对内部培训师进行培训?

(6)培训预算。预算来源?预算在培训项目上如何分配?如何处理预算与计划的冲突?预算如何管理?

(7)考核方案。谁需要进行考核?何时进行考核?如何考核?考核什么?成绩如何使用?有无奖惩措施?

(二)设定培训目标的方法

培训目标的确定需要经过提出、改进和最后确定三个阶段。

1.提出初步的培训目标

召集培训组织人员、培训讲师、学员主管及企业领导，将培训可能达到的目标和需要解决的问题一一对应列出，以备培训完成后进行检查和评估。

2.分析并改进培训目标

(1)改进不具体的培训目标

在确立培训目标时应避免运用空泛的词语。在分析时，要将这些空洞的目标具体化。

对比"培训结束时，学员能够了解'客户服务'的重要性"和"培训结束时，学员能够说出满足客户的个人需求的三条基本原则，并能举出实例"，很显然，后者比前者更具体。

(2)改进不可量化的培训目标

将含糊不清的目标尽量用数字来表示，尤其是技术技能类培训的目标要用数字来表达。例如，文秘打字教程的培训目标：培训结束后，学员能够以"100 个汉字/分钟"的速度打字。

(3)分清培训目标的层次

用"必须掌握或达到"、"最好掌握或达到"、"了解"等动词区分出目标的层次。

3.确定培训目标

培训目标分为(人才梯队)专项培训计划目标和单次课程培训目标。

企业的培训目标一般体现在三大方面：更新员工知识、提高员工知识、提高员工专业能力(包括工作技巧、工作技能、决策能力等)和综合能力、改变员工工作态度；人才梯队培训计划的培训目标还应该增加人才的选拔成功率，如果培训的对象不能成功地选拔成为继任者或者晋升到更高的岗位/通道层级，这个培训无疑是不成功的。

单项课程的培训目标在制定人才梯队培训计划时提出、确定。

(三)人才梯队培训计划

有了切实可行的培训目标后，就可以制订一份较为实用的培训计划了。人才梯队培训计划层次一般遵循管理职务的层次和发展通道的层级，例如，总经理、副总经理、总监、部门经理、部门主管和业务骨干。由于管理者层级越高，这些职务上的人员离职给企业带来的管理问题越大，因此必须首先保证层级高的继任者的培训计划。另外，层级高的管理者培训花费时间也很长，所以提前进行计划非常重要。

人才梯队培训计划不是由培训主管可以单独完成的计划。它是组织人力资源规划的重要部分，而且涉及的人员和部门比较多。培训管理者应当积极参与到组织战略规划中去，去获得企业最高层管理者的支持，才能做好人才梯队培训计划。

1.人才梯队培训计划的分类

人才梯队培训计划是专项培训计划。

从时间跨度上分，人才梯队培训计划分候选人培训计划和继任者培训计划，人才梯队候选人培训计划指：通过选拔进入人才梯队资源库的人才是候选人，针对这些候选人制定的培训计划；继任者培训计划指：候选人通过参加甄选，成为继任者，针对这些继任者制定的培训计划。根据人才梯队培训计划的具体情况，可能是中长期的培训计划。

从培训对象分，人才梯队培训计划分为关键岗位继任候选人培训计划和储备人才培训计划。

从内容方面分，人才梯队培训计划的内容包括组织需求、拟继任岗位/发展通道层级的需求、个人为适应组织和职务而需提升的需求等。

2.编制人才梯队培训计划的步骤

企业制订人才梯队培训计划应遵循以下程序：人力资源管理部门（或培训部）确定进入人才梯队资源库的培训对象；确定每个人才拟继任或晋升的职务或发展梯队层级；组织相关人员对关键岗位/层级的培训需求、候选人培训需求进行分析，形成培训需求分析报告，确定培训需求；编制专项培训计划，经各级单位人员讨论完毕并由直属主管核定后，交人力资源管理部门（或培训部）汇总；拟定培训申请表，提请上一级主管审定，最后在人才梯队培训计划会议上讨论通过。具体编制流程如图 8-4 所示。

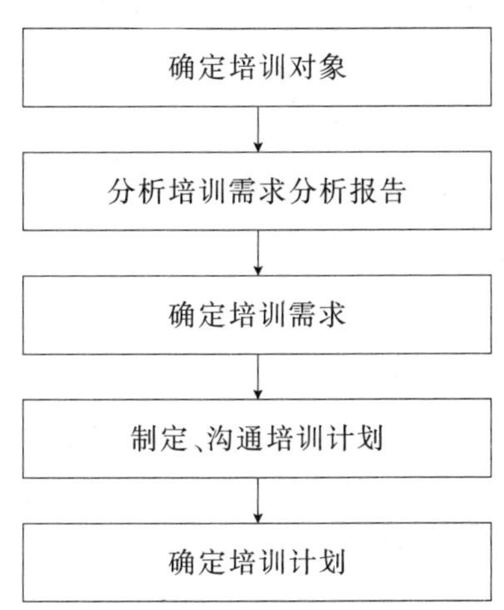

图 8-4　编制人才梯队培训计划步骤

3.制订人才梯队培训计划

（1）确定培训对象

培训对象为进入人才梯队资源库的人才，包括关键岗位继任候选人和储备人才，需要注意，这两种类型的人才的培训方法和方式各有侧重。

（2）培训内容及课程设置

培训内容和课程设置根据培训需求分析报告中对培训课程体系规划的建议，并且是经审批确定后而编制。

（3）确定培训目标

培训目标包括两部分：人才梯队培训计划的总体目标，单次培训的培训目标。培训目标确定后，可以为培训效果的评估提供现实可行的标准，否则无法评价培训是否成功。

（4）培训的时间和地点

合理安排培训对象的培训时间，有助于培训讲师在整个培训过程中按部就班地完成培训任务。培训地点的选择要依据其采用的培训方式和方法而定。

（5）培训负责人和培训师资的选择

培训工作的组织者一般为企业的人力资源部,大型企业都单独设有培训部门。继任者候选人培训工作一般由集团人力资源部负责。培训师资有不同的角色,是由培训的方法而定的,如课堂培训需要培训讲师,个别指导法需要导师。

选择培训师资非常重要,关系到培训的成功和失败,培训结果的好坏直接取决于培训师的素质和能力。以选择培训讲师为例,培训讲师的选择应考虑以下两个标准:

①专业知识技能:培训讲师要具备丰富的专业知识理论,对培训所涉及的内容和知识范畴有实际工作建议和解决问题的经验(比如,讲授培训管理的培训师应该本身从事过人力资源管理或培训管理工作,而且具有一定的实践经验),能现场解答学员提出的在本次培训范围内的各种问题。目前,市场上的培训讲师水平良莠不齐,有些从事企业管理培训的培训师,缺少企业管理经历,解决不了企业管理出现的问题,这类培训师离开了设计好的课件,就寸步难行了。

②培训经历和技巧:从事培训工作多年,具有比较丰富的培训授课经验,熟练运用培训工具,具有一定的沟通能力和个性魅力等。

(6)培训教材及其他相关工具的准备

①培训教材,其主要包括印刷材料,如书籍、手册、指南、图表、试卷;试听材料,如录像带、光盘、录音等。

②教材的来源:购买或是企业内部编制、录制。

③相关工具,如投影机、笔记本、音响等。

(7)确定培训形式和方法

①培训形式。人才梯队培训属于在职培训,根据课程内容的特点而决定培训的形式,包括在职训练(OJT)、外派培训、外派进修、国外留学、实习考察、企业内部课堂培训、户外拓展训练等。

②培训方法。培训的方法有很多种,常用的由三大类(理论知识类培训法、技能类培训法、综合类培训法)十三种培训方法组成,每种方法都有其各自的优缺点(如表 8-17 所示),不同的培训方法所达到的效果也不一样(如表 8-18 所示),企业根据培训的内容具体选择适合自己的培训方法。

(8)培训费用的预算

人才梯队培训需要企业有专项投资经费,如果培训经费不能提前预算、保证及时供应,人才梯队建设只能是空话,这点企业需要特别注意。人才梯队培训费用是比较高的,为了更好地控制成本,培训经理在选择培训形式和培训方法时尽可能采用比较节约的形式和方法,在做培训计划时需要制定出必要的成本控制和费用节约方案,并要考虑企业培训预算的合理分配,这直接关系到培训项目能否通过审批并顺利地开展和实施。

人才梯队培训的预算方法和程序参照企业的培训管理制度。

4.实施人才梯队培训计划

(1)人才梯队培训计划编制好后,会形成《人才梯队专项培训计划表》,在实施每个单项培训课程时,还需要制定单项培训计划表,有些还需要文字说明,如工作指导法,应把培训的相关内容用表格的方式列出来,并用文字说明相关要求和注意事项。

(2)做好培训实施的管理工作,如培训前的准备工作:培训对象通知、培训对象注意事项、培训场地和设备准备、培训时间安排、培训资料准备、培训师资安排、食宿安排、交通安排等;培训实施中的管理工作:茶水准备、学员签到、宣布培训纪律、培训效果调查等;培训后的工作:学员考核、颁发结业证书、场地和设备整理等。

表 8-17 常用培训方法及其适用性

类别	方法	说明	优点	缺点	适用性
理论知识类培训法	课堂讲授法	最基本的培训方法,培训师按照讲义系统地向学员传授知识	传授知识比较系统 利于大规模施训 对环境要求不高 有利于培训师发挥 费用低	单向传授,不利于双向互动 不能满足学员个性需求 培训师水平直接影响培训效果 传授方式不利于成人学习	各种知识性培训
	专题讲座法	针对一个专题进行的课堂讲授	时间形式灵活 可随时满足员工某一方面的培训需求 讲授内容集中在某一专题,学员易于理解	内容系统性较差	比较集中的知识性培训
	小组讨论法	在培训师引导下,学员围绕一个或几个主题进行交流,相互启发,有集体讨论、分组讨论、对立式讨论等形式	强调学员的积极参与,有利于学员培训综合能力 多向式信息交流加深对知识的理解,提高运用能力 形式多样,适应性强,可针对不同的培训目的	对研讨会题目和内容的准备要求较高,对指导培训师的要求较高 题目要具代表性和启发性,难度要适当,并事先提供给学员做准备	针对特定问题或任务解决的培训 判断能力或表达能力的培训
技能类培训法	工作指导法	由指导者在工作岗位上直接对员工进行培训,也称教练法或实习法。应用最普遍,具有很强的实用性,是员工培训的有效手段	经济、实用、有效 适用广泛	受指导者能力的限制	基层生产工人培训 管理人员培训
	岗位轮换法	受训者在预定时期内变换工作岗位使其获得不同的工作经验	能丰富受训者工作经验 增加对企业的了解 了解自己的长处和弱点,找到适合的位置 增强部门间的合作和理解	鼓励通才化,适合一般直线管理人员的培训,不适合职能管理人员的培训	一线管理者培训
	导师指导法	师傅带徒弟的培训方式	新员工可以避免盲目摸索 有利于新员工快速融入团队 消除新员工紧张感 有利于优良传统的延续 新员工可以获得相关的经验	指导者可能保留自己的经验,使指导流于形式 受指导者本身的水平影响很大 不良的工作习惯会影响新员工 不利于工作创新	新员工培训

续表 1

类别	方法	说明	优点	缺点	适用性
综合性培训法	读书会	指定教材让学员学习、网上学习、电视教育等，由负责人召集学员定期在一起讨论、交流，解决学习中遇到的问题	费用低 不影响工作 学员自主性强 可体现学习的个性差异 培训员工自学能力	学习内容受限制 学习效果差异大 学习过程较枯燥	系统掌握专业知识和技能 在岗培训 学历教育
	案例研究法	内容真实，案例中应包含一定的管理问题，案例必须有明确的目的	参与性强，将解决问题能力的提高融入到知识传授中 教学方法生动 学员之间能够通过案例分析达到交流的目的	案例准备时间长，要求高 对学员和顾问的能力要求高 无效案例可能会浪费时间	工作技能培训
	头脑风暴法	研讨会法，激发创造性思维，互相启迪	为企业解决实际问题，提高培训收益 学员参与性强 有利于加深学员理解 集中集体智慧，达到相互启发的目的	对顾问的引导要求高 讲授的机会少 主题挑选难度大，能否解决要受学员能力限制	工作技能培训 管理者培训
综合性培训法	模拟训练法	以工作中实际情况为基础，由人和机器共同参与模拟活动或人与计算机共同参与模拟活动	技能获得提高 有利于加强学员竞争意识 可以带动学员学习的积极性	准备时间长 质量要求高 对组织者要求高	操作技能培训 反应行为培训
	敏感性训练法	又称“T 小组”、恳谈小组或领导能力小组。要求学员在小组中就参加者的个人情感、态度及行为进行坦率和公正的讨论，相互交流对各自行为的看法，并说明其引起的情绪反应。目的是提高学员对自己和他人的行为的洞察力，学习人际沟通方式，发展应变能力，在群体活动中采取建设性行为	有利于提高员工的人际关系敏感性 有利于团队合作	缺少议事安排和指导 必须筛除易受伤害的人群 培训者要求较高	组织发展训练 人际关系训练 管理人员的人格塑造 新员工集体训练 外派员工异国文化训练

续表 2

类别	方法	说明	优点	缺点	适用性
综合性培训法	内部兼职	在企业内部兼任另外一个岗位，以培养该岗位需要的实际操作技能	可以充分利用现有企业资源培养员工的多种技能，并且容易指导兼职者的学习	会影响主岗位的工作 受兼职者的能力和态度影响，培训的效果有差异	管理人员训练 综合技能提高
	户外培训	在教室以外进行的学习、练习和模拟活动	要求学员全身心投入到培训中；能增加学员的亲身体验，形成长久的记忆并影响其新的行为和能力；培训效果迅速、显著	存在危险，"安全第一"在这种培训方式中尤其重要；培训成本很高，所需时间长。	中高层管理者

表 8-18　不同培训方法与不同培训效果比较表

目标 方法	让学员获得知识	让学员改变态度	提高学员理解问题的能力	提高学员人际关系的处理能力	提高学员的接受能力	让学员记忆一些知识
课堂讲授法	效果良好	效果差	效果一般	效果差	效果差	效果很好
专题讲座法	效果良好	效果差	效果一般	效果差	效果差	效果很好
小组讨论法	效果很好	效果良好	效果一般	效果一般	效果一般	效果良好
工作指导法	效果很好	效果良好	效果很好	效果良好	效果良好	效果良好
岗位轮换法	效果一般	效果差	效果一般	效果良好	效果良好	效果良好
导师指导法	效果良好	效果良好	效果良好	效果一般	效果一般	效果良好
读书会	效果很好	效果差	效果良好	效果差	成果一般	效果很好
案例研究法	效果一般	效果一般	效果很好	效果一般	效果很好	效果一般
头脑风暴法	效果良好	效果良好	效果良好	效果差	效果一般	效果良好
模拟训练法	效果良好	效果差	效果良好	效果差	效果一般	效果良好
敏感训练法	效果一般	效果很好	效果良好	效果很好	效果一般	效果一般
内部兼职	效果良好	效果一般	效果一般	效果良好	效果良好	效果良好
户外训练	效果一般	效果良好	效果一般	效果良好	效果一般	效果良好

二、人才梯队培训评估

人才培训是企业一种人力资本投资，是提高企业综合竞争力的手段，是人力资源开发的一项重要工作。由于投资效果很难通过直观的手段检测出来，使企业的其他人员（可能还包括人力资源部门的人员）对培训的作用产生了很深的怀疑，有些员工和部门主管甚至还拒绝参加培训，对培训工作的开展带来了很大的影响。

原因是多方面的，但其中一个很重要的原因是因为企业没有做或没有做好培训效果评估，使企业人员经常感觉不到人才接受培训前后的变化。培训评估是保证培训效果最重要的工作，前面提到的培训需求分析就包括了评估工作，所以，人才梯队培训评估工作从培训需求分析开始，到培训计划的实施，培训内容应用情况，到最后培训投资收益，贯穿整个培训过程。

人才梯队培训是公司整体培训计划的一部分，但又相对比较独立，自成体系，对人才梯队培训的评估也是公司培训评估的一部分，在评估目标、评估内容、评估时间、评估层次、评估方法、评估实施、评估报告、评估结果应用等方面与公司的培训评估是基本一致的，但也有其不同、独特的方面。

培训评估虽然在培训管理的工作程序上排在最后，但实际上它从培训需求调查就已经开始了，而在培训课程结束时还在继续。培训课程结束后进行效果评估，是培训管理者在实际工作中最常用到的，其方法和策略也同样适用于培训目标的评估和培训过程的评估。人才梯队培训评估的工作程序如图 8-5 所示。

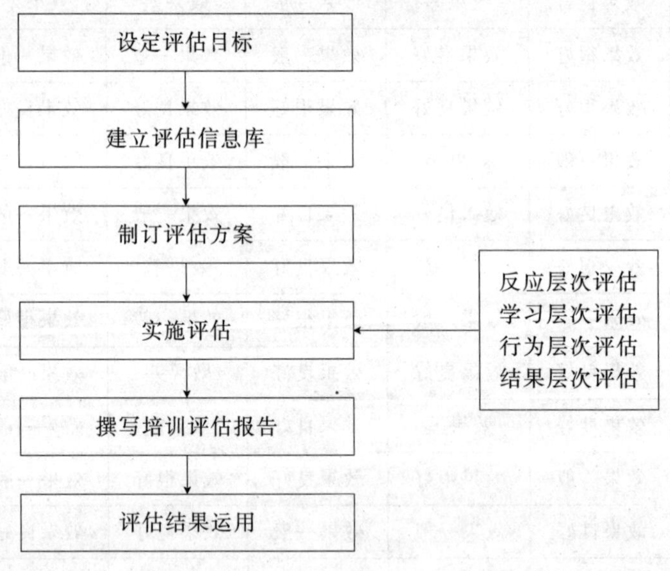

图 8-5　人才梯队培训评估程序

（一）确定培训评估目标

培训评估就是对早已提出的培训目标（即指通过培训达到什么效果）进行评估，经过一系列的培训工作，评估是否达到了早先提出的培训目标。

1.制定培训评估目标

培训评估应该达到以下五个目标：

(1)培训投资参考。通过对培训效果的评估，分析企业的培训投资是否有效，有效性达到什么程度，为以后的培训投资是增加或减少提供参考资料。

(2)能力是否提高。通过对培训效果的评估，看看受训人的知识、技能、态度是否改变，这些改变是否来自于培训的本身。

(3)提高培训质量。通过对培训效果的评估，会发现培训需求分析、培训计划制定、培训实施、培训应用等培训工作中存在的问题，为改进以后的培训提供参考。

(4)提出培训需求。评估本身就是学习过程的一部分，通过培训效果评估可以了解原来的培训目标是否已经达到，达到了什么程度，通过对比差距来寻找新的培训需求。

(5)改进培训管理工作，通过对培训效果的评估，培训管理者可以发现培训组织和管理工作是否存在问题，获得改进培训管理工作的方向和方法。

2.设计培训评估指标

我们在做绩效考核时，会分析对某项工作应该从哪些方面进行考核，也就是提炼绩效考核指标；培训评估也一样，也要考虑从哪些方面进行评估，也就是培训评估指标，培训评估的指标主要包括以下六项：

(1)培训工作反映。受训者对培训工作的反映，如对这次培训的认可程度、对培训师的评价、对培训组织和管理工作的反映、这次培训是否对自己很有帮助等。

(2)知识层面。是衡量受训者在培训项目中学到的原理、事实、技术程序或过程的掌握程度的评估指标。一般用笔试来衡量受训者的认知成果。

(3)掌握的技能。用来评价技术或运动技能以及行为方式水平的评估指标，它包括技能的获得与学习以及技能在工作中的应用(技能转换)两个方面。可通过抽查员工在工作中的绩效来评估技能成果。

(4)思想观念。学习动机、态度、思想意识和服务意识等是否改变和提升。思想观念一般通过调查的方式获得。

(5)工作绩效。员工受训后工作效率、工作质量、产量和服务水平是否提高，员工流失率、事故发生率、企业成本是否降低。

(6)组织绩效。指培训投资回报率，培训投资给企业带来的货币收益和培训成本的比。这个指标是培训评估的最直观的收益指标。

(二)建立培训评估信息库

培训项目的信息是培训评估的依据，但信息量庞大，种类繁多，如何能收集得全而不乱呢？最好的方式就是建立培训评估信息库。培训评估信息库包括以下方面的内容：

1.培训及时性信息。培训的实施必须有前瞻性，不能何时需要何时再培训，应当在岗位工作需要前就做好培训，以适应新工作的需要。培训也不能太提前，这样可能在工作需要时再进行补充或强化培训，否则会因受训人忘记培训内容而失去或削弱培训的作用。

2.培训目标信息。目标的设立是否能够真正满足企业的培训需求，包括组织需求、任务需求和人员需求。

3.培训内容信息。培训内容设置合理，就有可能达到培训目的。

4.培训教材信息。教材选用与编辑方面的信息是指选用和编写的教材是否符合培训的需求,能否达到培训目的。

5.培训师信息。培训师是否有能力做好培训、是否了解受训人员、是否有良好的教学水平、是否掌握受训人员能接受的教学方法、是否能让受训人员全部或者部分地接受培训内容。

6.培训时间信息。培训时间选定的信息包括两方面:一是培训时机选择是否得当;二是具体培训时间的确定,这直接影响了受训人员及教师的情绪,决定着培训效果的好坏。

7.培训场地信息。培训场地要根据培训具体内容而定,不同的培训内容要选择不同的培训场所。

8.受训群体信息。受训群体是根据受训人员在素质、知识水平、经验上的不同,选择相应的教材和适宜的授课方式。这主要从培训效果和受训人员的接受能力来考虑。

9.培训形式信息。选择的培训方式是否有助于受培训人员接受培训的内容,是否有更好的方法。

10.培训组织管理信息。指培训的后勤保证、培训的现场组织等方面的事宜。

培训评估信息一般向管理部门、受训者、受训者的主管和培训管理者来收集:管理部门可以提供培训实施的时间是否合适、培训目标是否合理这方面的信息;受训人员是直接参加培训的人员,对受训的过程最有发言权,他们可以提供培训内容是否合适、教材是否匹配、培训师是否受欢迎、日程安排是否合理、场地是否舒适等各种信息;培训主管则对培训效果最有感触,他们能够提供培训效果在工作绩效上的反映;培训管理者是培训的组织者和管理者,收集的信息也最为全面。

(三)设计培训评估方案

在确定了培训评估的目标后,需要设计培训评估方案,培训评估一般分为三大部分:培训效果的评估、培训工作人员的评估和培训成本收益的评估。

1.确定评估执行者

评估的执行者可以来自企业内部,如培训管理者、人力资源部门人员、各级主管等;也可以来自于企业外部,如外聘的专家、顾问、企业客户等。

2.培训工作人员评估

培训工作人员包括培训师、培训管理者和培训执行者。

对培训师的评估主要包括责任心、课程内容、课件设计、授课方式、时间把控等方面,对培训师的评估有利于培训师对培训方式的改进,也有利于企业对培训师的选择。

对培训管理者的评估主要是评估培训管理者选择的培训课程内容是否与学员需求相吻合、培训师选择是否适合、培训方式选择是否正确、培训时间安排是否合理、安排参与培训的学员是否恰当。

每次培训确定和策划完成后,都有培训实施的执行者,但很多企业是集培训管理者和培训执行者于一身的。对培训执行者的评估主要在培训的后勤服务、培训设施设备准备、培训工作组织协调等方面。

3.培训效果评估

培训效果评估是指培训课程结束后(指整体培训计划或单次培训课程的结束)对效果

的评估，评估学员对培训知识、技能、态度和行为方式的掌握程度，评估学员在培训后工作中行为的改进程度，评估学员在工作绩效上的改进，等等。培训效果评估包括了单次培训课程的评估、员工个人培训效果的评估、培训对组织绩效改变的评估。

4.培训成本/收益评估

培训是一种投资，培训也讲究投资回报率，投资回报率分硬性指标和软性指标，硬性指标客观的，无可争议的，如：产量指标、质量指标、成本和时间指标等，软性指标是主观的、难以收集的，如：工作态度、满意度、工作习惯、创新意识等。

5.评估方法选择

培训评估是一项系统工程，从培训需求分析、培训计划的实施、培训内容应用情况，到最后培训投资收益，贯穿整个培训过程，任何评估必须有一个全面的规划，才能保证培训评估的效果。培训评估根据柯克帕特里克模型在4个层次上进行(如表8-19所示)，评估所费时间和难度从1～4层逐渐加大，可以根据培训项目的具体情况选择效果评估工作的侧重点。在结果层次评估，人才梯队培训还应该评估候选人选拔为继任者的成功率。

表8-19　培训评估的层次

层次	标　准	解　　释
1	反应层次 (学员的反应)	评估学员满意度，包括对培训课程、培训师、培训进度与安排的满意程度
2	学习层次 (学习的效果)	评估学员对培训知识、技能、态度和行为方式的掌握程度
3	行为层次 (学员行为的改变)	评估学员在培训后工作中行为的改进程度
4	结果层次 (培训产生的效果)	评估学员在工作绩效上的改进，可用定量指标和定性指标表示

评估的方法可以分为定性和定量两种，定性评估方法有观察评估法、集体讨论法、问卷调查法、情绪模拟测试，定量评估方法有测试法、绩效考核法、360°考核、前后对照法、时间序列法、加权分析法、成本/收益分析法等。培训评估是很复杂的管理活动，企业需要视不同情况，选择合适的方法，才能得到真实和客观的评估结果。各种培训评估方法在培训评估四个层次的应用如表8-20所示。

表8-20　培训评估方法应用表

方法类别	评估方法	适用层次	说明
定性评估方法	观察评估法	反应层面和行为层面	
	集体讨论法	反应层面	
	问卷调查法	应用在各个层面	
	情景模拟测试	学习层面和行为层面	

续表

方法类别	评估方法	适用层次	说明
定量评估方法	测试法	学习层次	
	绩效考核法	行为层次和结果层次	
	360°考核	行为层次和结果层次	可能有部分考核内容属于定性的
	前后对照法	行为层次和结果层次	可能有部分测试内容属于定性的
	时间序列法	结果层次	
	加权分析法	结果层次	
	成本/收益分析法	结果层次	

(1)观察评估法。评估者(一般由培训管理者担任)观察学员在培训进行过程中和培训结束后的反应,以及培训结束后在工作岗位上的表现。观察者按照事先拟订的提纲利用记录或录像等方式实施观察。观察评估法适用于反应层面和行为层面的评估,得到的数据直观有效。但需要与其他评估方法配合使用,因为其结论较为简单,难以揭示深层次的问题。

(2)集体讨论法。将所有学员集中在一起开讨论会,在会议上,每个学员都需要陈述通过培训学到了什么,如何把这些知识运用到工作中去。这种方法一般在培训结束后举行,有时候以写培训总结或培训感想的形式来进行。

(3)问卷调查法。评估中最常用到的方法,适用范围较广,在各个层次的评估中都能用到。问卷的设计要根据使用的范围和时机加以调整,切忌生搬硬套。问卷设计最好是开放式问题(不限定答案)和封闭式问题(在给定答案中选择)相结合。在反应层面,可以由学员对培训师进行评估,培训师对学员进行评估。

(4)情景模拟测试。情景模拟测试包括角色扮演和公文筐测试等多种方法,通过在最接近实际工作环境的情景下进行测试而了解受训者的真实水平。这种方法的实施可能会受制于成本、内容、场地以及受训者接受程度的限制而影响真实成绩。一般在培训某一阶段结束后立即实施,主要用于学习层次和行为层次的效果评估。除了在培训效果评估中使用外,它同时也是一种培训方法、绩效考评方法和招聘测试方法。

(5)测试法。测试法是主要用于对知识性和技能性内容的测试。常用的方法有纸笔测验和操作测验等。这种方法得到的结果比较可靠,可比性强,但无法很好地测出行为层次和结果层次的结果,多用于学习层次的评估。测试法的实施最好在培训结束后马上进行,或者在培训后短期内进行,否则可能受到干扰因素的影响,降低实际效果。

(6)绩效考核法。收集受训者的绩效材料,对其在受训前后的一段时期内绩效的变化进行考察。这种方法收集的绩效资料比较多,时间比较长,成本比较高,无法在培训结束后立刻获得。同时,绩效的收集也受到企业绩效考核制度的影响,如果没有制度保证,就很难收集到标准的绩效改变资料。但如果能够得到可靠的绩效资料的话,这种方法在行为层次和结果层次上的评估都是非常有效的。

(7)360°考核。这种方法是一种全方位的考核方法,在人力资源管理的各个方面都有应用。一般是通过被考核人的上级、同级、下级和服务的客户对他进行评价,从而使被考核人知晓各方面的意见,清楚自己的所长所短,以达到提高自身能力的目的。在用于培训效果评估时一般采用上级主管评价、自评和同事评价即可,并按照 40∶30∶30 的比例组合最后得分。这种方法对了解工作态度或受训者培训后行为的改变比较有效。适用于行为层次和结果层次的评估,它虽然实施时间长、成本高,但有利于提高评估的公平性。

(8)前后对照法。选取两个条件相似的小组,在培训前,对两个小组进行测试,分别得到两组成绩。一个小组施加培训,一个小组不进行培训,在培训结束后,再对两个小组进行测试,比较每个小组的测试成绩,看培训是否对小组起作用。这种方法得到的效果数据比较明显,但实施起来比较复杂,影响因素也比较多,因此得到的数据容易有争议。它对培训管理者要求水平比较高,因此,常常由专业公司实施比较好。这种方法用在较高层次的效果评估中和比较重要的培训效果评估中。

(9)时间序列法。在培训后定期作几次测量,通过数据对比分析以准确分析培训效果的转移程度。这种方法对于了解培训效果转化非常有用,但时间较长,影响因素多,受企业、员工和环境的变动制约大,如果管理不善可能会流失数据。一般用于结果评估。

(10)加权分析法

第一步,建立一个完整的指标评估体系,如学员参加了管理技能的培训,需要设计一些指标对学员学习管理技能的效果进行评估,如沟通能力、计划能力、协调能力、职业化意识等指标。

第二步,确定各指标的权重,以衡量各个指标的重要程度,所有指标权重之和等于1。

第三步,每个指标分为五个等级(优5分,良4分,中3分,合格2分,不合格1分)。

第四步,就学员的某一方面进行全方位调查,并统计结果。

表8-21是运用加权分析法对某位管理人员接受管理技能培训后进行评估的结果。

表 8-21 加权分析评估培训结果

指标等级 / 指标权重	5分	4分	3分	2分	1分	单项指标得分
职业化意识 0.2	40%	25%	20%	10%	5%	3.85
沟通能力 0.3	30%	20%	25%	15%	10%	3.45
协调能力 0.2	55%	20%	10%	8%	7%	4.08
计划能力 0.3	10%	60%	20%	8%	2%	3.68

表中评估结果用百分数表示,如40%表示40%的人认为该管理人员的职业化意识得分为5,即为优;单项指标得分=权重×Σ(分值×百分比值);最终评估结果=Σ(权重×单项指标得分),即最终评估结果=0.2×3.85+0.3×3.45+0.2×4.08+0.3×3.68=3.725分。

(11)成本/收益分析法。通过分析成本和培训师所带来的各项硬性指标的提高,计算出培训的投资回报率,这是常见的定量分析方法,涉及两个公式:

① 培训收益 $=(E_2-E_1)\times N\times T-C$

其中，$E_2(E_1)$ 表示培训后(前)每个学员的年收益，N 表示参加学员的总人数，T 表示培训效益可持续的年限，C 表示培训成本。

②投资回报率(ROI)=(培训收益/培训成本)×100%

若计算出来的ROI是小于1的，表明培训收益小于成本，说明此次培训没有收到预期的效果，或企业存在的问题不是培训所能解决的。

该方法实施的前提条件是学员的年收益是可量化的，对于年收益无法量化的培训，这种方法就很难操作。

(四)实施评估

评估人员在评估前需要确定对培训的各个阶段在何时评估是最适合的，培训评估的信息从哪里获得。实施培训评估时，由于培训评估方法很多，需要认真分析培训目标和培训评估需要达到的目的和目标，结合课程的特点，同时用多种培训评估方法对培训的各个阶段进行评估。

1.确定培训评估时间

培训的各个阶段都是需要评估的：培训前期、培训过程中、培训后期、培训结束后短期内或培训结束后较长一段时间。

培训前评估：主要是指对培训需求的评估，在做培训需求分析时即评估人才需要提高哪些知识、技能和态度，从而规划培训课程。

反应层评估：一般在培训中或培训刚结束时进行调查评估，这样可以避免因时间间隔较长，导致学员可能会忘记当时的培训感受，从而使调查数据失真，影响培训评估的有效性。

学习层评估：指对学习效果的评估，可以在培训结束时或结束后一周内进行评估，这样可以让学员对学习的内容有个加强理解、复习及找参考资料加强学习效果的时间。

行为层评估：培训后对学员的行为改善需要一段的时间，所以一般选择在培训结束3～6个月后进行评估。在这个阶段，也可以评估人才梯队人才的流失率。

结果层评估：培训的最终目的，体现在是否对组织的绩效有所提升和改善，而通过培训来使组织绩效的变化需要比较长的时间，根据课程的不同，一般评估时间会在培训结束后的3个月，甚至更长的时间进行评估。

总体评估或年度评估：人才梯队培训中的候选人培训和继任者培训在培训结束时，都需要做总体评估，如人才梯队培训计划在执行中遇到企业做年度培训评估，视企业的需要，也可以对人才梯队培训做年度培训效果评估。

人才梯队培训总体评估包括以下一些内容：

(1)人才梯队培训项目的完成率。

(2)人才梯队培训目标的达到程度(如在候选人参加继任者甄选测评、考核后，评估候选人甄选成功率)。

(3)培训管理者的人才梯队培训工作绩效。

(4)企业由人才梯队培训带来的绩效改进成果。

(5)人才绩效和行为改变的总体汇总。

(6)人才梯队培训收益的综合汇总。

人才梯队培训总体评估应遵循整体性、综合性和前瞻性的原则,内容包括对成果的总结和问题的分析,并提出解决方案的思路。

2.确定评估信息收集渠道

根据评估内容不同,选择不同的信息收集渠道,主要包括以下一些内容。

(1)收集与培训相关的资料信息。例如培训计划、调查问卷、教材、培训档案、录音和录像资料、相关的会议记录、培训的学习资料、培训机构和培训师的资料等。

(2)对培训管理的工作过程进行观察。例如培训的准备工作、实施现场、培训过程、受训者的反应、培训师的表现以及受训者的行为改变等。

(3)对管理者、学员、学员主管和培训师进行调查。通过问卷和访谈等方式向管理者、学员、学员主管和培训师收集对培训的评价。

(4)其他的调查渠道。例如,向学员的主管、同事和客户了解学员的绩效改进和行为态度改进的情况,通过企业的交流平台了解培训者对培训的看法和建议等。

3.评估方法选择和评估工具设计

培训评估的实施从反应层次、学习层次、行为层次和结果层次逐层进行,每个层次使用的方法会不同,评估方法的选择如表8-22所示。

表8-22 培训效果四层评估比较表

评估层面	名称	评估内容	实施方法	优势	劣势	改进策略
第一层面	反应层评估(学员的反应)	主要是总体的印象,对培训内容、培训师、教学方法、材料、设施、场地、报名程序等的评价	观察评估法、问卷调查法、集体讨论法等。常运用四分法(极好、好、一般、差)、五分法(极好、很好、好、一般、差)进行衡量	容易开展,是最基本、最普遍的评估方式	会出现以偏概全、主观性强、不够理智的现象	强调评价的目的,要求大家配合;将课程评价与培训师评价分开;结合使用问卷、面谈、座谈等方式;学员自我评估
第二层面	学习层评估(学习的效果)	学员掌握知识和技能的多少,及对课程的理解程度	测试法、情景模拟测试等。在反应层基础上,要求运用所学的知识解答试题;进行现场操作;对于专业性的岗位课程,要求学员提出改善方案并执行	对学员有压力,使他们更认真地学习;对培训师有压力,使他们更负责、更精心地准备培训课程和培训内容。学习层评估是最常见、最常用的一种评估方式	压力大,可能使报名不太踊跃;评估之前可能会让学员知晓一些事情	针对不同的培训课程采用不同的评估方法

续表

评估层面	名称	评估内容	实施方法	优势	劣势	改进策略
第三层面	行为层评估（学员行为的改变）	培训后的跟进过程，学员培训后工作行为和在职表现方面的变化	观察评估法、绩效考核法、360°考核、前后对照法等。主管、同事、下属、客户对学员的评价，及学员的自我评价。这些评价需要借助一些评估表	可以直接反映培训课程的效果；使高层领导看到培训的效果，支持培训；培训师可以获得学员的支持	耗费时间和精力；问卷比较难设计；需要占用相关人员较多的时间，不容易得到配合；员工易受其他因素的影响	选择适合进行行为层评估的课程；选择合适的评价时间；充分利用专业培训师和咨询公司的力量
第四层面	结果层评估（培训产生的效果）	上述三级变化对组织发展带来的可见的、积极的作用；培训是否对企业的经营结果产生了直接的影响，如客户满意度提高在多大程度上归功于服务技能和态度的培训	绩效考核法、360°考核、前后对照法、时间序列法、加权分析法、成本/收益分析法等。通过一些企业组织指标来衡量，如事故率、客户流失率、员工满意度、员工流动率以及客户投诉率	详细的、令人信服的调查数据，打消高层主管对培训的疑虑，把有限的培训费用投到最能为企业创造经济效益的课程上	需要时间，在短期内很难得出结果；对这个层面的评估，缺乏必要的技术和经验；简单地对比数字意义不大	必须取得管理层的合作，拿到培训以前的相关数字；分辨哪些结果与要评估的课程有关系，并分析出关系的程度

(1)反应层次评估

①评估目的：考核学员对培训方案的反应，学员对培训项目的结构和培训师的看法，培训内容是否合适，培训方法是否得当等。

②评估方法：观察评估法、培训评估问卷、集体讨论法等。

③评估时间：培训主管的评估（如表 8-23 所示）在培训中就可以进行，学员的评估（如表 8-24 所示）和培训师（如表 8-25 所示）的评估在培训结束后马上进行。

④评估内容：对培训内容、培训师、教学方法、材料、设施、场地、报名程序等的评估，分为培训管理过程评估、培训师评估和自我评估三个方面。

◆培训组织情况（包含通知时间、环境与设施、课程及教材、住宿安排以及工作人员服务等）。

◆培训师情况（能力、语气语调和控场能力等）。

◆自我评估（投入状况、积极性和学习内容等）。

表 8-23 培训主管评估表

编号： 填表人： 填表时间：

<table>
<tr><td>培训项目</td><td colspan="3"></td></tr>
<tr><td>培训时间</td><td></td><td>培训地点</td><td></td></tr>
<tr><td>培训机构</td><td></td><td>培训师</td><td></td></tr>
<tr><td>参加部门</td><td>1.
2.
3.</td><td>人　数</td><td>1.
2.
3.</td></tr>
<tr><td colspan="4">对学员的评价</td></tr>
<tr><td colspan="4">1.学员的态度如何？
2.学员能否跟上进度？
3.哪些人表现较好或较差？
4.学员对培训师的反映如何？</td></tr>
<tr><td colspan="4">对培训师评价</td></tr>
<tr><td colspan="4">1.培训师是否能吸引学员的注意力？
2.培训师对内容的讲解如何？
3.培训师的风格是否受欢迎？
4.培训师与学员的沟通情况如何？</td></tr>
</table>

表 8-24 学员培训意见调查表

<table>
<tr><td>员工姓名</td><td colspan="2"></td><td colspan="3">所属部门及职位</td><td colspan="2"></td></tr>
<tr><td>培训课程名称</td><td colspan="4"></td><td colspan="2">培训讲师</td><td></td></tr>
<tr><td rowspan="2">需评估的项目</td><td rowspan="2">评分标准要点</td><td colspan="5">得分</td></tr>
<tr><td>非常好</td><td>很好</td><td>好</td><td>一般</td><td>差</td></tr>
<tr><td>您对本课程教学总体评价</td><td>培训师准备是否充分，课堂讲述是否精彩，培训是否易于接受</td><td>□5</td><td>□4</td><td>□3</td><td>□2</td><td>□1</td></tr>
<tr><td>您对教学内容的评价</td><td>内容与培训需求有无针对性，培训主题联系是否紧密，层次是否清晰</td><td>□5</td><td>□4</td><td>□3</td><td>□2</td><td>□1</td></tr>
<tr><td>您对课程准备充分程度的评价</td><td>准备是否充分，对课程是否熟悉，是否具有系统性、有条理</td><td>□5</td><td>□4</td><td>□3</td><td>□2</td><td>□1</td></tr>
<tr><td>您对培训师仪表及精神面貌的评价</td><td>精神面貌是否良好，对参加培训人员是否有积极影响</td><td>□5</td><td>□4</td><td>□3</td><td>□2</td><td>□1</td></tr>
<tr><td>您对培训师语言表达能力的评价</td><td>口齿是否清晰，语言是否流利，有无辅助性身体语言</td><td>□5</td><td>□4</td><td>□3</td><td>□2</td><td>□1</td></tr>
<tr><td>您对课堂精彩程度的评价</td><td>课堂讲述是否精彩，是否欠缺培训技巧，有无吸引力</td><td>□5</td><td>□4</td><td>□3</td><td>□2</td><td>□1</td></tr>
<tr><td>您对教学课件的评价</td><td>内容与主题关联性，文字是否清晰</td><td>□5</td><td>□4</td><td>□3</td><td>□2</td><td>□1</td></tr>
<tr><td>您对培训课程可接受程度的评价</td><td>是否有所收获，对课程是否清楚，培训需求是否得到满足</td><td>□5</td><td>□4</td><td>□3</td><td>□2</td><td>□1</td></tr>
<tr><td>您对培训时间安排与频度安排的评价</td><td>时间安排是否紧凑、频度是否合理</td><td>□5</td><td>□4</td><td>□3</td><td>□2</td><td>□1</td></tr>
<tr><td>您对培训准备工作的评价</td><td>培训设备、资料准备是否充分</td><td>□5</td><td>□4</td><td>□3</td><td>□2</td><td>□1</td></tr>
<tr><td>您学完本课程最大的收获</td><td colspan="6"></td></tr>
<tr><td>对本人工作上的帮助</td><td colspan="6"></td></tr>
<tr><td>您对培训项目或内容的意见和建议</td><td colspan="6"></td></tr>
<tr><td>您认为此类培训有哪些地方需要改进</td><td colspan="6"></td></tr>
<tr><td>您以后还需要哪些方面的培训</td><td colspan="6"></td></tr>
<tr><td>对本次培训的组织工作评价</td><td colspan="6"></td></tr>
</table>

表 8-25 培训师评估表

编号：　　　　　　　　　　　　　　　　　　　　　　　　填表时间：

培训项目			
培训师姓名		所属机构或部门	
培训时间		培训地点	

1. 你对课程内容的评价：
2. 对学员的评价：
3. 对培训管理工作的评价：
4. 在培训过程中发现的问题：
5. 对培训效果转化的建议：
6. 对以后的培训的建议：
7. 其他：

(2)学习层次评估

①评估目的：针对培训内容和培训项目的整体情况以及受训者对培训内容的掌握程度进行评估。

②评估方法：笔试、问卷调查法、情景模拟测试、讨论、讲演以及撰写学习心得报告等。

③评估时间：在培训结束时或培训结束后一周内进行，并把成绩反馈给学员和其主管。

④评估内容：

◆对学习内容进行测试和提问，要求运用所学的知识进行解答。可以分为基础知识点和情景模拟问答。

◆在实际操作性的培训中，评估是在学员的操作过程中现场进行的，在操作过程中考察关键的知识点的掌握。

◆在学习了一些专业性岗位的课程后，要求按照学习的内容和时间提出自己的问题和解决方案，并交给直接上级负责监督执行。

(3)行为层次评估

①评估目的：评估培训项目使学员在工作行为和表现方面产生的变化。

②评估方法：前后对照法、时间序列法、360°调查法和绩效考核法。

③评估时间：培训前期得到基准数据(用以对比)，培训结束后 3～6 个月评估。

④评估内容：

◆培训结束时，要求学员制订行为改进计划(如表 8-26 所示)。计划应当列明现在的情况和需要改进的方面。跟踪评估的时间，一般为培训结束后 3～6 个月。培训师、学员与学员主管讨论详细实践计划，并由直接主管和培训管理者备份。

表 8-26　行为改善方案

编号：　　　　　　　　　　　　　　　　　　　　　　　　　　　时间：

姓名		部门	
职位		岗位	
接受培训项目	1. 2. 3.		
培训成绩记录	1. 2. 3. 4. 5.		
有待改进的问题		行动方案	
知识技能	态度行为	知识技能	态度行为
1.	1.	1.	1.
2.	2.	2.	2.
3.	3.	3.	3.
4.	4.	4.	4.
5.	5.	5.	5.
6.	6.	6.	6.
7.	7.	7.	7.
实施方案时间： 年　月　日至　年　月　日			
主管签字：	行动人签字：	人力资源部签字：	

◆在约定的评估时间内，培训管理者需要保持和学员直接主管的评估交流。

◆在约定的时间结束后，学员本人和直接上级对培训效果进行评估。培训管理者也可参与到评估中。

◆为了保证公平性，可以采用 360°反馈的方式进行评估，由主管、学员自己和同事都参与评估，评估分数的比重可以按照主管评分：自评分：同事评分=40：30：30的比例组合得到最后分数。

(4)结果层次评估

结果层面的评估是培训评估最大的难点。因为对企业经营成果产生影响的不仅仅是培训活动，还有许多其他因素都会影响企业的经营结果。

①评估目的：培训对组织发展带来的可见的和积极的作用。评估的核心问题是评估培训是否对企业的经营成果产生影响。

②评估方法：绩效考核法、360°考核、前后对照法、时间序列法、加权分析法、成本/收益分析法等。

③评估时间：培训结束后3个月～1年。

④评估内容：

◆硬性指标：即容易收集的、客观的、无可争议的事实等数据，包括产出数据、质量数据、成本和时间。

◆软性指标：即难以收集与分析的、主观性的数据，一般作为硬性指标的补充。包括态度激励、员工满意度、工作软环境、工作习惯、工作新技巧的使用、组织文化以及创造性等。

4.确定培训收益

培训收益的数据分为硬性数据和软性数据。硬性数据是指容易收集的、客观的和无可争议的数据，软性数据是指难以收集与分析的、主观性数据，一般作为硬性指标的补充。人才梯队培训同样可以评估培训收益，人才梯队培训的收益最重要的是甄选继任者的成功率。企业一般培训的收益包括以下几方面：

(1)销售量提高

销售量提高体现在以下方面：总体销售量的增加，更多的赢利产品系列，市场占有率提高。

(2)产出质量提高

产出质量提高体现在以下方面：减少的质量控制成本，降低的产能损耗，由于增加销售量所提高的公众和客户的信心。

(3)对工作技能培训的时间减少

工作技能培训时间减少体现在以下方面：降低的培训成本，培训时间减少增加的产出。

(4)事故率降低

事故率降低体现在以下方面：降低因事故带来的产量减少，减少的赔偿支付，避免的罚金。

(5)员工流动率减少

员工流动率减少体现在以下方面：降低员工流动带来的产量增加，减少的招聘和选拔成本。

(6)减少的旷工率、劳资纠纷等

这些最终表现为降低的监督成本。

(7)产品或服务输出增加

现有投资获得更高的回报率或给定产量消耗更少的资源消耗。

(8)资源利用率提高

资源利用率提高体现在以下几方面:更少的机器故障,更少的停机时间,更低的存货水平(原材料、在产品和完工产品)。

(9)确定培训收益的方法

确定培训收益的方法有以下几个方面:

①明确证实与培训有关的收益可以直接运用技术、研究和实践等方法收集。

②对于广泛实施的大规模培训,可以通过试验培训评价培训收益,然后推算出大规模培训的收益。

③对于难以量化的绩效标准,可以选取成功者作为绩效对比标准,比较员工在参加培训前和培训后与成功者的绩效差距改变,确定培训收益。

(五)撰写培训评估报告

培训评估报告的主要内容由五大项组成:

1.评估导言。主要包括两部分的内容:培训项目的整体概况,如培训课程名称、学员、培训组织者、培训机构、培训师、培训时间以及培训执行的影响因素等;评估的目的和性质,如为什么要评估,评估的结果是做什么用的。

2.培训评估概述。概述评估实施的过程、步骤,介绍不同层面设计的各种评估方案,不同层面的评估选择使用的评估方法,资料数据的收集方法以及评价指标的确定等详细情况,使报告阅读者对评估过程和评估层面、评估方法有清晰的了解。

3.评估结果阐述。评估结果包括了各个方面的,应该按评估过程的顺序、层次阐述清楚。

4.评估结果解析。对评估结果进行解释和分析,说明为什么会产生这种结果,找出产生这些结果的根源,并提出培训工作提升或改善的建议,如培训计划的编排、培训时间的安排、培训师选择、培训场地的布置、培训课程的选择、培训方案设计等等。

5.附录。将收集和分析数据使用的各种图表、问卷和相关的原始资料等收入附录,使相关人员可以鉴定培训评估使用的方法是否科学有效,结论是否合理。

(六)评估结果运用

评估结果报告是人力资源管理的工作资料,同时也涉及员工的隐私、影响员工参与培训的热情,以及企业对培训的认同。人才梯队培训评估报告需要向下列人员或机构反馈:

1.董事会或高层管理者。关键岗位候选人和继任者培训评估结果要向高层管理者反馈甚至董事会,董事会比较关注关键岗位继任者情况,特别是企业核心高管层的人才梯队建设情况,所以,关键岗位人才梯队培训情况一般需要向企业董事会报告。企业高层管理者是培训项目的决策者,也是评估结果的汇报对象。反馈的内容应着重在评估的结论和分析上,从而为高层管理者评价培训项目的价值、决定预算投入提供判断的基础。

2.培训管理者和开发者。评估结果要向培训管理者和培训开发者反馈。反馈的内容重点在于培训内容和培训过程管理。培训管理者和培训开发者通过使用评估结果来检验项目的优点和缺点,对培训项目进行进一步的开发和改进。评估结果还可以提出新的命题，为培训开发指明方向。

3.受训的人才。评估结果要对受训者反馈，反馈的内容要与受训者有关，例如测验成绩、培训师的评语以及绩效的改进情况等。注意在反馈时数据的选择要以正面肯定的信息为主，而不要以负面的信息为主，避免打击员工参加培训的热情。

4.继任岗位的现任者。评估结果要向继任岗位的现任者反馈，继任岗位的现任者非常关心人才梯队人才的培训，是否培养好了继任者，与现任者能否晋升有很大关系。反馈的重点在行为改变和培训结果方面。

5.受训的人才的主管。评估结果要向受训者的主管反馈。反馈的内容重点在受训者的表现和改进上。受训者的主管应当了解员工参加培训后带来的变化，积极的和有意义的变化能够加强主管支持员工参加培训的信心。但是评估结果不能只报喜不报忧，能够发现问题，协助寻找解决问题的方法也是培训管理者应当与受训者主管沟通的内容。总的说来，评估结果可以运用在培训管理的以下方面。

(1)改进培训项目。

(2)帮助企业高层管理者作培训决策。

(3)帮助受训者了解培训效果，决定下一步培训任务。

(4)帮助受训者主管了解培训情况，沟通受训者的培训需求。

(5)有利于继任岗位现任者对人才梯队人才培训提供支持。

(6)为成功甄选为继任者制定岗前培训计划提供培训需求分析依据。

三、培训效果落地

虽然人才梯队培训最重要的目的是储备人才，挑选到合格的继任者，但候选人参加培训后，所学到的知识、技能、新观念，对现在岗位的工作也是有很大帮助的，所以不管成功甄选为继任者与否，候选人都等于参加了一系列的“向上管理”的培训。通过培训获得的知识、技能、行为或态度等如果没有或不能转化到工作中去或在一定时间里不能维持，培训的价值就大打折扣，培训的投资回报率也就非常低，所以培训转化在培训管理中处于非常重要的地位。

(一)培训效果落地步骤

培训效果落地包括两个步骤：个人落地和组织落地。

1.个人落地是指培训内容落地为个人的知识和观念，即外显知识内隐化和组织知识个人化。个人落地的干扰因素较少，人才个人的积极性较高，所以落地效率较高。

2.组织落地是指个人将所学到的知识和观念应用于培训所期望的提高企业业绩或组织目标活动中，即将个人内隐知识外显出来的过程。由于复杂的企业环境以及各种各样难以控制的干扰因素，加之个别人才的动力不足，落地率非常低，需要在这个过程中发挥激励的引导作用。

(二)影响培训效果落地的六大因素

1.人才个人因素

从个人落地步骤来说，主要受到受训者个人特征的影响。每个受训者都有不同的个人特征。比较好理解的是智商的差异对学习效果的影响；其次是基本技能对学习效果的

影响，这些基本技能包括阅读能力、推荐能力、计算能力和认知能力等。如果不具备这些基本技能或某一方面有重大的缺陷就会影响到培训效果，相应地，培训效果的落地就更谈不上了。这是两个基本的个人影响因素，培训者在进行培训设计时首先要考虑受训者是否具备基本的学习能力，并根据受训者的具体情况选择合适的培训方法。

受训者的学习动机和自信是另外两个重要的影响因素。学习动机是指受训者接受培训的愿望的强烈程度。如果受训者认为培训可以给他们带来工作绩效的提高，并通过绩效的提高可以获得组织中的奖励，包括精神奖励、物质奖励和组织中的晋升等，那么他参加培训的热情就会很高，在实际工作中运用培训成果的可能性也高。

2.落地氛围

落地氛围是指受训者所处的工作环境的特征。这些特征包括各种促进或阻碍受训者应用培训技能或新的行为模式的因素。例如，管理者和同事对受训者应用培训技能的态度；受训者所处的人际关系对受训者行为改变是支持还是反对；受训者的特征是否能提醒他应用新技能和行为方式；受训者能够因为使用新技能或新方法而得到物质和精神上的奖励等。凡是正面的积极的特征都会形成促进受训者落地培训效果的氛围，而负面的消极的特征则会形成削减培训效果的氛围。

3.管理者和同事的支持

受训者的直接主管对培训效果的落地影响很大。管理者的支持程度越高，培训成果的落地可能性越高。管理者的支持包括同意受训者参加培训，提供工作日程安排上的便利，参与受训者的培训过程，并为受训者在实际工作中提供机会等。

同事的支持包括共同参加培训的同事之间的相互支持，他们可以讨论培训和实际中遇到的问题，共同寻找问题解决方案，并提供心理上的相互支持。同事的支持还包括没有参加培训的同事对待受训者在实际工作中应用新技能和新方法的态度。有时候，来自同事的讽刺对受训者应用新技能和新方法的热情有致命的打击。

4.技术支持

技术支持一般是指当受训者在工作中运用培训所学的技能时，为他们提供技术上的支持。这个技术支持系统一般利用计算机网络为受训者提供所需的知识技能，也可以指专家或指导人形成的支持网络，他们提供的支持有时候更为人性化、更为实用。

5.执行机会

执行机会是受训者在实际工作中运用培训成果的机会。根据学习理论，人们在学到新的知识和理论后，立刻运用，并且运用得次数越多，把知识技能融入自己的知识技能体系的效果就越好。因此，执行机会的影响有两方面：执行与学习结束的时间间隔越短落地效果越好，执行的次数越多落地效果越好。

6.培训项目设计

培训项目的内容、方法和使用工具对培训效果的落地影响比较大。一方面，在培训项目的设计上要使学习环境和工作环境相似，因为受训者在相似的环境中使用学到的知识技能比较容易；另一方面，培训项目的设计要使受训者能够举一反三，通过落地思路或组合原有知识结构来解决不同的问题。

针对培训效果落地的影响因素，培训管理者可以设计一些具体的方案来促进培训效果的落地。例如,设计方案形成支持性的培训效果落地氛围、增强管理者和同事的支持、增加执行的机会和频率、提供全方位的技术支持、激励员工的落地动机以及改进培训项目设计等。

(三)培训效果落地的四种方法

1. 现场操作方法

这个方法的设计包括两个方面,一方面是培训设计时,要加强培训内容与实际工作的相关性;另一方面是培训结束后,员工在实际工作中能够有机会运用学到的知识技能,具体方法包括以下内容。

(1)实习训练。在培训课程进行期间让受训者在实际工作环境中进行一些实际工作的演练。

(2)工作设计。为员工提供机会执行与培训内容高度相关的任务并在执行后反馈工作成绩。

2. 团队支持方法

根据培训效果落地的影响因素来看,营造培训效果落地的氛围非常重要。本方法的重点就在于通过管理者、同事为受训者提供使培训效果落地的工作环境。

管理者支持是指员工的主管对员工参与培训的重视程度,对培训内容在工作中应用的重视程度。培训要产生切实的效果,有赖于员工的变革性行为,这种行为最终可产生态度的改变,只有态度的改变才会促使员工在工作岗位上的技能与方法发生改变。而管理者的支持对员工态度的改变是至关重要的。管理者可以采用具体的措施来支持员工在工作中应用培训成果,具体包括以下内容。

(1)鼓励员工采用新技能和新方法完成原来的工作。

(2)降低员工采用新技能的风险,例如允许员工使用新技能时引发的暂时绩效下降和工作失误。

(3)与员工探讨如何在工作中使用新技能和新方法。

(4)在员工使用新技能工作时及时给予表扬。

(5)通过工作设计使员工可以运用新技能。

(6)鼓励员工向其他同事传授新知识和新技能。

(7)共同参加培训的员工可以组成小组定期讨论运用新知识和新技能的过程中遇到的问题,共同寻找答案。

(8)没有参加培训的同事通过学习和赞扬创造支持的氛围。

(9)当同事使用新技能遇到挫折时,及时给予鼓励和技术支持。

3. 管理激励方法

通过与企业内部其他管理激励机制(如考核制度、奖惩制度和晋升制度)的连接来强化受训者的培训落地行为。培训落地中的激励可以使受训人产生学习动机,并主动将所学应用于工作之中,从而成为提高个人能力和组织业绩的动机,具体方法有以下一些。

(1)目标设立。期望理论认为,人们对目标的期望越大,执行任务的动机越强。因此,帮助员工在培训时设立有效的期望目标,可以激励员工实现培训效果落地。目标包括培训内容与个人需要、培训知识与个人业绩提高、业绩与奖励、奖励与满足个人需要之间的

关系等。如果员工对每个环节的预期都是积极的话，培训的落地率相对会高一些；如果员工对任何一个环节产生消极心理，就将产生落地障碍。

(2)目标考核。管理者应当把培训效果落地纳入管理体系之中，对实现落地目标的员工给予奖励，对没有实现落地目标的员工给予惩罚。

4.知识分享方法

上面提到的三个方法都是从培训效果落地的组织落地步骤提出的解决方法，因为组织落地一般影响因素多、落地率较低，而个人落地率一般比较高，但是随着时间的推移和应用的频率降低，个人落地率也会逐渐降低。因此，管理者应当提供机会加强员工培训效果的个人落地率。知识分享方法就是针对学习的规律设计的强化个人落地率的培训效果落地方法。

知识分享方法也有利于培训成果的组织落地，通过各种形式的知识分享活动，组织可以加大知识传播的广度和深度。因此，在企业中，知识分享活动越来越受到重视。知识分享具体的操作方法有以下一些。

(1)知识分享会。知识分享会以小组讨论的形式交流学习心得，通过知识的交流和分享共同提高，也叫团队学习或小组学习。

(2)知识网络。建立企业中心知识库，将分散在员工个人身上的知识通过程序化的编码归纳到中心知识库中，员工可以通过内部网络寻找自己需要的相关知识。

(3)公开演讲。给员工提供机会进行公开演讲，让员工将自己的学习心得与同事分享。这种形式比知识分享会对员工的要求高，员工必须把自己的知识进行归纳总结并提升到可以传授的程度，因此公开演讲更有利于员工的个人落地。

四、人才培养管理制度

人才培养是企业培训工作的重要组成部分，企业对培训工作应该制定规范、系统的管理制度。一般来说，企业的培训管理制度包括了人才梯队建设中人才培养的管理内容，如果企业的培训管理制度在针对人才梯队建设中人才培养方面的管理内容有欠缺，则需要进行补充和完善，在企业培训管理制度的基础上，制订企业人才培养管理制度，作为企业培训管理制度的补充。

企业培训管理制度一般包括以下内容：

1.企业培训教育委员会的功能和职责

2.培训管理部门职责和直线部门及其人员职责

3.培训需求分析管理

4.培训课程体系规划

5.培训计划制订

6.培训费用预算与使用管理

7.内部师资培养与管理

8.培训教材建立与管理

9.培训实施管理

10.培训奖励与惩罚

11.培训效果评估与管理
12.培训结果应用
13.培训工作改进
14.员工培训档案管理
15.教学设施用具管理
16.培训风险管理
17.其他

第三节 人才培养方法设计

企业培训根据内容可以分为三大类:理论知识类培训、技能类培训、综合类培训。培训的方法有很多种,常用的培训方法有十三种:课堂讲授法、专题讲座法、小组讨论法、工作指导法、岗位轮换法、导师指导法、读书会、案例研究法、头脑风暴法、沙盘模拟、敏感训练法、内部兼职、户外训练等,人才梯队培养也经常使用这些培训方法。为了使读者对培训方法有比较全面的了解和掌握,本文对部分培训方法进行全面介绍。

一、内部培训师建设

课堂讲授法可以是选用内部的培训师,也可以聘请外部的培训师,选用内部和外部的培训师有不同的优点,内部培训师了解企业的文化、企业管理能力、企业产品、生产方式、学员情况等企业内部综合情况,并且费用低廉。现在很多大中型企业都建立了内部培训师队伍,并不仅仅是从省钱、让更多的员工接受培训的角度来考虑,很多企业已将内部培训师作为企业培训工作的核心。一支优秀的内部培训师队伍,可以在企业内传授专业知识、开发训练教材、评估训练绩效、指导工作、传承企业文化、整合企业训练信息、持续提升企业竞争力。

(一)内部培训师选拔

1.选拔方法

企业可依据各自的标准来挑选内部培训师,挑选的方法通常有两种:一是主管提拔指派。多数主管对下属的专长和特点都比较了解,也会非常愿意指派下属协助培训单位设计课程或进行授课。由主管指派的内部培训师,也会因为主管的支持而更愿意参与培训工作,通过这种参与提高自己的专业能力,并在实践中丰富专业经验。二是在企业内公开招募,寻找那些对教学感兴趣的人。这些人愿意投入精力来做培训师,由于是主动参与,积极性也会很高,会更快地融入培训师这个角色。

2.培训师选拔的十大标准

(1)具备培训课题涉及的专业理论知识。培训内容需要有系统性、专业性,既要有理论的高度,又要有比较丰富的实践经验,所以优秀的培训师应该既有理论的高度,又有实践的深度。

(2)对培训所涉及问题有实际应对经验。如中层干部管理技能的培训课程,学员会问管理技能怎样能发挥得更好。普通的培训师通常会告诉你把管理技能课程学好一些，就能应用、发挥得好；而优秀的培训师则告诉你，首先你应该能在企业生存下来，在企业建立良好、正面人脉关系，同事接受你了，你的管理技能才能更好发挥。前者的回答从技术到技术，是一个缺乏企业工作经验的培训师；后者的企业实践经验丰富，对实际问题有丰富的应对经验。

(3)具有培训经历，获得了一定的培训经验。

(4)掌握培训技巧。如课程的开发、培训方法的设计、授课技巧等。

(5)熟练使用各种培训工具。如 PPT、多媒体教学设备等。

(6)良好的交流和沟通能力。与学员能良性互动、有效交流。

(7)具有引导学员自学的能力。

(8)善于发现问题和解决问题。

(9)掌握前沿理论。

(10)拥有培训热情。

(二)内部培训师行为规范

1.培训师授课规范

(1)所授课程要从企业实际出发，理论与实际相结合，要能够解决学员的实际问题或困扰。

(2)课程观点要鲜明，表述概念要清楚，其内涵、外延要清晰。

(3)课程内容要有针对性，要符合企业的实际，层次分明、重点突出。

(4)口头语言表达要清楚，肢体语言要规范，课堂气氛要生动活泼。

2.仪表仪容规范

(1)不要穿新的或紧的鞋子。

(2)不要忘记带口气清新剂或牙刷、牙膏。

(3)不得习惯性地调整或拨弄头发及头饰，以免分散学员的注意力。

(4)不穿紧身的服装，应该选择舒适的职业装。

(5)女性不穿低胸或较暴露的服装。

(6)不喷气味刺鼻的香水。

(7)不要佩戴叮当响的首饰，以免分散学员的注意力。

(8)不要嚼口香糖。

(9)不佩戴有争议的装饰品。

(10)不要用太多专业或难懂的术语。

(11)不要说不良的口头禅。

(12)不要偷偷看手表，避免分散学员的注意力。最好以时钟替代手表来掌握时间。

(13)不要忘记把微笑和热情带进课堂。

(三)内部培训师培养

虽然挑选的内部培训师候选人专业技能很强，但在表达技巧、课程内容组织、教案撰写等培训技能上尚有不足，因此，挑选好候选人之后，要有目的地针对他们薄弱的方面培养和提高。

企业可以提供根据内部培训师职业发展计划设置的培训师认证课程，如内部培训师培训、课程设计与开发等，还可以对这些候选人讲授的课程拍摄录像，并组织内部培训师分享会，针对授课内容与方式提供意见和建议，通过这种团队伙伴反馈(peer feedback)，让他们不断调整课程内容、授课方式及与学员互动的技巧。

1.职业形象训练

包括怯场压力的破解、手势运用技法、表情运用技法、语言运用技法、培训师站坐走姿规范、培训师风格选型等。

2.授课技巧培训

包括开场结尾的方法、组织主体段落的方法、课堂提问技巧、课堂应答技巧、点评技巧、培训现场应变技巧、现场掌控方法、新知识元素的呈现、哲理元素的呈现、情感元素的呈现、幽默元素的呈现等。

3.教学工具的使用

包括电脑软件的使用、多媒体教学设备使用、教学辅助工具的使用等。

4.教学内容的培训

课程内容应涉及专业的系统知识和技能，并且鼓励培训师参加外部新技术、新知识的培训，从而保证内训师的知识体系能够保持在国内相关行业的先进水平。

5.企业情况和学员背景的培训

企业情况包括企业的战略规划、企业文化、管理水平、当前企业经营管理存在的问题、本次培训需要解决的问题、本次培训的计划安排等；学员背景包括：学历、专业、工作年限、在本公司工作经历、部门、岗位、考核成绩、男女人数、思想意识、职业化程度等。

(四)内部培训师评估考核

对培训师的评估不应当局限在培训课程的后期或者培训课程结束之后。企业需要对培训课程有着较为完善的监控体系，从而有效地避免培训课程的失控。因此，对于培训课程尤其是周期较长的课程，企业需要在课程初期和中期就进行一定的评估和考核，从而及时发现在培训进度、方式方法等方面可能存在的问题，并进行相应的纠正和弥补。

在评估过程中，需要明确评价的标准和尺度。一般来说，企业在实施评估的过程中，需要根据培训目标和最初的培训计划，制定较为完善的评估表格，从而使评估能够有的放矢，避免过于空泛和主观。

培训评估应当从两方面着手，而不应当局限在某一方面：一方面是对内部培训师的培训教材、培训内容、培训方式和方法等方面的评估；另一方面是通过受训人员受训后的收获进行评估，即从受训人员的专业知识或者职业技能是否提高，工作态度是否改善，工作业绩是否有所提高等几方面进行评估，从而最真实地评估出培训的效果。四层评估法就可以应用了，如对培训师的授课技巧评估，属于反应层评估，可以采用观察评估法。

(五)内部培训师等级评定

1.评定标准

企业应该建立一套不同级别的内部培训师的任职能力标准，以对内部培训师进行分级，例如：助教、培训师、金牌培训师、资深培训师，这套能力标准包括企业管理专业水平、培训对象级别、教案编撰、课件制作、授课技巧等方面。

表 8-27　案例：内部培训师级别说明表

<table>
<tr><th colspan="2">级别</th><th>人员类别</th><th>级别能力要求</th><th>授课对象</th></tr>
<tr><td colspan="2">见习培训师</td><td>填写了推荐/自荐表格，接受授课技巧培训并通过了考试的人员</td><td>具备某一专业领域的实践经验，并善于总结与其他人分享</td><td>本二级部门/服务中心内部培训</td></tr>
<tr><td colspan="2">初级培训师</td><td>符合晋级标准的见习培训师；二级部门负责人，服务中心经理</td><td>具备丰富的实践经验和专业知识、技能，能够在实际工作中指导员工工作，并能帮助员工改善个人绩效，符合国家“初级企业培训师”的能力要求</td><td>除在二级部门/服务中心范围内培训外，能够担当管理学院组织的培训项目（如新员工岗位培训等）的内部培训师</td></tr>
<tr><td rowspan="2">中级培训师</td><td>（A级）</td><td>符合晋级标准的初级培训师；一级部门负责人，服务中心主任</td><td>在某一专业领域内具备一定的影响力，能够对受训员工的工作情况进行诊断与指导，并能通过培训改善员工的行为层面的表现，具备较为鲜明的个人特征，授课形式多样</td><td>承担一级部门/事业部范围内的培训；经管理学院或所在系统培训部评估后，承担所在系统或公司级授课任务</td></tr>
<tr><td>（B级）</td><td>符合晋级标准的中级培训师（A级）</td><td>在单位范围内的专业领域中具有相当影响力，能在实际工作中指导基层管理人员进行工作，引导员工达成绩效目标，从而为组织绩效的提升提供有力支持，并能够指导初级培训师提高授课技能。符合国家“企业培训师”的能力要求</td><td>在一级部门/事业部范围内跨部门/事业部培训；经管理学院或所在系统培训部评估后，承担所在系统或公司级授课任务</td></tr>
<tr><td colspan="2">高级培训师</td><td>符合晋级标准的中级培训师（B级）</td><td>在长期的专业技术实践和研究中形成独到的理论体系，能在实际工作中指导中层以上干部进行工作，并且有标准教材审核能力，能够指导中级培训师提高授课技能，符合国家“高级企业培训师”的能力要求</td><td>承担公司级培训，所有课程均由管理学院负责安排</td></tr>
<tr><td colspan="2">资深培训师</td><td>符合晋级标准的高级培训师</td><td>不仅在专业领域具备独到的理论体系，并且具备丰富的授课经验，独特的个人魅力，能够通过培训引导受训人员发生行为层面、绩效层面的转变，能够对内部培训师进行全面培训。</td><td>承担公司级培训，同事能够亲身向外界传播企业文化，承担对供应商、客户的培训课程</td></tr>
</table>

续表

级别	人员类别	级别能力要求	授课对象
专家级培训师	符合晋级标准的资深级培训师	具备丰富的专业技术实践经验、企业管理经验，掌握专业技术前沿知识、先进的企业管理方法及理念，在专业领域和培训行业内具有相当影响力及知名度，具备鲜明的个人魅力和一定的权威性，能够指导公司内部高层领导的实际工作，并对高层领导进行先进管理方式的培训，同时能够对公司内部培训师队伍进行全面培训	承担公司级培训，同时有能力作为业内知名权威人士向外界传播公司先进的管理经验，传播具有鲜明特色的企业文化。

2. 晋级淘汰机制

对于内部培训师，除了在物质层面激励之外，还应当建立一套能上能下的晋级机制，以营造积极向上的良好氛围。制定内部培训师的级别升降和资格取消办法。培训管理部门要在定期评议内部培训师的基础上，适时组织观摩活动，切实落实内部培训师级别的升降机制，真正达到"鼓励冒尖，拒绝平庸"的激励目的。实际工作中，我们经常以一年为一个考核周期，在态度、知识、技能等方面考核内部培训师，表彰先进，鞭打落后。

例如，我们可以对授课态度积极、尽职尽责、严格守时、全年授课四次以上、多方评估满意度平均达到80%以上的内部培训师，予以晋级。相反，对授课态度不好的、发生一次无故未能授课的、发生两次上课迟到的、讲授内容违背公司立场和企业文化的内部培训师，予以降级直至取消其培训师资格。

表 8-28　案例：内部培训师晋级条件

晋级条件		初级培训师	中级培训师（A级）	中级培训师（B级）	高级培训师	资深级培训师	专家级培训师
申请上一等级的最低有效授课时数（小时）		50	50	80	80	100	……
申请上一等级的连续两次培训师满意度调查得分		70	80	85	90	95	……
见习培训师申请对应等级需要的条件	有效授课时数（小时）	5	15	不允许	不允许	不允许	不允许
	连续两次培训师满意度调查得分	60	65	不允许	不允许	不允许	不允许

注：1. "有效课时"包括：管理学院所安排的培训课时，二级培训部门所报备的有效培训课时，经由一级部门负责人认定的培训课时。

2. "培训师满意度调查得分"为管理学院/二级培训部门组织的培训师满意度调查。

(六)内部培训师激励

为了充分调动内部培训师的积极性,对内部培训师的激励方式包括精神激励、物质激励和职业生涯发展等三个方面。

1.精神激励

第一,年度谢师礼。每年为内部培训师举办一次隆重的“谢师会”,并在聚会中颁发奖项给付出极大努力参与内部课程的相关人员,如最佳课程设计奖、技术应用奖、最鼓舞人心课程奖等。

第二,企业内部对选拔出的内部培训师给予一定的宣传,同时颁发相应的资格证书或聘书,在内部培训师的座位周围放置容易看见的奖章等,让内部培训师产生荣誉感。

第三,为内部培训师提供提升其技能的外部培训。这种方法可以让那些对授课有兴趣的培训师更加精进授课能力,不仅满足培训师需求,对企业也有实质的帮助。

2.物质激励

企业应当从多方面对内部培训师加以奖励。例如,为内部培训师支付一定的课时费用,支付参加相关外部培训课程的费用,设立培训师津贴等,从而使内部培训师能够切实地得到相应的利益和好处。支付课酬的方法很多,这里介绍其中一种分等级支付课酬的方法:

区别培训师的档次,根据按劳分配、效果测评等原则确定课酬的等级。首先设计一个基本课酬标准,在此基础上设计几个加权系数。

第一,确定基本课酬标准,即每小时的授课费。这是课酬的基数。我们可以参考外部培训师的课酬情况,并结合本企业的薪酬水平,确定一个相对合情合理的标准。

第二,设计几个加权系数。

(1)依据培训师个人职位的不同,确定不同的职位系数。设置这个系数的出发点是,不同职位的内部培训师,应该拿不同的课酬。如总经理的课酬标准应该有别于基层级的培训师。

(2)依据培训师级别的不同,确定不同的级别系数。不同级别的培训师(例如:助教、培训师、金牌培训师、资深培训师)拿不同的课酬。

(3)设置一个考核系数。这是所有课酬系数中最为重要的一个系数。如果课酬不能与考核结果挂钩,那么,考评的结果肯定是“讲好讲坏一个样”,难以拉开档次,致使课酬的给付完全背离初衷,变成一项“大锅饭”式的福利而不是激励。

(4)设置一些与备课、讲授有关的系数。如:学历系数、新旧课程系数、原创系数、学员数量系数、试卷出题和批改量系数等。设置这些系数的出发点是:按劳付酬。

课酬计算公式如下:

培训课酬=基本课酬×课时数×难度系数×考核系数×职位系数×级别系数×其他系数

3.职业生涯发展

为了激励优秀的内部培训师,许多企业都会提供实质的报酬,但最好的方式却是与人力资源制度相结合。

一方面,企业应当为内部培训师优先提供各类国内外的培训机会,从而使内部培训师的业务水平和专业技能能够得到不断的提升。这既可以保证内部培训师自身含金量的不断提升，也可以使他们更好地把自己掌握的知识技能转移给其他的员工。

另一方面，企业尤其是规模较大的企业应当为内部培训师设计相应的职业发展通道。这种职业发展通道既可以是基于内部培训师基础之上的通道，如对内部培训师进行分级，之后企业可以根据内部培训师的培训评估效果和培训时间长度加以升级，使他们可以按照"培训师、高级培训师、资深培训师、首席培训师"的通道不断得到提升。这种职业发展通道也可以是内部培训师在整个企业内部发展的通道。

最后，企业在选拔人才或晋升人员的过程中，应当优先考虑表现突出的内部培训师。

案例 8-4：某集团公司内部培训师管理办法

第一章 总 则

第一条 目的

为充分利用集团公司内部的智力资源，积极培养和建设公司兼职培训师队伍，发挥内部培训师在公司整体培训教育体系中的核心作用，特在《人力资源开发与培训管理制度》的基础上制定本管理办法。

第二条 适用范围

本办法适用于集团公司各种类型的培训。

第二章 管理职责

第三条 归口管理

集团人力资源中心是内部培训师的归口管理部门，负责培训师的评聘及相关管理工作。

第四条 培训师工作职责

1. 根据集团人力资源中心的安排，展开相关内训课程；

2. 负责参与公司年度培训效果工作总结，对培训方法、课程内容等提出改进建议，协助公司培训主管完善公司培训体系；

3. 负责培训学员的考勤和考核；

4. 负责编写或提供教材教案；

5. 负责制作培训学员测试试卷及考后阅卷工作。

第三章 培训师资格评审及程序

第五条 培训师类别

培训师分储备培训师和正式培训师两类，培训师除了可以获得授课薪酬之外，还可以获得公司组织的“培训师培训”(委外或外派)，正式培训师等级资格证由人力资源中心颁发审核，总裁审批。

第六条　外聘教师

非本公司人员在为本公司员工进行培训的过程中，经公司人力资源中心评审合格后，也可聘请其担任本公司培训师(等级评聘按照本办法)。

第七条　培训师评选条件

1.具有认真负责的工作态度和高度的敬业精神，能在不影响工作的前提下积极配合公司培训工作的开展；

2.在某一岗位专业技能上有较高的理论知识和实际工作经验；

3.形象良好，有较好的语言表达能力；

4.具备编写讲义、教材、测试题的能力。

第八条　等级评聘

为了保证培训效果并激励培训师授课水平的自我提升，培训师按级付酬，正式培训师划分为三个等级，等级按《培训效果调查表》得分标准评聘。

第九条　内部培训师评聘程序

1.各单位推荐或个人自荐——单位主管领导审核——人力资源中心审批，审批后的培训师将获得储备培训师的资格。(见表8-29《内部培训师推荐表》)

2.人力资源中心与各二级培训主管部门会适当安排储备培训师授课。

3.各二级培训主管部门安排内部培训师授课前应通知人力资源中心有关培训师和课程安排事项，以便于人力资源中心对培训师的授课情况进行跟踪；跨单位聘请内部培训师时人力资源中心提供必要的协调。

4.人力资源中心组织各二级培训主管部门协助对储备培训师的授课效果进行抽查(见表8-31《培训效果调查表》)，对连续两次抽查得分低于60分的培训师，暂停安排授课，若因个人或组织需求，可按本规定重新申请。

5.各级培训师均可以提出升级申请(见表8-30《内部培训师资格评聘表》)，人力资源中心受理申请并组织升级评聘，聘期半年。满足以下标准可申请升级评聘：

(1)连续两次考察授课均达到以下评分标准

三级培训师：70～80分；

二级培训师：80～90分；

一级培训师：90～100分。

(2)授课时数

三级培训师须授课6学时/年；

二级培训师须授课8学时/年；

一级培训师须授课12学时/年。

注：必要时人力资源中心邀请专业人士参与评审。

6.人力资源中心组织各二级培训主管部门协助对正式培训师的授课效果进行抽查，连续两次抽查得分低于本级标准得分下限的培训师降一级，经再次考核得分高于本级标准得分上限方可恢复原级别。

第十条 集团公司鼓励广大员工积极参与培训师评聘与升级，培训师业绩作为其工作绩效考核的参考依据之一。

第四章 培训师考核

第十一条 培训项目考核

培训学员和人力资源中心培训主管对培训项目的效果、教材设计、授课风格、学员收益等进行评估。(见表8-31《培训效果调查表》)

第十二条 年终考核

人力资源中心对培训师的考核年终进行综合评定。考核结果由人力资源中心审核(见表8-32《内部培训师年度考核表》)。对考核结果不合格或者受到学员两次以上重大投诉的培训师，公司将取消其培训师资格；培训师因正常工作或个人原因，不能按原计划授课时，应及时通知培训组织部门，以便另行安排。

第十三条 公司根据考核结果，每年度从培训师队伍中评选出部分优秀培训师，并给予一定物质奖励和精神奖励。

第五章 培训师的培训

第十四条 培训师的培训

为了提高培训的成效，凡申请担任正式培训师的人员，经过资格初审后，接受培训师资格培训课程：

1.学习原理；

2.成人学习特点；

3.企业培训与员工发展；

4.教材设计与制作；

5.培训技能训练；

6.专业外出培训。

第六章 培训师的报酬

第十五条 付酬标准

培训师等级	付酬标准
一级培训师	200元/小时
二级培训师	150元/小时
三级培训师	100元/小时
储备培训师	50元/小时

第十六条　报酬支付

公司一级的培训项目由人力资源中心负责报酬的申请与支付，各职能部、子公司二级培训项目由相应的培训主管部门负责报酬的申请与支付。（见表8-33《培训费用支出申请表》）

第七章　附　则

第十七条　本办法由人力资源中心制订、修改并解释。原有制度与本办法相抵触的均遵循本管理办法。

第十八条　本办法自下发之日起执行。

表8-29　内部培训师推荐表

填表日期：　　年　　月　　日

姓名		部门			岗位	
学历		授课方向				
特长描述						
授课经历						
参加培训经历						
个人自荐理由						
部门推荐意见						
个人签名		部门负责人签名		人力资源中心审核意见		

表 8-30 内部培训师资格评聘表

填表日期： 年 月 日

第一部分：培训师资格升级申请（由培训师本人填写）

<table>
<tr><td>姓名</td><td></td><td>学历</td><td></td><td>专业</td><td></td></tr>
<tr><td>所在单位</td><td></td><td>科室</td><td></td><td>岗位</td><td></td></tr>
<tr><td>培训师资格</td><td colspan="2"></td><td>评聘时间</td><td colspan="2"></td></tr>
<tr><td>申请资格</td><td colspan="5">□三级培训师 □二级培训师 □一级培训师</td></tr>
<tr><td>教授课目</td><td colspan="5">1）
2）
3）</td></tr>
<tr><td>培训记录</td><td colspan="5">1）
2）
3）
4）</td></tr>
</table>

第二部分：授课效果考察（由人力资源中心填写）

<table>
<tr><td>序号</td><td colspan="3">培训项目</td><td>培训时间</td><td>组织单位</td><td>授课成绩</td></tr>
<tr><td>1</td><td colspan="3"></td><td></td><td></td><td></td></tr>
<tr><td>2</td><td colspan="3"></td><td></td><td></td><td></td></tr>
<tr><td rowspan="2">考察结果</td><td>总体评价</td><td colspan="5"></td></tr>
<tr><td colspan="2">培训师资格评定</td><td colspan="4"></td></tr>
<tr><td colspan="2">人力资源总监意见</td><td></td><td>总经理意见</td><td colspan="3"></td></tr>
</table>

表 8-31 培训效果调查表

培训课程名称：________________

组织部门：________________ 姓名：(可以不填)________________

说明： 1.本表请受训学员如实填写，并请填妥后交组织部门。2.请在你认可的选项上打钩。3.请你给予真实的反映批评，以帮助我们对将来的培训计划进行改进。

序号	评估项目	差 中 好 2 3 4 5 6 7
1	培训目标已达到？	□ □ □ □ □ □ □
2	教师讲解技巧如何？	□ □ □ □ □ □ □
3	是否鼓励学员参与课堂教学？	□ □ □ □ □ □ □
4	是否很好地回答学员的提问？	□ □ □ □ □ □ □
5	讲课内容是否丰富，吸引人？	□ □ □ □ □ □ □
6	知识面是否宽广？	□ □ □ □ □ □ □
7	所讲内容是否切题？	□ □ □ □ □ □ □
8	培训内容对自身全面发展是否有启发？	□ □ □ □ □ □ □
9	培训内容是否紧密结合实际？	□ □ □ □ □ □ □
10	培训内容能否应用到岗位上？	□ □ □ □ □ □ □
11	教师对所讲内容是否掌握得深、理解得透？	差 中 好 2 4 6 8 10 □ □ □ □ □
12	讲义编写质量？	□ □ □ □ □
13	整体上，您对这次课程的满意程度是？	□ □ □ □ □

(注：满分 100 分，前十题满分 7 分，后三题满分 10 分，汇总后填入“培训师总得分”里)

您的其他意见：________________

____

____

____

____

____

培训师总得分：________________

谢谢合作！

表 8-32　内部培训师年度考核表

填表日期：　　　年　　月　　日

第一部分：培训师档案（由培训师本人填写）

姓名		学历		专业	
所在单位		科室		岗位	
培训师资格		评聘时间			
教授课目	目前				
	意向				
年度 自我小结					

第二部分：培训绩效记录

序号	培训师本人填写			人力资源部填写
	培训项目	培训时间	组织单位	抽查成绩
1				
2				
3				
4				
5				
6				
7				
年度 总体 评价	评语			
	奖励			
人力资源中心 培训主管		人力资源 总监意见		

表 8-33　培训费用支出申请表

填表日期：

<table>
<tr><th>部门</th><th>姓名</th><th>培训课程</th><th>课时</th><th>费用标准
（元/小时）</th><th>授课费</th><th>培训师
签收</th></tr>
<tr><td></td><td></td><td></td><td></td><td></td><td></td><td></td></tr>
<tr><td></td><td></td><td></td><td></td><td></td><td></td><td></td></tr>
<tr><td></td><td></td><td></td><td></td><td></td><td></td><td></td></tr>
<tr><td></td><td></td><td></td><td></td><td></td><td></td><td></td></tr>
<tr><td>培训组织部门</td><td colspan="3"></td><td>培训主管</td><td colspan="2"></td></tr>
<tr><td>人力资源总监审核</td><td colspan="3"></td><td>总经理审批</td><td colspan="2"></td></tr>
<tr><td>备注</td><td colspan="6"></td></tr>
</table>

二、导师制

（一）什么是导师制

导师制是一种人才培养机制。企业导师制是指企业中富有经验的、有良好管理技能的资深管理者或技术专家，与企业重点培养人才建立的支持性关系。导师制不同于课堂培训，导师利用工作时间或业余时间对培养对象进行个人职业发展、岗位技能、价值观等方面的指导和培训。导师制的目的是为了充分利用公司内部优秀员工的丰富技能和经验，帮助员工尽快提高业务技能、适应岗位工作的要求，并帮助被指导者在其工作环境中取得成功。培训方法中的工作指导法和导师指导法均可参考导师制的培训方法。

导师制的特点有：(1)能够培养出符合自己企业发展要求的人才，最大可能地发挥人才的潜能，使员工对自己的发展前途和空间充满信心，有效地防止人才的无序流动；(2)能够完善公司学习型组织的建设，发挥团队竞争优势；(3)为企业发展提供最大的人才保障，解决了引进人才的"水土不服"问题，缩短了引进人才的"同化期"，保证企业的人才供应。"内部导师制"是一种迅速的人才培养机制，大、中、小型企业都非常实用，在增强企业内部凝聚力的同时，也保障了公司的人才梯队建设。

（二）建立导师制的步骤

1. 确定导师和培养对象

这项工作由人力资源部根据个人的综合素质、管理能力、业务能力、个人专长等情况，不同资格的导师带不同层次的学员，每名导师最多带三四名学员，形成梯状的人才结构。对学员资格的确定，采取两个结合，一方面是本部门领导推荐，另一方面是个人自主结合，把学员的主动性和自愿性相结合，保持积极的学习心态。一般来说是要选择业绩优秀的老员工作为导师，但在实际选择过程中，每名导师所带学员数量不得超过某一范围，形成梯状的人力结构。

(1)导师的确定。根据在职员工的综合素质、管理能力、业务能力、综合表现及个人专长等情况，结合导师候选人的个性特点，挑选既有良好业绩，又有较好表达能力、有热心的老员工为导师。人力资源部应根据相应的标准分别确定不同级别的导师(如一级导师、二级导师、三级导师)，不同级别的导师带不同层次的学员。

(2)培养对象的确定。培训对象主要指继任候选人和储备人才，每名导师指导三名培养对象为宜。

(3)导师和培养对象的结对。人力资源部为导师提供培养对象的基本信息，同时给培养对象提供导师名单、职位等基本信息，让双方自由选择，实行导师及培养对象自由双向选择为主，人力资源部协调为辅的原则。导师与培养对象结对完成后，人力资源部进行公示并备案。人力资源部对导师进行指导员工的方法和技巧培训。

2.确定培养计划和方法

(1)制定培养计划。在继任候选人/储备人才的培训计划中，已经确定了培训课题和培训时间，在此基础上，对培训课题分解成若干子课题，形成阶段性的培养计划，在拟定的具体培养方案中，一定要明确所要达到的目标、准备采取的行动计划(措施)，以及导师需要提供的辅导和帮助。

(2)确定培养方法

培养方法灵活多样，比如：工作上随时指导、定期制定研究课题、针对性的技能专题培训、谈话式、互动交流式等多种方式。导师可以通过电话、网络、座谈、沟通、单独指导等多种形式来对培养对象进行培养。

(三)检查考核及持续提升

1.对学员的检查考核

学徒接受上级部门/人力资源部对师徒协议签订、培养计划与培养内容制订、培养计划实施、学习态度、阶段学习成果等方面的检查；学徒考核一般包括书面考试成绩、导师评分、主管评分等项目。

2.对导师的检查考核

导师接受上级部门/人力资源部对师徒协议签订、培养计划与培养内容制订、培养计划实施、培养方法、计划执行进度等方面的检查；导师考核一般包括过程控制考核、学徒的书面考核成绩、人力资源部的评分等项目。

3.人力资源部门职责

人力资源部主要职责是指导和监督，敦促导师及时上报培训计划和培训内容，定期检查和监督实施情况，确保培训的质量和效率。组织对师徒双方的考核和评价，根据考核情况，提出对导师制培养的改进措施，提出对导师的奖励或处罚意见。

案例 8-5:《中国移动某公司导师制管理方法》(节选)

4.1 目的

充分利用公司内部优秀员工的先进技能和经验,发扬“传、帮、带”的优良传统,帮助储备人才尽快提高业务技能,适应岗位工作的要求,提升储备人才的整体能力素质。

4.2.适用范围

适用于中国移动某省有限公司地市公司各部门和区县分公司。

4.3.名词释义

4.3.1 导师

按照一定的程序和规则,从员工内部选拔,经考核其资历、能力水平达到要求,以承担指导继任候选人/储备人才心态、价值观、业务工作、专业知识与技能、管理技能、工作技能的优秀在职员工。

4.3.2 学徒

通过签订师徒合同,愿意接受导师指导与考核的继任候选人/储备人才。

4.4 职责与分工

4.4.1 人力资源部职责

a)负责制定、完善、推动导师制管理办法。

b)对各部门导师制的实施过程进行指导、监督。

c)负责建立公司导师资源库,负责教材、教学方法、导师制协议书、考试资料、考核资料的档案管理。

d)组织、督促各部门在规定时限内完成对师徒双方的考核,通报各部门导师制开展情况。

4.4.2 各部门和区县分公司职责

a)根据导师选拔标准,完善本部门导师队伍的建设,并督促导师制定行之有效的教学计划,不断完善教学方法。

b)组织、督促师徒双方签订“师徒合同”、“师徒协议书”,并负责协议书的保管、对合同、协议执行的检查、督导。

c)定期跟踪合同的履行情况,发现问题及时进行调整,确保辅导协议的顺利、有效执行。

d)负责期中、期满的考核实施:各部门/分公司在人力资源部的统一组织、协调下,完成对师徒双方的考核。

4.4.3 导师职责

a)传播企业文化

帮助继任候选人/储备人才了解、认识和认同中国移动的企业文化——核心价值观、使命、愿景和行为规范、规章制度,使其成为一名合格的移动人。

b)关注学徒思想

关注学徒日常表现,了解和掌握他们的生活和思想状况,倾听他们的意见和要求,帮助解决遇到的困难和障碍。遇到难以解决的问题,需及时向部门反映,由相关部门进行妥善处理。

c)加强制度认知

指导学徒了解本岗位的基本要求和岗位职责,熟知分公司的各种业务流程、管理流程,加强与相关部门的沟通与交流,了解公司的企业管理体系。

d)专业知识技能的教授

传授、指导学徒掌握本岗位,或特别指定需要掌握的专业知识、技能。

e)指导业务技巧、工作开展技巧

在实践中对学徒进行业务示范,帮助他们解决遇到的技术性问题,使其尽早适应岗位要求;指导工作开展的技巧和方法,提高沟通协调能力。

4.4.4 学徒职责

a)根据教学计划与协议约定,完成学习任务。

b)及时完成导师布置的作业,主动向导师汇报完成情况。

c)参加学习期中、期满的考试。

d)将学成后的知识、技能及时应用到实际工作当中。

e)对导师进行公平、真实的考核评价。

4.5 管理规范

4.5.1 导师选拔标准

a)工作积极、正直向上,具有良好的道德品质和价值观,有较好的团队精神,具有亲和力且愿意辅导他人,熟悉中国移动本地市公司企业文化。

b)熟悉本岗位工作流程,能够按照公司规章制度开展工作,较好地掌握了本岗位必备的专业知识和技能,具有较丰富的实践经验。

c)在本岗位工作至少 8 年以上。

d)具有良好的沟通、协调、表达能力,具备一定的指导、传授经验的方法和技巧。

e)员工需先向部门申请,被公司评审通过后,加入导师师资库,或由部门/分公司、人力资源部提议,公司评审通过,方可成为导师。

f)当导师资源不足时,可由部门/分公司或人力资源部指定人员担任,公司同意后,正式成为导师。

g)人力资源部定期组织对公司导师资源库的导师进行培训,提高导师辅导学徒的能力和方法。

4.5.2 师徒关系确定

a)继任候选人/储备人才原则上都要参加导师制的培养、学习,因各种原因无法参加或不需要参加者,由部门提出、人力资源部审核,或者由人力资源部提出,部门的分管副总审核、总经理批准,继任候选人/储备人才如不参加导师制培养、学习,向部门提出,人力资源部审核,部门的分管副总审核、总经理批准。

b)采取以学员报名自主选择导师为主，兼顾部门调配为辅的方式，既考虑学员自主意愿，又均衡导师辅导精力(一个导师最多同时带3个学徒)，根据岗位情况由部门/分公司安排确定师徒关系。

c)辅导期限：综合类和市场类六个月为一个周期，技术类一年为一个周期。

d)导师与学徒要以合同、辅导协议的形式确定师徒关系，签订师徒合同、辅导协议书，合同、协议书一式四份，师、徒、所在部门/分公司和人力资源部各保留一份。

e) 协议中应当体现导师及学徒员工的教、学的具体内容，以及达到考核要求标准等内容，协议由学徒所在的部门/分公司制订，人力资源部审核，报部门/分公司分管领导审核、总经理批准。

f) 签订师徒协议后，原则上不能随意变更协议，确因特殊原因或客观原因需要变更协议的，需将具体原因报告所在部门/分公司审查，并经人力资源部同意后方可变更。

g)确因特殊原因或客观原因辅导协议无法继续履行，需要取消合同、辅导协议的，需将具体原因报告所在部门审查，报人力资源部调查事实原因，报部门/分公司分管领导审核、总经理批准后方可终止合同、辅导协议，对违反协议规定的相关人员应承担相应的责任。

h)辅导协议期满三日内，由所在部门/分公司、人力资源部、导师、学员根据考核标准及要求完成对导师、学员的考核，及时将考核结果提报人力资源部。

4.5.3 导师管理要求

a)进入导师库的员工如无特殊原因，必须接受公司的聘请，担任导师。

b)在师徒辅导协议执行期间，尽职尽守，按教学计划表中的要求认真辅导学徒，不得“偷工减料”、弄虚作假、应付了事。

c)在协议实施期间，接受部门负责人、人力资源部的工作检查。

d)如无特殊原因，不得中途停止履行协议或取消协议。

e)学徒不按辅导协议要求认真学习，不及时完成各项学习任务和作业的，导师可以根据协议规定，要求学徒立即改正，情节严重者，导师有权向学徒所在部门、人力资源部反映，并提出给学徒处分或停止履行辅导协议的建议。

f)不断提高自身的能力素质水平，提高教学质量。

4.5.4 学徒管理要求

a)尊重导师，主动学习，谦虚请教，认真实践。

b)了解和熟知中国移动本地市公司的企业管理体系、各种管理流程、业务流程。

c)每两个月提报学习总结一次，对两个月来的学习综合情况进行总结，如：学习过程、学习内容、学习后的收获、对导师的教学方法的评价、学习时间安排等，总结提报给部门/分公司负责人、人力资源部，具体报告时间在师徒协议书中规定，部门/分公司负责人、人力资源部对不符合要求的总结退回重写，对总结进行分析，发现问题及时处理。

d)参加学习期满的考核,不得缺考,不得舞弊、弄虚作假。

e)如无特殊原因,不得中途停止履行协议或取消协议。

f)对导师不按教学计划进行教学,或导师不认真、不负责任地教学,可以向部门/分公司负责人、人力资源部提出建议或申诉。

g)对本岗位中存在的各种问题提出合理、创新的建议。

4.5.5 教学计划与方法

a)导师针对学徒的具体情况,在签订辅导协议中制订教学计划与教学方法,教学计划与人力资源部制定的继任候选人/储备人才培训课程体系相结合,导师制教学计划是继任候选人/储备人才培养计划的重要组成部分。

b)教学计划必须明确说明各阶段学习的主要内容、时间安排、达成目标、教学的方法等内容。

c)导师制定的教学计划与教学方法应报学徒所在部门/分公司负责人审核,人力资源部负责人审核、确定,如对教学计划、方法需要变更按相同程序提报审核、确定。

4.5.6 辅导协议执行中的检查与监督

a)学徒所在部门的负责人每月 30 日对辅导工作检查一次,对出现的问题及时处理,填写《导师过程控制评价表》,检查后两天内检查表报送人力资源部。

b)人力资源部不定期对正在进行的导师制辅导工作进行抽查,对辅导工作及时指导,发现的问题及时纠正、处理。

4.6 考核

4.6.1 考核类别

a)学徒考核:对学徒学习成绩、综合表现的考核评价。

b)导师考核:对导师指导能力的考核,学徒的辅导期表现。

c)所有考核成绩报分管副总、总经理审阅。

4.6.2 学徒考核

a)书面考试成绩

b)导师评分

c)主管评分

d)评分公式

4.6.3 导师考核

a)过程控制考核

b)学徒的书面成绩

c)人力资源部评分

4.7 学徒出师标准

4.7.1 考核评分:考试成绩至少要达到合格段标准。

60 分以下　　不合格

60 分～79 分　　合格

80分～89分　　　良好

90分～100分　　优秀

4.7.2 学徒不合格标准

在学徒期间，凡学徒出现下列情况之一者延期出师或不予出师：

a)学徒考核成绩不合格。

b)学徒有严重违纪现象。

c)学徒出现重大事故责任。

4.8 奖励

4.8.1 导师奖金

a)师徒辅导协议期满，经人力资源部、学徒员工所在部门相关人员考核，达到出师目标的，公司按每带一名学员给予导师津贴，辅导期满评估结束后一次性发给。标准如下：

辅导协议周期津贴＝(N元/月×导师考核得分/100)×月数

b)师徒协议期满由于导师责任未达到协议目标以及评分考核不及格的，取消导师津贴。

c)导师考核不合格的，六个月内不得带学徒；考核在合格(60分－79分)水平的，下一期最多带一个学徒；考核优秀(90分以上)的，可以自由选择带3个以内的学徒。

d)师徒协议期满未达到协议目标的，学徒退出人才梯队资源库，具体由公司总经理办公会议决定。

4.8.2 学分奖励

导师考核得分	学分奖励
合格(60～79)	1
良好(80～89)	1.5
优秀(90～100)	2

4.8.3 优秀导师评选

优秀导师评选每年评选一次，对象为该年度所有带满一个周期的导师。

a)申请表填写

按照《优秀导师申请表》的相关内容进行填写，尤其是事迹一栏，必须填写，并将作为优秀导师评选的重要依据。

b)评比条件

1.带徒经验：满周期带过1人次以上。

2.考核成绩：平均成绩良好以上，至少两次优秀。

3.有优秀事迹者优先考虑(如帮助学徒渡过难关等)。

c)名额推荐

各部门和区县分公司按初选名额推荐(按当年导师总人数分配比例,最后评选10名左右优秀导师)。

d)奖励办法

1. 授予“优秀导师”荣誉称号。

2. 学分加5分。

3. 优秀者优先外派培训。

三、岗位轮换制

(一)什么是岗位轮换

岗位轮换是指企业有计划地按照事先确定的期限,让员工轮换担任若干种不同工作(岗位)、进行在职训练的做法,以考察员工的适应性、提高换位思考意识、开发员工多种能力,从而达到培养人才的目的。同时,岗位轮换能起到了对中高层管理人员的控制作用,可以有效地防止中高层管理人员在自己的管辖范围内形成局部势力或者“合谋”、职权腐败。

岗位轮换已经成为企业培养人才的一种重要方法,在重视人才培养的企业里,这种方法被大量应用。目前在一些大型的高科技企业和著名外企中实行轮岗制的较多,华为、西门子、爱立信、柯达、海尔、北电网络、联想、明碁等公司都在公司内部或跨国分公司之间进行了成功的岗位轮换。

华为为了在人力资源管理中引入竞争和选择机制,专门建立了轮岗制度。其高层领导基于这样一种考虑:要想留住人才,单靠物质奖励是难以奏效的,因为员工个人的物质水平随着时间的推进提高,薪金的奖励作用在慢慢降低。而轮岗提供了职业发展的空间,留住了优秀人才。而在员工看来,在交换工作岗位的过程中,不但享受到了类似“跳槽”的新鲜和乐趣,而且从中学到了不少东西,对自己日后的职业发展大有好处。为此,华为在公司内部建立一个劳动力市场,以促进人才的合理流动,通过岗位轮换实现人力资源的合理配置和激活潜力。他们还明确规定,中高层管理者必须强制轮换。

中国IT业的龙头老大联想公司的人力资源、行政、培训、采购等非生产部门的领导多数具备生产管理经历,在联想轮岗已经形成了一种制度,做得最好的是大区人员的轮换。通常,公司会把空岗的情况通报给全体员工,然后是员工自愿报名,最后由公司决定。派往各大区的人员一般为1～2年。现在一些大区轮岗回来的人员有的转入管理序列,有的继续从事业务工作。这些人员由于有了最前沿的基础经历,做起事情来就有根有底,不虚不飘。深圳华为技术有限公司为了在人力资源管理中引入竞争和选择机制,在公司内部建立一个劳动力市场,目的是促进人才的合理流动,通过岗位轮换实现人力资源的合理配置和激活潜力。华为公司明确规定,高中级干部必须强制轮换。

摩托罗拉公司普遍实行工作轮换制度,只要有能力、有要求,公司就给员工各种机会

和权力，尽可能做到能上能下和民主决策，这样既使更多的人得到锻炼，也便于每个人发现自己最合适的工作岗位。管理人员之间也采用轮换的方式进行培养，生产工人的前道工序和后道工序、装配工人和测试检验工人也经常进行岗位轮换，这样可以使员工成为多面手。

轮岗制可以为企业培养出大批优秀的复合型人才，而且成本低、风险小。充分利用企业经营的优势，培养具备跨专业、跨行业、跨企业、跨文化管理能力和工作经验的经营、管理人才，为企业的持续发展奠定智力基础。对员工来说，轮岗无疑是职业生涯规划的有效方式。通过轮岗，员工可以找到适合自己发展的位置，激发潜能，提升价值。

(二)岗位轮换的利弊

1.消除误解，增进理解

岗位轮换有助于打破部门横向间的隔阂和界限，给协作配合打好基础。部门间的本位主义或小团体主义，往往来自对其他部门的工作缺乏了解，以及部门之间人员缺乏交往接触。通过轮换，便可消除这些弊病。轮换也有助于员工认识本岗工作与其他部门工作的关联，从而理解本岗工作的意义。另外，对管理干部来说，在基层岗位进行轮换的经历，有助于使他们保持体察下情的谦虚态度，从而减少了造成上下级之间离心离德的可能性。

2.多岗锻炼，培养人才

企业要培养出能够独当一面的复合型人才，内部的岗位轮换可以说是一种既经济又有效的方法。通过岗位轮换培养员工适应新环境的能力，有利于员工对企业业务工作的全面了解，开阔眼界，扩大知识面，提高员工对全局性问题的分析能力，使组织更具有弹性和活力。

3.消除不满，激励员工

在同一岗位时间长了，就会产生厌烦感，适当的轮换岗位会使人有一种新鲜感，而且也会让人感到上面对自己的重视，感受到领导是在有意识地全面培训自己，因此会在新的岗位上施展自己更大的才能。这种方法既能调动人才的积极性，又能发现有发展潜力的人才，是增强员工工作满意度的经济有效的方法。岗位轮换还可以减轻组织晋升的压力，减少员工的工作不满情绪。由于员工长期得不到应有的提升，必将导致对工作的热情下降。而组织中能提供的晋升岗位又十分有限，难以满足员工晋升要求，许多企业因为缺少应有的晋升岗位，使一些优秀的员工离开企业。而岗位轮换制可以在一定程度上缓解企业组织中晋升岗位不足的压力。

4.避免僵化，利于创新

长期从事于某一项工作的人，不论原来多么富有创造性，在经过时间的消磨后，都将会逐渐丧失对工作内容的敏感而流于照章办事，有时甚至还会出现推诿扯皮的现象。这种“疲顿倾向”是提高工作效率和发挥创新精神的大敌。企业通过定期进行岗位轮换，能促使员工保持对工作的热忱和发挥出创造性。例如，在一般制造业的大企业中，产品设计人员从事产品设计工作，基本上没有超过十年的。这种制度的目的，在于给设计部门不断补充新鲜血液，使产品设计不至落后于时代潮流。现代企业中，销售服务部门与产品设计部门之间，人员互相轮换较多，这种轮换还起到强化相互联系，改善新产品开发质量的作用。

5.适时轮岗，防止腐败

岗位轮换还有一个十分重要的作用，就是能消除小团体、避免一些要害部门的人员因长期在一个部门而滋生腐败。我国金融、政法等部门通过定期轮岗制度来防止腐败，对于企业来说这种作用也是存在的。联想公司通过对各个大区管理层轮换就是为了防止这些经理人长期在一个地方而形成垄断或小团体，TCL集团在企业内部对财会人员进行定期轮岗，一方面是为了提高他们的素质，更主要的是为了避免不必要的腐败产生。

6.岗位轮换可能出现的问题

在推行岗位轮换的过程中，也存在一定的困难和阻力，这种方法如果使用不当，可能会给企业造成消极的影响。

(1)对掌握某些复杂专业技术不利。某些专业部门需要较深的专业知识或特殊技能和多年经验，其他部门经理未必具有，因而可能使这类技术水平降低或停止发展。

(2)对保持和继承长期积累的传统经验不利。实行岗位轮换，部门原有的工作关系可能被打乱，易产生新的矛盾，可能使工作效率降低。

(3)各部门经理原有的利益和权力有可能被削弱，有可能导致部门经理或者是动力不足或者是想其他的方法重新获得失去的权力。

(4)在对比效应的驱使下部门经理可能会追求短期绩效而忽视长远发展。

(5)各部门可能有本位主义思想，不愿意放走得力骨干。

(6)因故未能及时参加轮换可能造成职工“错过班车”的感觉而影响情绪。

(7)常常由于业务上的需要而不能如期轮换。

(8)职务轮换必然相应引起职务工资变动，可能影响职工收入或使工资计算复杂化。

(9)轮换之前没有做好必要的培训准备，两位员工都成了新手。

(10)增加了主管的负担，他要一天到晚担心新调来的员工出错。

(三)岗位轮换的类别

1.新员工实习式的轮换

新员工/应届大学毕业生在就职训练结束后，根据最初的适应性考察被分别分[illegible]同部门去工作。在部门内，为了使他们尽早了解到工作全貌，同时也为了进一步进[illegible]性考察，不立即确定他们的工作岗位，而是让他们在各个岗位上轮流工作一定时期，亲身体验各个不同岗位的工作情况，为以后工作中的协作配合打好基础。经过这样的岗位轮换(每一岗位结束时都有考评评语)，企业对于新员工的适应性有了更清楚地了解，最后才确定他们的正式工作岗位。这一过程一般需一年左右。

2.培养复合型人才的轮换

企业为了适应日趋复杂的经营环境，都在设法建立“灵活反应”式的弹性组织结构，要求员工具有较宽的适应能力。当经营方向或业务内容发生转变时，能够迅速实现转移。于是，员工不能只满足于掌握单项专长，必须是多面手、“全能工”。在日常情况下，企业有意识地安排员工轮换做不同的工作，以取得多种技能，同时也挖掘了各职位最合适的人才。轮换等于说配合公司人力长期规划并储备了人才。否则，一旦关键时刻出现大批员工不能适应工作的情况，对企业将是很棘手的事情。

3.人才梯队建设的轮换

对于中高级管理干部来说，应当具有对企业业务工作的全面了解和对全局性问题的

分析判断能力。培养这种能力，显然只在狭小部门内作自下而上的纵向晋升是远远不够的。必须使干部在不同部门间横向移动，开阔眼界，扩大知识面，并且与企业内各部门的同事有更广泛的交往接触。这种轮换周期较长，通常为2～5年不等。现代企业中越是大型企业越不会出现预选内定“接班人”的概念，所有下级干部都是上级职位的潜在接班人，能否及时晋升，完全以各人的工作成绩、能力水平和适应性为决定因素。衡量这些因素时，又都以平时积累的人事考评资料为主要依据。所以企业全体员工都埋头努力工作，竭力争取较好成绩，以便在旷日持久的晋升竞争中取胜。

4.消除僵化，活跃思想的轮换

据心理学的研究，就普遍规律而言，一般人具有墨守成规的弱点。换句话说，长期固定从事某一工作的人，不论他原来多么富有创造性，都将逐渐丧失对工作内容的敏感而流于照章办事。这种现象称为疲顿倾向。疲顿倾向是提高效率和发挥创新精神的大敌，企业通过定期进行岗位轮换，使员工保持对工作的敏感和创造性，是克服疲顿倾向的有效措施。

5.其他轮换

企业需调整某些部门的年龄构成，或员工出现不能适应工作的情况，或需加强，或合并某些业务部门等等，都可能相应发生岗位轮换。在大企业中，每年都有相当数量的员工，被宣布进行横向流动。这已成为现代企业的普遍特征。

(四)岗位轮换的原则

1.用人所长原则

在推广岗位轮换制的同时，必须要注意人才资源管理的基本原则，即用人所长，避人所短。在制定岗位轮换制时，应制定详尽的长期计划，根据每个员工的能力特点和兴趣个性统筹考虑安排，在企业内部人才合理流动的基础上，尽量做到使现有员工能学有所长，提高人才使用效率。为了保证企业内部组织的相对稳定，岗位轮换应控制在一定范围内，具体范围大小可根据企业的实际情况决定。

2.自主自愿原则

虽然岗位轮换制可以提高员工的工作满意度，但因具体情况的不同，效果也各不一样，要使得岗位轮换制发挥应有的作用，有必要与员工进行有效的沟通。在企业制定有关的岗位轮换制度后，与参与岗位轮换的员工进行有效的沟通，实行双方见面、双向选择等方式方法，减少由于岗位突然变化给员工带来的心理不安定和焦虑，使岗位轮换达到应有的效果。

3.合理流向原则

企业组织中各个部门所负担的工作职责有所不同，对于员工素质要求也不一样。在岗位轮换时，既要考虑到企业各部门工作的实际需要，也要能发挥岗位轮换员工的才能，保持各部门之间的人才相对平衡，推动组织效能的提升。

4.合理时间原则

岗位轮换制实施过程中，应充分考虑轮换的时间周期，岗位轮换有其必要性，但必须注意岗位轮换的时间间隔。如果在过短时间内员工工作岗位变换频繁，对于员工心理带来的冲击远远大于工作新鲜感给其带来的工作热情，岗位轮换的效果就会适得其反。一般来说，每个员工在同一工作岗位上连续5年以上，又没有得到晋升的机会，就可考虑岗位轮换。如果一名员工一直在同一企业中工作，考虑其晋升和岗位轮换的总数大约在7～8次较为合适。

（五）岗位轮换误区

在企业的人力资源管理实践中，岗位轮换已逐渐成为培养、激励和保留优秀员工的一种重要措施。如果使用得当，岗位轮换可以为企业降低招聘成本，满足对人才的需求，也可以降低员工长期从事单一工作的厌倦情绪，提高员工满意度，并为企业培养复合型人才，但使用不当则会导致员工满意度和工作效率的降低。

误区一：岗位轮换面向高层

在通常情况下，岗位轮换主要面向优秀的中层管理人员和基层人员（包括人才梯队资源库的人才），以使他们对公司的经营管理或其他岗位的职责有更全面的了解，为晋升和承担更多的责任打下基础。但有些企业却主要面向高层管理人员进行轮换，试图通过换位思考来培养高管的全局观，克服本位主义。培养高管全局观的初衷是好的，但往往不能通过岗位轮换的方式实现，相反，高管之间的岗位轮换会或多或少地带来以下的负面影响：

1.降低工作效率：由于高层管理人员偏离了他们熟悉的业务领域，而其领导的相关部门又要适应他们的新的领导风格，从而导致沟通和工作效率的降低；

2.破坏高层管理团队的凝聚力：如果高管之间的岗位轮换没有经过充分讨论，或者没有获得本人的认同，往往执行不下去，甚至会引发高层之间的办公室政治。

误区二：岗位轮换程序出现混乱

正确的岗位轮换程序对岗位轮换的执行及执行效果都起着至关重要的作用，一般地，员工在进行岗位轮换前应先通过以下几个程序的审核：

1.由员工本人提出调职申请，交所在部门主管审批；

2.部门主管审批后，由人力资源部对申请调职者进行岗位适应性的面谈和了解；

3.人力资源部初步判断适合新的岗位要求后，与调入部门主管进行协调；

4.协商一致后，由调入部门主管与调职者就岗位职责和工作目标进行沟通；

5.调职者在要求的期限内进行工作交接；

6.工作移交完成后，人力资源部发出调动通知。

但在实际操作中，经常会出现一些程序上的混乱，最主要的情况有几种：

1.在实施之前没有建立完整的岗位说明书以及作业流程书；

2.人力资源部没有对员工进行岗位适应性的面谈和了解；

3.调入部门的主管与员工没有就岗位职责和工作目标进行沟通；

4.员工对以前的工作没有进行必要的工作交接或交接不彻底。

这些都会对调岗后工作的开展和工作的效果造成一定的负面影响，因此，企业必须制定明确的岗位轮换政策和程序，以保证岗位轮换的效果。

另外，岗位轮换的专业选择方面要注意渐进式轮换，不适宜盲目跨专业，因为岗位轮换有一个适应期，如果专业太深，很难适应岗位要求，反而导致生产安全隐患。企业人力资源部门需要制定岗位族轮换制度和整体计划。

误区三：岗位轮换过于频繁

员工对一个岗位由适应到熟悉再到能独立地作出贡献，是有一定的周期的，通常情况

下，在任职至少半年后才能达到贡献期，因此企业在制定岗位轮换制度时应明确一个原则，那就是员工必须在一个岗位上工作至少一年（最好是两年）后，才有资格获得岗位轮换的机会。

如果员工在一个岗位上任职不足一年就调岗，则会带来一些不好的后果：一方面员工的贡献没有达到最大，企业付出了培训和效率下降的代价；另一方面，容易使员工滋长“这山望着那山高”的浮躁心理，导致员工的短期行为，对企业、对个人的发展都不利。

误区四：岗位轮换盲目选择机关管理岗

对于生产类企业而言，员工对一个岗位由于受到工作环境或者家庭等原因影响，一线生产岗位盲目选择机关管理岗，将导致岗位轮换制度失败风险增加，不利于企业一线生产专业人才技能提升。如很多企业由于技能和技术人才轮换过于频繁，导致高技能人才严重缺乏；技术人才转岗从事机关管理岗位，导致无法发挥技术优势。当然导致这种盲目选择机关管理岗位的原因很多，如传统观念“学而优则仕”的思想影响，以及企业薪酬制度等影响也比较普遍，如果一线生产精英的薪酬收入普遍较低，也容易导致这类人员流失。

同时，也要注意有些岗位轮换的匹配性，如：

1. 有些工作性质非常不同的岗位是无法轮换的，如人事、财务人员调到技术开发部门，这是行不通的，有的大公司配有医务人员，是万万不能换其他人来尝试一下的。

2. 有的岗位过于敏感或有高度机密性，也不适合经常调动。

误区五：企业管理者缺乏全局考虑

企业管理者由于生产、经营压力，往往关注短期经济指标，而忽视长远人才培养意识，把经营压力依托于部门少数骨干岗位，而这类人才管理者会极力限制岗位轮换，甚至部分培训都不轻易安排，以免影响生产、经营任务，导致这类人才综合能力提升受限，如果强力实施岗位轮换容易导致生产单位领导极力不满，似乎有掠夺人才嫌疑，最终无法进行岗位轮换，从而导致一部分人才无法掌握这类岗位技能，给企业人才可持续发展带来障碍。

误区六：岗位轮换忽略评估

人无完人，没有人能够适应所有岗位的要求，就如同从外部招聘的员工都有试用期一样，企业对内部调岗的员工也应规定一个试用期，以考核员工对岗位要求的适应性，对不能适应新岗位要求者应调回原部门。但是在实际操作中，企业往往会省略了评估考核这一步，这样就有可能把一个不合适的人放到了一个不合适的位置上，同时也将其他的更适合该岗位要求的员工拒之门外，从而会造成工作效率的降低和员工士气的下降。

案例 8-5：商业银行省分行岗位轮换管理办法

第一章　总　则

第一条　为规避经营管理中的操作风险和道德风险，规范我行岗位轮换和强制离岗制度，根据相关法律法规及总行相关规章制度，结合我行实际，制订本办法。

第二条　岗位轮换和强制离岗适用于涉及授信业务、资金业务、柜台业务、中间业务等风险关键控制点的重要岗位人员，主要包括：出纳、事后监督、中间业务批处理、会计、信贷管理、资金调拨、二级支行和营业网点负责人、营业主管、综合柜员等岗位。（按照总行新岗位名称，“营业主管”即为原“综合柜员”，“综合柜员”即为原“个人业务柜员”、“对公业务柜员”）

第三条　重点岗位轮换和强制离岗对象

1. 个人收入与其消费水平严重不符，有经商或大额资本投资等行为，有黄、赌、毒等劣迹行为，违规积分较高的人员。

2. 单台席网点的网点负责人、营业主管和综合柜员，农村二级支行和邮政代理网点的负责人。

3. 被举报、被用户投诉及在日常监控、检查中发现可疑行为的相关岗位人员。

4. 挂失、大额提前支取、冲正、取消、查询、大额存取款、修改分户账等高风险交易频繁的二级支行及网点相关营业人员、负责人。

第二章　组织实施

第四条　岗位轮换和强制离岗工作具体由人力资源部负责组织实施。岗位轮换的范围包括省分行部门间、省分行部门与地市分行之间、地市分行之间、地市分行内部的轮换。

第五条　人力资源部门每年制定连续性的、有针对性的岗位轮换和强制离岗计划和方案，报主管领导批准实施。计划和方案须严格保密。

第六条　各单位实施岗位轮换和强制离岗工作前要成立不少于两人的监交小组，负责本地区监交工作。岗位轮换时，由监交小组到岗位现场进行监交，严禁被轮换岗位人员自行交接换岗，严禁提前通知被轮换和被安排强制离岗的人员。

第七条　严格交接手续。岗位轮换时交接双方要在监交小组的监督下，当面办理各种账、款、章戳、有价证券、业务凭证、钥匙、密码等资料、物品和信息的交接登记手续，双方及监交人要在交接清单上签字备查，一式三联，交接双方各执一联，人力资源部存档一联。交接不清不得离岗，交接清单要立卷归档。

第八条　轮岗交接过程中发现现金、重要空白凭证不符等异常情况时，监交人员要立即向领导报告，并及时有效地控制当事人，同时迅速查明原因，核实情况，对重大问题要逐级上报。

第九条　接岗人员到岗后发现原岗人员在该岗工作期间存在问题的，必须立即向主管领导如实报告，不得隐瞒、包庇，不得向相关人员通风报信或随意泄露。

第十条　人力资源部门要建立岗位轮换和强制离岗台账，认真记录岗位轮换和强制离岗情况。汇总全省(含二类支行和营业网点)台账。

第十一条　按照"动态界定，计划管理，实时监控，督促整改"的总体思路，建立岗位轮换和强制离岗的长效管理机制。

(1)动态界定。省分行定期对重点岗位逐一进行梳理，对需要轮岗的岗位进行适时调整。

(2)计划管理。各二级分行要建立岗位轮换和强制离岗的工作台账，并及时进行维护更新；要根据员工的在岗时间和工作实际，制定轮岗和强制离岗的计划，明确轮岗和强制离岗的对象、进度和措施。

(3)实时监控。各二级分行要做好岗位轮换和强制离岗工作的过程监督，完善工作移交和监交手续，做好上岗辅导和日常管理，同时根据情况做好离岗后的业务检查，加强监督管理。

(4)督促整改。省分行不定期对各二级分行岗位轮换和强制离岗制度的执行情况进行检查和通报，各二级分行针对检查中发现的问题，明确整改责任、整改目标和时间，按要求进行整改，省分行人力资源部负责督促整改落实情况。

第三章　岗位轮换和强制离岗的方式和期限

第十二条　岗位轮换的主要方式

(1)在两个以上二级支行之间采取推磨式进行；

(2)不同机构(部门)之间岗位交流。

第十三条　强制离岗的主要方式

(1)强制休假；

(2)脱岗学习。

强制离岗的岗位，由市县分支行组织替班，委派替班人员到相关岗位进行短期顶班。

第十四条　岗位轮换期限

(1)每个岗位的轮岗时间不得少于一个月，强制离岗和短期替班的时间每次不得少于 15 天。

(2)二级支行、营业网点的综合柜员、营业主管、负责人的轮岗周期为一年，即每年至少进行一次轮岗或替班、强制离岗；在同一网点工作满三年的二级支行、营业网点的负责人必须强制轮岗，且轮岗时间不少于一年。对二级支行负责人进行轮岗的同时要向社会公示，并组织人员开展客户走访工作。

(3)会计轮岗周期为两年，即每两年至少安排一次轮岗或强制离岗。其轮岗可在会计岗位之间，也可跨市县进行。

(4)出纳员轮岗周期为一年，每半年至少安排一次强制离岗。

(5)重点轮岗对象每半年或每季度至少安排一次短期替班或强制离岗。

(6)发现可疑情况需要轮岗的要立即组织轮岗。

第四章　岗位轮换和强制离岗情况报告

第十五条　省分行审计部门每季均要通过纪检检查系统对支行长轮岗管理进行查询。对超过轮岗时限仍未轮岗的支行长，要及时向人力资源部门报告，并向相关机构发出风险提示，督促落实轮岗工作。对两次提示仍未轮岗的支行长，应向纪检监察部门及上级有关部门汇报。

第十六条　二级分行每半年向省分行报告一次岗位轮换和强制离岗执行情况。报告的主要内容有：半年内岗位轮换和强制离岗计划的执行情况；执行中存在的问题；解决问题采取的措施及下一阶段岗位轮换和强制离岗的计划等。

第十七条　各二级分行每年 1 月 15 日、7 月 15 日将岗位轮换和强制离岗情况报告报省分行人力资源部。

第五章　监督和处罚

第十八条　各级领导、人力资源、审计、风险合规、业务部门对岗位轮换工作负有监督检查责任，通过检查纠正违规轮换、虚假轮换等不规范问题，在检查过程中可根据被查人员的职责履行及行为表现，随时向主管领导提出人员轮换建议。

第十九条　对未按规定进行岗位轮换或违反本规定而造成风险事件、资金案件或重大事故的，要依照有关规定，追究相关领导和责任人的连带责任。

第二十条　业务、风险、审计等人员在监督检查工作中，未如实报告被查单位轮岗制度执行中存在问题的，要追究检查人员的责任。人力资源部未按要求安排岗位轮换或强制离岗的，要追究相关人员的检查责任。

第二十一条　岗位轮换过程中，接岗人员发现原岗人员工作期间的资金问题，知情不报或随意泄露的，应负有连带责任。如向相关人员通风报信或隐瞒包庇的，要依法追究责任。

第六章　附　则

第二十二条　本办法适用于省分行下属的所有机构和员工。

第二十三条　本办法由中国商业银行省分行负责解释。

第二十四条　本办法自 2010 年 9 月 1 日起执行，待总行出台新的政策规定后，按新的政策规定执行。

四、读书会案例

（一）目的

通过指导阅读的方式，特定人群利用业余时间共同学习某一专业课程，学员之间互相交流、促进、分享，提高学习的方法和质量、完成培训学习任务。

（二）适用范围

1. 范围为人才梯队资源库人才培养计划中的培训课程。

2. 由人力资源部统一规划选择适合读书会的培训课程。

（三）参加人员

每个主题的读书会人数在10人左右。

（四）组织与教材

1. 每一学习主题，由一位对该主题的理论和实践经验比较丰富的老员工担任会长，会长由相关部门推荐，人力资源部审核，总经理批准。

2. 根据培训课程的要求，会长选定一册书籍或教材资料，由人力资源部购买后发给每位会员。

（五）读书会要求

1. 由会长根据学习内容的多少、会员业余时间，制订学习进度安排，通过每阶段的学习后，安排集中讨论学习时间，布置各阶段的作业，考试的时间，会长填写《读书会进度安排表》（见表8-34），报人力资源部审核后执行。

2. 各会员根据学习进度安排，在规定时间内可利用业余时间自由安排学习，完成学习任务，在学习过程中，遇到难题可向会长、会员请教、讨论或交流。

3. 会员必须在规定的时间内，完成会长布置的作业，及时交给会长批改。

4. 集中讨论学习方法

（1）由会长主持，每位会员发言谈本阶段的学习成果、心得，对在学习中遇到的难题，需要帮助的，当场提出来，请会长、会员共同帮助解答。

（2）会长对会员作业完成情况进行点评，同时对会员进行抽查提问，以检查会员的学习情况，是否掌握了相关知识，对会员提出要求和注意事项。

（3）集中学习时间的长短由会长掌握，保证每位会员都有发言、提问的机会。

（4）本次集中学习讨论会结束时，由会长安排下阶段的学习计划与作业、下次集中学习讨论的时间。

（5）可以邀请本领域的专家参与，获得专业方面的支持。

（六）考试

1. 根据学习课程的内容，学习一段时间后及学习结束时，需要安排考试，以检验会员的学习成绩。

2. 考试由会长拟题，报人力资源部审核，人力资源部组织相关专业人员对试题进行分析、评估，最终确定考试题。

3. 考试由人力资源部负责组织、监考，会员考卷由人力资源部邀请本读书会会长等专业人员评卷、打分。

4.所有人员在考前对试题保密,泄密者给予行政、经济处分。

(七)奖励

1.主题读书会结束举行期末考试,会员平均分数80分以上,会长奖励1000元人民币;会员平均分数80分以下,会长奖励600元人民币;会员平均分数60分以下不奖励。

2.会员期末考试成绩的奖惩根据公司培训管理制度执行。

表8-34 读书会进度表

<table>
<tr><td colspan="2">读书会主题名称</td><td></td><td>会长姓名</td><td></td></tr>
<tr><td>会员</td><td colspan="4">(部门与姓名)</td></tr>
<tr><td colspan="3">读书会周期 个月, 年 月 日至 年 月 日</td><td>指定教材名称与出版社</td><td></td></tr>
<tr><td rowspan="6">读书会学习进度安排</td><td colspan="4">第一阶段:从 年 月 日至 年 月 日</td></tr>
<tr><td>学习教材范围</td><td colspan="3"></td></tr>
<tr><td>主要读书内容</td><td colspan="3"></td></tr>
<tr><td>作业提交时间</td><td colspan="3"></td></tr>
<tr><td>集中学习讨论时间</td><td colspan="3"></td></tr>
<tr><td>考试时间安排</td><td colspan="3"></td></tr>
<tr><td rowspan="12">读书会学习进度安排</td><td colspan="4">第二阶段:从 年 月 日至 年 月 日</td></tr>
<tr><td>学习教材范围</td><td colspan="3"></td></tr>
<tr><td>主要读书内容</td><td colspan="3"></td></tr>
<tr><td>作业提交时间</td><td colspan="3"></td></tr>
<tr><td>集中学习讨论时间</td><td colspan="3"></td></tr>
<tr><td>考试时间安排</td><td colspan="3"></td></tr>
<tr><td colspan="4">第三阶段:从 年 月 日至 年 月 日</td></tr>
<tr><td>学习教材范围</td><td colspan="3"></td></tr>
<tr><td>主要读书内容</td><td colspan="3"></td></tr>
<tr><td>作业提交时间</td><td colspan="3"></td></tr>
<tr><td>集中学习讨论时间</td><td colspan="3"></td></tr>
<tr><td>考试时间安排</td><td colspan="3"></td></tr>
<tr><td colspan="2">人力资源部审核意见</td><td colspan="3"></td></tr>
</table>

五、小组头脑风暴法

（一）目的

在自由讨论、发言的氛围中，充分运用所有员工的创造力，鼓励在小组中进行创造性思维发挥，产生大量观点或可选方案的方法，使员工得到锻炼，同时提高自身对某一问题的正确认识。

（二）适用范围

对某一问题进行讨论，从而形成决议，也可对某一初步方案、规定进行讨论，形成建议。

（三）参加人员

部门内组成头脑风暴法讨论小组，根据不同的主题，可以由人力资源部跨部门组织人员。头脑风暴法每小组成员 10～15 人为宜。

（四）组织管理

1.头脑风暴法由主持人、记录员、小组成员组成，必要时可邀请本次主题的专家参与。

2.根据培训计划的安排，在部门内举行头脑风暴法培训时，一般由部门/分公司经理或副经理担任主持人；跨部门/分公司举行头脑风暴法培训时，由人力资源部指定人员担任主持人。

3.无正当理由拒绝担任主持人的，或不按规定完成主持人工作任务的，按公司培训管理制度的相关规定进行处分。

4.头脑风暴法培训场地要求比较封闭，不受外界干扰，准备白板与笔，每位成员准备纸与笔。

（五）职责

1.主持人职责

(1)宣布头脑风暴法讨论会的相关要求、注意事项。

(2)宣布主题，介绍问题。

(3)将每位成员的发言记录在白板上。

(4)抛砖引玉，承上启下，活跃会场，控制场面。

(5)维护头脑风暴法的规则。

(6)对讨论结果进行总结，找出重点问题。

(7)对重点问题提出自己的见解。

2.记录员职责

(1)准备会场，布置会场，会场内需要的相关用具准备，通知各成员按时参加。

(2)记录每位成员的发言、主持人的发言与总结。

(3)结束后把记录整理成规范文件，经主持人审核后发给人力资源部、每位成员。

3.小组成员职责

(1)对各项议题、问题积极发言，提出自己的意见、看法。

(2)对他人的发言提出自己的意见、见解。

(六)头脑风暴法实施

1.主持人根据培训计划安排的主题,对主题可能需要讨论的问题进行分析,确定讨论会的时间长度。

2.主持人宣布讨论会主题,及讨论会规则。

3.各位成员轮流发言,对问题、议题积极发表意见、见解。

4.主持人对各位成员的发言记录在白板上,对成员的发言进行引导,针对相关见解进行提问,以使问题更加清晰和深入。

5.记录员做好发言记录。

6.最后主持人对问题进行总结,对成员提出的意见、见解进行归纳,同时提出自己对问题的见解。

7.结束后把记录整理成规范文件,经主持人审核后发给人力资源部、每位成员。

8.头脑风暴法讨论会注意事项

(1)自由发言,其他人不许评价。

(2)异想天开!——说出能想到的任何主意、见解。

(3)主意、见解越多越好。

(4)见解无专利!——鼓励综合数种见解或在他人见解上进行发挥。

(5)所有成员都需要发言,对发言不积极者,主持人要注意引导。

六、拓展训练

(一)什么是拓展训练

拓展训练,又称外展训练(outward-bound),原意为一艘小船驶离平静的港湾,义无反顾地投向未知的旅程,去迎接一次次挑战。拓展训练是一种户外体验式心理训练,它让参加者在不同于平常的户外环境下,直接参与一些精心设计的程序和活动,继而自我发现、自我激励,达到自我突破、自我升华的目的。

它运用独特的情景设计,通过创意独特的专业户外项目体验,帮助企业和组织激发成员的潜力,增强团队活力、创造力和凝聚力,以达到提升团队生产力的目的。

拓展训练起源于第二次世界大战。当时,盟军在大西洋的船队屡遭德国纳粹潜艇的袭击。在船只被击沉后,大部分水手葬身海底,只有极少数人得以生还。英国的救生专家对生还者进行了统计和分析研究,他们惊奇地发现,这些生还者并不是他们想象中的那些年轻力壮的水手,而是意志坚定懂得互相支持的中年人。经过一段时间的调查研究,了解情况,专家们终于找到了这个问题的答案:这些人之所以能活下来,关键在于这些人有良好的心理素质。于是,提出“成功并非依靠充沛的体能,而是强大的意志力”这一理念。当时德国人库尔特·汉恩提议,利用一些自然条件和人工设施,让那些年轻的海员做一些具有心理挑战的活动和项目,以训练和提高他们的心理素质。后其好友劳伦斯在1942年成立了一所阿德伯威海上训练学校,以年轻海员为训练对象,这是拓展训练最早的一个雏形。

第二次世界大战以后,在英国出现了一种叫做outward-bound的管理培训,这种训练利用户外活动的形式,模拟真实管理情境,对管理者和企业家进行心理和管理两方面的培

训。

由于拓展训练这种非常新颖的培训形式和良好的培训效果，很快就风靡了整个欧洲的教育培训领域并在其后的半个世纪中发展到全世界。训练对象也由最初的海员扩大到军人、学生、工商业人员等各类群体。训练目标也由单纯的体能、生存训练扩展到心理训练、人格训练、管理训练等。

拓展训练于 1995 年进入中国，在极短的时间内受到了国家机关、企事业单位、专业培训机构的青睐。

(二)拓展训练课程

拓展训练的课程主要由陆、海、空三类课程组成。水上课程包括：游泳、跳水、扎筏、划艇等；野外课程包括：远足露营、登山攀岩、野外定向、伞翼滑翔、野外生存技能等；场地课程是在专门的训练场地上，利用各种训练设施，如高架绳网等，开展各种团队组合课程及攀岩、跳越等心理训练活动。具体如图 8-6 所示。

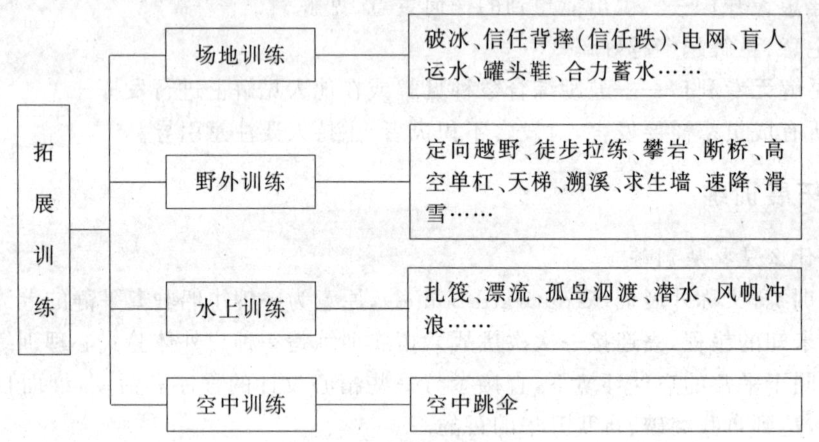

图 8-6　拓展训练课程

(三)拓展训练与传统培训的区别

特色一：学员是主角

这一点与通常的训练有比较大的不同，培训的整个过程中，学员一直是活动的重心，学员通过自己身体力行的活动来感受，并从中悟出道理。培训师的讲解都是基于所有学员回顾的基础上展开的，而不是单向的阐述。这样的学习方式充分保证了学员的投入程度。

特色二：简单游戏蕴涵深刻道理

“背摔”、“断桥”、“天梯”、“电网”……“拓展训练”所采用的活动看上去都非常简单，其实这些项目中绝大多数都是经过几十年心理学、管理学、团队科学等方面论证，能够对个人心理素质和团队质量得到提升的项目，其科学性不言自明。

特色三：参训者情感距离被迅速拉近

参加拓展训练的队员通常被分成若干个小组，每个小组通过培训师的调动充分融合，活动本身由于都面临着挑战,许多项目需要大家忘我的合作才能完成。这样形成的感情就如同在军营、在学校形成的感情,其感情距离远远低于通常情况下社会性的朋友关系。

特色四:培训师能文能武

拓展训练培训师一直被公认为现代社会的阳光职业,而且博学。不但能在各种户外培训器械上大展身手,又能在回顾教室中侃侃而谈。

特色五:培训效果与众不同

同常规针对技能的培训不同,拓展培训更多意义上是针对态度的培训。针对这一领域的培训产品是非常少见的,而对于企业而言,员工态度往往决定了其工作绩效,这就给予了拓展训练一个非常广阔的生存空间。从参训企业得普遍反馈来看,拓展训练对于改善团队质量具有非常明显的作用。

特色六:不同于旅游

很多人把拓展训练当作是一种旅游形式,这个认识是不准确的。旅游的目的往往是放松、开阔视野、增长见识和增进感情。与之相对,拓展训练的目标是提升个人和团队的素质,其核心在于对参训者的提升。从手段上看,拓展训练通常强调远离喧嚣、投入山水,有时也会引入露营、徒步等训练手段,但这种做法的目的是给参训者营造一种更加投入参加培训的气氛,而不是单纯为了旅游。

(四)拓展训练的课程特点

1.综合活动性

拓展训练的所有项目都以体能活动为引导,引发出认知活动、情感活动、意志活动和交往活动,有明确的操作过程,要求学员全身心的投入。

2.挑战极限

拓展训练的项目都具有一定的难度,表现在心理考验上,需要学员向自己的能力极限挑战,跨越"极限"。

3.集体中的个性

拓展训练实行分组活动,强调集体合作。力图使每一名学员竭尽全力为集体争取荣誉,同时从集体中吸取巨大的力量和信心,在集体中显示个性。

4.高峰体验

在克服困难,顺利完成课程要求以后,学员能够体会到发自内心的胜利感和自豪感,获得人生难得的高峰体验。

5.自我教育

教员只是在课前把课程的内容、目的、要求以及必要的安全注意事项向学员讲清楚,活动中一般不进行讲述,也不参与讨论,充分尊重学员的主体地位和主观能动性。即使在课后的总结中,教员只是点到为止,主要让学员自己来讲。达到了自我教育的目的。

6.能力提高

通过拓展训练,参训者在如下方面有显著的提高:认识自身潜能,增强自信心,改善自身形象;克服心理惰性,磨炼战胜困难的毅力;启发想象力与创造力,提高解决问题的能力;认识群体的作用,增进对集体的参与意识与责任心;改善人际关系,学会关心,更为融洽地与群体合作;学习欣赏、关注和爱护大自然。

（五）拓展训练的实施

1. 拓展训练前期调查分析

在制定拓展训练实施方案之前，负责拓展训练的实施机构或组织需要先对预实施培训的企业进行初步调查，其主要是为了了解企业的现状及需要通过培训来解决的问题，这样才能做到有的放矢，保证培训的效果。拓展训练客户需求调查表的范本见表 8-35 所示。

表 8-35　拓展训练客户需求调查表

参训公司名称					
参训部门		参训对象		预期培训时间	
公司地址		邮编		联系电话	
联系人		职务及所属部门			
公司性质	□国企　□独资　□合资　□私企　□股份制企业机关单位 □学校、社会团体　□其他				
所属行业	□制造业　□服务业　□日用品工业　□医疗行业　□IT 行业通信行业 □金融证券业　□保险业　□广告行业　□房地产行业 □其他（请注明）				
参训人员结构	□高层管理人员____人　□中层管理人员____人　□基层管理人员____人 □技术骨干____人　□业务精英____人　□新员工____人				
职业类别	□管理人员____人　□行政人员____人　□销售人员____人 □技术人员____人　□客户服务人员____人　□其他____人				
学历机构	□研究生以上学历（含研究生）____人　□本科____人 □专科____人　□其他____人				
性别构成	□男学员____人　□女学员____人				
年龄构成	□18～30 岁____人　□30～40 岁____人　□40 岁以上____人				
公司简单介绍（包括企业文化、经营理念）					
曾组织过的培训	1.				
	2.				
	3.				
公司员工关心或工作上存在的问题					
公司对本次培训的期望					

2. 安排拓展训练项目实施

拓展训练需要培训机构与参训企业的协商配合来运行，实施进度既是实施流程的细节化，也是拓展训练项目进展的重要保证。表 8-36 是某企业的拓展训练项目实施进程表。

表 8-36 拓展训练项目实施进程表

具体工作	负责人	完成时间
参训企业拓展训练需求的调查分析	项目经理/参训企业人力资源经理	
根据需求分析结果，制定、提供培训方案	项目经理	
探讨、完善并确认培训方案	项目经理/参训企业培训经理	
确认参训人数/签署培训协议/支付部分培训经费	项目经理/参训企业人力资源经理、财务人员	
填写培训班预定单	项目经理	
根据参训人数安排培训师	培训基地中心	
安排住宿、餐饮	培训基地主任	
将学员房间号、路线图传真或 email 给参训企业	客户服务中心	
下发《拓展培训通知》给每一位学员	参训企业培训经理	
培训前的细节确认	项目经理/参训企业负责人	
为参训学员上保险	客户服务中心	
接待学员报到、安排住宿	培训基地负责人	
拓展训练实施	培训师	
确认培训班结算单	培训基地负责人/参训单位培训经理	
学员对培训的评估	培训师/参训学员	
参训企业培训组织者对方案设计、培训效果的评估(《拓展训练评估报告》/电话)	客户服务中心/参训企业人力资源经理	
付清培训经费	参训企业财务经理	
备注：训练时间可根据客户的基本情况，由项目经理与客户进行协调		

3. 拓展训练的安全保障

从某种程度上说，拓展训练在进行过程中存在着一定的危险，这些危险包括体能上的、心理素质方面的以及客观存在的。因此，应该在实施项目前做好一切安全保障工作。

(1)设备器材方面

训练场地及设备要经过专门机构认证、检验并派专人定期维护。所有训练器材和装备都应该达到或通过欧洲质量认证标准(CE)、国际攀登联合会质量认证(UIAA)，并严格

遵守器材的检查和更新制度。

(2)项目设计方面

所有拓展训练活动,尤其是野外高难度、高危险性项目,均需经过精心的设计与实验,并经过无数次操作验证,保证其是绝对安全的。

(3)培训师方面

培训师应拥有丰富的拓展培训经验,要严格地依照安全程序指导、监控活动的全过程。

(4)保护措施方面

所有项目的保护措施均须为双重保护,以免发生意外,造成不必要的损失。

(5)保险方面

培训机构还应为参训学员每人上一份人身意外伤害险及意外医疗保险,以最大限度上保证学员的利益。

(六)拓展训练的评估

1.学员训练效果评估

(1)拓展训练即时效果评估

在拓展训练进行的过程中,应为学员的训练效果评估做相应的准备。每个项目都有评委,由评委对每个学员及其所在团队完成项目的情况进行评判并给出评分,如表8-37所示。

表8-37 拓展训练评分表

项目 队名	破冰	高空单杠	徒步拉练	野餐	电网	信任背摔	求生墙	总体情况	
	得分	得分	得分	得分	得分	得分	得分	总分	名次

(2)学员自我评估

在培训结束后,学员须填写《自我评估表》或《拓展训练总结》,发表对参加拓展训练的收获和对整个训练过程的看法,如表8-38所示。

表 8-38　拓展训练学员自我评估表

您好！请您对参加拓展训练后自身素质方面的变化用等级分数表达出来：5 分——很好，4 分——较好，3 分——一般，2 分——差，1 分——极差；请同时标注训练前的状态。

自评项目		训练前的状态	训练后的状态
基本素质	自信心方面		
	参加培训的纪律性		
	承受压力的能力及积极进取精神		
	身体体能的耐力及身体的适应性、反应敏捷性		
人际关系沟通能力	有效的沟通能力		
	获得他人信任、支持及尊重的能力		
	顾及别人并体谅他人		
决策能力	发现、分析、解决问题的能力		
	制订计划与做决策的能力		
领导与管理能力	有效传授能力		
	监督执行及决策实施能力		
团队合作意识	能认清自己在团队中的角色		
	在团队中发挥作用的能力		
最后，请简单写出您参加此次培训最大的收获，以及对我们工作的改进建议			
谢谢您的合作！			

2. 培训师工作评估

拓展训练对培训师的要求更严格，表 8-39 列出了对拓展训练培训师的规范要求，可在拓展训练结束时，要求学员就各项要求给培训师打分。

表 8-39　拓展训练培训师工作评估表

参训公司名称		参训学员姓名		填写日期	年　月　日
规范要求 \ 打分标准	很好（5 分）	好（4 分）	一般（3 分）	差（2 分）	极差（1 分）
1. 培训师的举止得体程度、着装规范性					
2. 培训师语言规范性、通俗易懂性、幽默风趣性					
3. 培训师是否平易近人、亲和力如何					
4. 培训师对项目操作的娴熟性，给人的安全感					
5. 培训师了解你的困难的主动性和及时性					

续表

规范要求 \ 打分标准	很好（5分）	好（4分）	一般（3分）	差（2分）	极差（1分）
6.培训师对学员思考问题的启发性					
7.培训师阐述训练项目内容及目的的具体程度、明确程度和完整性					
8.培训师对训练项目的总结、归纳能力如何					
9.培训师本身对拓展训练主题的体现程度					
10.培训师能否让你保持对整个过程的热情					
11.培训师准备各个项目的充分性					
12.培训师在整个项目过程中表现的组织性					
最后，请写出培训师最大的优点及缺点，以及此次课程需要改进的地方					

（七）人才梯队建设拓展训练方案

1.培训目标

(1)认识自身潜能，增强自身信心。

(2)克服心理惰性，磨炼战胜困难的毅力。

(3)调适身心状态，乐观面对工作与生活的挑战。

(4)认识团队的作用，增进对团队的参与意识和责任心。

(5)改善人际关系，学习关心和更融洽地与他人合作。

2.训练项目

训练项目包括电网、信任背摔、罐头鞋、盲人运水、孤岛求生、求生墙、运气球等等，下面就其中某些经典项目进行详细介绍。

(1)飞越激流

①时间：30分钟～1小时

②人数：不限，人数较多时，需要将队员划分成若干个由8～12个人组成的小组。

③道具：（每个小组）

◆1棵枝杈很高的大树（用来捆绳子）。

◆一根粗绳子，这根绳子至少要能承受一个人的重量（以最重的游戏者为准）。

◆两根4～6m长的木条（10～20英尺）。或是准备两根绳子和4个木桩（用来标记河岸）。

◆一桶水（代表液体炸药）。

◆准备一些水备用。

④概述：这个游戏会使参加者思维活跃、热血沸腾。它重点培养团队合作、沟通和计

划能力。

⑤目的

◆培养团队合作精神。

◆练习以小组为单位解决问题。

⑥准备

◆选择一个高大粗壮的树杈，在上面系上准备好的粗绳子。绳子的用处是帮助小组成员“渡河”。绳子要足够长，以保证游戏者能抓着绳子，从“河”的一边，像荡秋千一样，飞到河的对岸。

◆根据飞越的方向，确定河的位置和宽度。在标记两岸的位置上，放上两根木条，或是用绳子拉出两根线。如果使用绳子标记河岸，最好先打出4个木桩，然后再拉绳子。

◆给每个小组的桶里装水，水满到距桶边2cm或3cm为止。

⑦步骤

◆分好小组后，做游戏开场白，开场白示例如下：

你们在野外勘探稀有金属和矿石，挖掘工作正在进行中。突然，正在开凿的岩洞出现部分坍塌。你所在的小组侥幸逃了出来，可是，还有很多成员被困在岩洞中，艰巨的营救工作落到了你们小组的肩上。营救的唯一希望是炸开落下的巨石。你们小组赶回营地，取了一桶液体炸药。现在你们需要快速返回到出事地点。不幸的是，一条布满鳄鱼的急流挡住了你们的去路。你们可以通过绳子从河上荡过去，但是在飞越的过程中必须有人要携带那桶液体炸药，而且一滴也不能洒。如果不小心弄洒了炸药，即便只有一点点，携带炸药的人都必须回去，重新开始。如果有人在渡河的过程中不小心碰到了河面，这个人就会被鳄鱼吃掉。一旦发生了这种情况。整个小组都必须回到对岸，重新开始。你们面临的第一个挑战是绳子悬在河的中央，必须想办法把它拉到岸边来。注意，任何人都不许接触河面。

◆等所有小组都做完游戏之后，引导队员就团队合作、克服困难等话题展开讨论。

⑧讨论问题示例

◆你们在游戏过程中碰到了什么问题？你们是如何对问题进行分解的？每个人的任务是什么？

◆哪些因素有助于成功完成游戏？

◆你们遇到了什么困难？是如何克服这些困难的？

◆游戏过程中有无领导者产生？

◆这个游戏揭示了什么道理？

◆如何将这个游戏和我们的实际工作联系起来？

⑨安全

通常情况下，不允许在悬挂的绳子上打结，如果队员坚持这样做或者队员年龄较小时，可以考虑在绳子末端打一个结，距地面1米左右，这样他们就可以用两腿夹住绳结比较容易地摆过去。

⑩变通

◆设置完成游戏的时间限制，告诉队员岩洞中的氧气仅能维持一段时间，让他们必须

在规定的时间内完成渡河任务。

◆可以采用体育馆内的爬绳在室内开展此类游戏。

(2)地雷阵

①时间:15～30 分钟

②人数:至少 12 人,越多越好

③道具

◆每对参赛者一块蒙眼布。

◆两根约 10 米长的绳子(30 英尺)。

◆一些报纸,使用对角线约 60cm(2 英尺)的硬纸板、胶合板代替亦可。用来代表游戏中的“地雷”。

④概述

这个游戏既可以室内进行也可以室外进行。它有助于建立小组成员间的相互信任,促进沟通与交流。

⑤目的

◆建立小组成员间的相互信任。

◆促进沟通与交流。

◆使小组充满活力。

⑥步骤

◆选一块宽阔平整的游戏场地。

◆安排不想参加游戏的人做监护员。当参加游戏的人较多时,游戏场地会变得非常喧闹。这是一个有利因素,因为这会使穿越地雷阵的人无所适从,难以分清听到的指令是来自自己的同伴,还是来自其他小组的人。

◆让每个队员找一个搭档。

◆给每对搭档发一块蒙眼布,每对搭档中有一个人要被蒙上眼睛。

◆眼睛都蒙好之后,就可以开始布置地雷阵了。把两根绳子平行放在地上,绳距约为 10 米(30 英尺)。这两根绳子标志着地雷阵的起点和终点。

◆在两绳之间尽量多地铺上一些报纸(或是硬纸板、胶合板等)。

◆被蒙上了眼睛的队员在同伴的牵引下,走到地雷阵的起点处,挨着起点站好。他的同伴后退到他身后两米处。

◆致游戏开场白,开场白示例如下:

几天前,你和你的同伴因叛乱而被捕,被一起关在一间牢房里。黎明前,你的同伴侥幸逃了出去。可糟糕的是,他不熟悉牢房外面的情况。这是一个没有月亮的夜晚,外面一片漆黑,伸手不见五指。为了逃离危险,你的同伴必须穿过一个地雷阵。你很清楚地雷阵的布局和每个地雷的位置,可是你的同伴不知道。你需要以喊话的方式,在他穿越的时候为他指引方向。如果你的同伴在穿越的过程中碰到或撞到了地雷阵中的其他人,他必须静止 30 秒后方可移动。如果他不小心碰了“地雷”,那么一切就都结束了,你们小组将被淘汰出局。天很快就要亮了,你的同伴必须尽快穿过地雷阵。一旦天亮,哨兵就会发现地雷阵中的人,并开枪将他们击毙。赶快开始行动吧!祝你们好运!

⑦讨论问题示例

◆哪个小组率先通过了地雷阵?

◆做完了这个游戏,大家感受如何?

◆你的同伴能做到指令清晰吗?

◆游戏过程中遇到了什么问题?

◆如何将这个游戏和我们的实际工作联系起来?

⑧安全

留意那些被蒙住了眼睛的人,他们不知道自己会走到哪里去。

⑨变通

◆这个游戏也可以在室内进行,可以使用胶带来标记地雷阵的起点和终点。

◆可以使用诸如拼图板、捕鼠器之类的物品来代表地雷。

(3)电网

①活动内容:要求每一队队员在规定的时间内,从一张假设带电的网的一边穿至另一边。

②活动目的:使学员在一个团队中进行合理的人事分配,每一个队员都在团队中扮演不同的角色。

③活动道具:用细绳结成一张网,根据每队人数来确定网眼数量。网眼的大小要合适。

④活动规则:队员之间应相互配合、相互帮助;在行进过程中,不得碰触网线;项目总分为 100 分,每触绳子一次扣一分。

⑤活动结果:让学员体会团队中合理的人事搭配;体会找准自己在团队中的位置,并致力于扮演好自己的角色;学会集体决策,并明白其重要性。

(4)信任背摔(信任跌)。这个项目用来考验团队队员相互信任的程度,增强团队的凝聚力。其具体实施方案如表 8-40 所示。

表 8-40 信任背摔(信任跌)的实施方案

活动内容	每位队员依次从一个 1.7 米高的台上,身体基本无弯曲地向后倒下,本队其他队员在台下平伸双臂结成“网”形成保护,并合力接住这位队员
活动目的	1. 克服心理障碍,增强自信心 2. 增强团队的凝聚力 3. 体验相互信任和理解带来的心灵感触 4. 学会换位思考
活动时间及地点	90 分钟(预估时间);野外或室内平整地面
组织人员	至少 4 人,主持一人(兼规则讲解),裁判三人(兼安全保证)
活动道具	1.7 米高台一个,棕垫 1 床,棉被 2 床,毛巾(绑手用)每人一条

续表

活动内容	每位队员依次从一个1.7米高的台上，身体基本无弯曲地向后倒下，本队其他队员在台下平伸双臂结成“网”形成保护，并合力接住这位队员
活动规则	每位队员须站在1.7米高的台上背向跌下，由本队其他队员用手臂组成的网接住。以身体基本无弯曲跌下为标准：动作完成且标准记两分，动作完成但不标准记一分，全队得分由队员得分相加，弃权则每人次扣一分
活动过程	1.活动讲解及道具准备(10分) 2.第一队准备时间(5分钟) 3.按顺序依次进行(70分钟，时间长短取决于队员人数的多少及各队所花时间的多少) 4.各队总结，组织者点评(10分钟)

(5)求生墙

①活动内容：全队队员在规定时间内，成功翻过一堵4米高的光滑墙，称之为“求生墙”。

②活动目的：使学员体验与他人、与团队成员合作完成艰巨任务的快乐和成就感；学会取他人长处补自己短处；强化团队精神。

③活动道具：高4米、表面光滑的墙(一堵)，棕垫(一块)。

④活动规则：队员之间应相互配合、相互帮助；在翻越过程中，不得借助任何外界工具，如衣服、绳子、皮带等。

⑤活动结果：让学员体会团队中合理的人事搭配和运用，体验团队气氛；体会集体利益与个人利益的关系——在团队合力完成任务时，常常会需要团队成员牺牲个人的利益。

七、沙盘模拟培训

(一)沙盘模拟培训的起源

军事沙盘是指根据地形图、航空照片或实地地形，按一定的比例关系，用泥沙、兵棋和其他材料堆制成的模型。在军事作战或演习时，军事指挥员经常依靠军事沙盘研究作战方案。

企业沙盘模拟培训源自西方军事上的军事沙盘模拟推演。军事沙盘模拟推演通过红、蓝两军在战场上的对抗与较量，发现双方战略战术上存在的问题，提高指挥员的作战能力。英、美知名商学院和管理咨询机构很快意识到这种方法同样适合企业对中高层经理的培养和锻炼，随即对军事沙盘模拟推演进行广泛的借鉴与研究，最终开发出了企业沙盘实战模拟培训方法。这一新型现代培训模式，是目前全球范围内最先进的管理培训工具之一。沙盘模拟培训课程也成为欧美工商管理硕士的核心课程之一。

(二)什么是沙盘模拟培训

沙盘是军事指挥员经常用以研究地形、敌情、作战方案，组织协同动作，实施战术演练，研究战例和总结作战经验的工具；沙盘也是政府和建筑设计公司用来制作经济发展规划和大型工程建设的模型,其形象直观,颇受计划决策者和工程技术人员的青睐。

沙盘模拟培训是一项先进的体验式培训方式,它借用军事沙盘推演的方式,创造性地用于企业管理,实现管理实战演练,具有很强的实战性和操作性。

沙盘模拟培训运用独特直观的教具,在不断变化的市场竞争环境中真实体会企业数年的经营管理过程,从而感悟管理得失和经营成败。

(三)沙盘模拟培训的特点

沙盘模拟是一门通过体验企业经营管理过程的各个环节,来改进管理绩效、发挥团队潜能、提升企业效率的管理技术。它的特点在于让参加者看到自己在一个系统中的作用,看到自己的影响力,同时也看到问题与自己的关联。通过对模拟经营的自主完整体验,以及在对模拟企业管理成功与失败的反思与总结中,感受企业运营规律,感悟经营管理真谛。导师做参加者的镜子,并给予及时的回应,使之树立战略纵深思维、获得持续改进的管理思想,从而更好地规范行为、达成目标。

沙盘模拟培训的主角是学员,"模拟"是关键,因此需要学员的积极思考与热情参与。在传统讲授式培训中,部分学员参与得少,学习不认真,参加培训的目的不在于学到什么,而在于发现什么错误,主要来审查培训师的"背景"与"一言一行",但在沙盘模拟培训中,多数时间是学员自己动脑、动手,展现学习能力、接受能力和才智。

沙盘模拟具有极强的参与性、互动性、实战性、竞争性、体验性、综合性六大显著特点。具体特点如表 8-41 所示。

表 8-41 沙盘模拟培训的特点

特点	特 点 描 述
参与性	1.每位培训人员都要进行角色扮演 2.每个小组都要切实参与到市场竞争中 3.每个小组不但要参与自己的经营,还要关注其他小组的经营
互动性	1.学员与学员之间要不断交流和讨论 2.每个小组和培训师之间要不断交流 3.组与组之间也要不断进行交流和学习
实战性	1.每位培训人员都切身参加,有切身体会 2.每位培训人员都要扮演好角色 3.每组人员都要在和其他组的比较中互相学习
竞争性	1.每位培训学员在本组内轮流扮演不同的角色,参与竞争 2.组与组之间的业绩竞争 3.在经营周期内,持续竞争和综合竞争的能力
体验性	1.体验管理的各个环节 2.体验经营企业的各种问题 3.体验团队的作用 4.体验市场对企业的影响

续表

特点	特 点 描 述
综合性	1.能够看到每位学员的某种能力 2.能够看到整个团队的协调能力 3.能够将培训的所得运用到企业的日常经营中去 4.能够体会到不同角色在企业中发挥的作用

（四）沙盘模拟培训推演步骤

1.组建模拟公司

首先，学员将以小组为单位建立模拟公司，注册公司名称，组建管理团队，参与模拟竞争。小组要根据每个成员的不同特点进行职能的分工，选举产生模拟企业的第一届总经理，确立组织愿景和使命目标。

2.召开经营会议

当学员对模拟企业所处的宏观经济环境和所在行业特性基本了解之后，各公司总经理组织召开经营会议，依据公司战略安排，作出本期经营决策，制定各项经营计划，其中包括：融资计划、生产计划、固定资产投资计划、采购计划、市场开发计划、市场营销方案。

3.经营环境分析

任何企业的战略，都是针对一定的环境条件制定的。沙盘训练课程为模拟企业设置了全维的外部经营环境、内部运营参数和市场竞争规则。进行环境分析的目地就是要努力从近期在环境因素中所发生的重大事件里，找出对企业生存、发展前景具有较大影响的潜在因素，然后科学地预测其发展趋势，发现环境中蕴藏着的有利机会和主要威胁。

4.制定竞争战略

各“公司”根据自己对未来市场预测和市场调研，本着长期利润最大化的原则，制定、调整企业战略。战略内容包括：公司战略（大战略框架）、新产品开发战略、投资战略、新市场进入战略、竞争战略。

5.职能经理发言

各职能部门经理通过对经营的实质性参与，加深了对经营的理解，体会到了经营短视的危害，树立起为未来负责的发展观，从思想深处构建起战略管理意识，管理的有效性得到显著提高。

6.部门沟通交流

通过密集的团队沟通，充分体验交流式反馈的魅力，系统了解企业内部价值链的关系，认识到打破狭隘的部门分割，增强管理者全局意识的重要意义。深刻认识建设积极向上的组织文化的重要性。

7.年度财务结算

一期经营结束之后，学员自己动手填报财务报表，盘点经营业绩，进行财务分析，通过数字化管理，提高经营管理的科学性和准确性，理解经营结果和经营行为的逻辑关系。

8.经营业绩汇报

各公司在盘点经营业绩之后，围绕经营结果召开期末总结会议，由总经理进行工作述职，认真反思本期各个经营环节的管理工作和策略安排，以及团队协作和计划执行的情况。总结经验，吸取教训，改进管理，提高学员对市场竞争的把握和对企业系统运营的认识。

9. 讲师分析点评

根据各公司期末经营状况，讲师对各公司经营中的成败因素深入剖析，提出指导性的改进意见，并针对本期存在的共性问题，进行高屋建瓴的案例分析与讲解。最后，讲师按照逐层递进的课程安排，引领学员进行重要知识内容的学习，使以往存在的管理误区得以暴露，管理理念得到梳理与更新，提高了洞察市场、理性决策的能力。

（五）沙盘模拟培训现状

据不完全统计，目前从事沙盘模拟培训的企业有40多家，而且有不断上升的趋势。

企业对沙盘模拟培训由最初的“观望”，开始转向积极参与并有计划地选择购买相应的课程自己进行培训。

沙盘模拟培训已经成为世界500强企业中高层管理人员经营管理能力培训的重要培训模式。北大、清华、浙大、人大、上海交大等18所高等院校相继将系列沙盘模拟培训课程纳入其MBA、EMBA及中高层经理在职培训的教学之中。目前，沙盘模拟培训也已经成为中国企业培训的重要方式之一。和思顾问集团开设的沙盘模拟培训课程有20多种，具体如表8-42所示。

表8-42 和思顾问集团沙盘模拟培训课程表

课程名称	课程性质
1. 企业全面经营决策技能沙盘实战模拟训练	经营决策
2. 非财务经理的财务管理	财务管理
3. 利旺行销战—区域销售策略和缝隙营销沙盘实战模拟	销售
4. 骨干人才管理沙盘实战模拟训练	能力向上
5. 报刊经营工作者实际操作的沙盘模拟培训	运营管理
6. 团队竞争优势再造	团队管理
7. ERP沙盘模拟	ERP管理
8. 经理人的飞行模拟舱	决策管理
9. 沙盘模拟数据决策应用	决策管理
10. 销售人员基本营销知识沙盘实战模拟	销售管理
11. 区域销售策略和缝隙营销沙盘实战模拟	决策管理
12. 企业全面经营运作技能实战模拟	运营管理
13. 企业全面运营沙盘实战模拟训练	全面管理

续表

课　程　名　称	课程性质
14.企业经营决策与战略沙盘实战模拟训练	战略与经营决策
15.经理人财务管理沙盘实战模拟训练	财务管理
16.营销管理沙盘实战模拟训练	营销
17.营销技能与客户管理沙盘实战模拟训练	营销与客户管理
18.人力资源管理沙盘模拟训练	人力资源
19.物流管理沙盘实战模拟训练	物流管理
20.房地产开发经营沙盘实战模拟训练	房地产管理
21.战略营销沙盘实战模拟训练	财务管理
22.战略营销沙盘模拟实战模拟训练	营销管理

(六)沙盘模拟培训评估

作为企业,如何评估"沙盘模拟培训"的培训效果呢?一般应从两方面入手:一是评价培训师,二是评价整体课程的培训效果。

对培训师进行评价时,因为沙盘模拟培训师只是起协调、控制、参与、引导、评价的作用,所以对培训师的评价应该从这些方面进行,具体如表 8-43 所示。

表 8-43　培训师评价表

评　价　指　标	评价维度	综合评分
培训师的知识水平	1.战略管理知识 2.市场营销知识 3.财务管理知识 4.生产管理知识	□5　□4　□3 □2　□1
培训师的语言表达能力	1.表达流畅程度 2.通俗易懂程度 3.专业用语程度	□5　□4　□3 □2　□1
培训师的幽默能力	1.协调气氛的能力 2.语言的幽默艺术	□5　□4　□3 □2　□1
培训师的指导能力	1.参与小组讨论 2.洞察问题的能力 3.具体问题的讲解	□5　□4　□3 □2　□1

续表

评　价　指　标	评价维度	综合评分
培训师的协调能力	1. 各组的人员分配	□5　□4　□3 □2　□1
	2. 信息的适时程度	
	3. 组间矛盾的处理	
培训师分析问题的能力	1. 个性化问题的分析	□5　□4　□3 □2　□1
	2. 小组问题的阐述	
	3. 各组差距的分析	
培训师对行业的熟悉程度	1. 对行业的了解程度	□5　□4　□3 □2　□1
	2. 行业经验	
培训师控制全局的能力	1. 现场秩序	□5　□4　□3 □2　□1
	2. 公平程度	
	3. 时间的把握	
对培训师点评内容的评价	1. 点评的准确性	□5　□4　□3 □2　□1
	2. 点评的启发性	
	3. 点评的精炼性	

除了对培训师进行评价外，还要对培训效果进行评价。因为沙盘模拟是体验式培训课程，所以可以从体验和感知以及角色扮演的角度对学员的培训效果进行评估，具体如表8-44所示。

表 8-44　学员培训效果评估

姓名		职务		联系方式	
所扮演的角色	角色一描述				
	角色二描述				
	角色三描述				
你对本课程最大的感受	1.				
	2.				
	3.				
本课程中你学到了什么	1.				
	2.				
	3.				

续表

<table>
<tr><td>姓名</td><td colspan="2"></td><td>职务</td><td></td><td>联系方式</td><td></td></tr>
<tr><td rowspan="3">你认为本课程对实践有什么指导意义</td><td colspan="6">1.</td></tr>
<tr><td colspan="6">2.</td></tr>
<tr><td colspan="6">3.</td></tr>
<tr><td rowspan="3">你对企业组织这种培训有何看法和意见</td><td colspan="6">1.</td></tr>
<tr><td colspan="6">2.</td></tr>
<tr><td colspan="6">3.</td></tr>
</table>

第四节　继任者选拔

企业建立人才梯队资源库后，后备人才的“入库”、培养和筛选淘汰是一个长期的、例行化的工作。岗位/通道层级有人才需求时，可以从人才梯队资源库里选拔继任者，选拔成功的人才将成为继任者。

从人才梯队资源库中选拔继任者也是企业内部招聘的一种方式，选拔的方法和程序可以参考企业的内部招聘管理规定。如图 8-7 所示。

从人才梯队资源库里选拔继任者可以按以下程序操作：

第一步　设计继任者选拔评估模型

选拔评估模型参照人才资源库候选人甄选评估模型，包括成功关键因素/胜任力、任职资格要求、以往工作绩效、综合素质要求，而以往工作绩效指进入人才梯队资源库后的工作绩效（一般需要包括两年及以上的工作绩效，职位越高越重要的岗位，需要考核的工作绩效周期越长，如在人才资源库不足两年，就应该包括没有入库前的绩效）。

注意：如果企业建立了人才梯队资源库，原则上内部招聘都应该从资源库中选拔，没有进入人才梯队资源库的员工不应参加继任人选拔。

第二步　选择测评方法和测评工具

根据岗位选拔评估模型中的测评项目，参考第六章选择适合的测评方法和测评工具。

第三步　组建测评小组

选拔不同岗位的继任人，应由不同的人员组成测评小组，测评小组的成员必须具有权威性和代表性，除外部专家、特邀专业人员和人力资源部人员外，还需要职位层级高于被继任岗位的其他人员组成。

测评小组必须参加培训，掌握测评细节和被继任岗位的全部知识，全面掌握继任岗位评估模型的内容和测评方法/工具。

第四步　测评实施

对人才梯队资源库的候选人进行测评。对稳定性高的部分心理素质，在进入人才梯队资源库时已经测评，本次可以不再测评，如：气质、性格、兴趣、价值观等。

第五步：确定最终人选

根据测评结果和员工个人意愿，择优选择继任人，按一定的程序呈报审核、批准。

第六步：任命

最终确定的目标职位继任人选按公司人员任命管理程序进行正式任命。

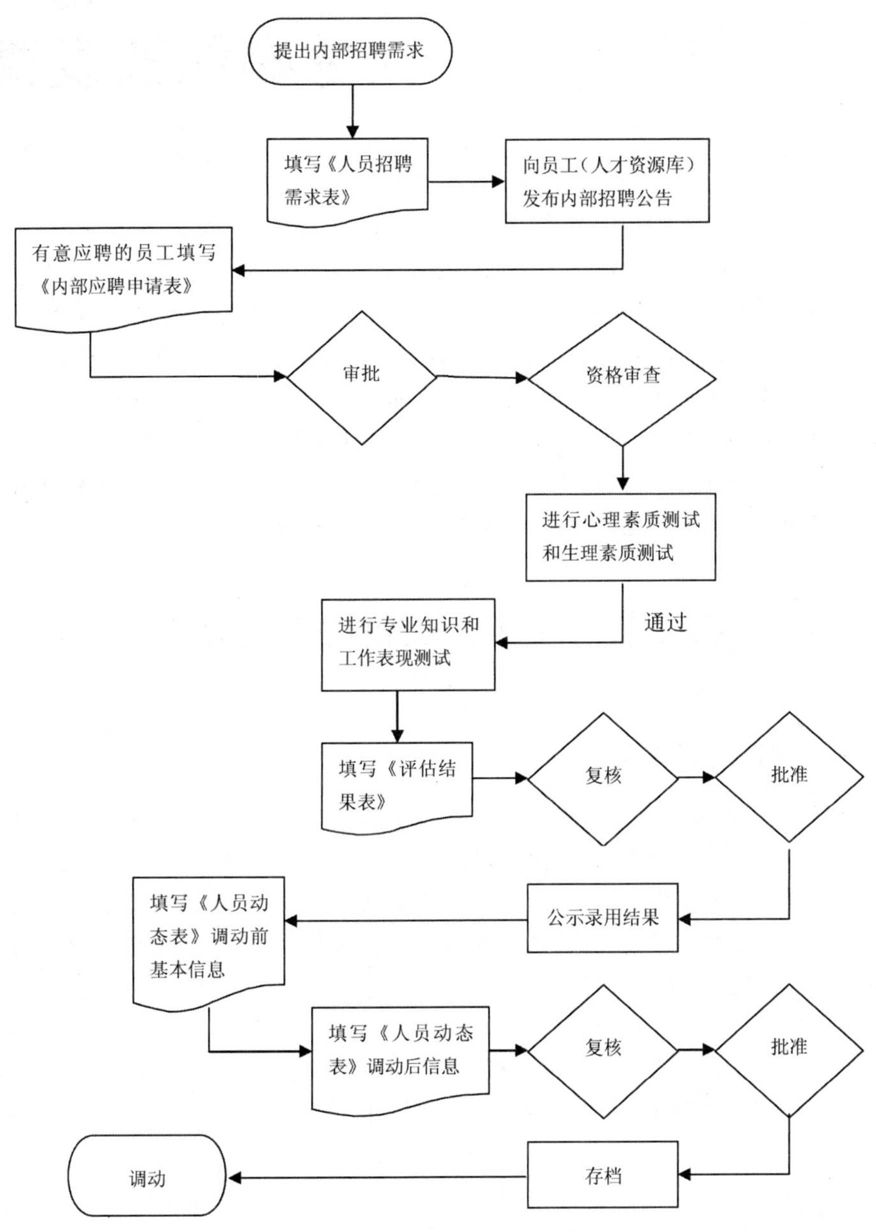

图 8-7 企业内部招聘流程图

第九章 人才梯队建设管理

第八步，人才梯队建设管理。人才梯队建设是一项相当复杂的系统工程，与企业人力资源战略规划、人才招聘（包括内部招聘和外部招聘）、人才培养、培训管理、职业发展管理、晋升管理、薪酬激励、绩效考核等息息相关。企业必须制定人才梯队建设管理制度，明确职责分工，规范人才梯队建设过程，确定人才梯队建设的工作内容和范围，通过有效管理，保证人才梯队建设工作高效、顺利进行。增强企业各单位人才培养意识，促使各单位明确人才培养的重要性和紧迫感，对各单位的人才培养工作进行考核，考核结果作为整体绩效考核成绩的一部分，并且作为单位负责人晋升、奖励、处罚的依据之一。

第一节　人才梯队建设职责分工

一、设立专门的管理机构

企业高层的人才梯队建设工作必须要有董事会参与，总裁亲自抓人才梯队建设和人才培养的日常工作，否则很难取得良好效果。

(1)集团成立人才战略管理委员会，由董事会部分成员、集团总裁、副总裁、集团各中心/部门总监及分管领导、所辖公司总经理组成，负责指导整个集团人才梯队建设。委员会主任由董事会成员担任，执行主任由总裁担任，分管人力资源中心领导为副主任，其他为委员。

(2)所辖公司成立人才战略管理小组，由公司总经理、副总经理、各部门负责人组成，负责指导各公司人才梯队建设。组长由总经理担任，副组长由人力资源分管领导担任，其他为成员。

(3)各业务/职能部门作为人才培养的基地，负责人才培养对象的初步甄选和人才培养计划的制订与实施，人力资源部作为公司人才培养的组织协调部门，负责人才培养规划、人才甄选标准和程序的制定。

二、人才梯队建设职责分工

(一)人才战略管理委员会

1. 制定、审核、批准企业人才发展战略;

2. 组织制定、批准人才梯队建设管理制度;

3. 组织、指导、监督人才梯队建设工作;

4. 组织、指导、参与关键岗位的人才选拔工作;

5. 批准关键岗位继任人选;

6. 组织召开人才梯队建设会议。

(二)总裁职责

1. 推动、支持人才梯队建设工作,保证人才梯队建设工作顺利进行;

2. 指导、督促各单位人才梯队建设工作;

3. 协调处理各单位、个人在人才梯队建设工作中出现的问题;

4. 对部分关键岗位/一般性岗位/层级通道继任人任用的审批。

(三)人力资源部职责

1. 根据企业人才发展战略和人才梯队建设工作要求,负责计划、组织各单位、个人实施人才梯队建设工作;

2. 指导、协助、监督各单位/个人完成人才梯队建设工作;

3. 完成人才梯队建设工作中属人力资源部门职能的工作;

4. 对人才梯队建设的日常工作有效开展负责。

(四)直线部门职责

1. 参与人才梯队建设;

2. 完成人才梯队建设工作中赋予的任务,如胜任力模型构建、职业发展规划、发现人才、推荐人才、培养人才、人才测评等;

3. 按期参加人才梯队建设会议,按期汇报/通报人才梯队建设工作情况;

4. 对培养本部门合格继任人负责。

第二节 人才梯队建设管理内容

如前所述,人才梯队建设工作是一项非常复杂、涉及企业各个阶层、各个方面的系统工程,与企业管理、人力资源管理紧密相关,并不是脱离人力资源管理工作而另成体系的。所以,企业需要制定指导性和规范化的人才梯队建设管理制度,对人才梯队建设工作进行规范。

企业进行人才梯队建设需要比较完善的人力资源管理基础,如企业发展战略规划、人力资源战略规划、组织设计、部门职能汇编、岗位职责汇编、招聘管理制度、员工任用与升降管理制度、培训与培养管理制度、薪酬与激励管理制度、绩效管理制度、胜任力模型构建、任职资格体系建立、职业生涯规划、关键岗位评估、员工测评体系等;如企业在这些方面的制度建设不够完善或欠缺，在人才梯队建设管理制度中还需要特别作出规定，比如，很多企业的培训与培养管理制度中没有关于轮岗的规定，那么企业就应该在培训与培养管理制度中补充关于轮岗的规定，或在人才梯队建设管理制度中对轮岗管理进行规范。

人才梯队建设管理制度一般包括以下内容：

(1)明确企业人才的策略，是以外聘为主还是内部培养为主；

(2)明确人才梯队建设的管理组织、职责分工；

(3)明确人才梯队建设工作的流程和步骤；

(4)人才梯队建设的费用预算和使用管理；

(5)明确人才库的数量和类别；

(6)明确后备人才的种类；

(7)制定人才入库的管理规定；

(8)制定人才进入人才库后的管理规定；

(9)制定人才出库的管理规定；

(10)制定人才培养工作的奖惩规定；

(11)制定人才库人才档案管理规定；

(12)其他规定或要求。

案例 9-1：某著名企业人才梯队建设管理办法

第一章　总　则

第一条　目的

建立和完善事业部人才培养机制，通过制定有效的关键岗位继任者和后备人才甄选计划以及岗位轮换计划、内部兼职计划、在职辅导、在职培训等人才培养与开发计划，合理地挖掘、开发、培养后备人才队伍，以便建立我们公司的人才梯队，为事业部可持续发展提供智力资本支持。

第二条　原则

坚持“内部培养为主，外部引进为辅”的培养原则，并采取“滚动进出”的方式进行循环培养。

第三条　人才培养目标

事业部人才培养目标始终坚持“专业培养和综合培养同步进行”的人才培养政策，即事业部培养专家型的技术人才和综合型的管理人才。专家型的技术人才指在某一工作领域内掌握较高技术水平的人才，综合型管理人才指在本单位或本部门工作领域具备全面知识，有较高管理水平的人才。

第四条　人才培养组织体系

事业部建立“统分结合”的人才培养体系，职能部门和二级子公司作为人才培养的基地，负责人才培养对象的初步甄选和人才培养计划的具体实施，人力资源部作为事业部人才培养的组织协调部门负责人才培养规划、人才甄选标准和程序的制定、培养对象的确定和培养计划的统筹安排。

第五条 主要内容

1.关键岗位继任者与后备人才的甄选；

2.岗位轮换；

3.内部兼职；

4.人才调配；

5.在职辅导、在职培训与内部讲师队伍的建立；

6.人才培养的考核评价；

7.晋升与淘汰。

第六条 适用范围

事业部各职能部及二级子公司。

第二章 关键岗位继任者和后备人才的甄选

第七条 目的

通过科学的测评，慎重地甄选，选拔出真正具有领导潜质的后备人才，以树立事业部用人及人才晋升理念。

第八条 甄选条件

(一)知识经验和工作业绩：基于“知识全面、经历丰富、业绩出色的员工综合素质较强，并且服众”的假设。

(二)关键资质：基于“在每个岗位上，都有一些人做得比其他人好，绩效好的人与绩效平平的人采取的工作方式是不同的；高绩效者之所以能采取不同的工作方式，是因为他们具备了一般人所没有的某些特质，而正是这些特质导致了他们的高绩效”的假设。(事业部12项关键资质：(1)沟通能力；(2)分析判断能力；(3)计划组织能力；(4)管理控制能力；(5)应变能力；(6)执行力；(7)创新能力；(8)领导能力；(9)决断力；(10)人际关系能力；(11)团队合作能力；(12)承受压力的能力)。

注：

1.后备人才分类：管理类、财务类、营销类、技术类、品质类；

2.参考12项资质定出2～3项共性指标，再根据分类选出2～3项个性指标。每项指标的评价标准参见《空调事业部12项资质定义及行为评价标准》；

3.以上各类人员资质要求为初定，具体要求根据事业部用人理念可进行适当调整。

(三)综合素质和潜质

1.性格特征 2.职业倾向 3.综合能力 4.心理测试。

第九条　甄选工具

1.基本条件通过个人材料进行分析；

2.关键资质通过调查表、访谈等形式进行分析；

3.综合素质和潜质可借助权威或专业机构开发的测评软件进行测评。

第十条　关键岗位继任者甄选

关键岗位主要指事业部当前或根据未来发展所需要的一些重要中级和高级岗位。事业部关键岗位的数量可按事业部当前中高级岗位总数的 20%～30%进行评定。一般来说，对每一个关键岗位的继任者要选定 1～3 名候选人，如果事业部内部没有合适人选，可考虑以外部招聘的形式进行储备。

第十一条　后备人才甄选

后备人才主要是指事业部为因应未来发展变化而储备的一些可替代事业部某些中级岗位的具有培养潜质的人才。后备人才由各单位根据事业部制定的甄选条件进行初步提案，并由人力资源部牵头组建的评审小组进行最终评定。

第十二条　关键岗位继任者甄选程序

各单位向人力资源部提交关键岗位及继任者名单——人力资源部组织对候选人进行综合素质测评——人力资源部和各单位管理部针对候选人制订相应的人才培养与开发计划——跟进和实施关键岗位继任者候选人开发计划。

第十三条　后备人才甄选程序

各单位向人力资源部提交后备人才候选人名单——人力资源部组织对提交的名单进行综合评定——人力资源部策划后备人才的整体培训方案——培训方案的实施——培训效果的反馈。

第三章　岗位轮换

第十四条　轮岗对象及目的

岗位轮换主要针对具有培养潜质的中高层干部和管理骨干，目的在于为事业部培养综合能力较强的复合型的人才。

第十五条　轮岗周期

轮岗周期原则上一般分为三个月、六个月和一年三种，具体轮岗时间由各单位根据实际情况确定。

第十六条　轮岗比例(年度)

(1)中高层干部＞20%；(2)管理、财务、技术、品质、营销类人员＞20%；(3)后备人才 90%以上(沿专业跑道发展的人员可另行考虑)。注：轮岗的前提条件是必须胜任本职工作。

第十七条　轮岗与晋升的关系

所有后备人才必须在轮过 2 个以上岗位才能晋升为中层干部(特聘人员除外)。

第十八条　轮岗审批

1.事业部各单位内部轮岗：由各单位自行审批——报人力资源部备案；

2.跨单位轮岗：由各单位提案——人力资源部审批；

3.财务系统人员轮岗：由部门提案——子公司、财务管理部审核——人力资源部审批；

4.中高层干部和专业技术干部轮岗：各单位提案——人力资源部审核——报事业部总经理审批。

第十九条　轮岗人员管理

1.岗位轮换人员编制仍属于派出单位，轮岗期间的考核工作由新单位考核，但必须将考核结果反馈给原单位，作为绩效考核的依据；

2.轮岗结束后，轮岗人员应立即提交书面报告（总结）交轮岗双方单位；

3.轮岗结束后，由轮岗单位根据《干部绩效考核管理办法》或《员工绩效考核管理办法》进行绩效考核，并按[（轮岗时间/12）×100%]作为轮岗员工全年绩效考核得分的权重，与员工职位升降、工资级别调整、效益分红挂钩；

4.派出人员工资、奖金和保险：由派出单位支付；

5.派出人员补贴：1 000元/月/人，生活住宿物品一次性补贴 500 元/人，补贴由事业部统一支付；（如有调整，以事业部文件为准）

6.住宿：轮岗人员的住宿由接收单位负责安排，住宿费由自己承担，并从补贴中扣除。注：其中第 5、6 条仅适用于本部与上海公司之间的轮岗。

第四章　内部兼职

第二十条　兼职目的

增强对其他单位和部门的认识和了解，提升员工综合素质和能力，为事业部培养和储备人才。

第二十一条　适用对象

中高层干部、专业技术干部和管理骨干。

第二十二条　兼职人员的定位

兼职人员以学习、调研、议事为职责，参与兼职部门具体业务的运作过程，提供相关意见和建议，但不参与具体的决策活动，兼职人员应参加所在单位的有关会议，并承担相关工作任务，在兼职业务上接受兼职部门领导的管理。

第二十三条　兼职周期

兼职周期由派出单位与兼职单位协商确定，原则上每周累计工作时间不能低于 1 天。

第二十四条　兼职形式和职务

内部兼职只能采取跨单位/部门形式进行，兼职职位一般以助理职位或副职为主。

第二十五条　工作开展方式

1.兼职人员在兼职部门的工作计划由所在部门负责人与兼职人商定，并纳入该部门工作总计划，接受所在兼职部门负责人的考核。同时，兼职人员工作计划应报派出部门备案。

2.一般情况下,兼职人员应采取每半天到兼职部门工作,另半天回原单位工作的方式。

第二十六条　人员管理

1.人事关系:兼职人员人事关系仍然隶属于派出单位。

2.审批程序:各单位提案,人力资源部审批。(中高层干部和专业技术干部需事业部总经理审批)

3.兼职申请审批后,统一由人力资源部拟定专门的“派遣通知函”正式通知接收单位,并以文件的形式明确兼职人员的职务、职责、权限和工作关系。

4.接收兼职人员的部门应当为兼职人员提供良好的工作环境和条件,并且有责任安排兼职人员的工作。

第五章　人才调配

第二十七条　调配目的

消除事业部各单位人才封闭现象,加强各单位人才内部合理流动,优化配置事业部内部人力资源。

第二十八条　调配原则

1.符合事业部人力资源整体发展战略;

2.在不损害调出单位利益的前提下,符合调入单位人才需求;

3.符合员工个人能力和潜力的发挥;

4.优先考虑新成立公司(单位)和新项目的人力资源需求。

第二十九条　调配对象

因岗位性质和业务需要,必须向内部引进或难以通过其他途径获取的一些特殊岗位或急需人才。

第三十条　调配申请

由需求部门向事业部人力资源部提出申请,并附职位说明书及需求原因,人力资源部根据提交的申请,经过审核确认后,对内发出招聘启事或直接从相关部门进行调配。

第三十一条　调配权

在调配过程中,因调出和调入部门发生争议而以协商的方式得不到解决时,事业部人力资源部有最终裁决权。

第六章　在职辅导、在职培训与内部讲师队伍建设

第三十二条　在职辅导各单位每年年初都应当制订在职辅导计划,每个高层干部除辅导本部门中层干部外,还须辅导其他部门1～2名中层干部或管理骨干,每个中层干部除辅导本部门员工外,还有责任辅导其他部门1～2名管理骨干。

第三十三条　在职培训

详见事业部《人力资源开发管理制度》和《内部讲师管理办法》。后备人才每年必须接受10天以上正式培训才有资格晋升为中层干部(以人力资源部下发的员工培训证书统计数据为准)。

第七章　考核与评价

第三十四条　目的

增强各单位人才培养意识,促使各单位明确人才培养的重要性和紧迫感。

第三十五条　考核对象

以职能部和二级子公司为考核单位。

第三十六条　考核周期

考核周期为一年。第三十七条　考核内容

考核内容主要包括:后备人才的选拔、培训及轮岗计划的实施、计划的落实、人才培养的相对数量等。具体考核方式、指标及奖励方式由人力资源部另行制定。

第三十八条　人才培养责任人

各级中高层经理作为人才培养对象的相关责任人有义务对本单位人才培养对象进行指导,没有培养合格接班人的中高层干部将不能晋升到更高一级职位,人才培养对象的绩效考核结果将影响部门经理的绩效考核结果。

第八章　淘汰与晋升

第三十九条　目的

通过淘汰不合格的干部,为后备人才提供发展机会和上升空间,形成干部能上能下的用人机制,优化事业部干部队伍素质。

第四十条　淘汰和晋升比例

中高层干部每年淘汰比例为5%～10%,后备人才每年晋升比例为20%左右。

第四十一条　晋升条件

参照集团和事业部《干部管理办法》以及其他相关制度执行。

第九章　附　则

第四十二条　本办法由人力资源部制订、解释和修订。

第四十三条　本制度自下发之日起正式实施。

案例 9-2:某集团企业人才梯队建设管理制度

第一章　总　则

第一条　目的

建立和完善公司人才培养机制,通过制定有效的关键岗位继任者和后备人才甄选计划,合理地挖掘、培养后备人才队伍,建立公司的人才梯队,为公司可持续发展提供人力支持。

第二条　原则

坚持"内部培养为主,外部引进为辅"的培养原则。

第三条　人才培养目标

坚持"专业型培养和综合型培养"同步进行。专业型指在工程、财务等专业领域内掌握较高技术水平的人才,综合型管理人才指在本部门或本部门工作领域具备全面知识,有较高管理水平的人才。

第四条　人才培养组织机构及主要职能

(一)成立集团人才发展管理委员会,由集团总裁、副总裁、集团各中心/部门总监及分管领导、所辖公司总经理组成,负责指导整个集团人才梯队建设。委员会主任由总裁担任,分管人力资源中心领导为副主任,其他为委员。

(二)所辖公司成立人才发展领导小组,由公司总经理、副总经理、各部门负责人组成,负责指导各公司人才梯队建设。组长由总经理担任,副组长由人力资源分管领导担任,其他为成员。

(三)各职能/业务部门作为人才培养的基地,负责人才培养对象的初步甄选和人才培养计划的制订与实施,人力资源部作为公司人才培养的组织协调部门,负责人才培养规划、人才甄选标准和程序的制定。

第五条　适用范围

集团本部及各所辖公司的人才梯队建设均参照本方案执行。

第二章　后备人才的甄选与培养

第六条　人才梯队与后备人才

(一)一级梯队:集团各中心/部门副总监(含)及以上职位、总工、所辖公司副总经理(含)及以上岗位的在职人员均为一级梯队人才。凡是有潜力在1~3年内发展为一级梯队的人才称为A库人才。

(二)二级梯队:各级中层管理干部、各专业的高级技术人员均为二级梯队。凡是有潜力在1~3年内发展为二级梯队的人才称为B库人才。

(三)三级梯队:各级业务主管及各专业类的骨干人员为三级梯队人才。凡是有潜力在1~3年内发展为三级梯队的人才称为C库人才。

（四）A、B、C 库人才统称后备人才，所涉及的岗位为关键岗位。关键岗位指对公司生产、经营、管理等业务的稳定运行、公司效益的增长有着重要作用的岗位，包括中层以上管理人员、各业务骨干等。

（五）重点培养对象为 A、B 库人才。

（六）专业分为经营管理类、财务类、工程类、营销类。

第七条　后备人才甄选条件

（一）知识经验和工作业绩

知识全面、经历丰富、业绩出色、综合素质较强，并且服众。

（二）考核的关键资质

1. 沟通能力；

2. 分析判断能力；

3. 计划组织能力；

4. 管理控制能力；

5. 应变能力；

6. 执行力；

7. 创新能力；

8. 领导能力；

9. 决断力；

10. 人际关系能力；

11. 团队合作能力；

12. 承受压力的能力。

（三）其他

1. 性格特征

2. 职业倾向

3. 健康状况

（四）各级后备人才的核心素质

1. A 库人才

资源整合能力、事业心、影响力、决策力、系统思考能力等。

2. B 库人才

团队管理能力、独当一面的能力、专业及学习能力、敬业及责任心、目标导向等。

3. C 库人才

专业与学习能力、解决问题能力、敬业与责任心、环境适应能力、团队协作意识等。

（五）甄选办法

1. 基本条件通过个人材料进行分析。

2. 关键资质通过调查表、访谈等形式进行分析。

第八条 甄选与培养

(一)人才盘点,确定关键岗位

各中心、部门、所辖公司根据工作需要,对本中心、部门、公司人才的现状及发展需要进行盘点,并确定需要储备后备人才的关键岗位。关键岗位确定后,人力资源部负责建立关键岗位人员档案,记录其基本信息情况。

(二)选拔程序

根据人才盘点结果,对各级后备人才进行选拔评估,评估合格者正式成为公司后备人才,纳入人才培养计划。后备人才选拔程序:

1.由目前各级梯队对应的关键岗位在职人员初定本岗位的后备人员,如无合适人选的进行上报并提出原因。一级梯队的报人力资源中心,二、三级梯队的报各公司人力资源部,由人力资源中心或人力资源部推荐人选。

2.A库人才由集团人力资源中心初审后,报集团人才发展委员会审定。

3.B库人才由对应的各中心总监或分管领导、所辖公司人力资源部初审,集团的B库人才由集团人才发展委员会审定;各所辖公司的B库人才由人才发展管理小组审定,并报集团人力资源中心备案。

4.C库人才由对应各中心、部门负责人初审后,报对应各中心总监或分管领导、所辖公司人才发展管理小组进行审定。

5.每个关键岗位提供1～2名后备人才。

(三)培养方案

1.各级梯队现职人员本着传、帮、带的原则,根据各自后备人才的实际情况,为其制定针对性强、详细切实可行的提升培养方案。A库人才及集团B库人才的培养方案报集团人才发展管理委员会审批,集团C库人才培养方案报人力资源中心审批,所辖公司的B、C库人才培养方案报人才发展领导小组审批。

2.培养方式包括参加培训课程、轮岗培训、继续教育以及其他方式。

3.各种培养方案的制订要始终坚持最少投入、最大收益的原则。

4.各所辖公司人力资源部配合、协助后备人才培养计划的实施、跟踪和反馈,集团人力资源中心负责整个集团的培养计划实施情况的跟踪与监督。

5.培训课题

制定培训课题要形式多样化、实用性及目的性强,并做好培训后的考核。

6.轮岗培训

(1)复合型人才的培养侧重于为其提供宽口径的轮岗计划,按后备人才的梯队层次有计划地制定部门、跨公司的轮岗锻炼,使其了解集团的生产经营状况,培养其沟通协调及适应能力,让其积累多个岗位的工作经验,为后期的职位晋升打下良好的基础。

(2)轮岗决策要与继任计划结合,要有明确的业务或发展目的。后备人才轮岗培训的每个岗位任职时间不少于3个月。

(3)轮岗的审批

①跨单位轮岗

A. A 库人才:各级梯队现职人员提出,所辖公司的由人才发展领导小组初审,集团的由人力资源中心初审,集团人才发展管理委员会审批。

B. B 库人才:各级梯队现职人员提出,对应公司的人力资源部初审,所辖公司的由人才发展领导小组审批,集团的由人才发展管理委员会审批。

C. C 库人才:各级梯队现职人员提出,对应的部门负责人初审,对应的分管领导审批。

②跨部门轮岗

各级梯队现职人员提出,后备人才所在部门负责人或分管领导初审,人才发展领导小组审批。

③部门内部轮岗

各级梯队现职人员提出,部门负责人或分管领导审批。

(4)轮岗细则

①岗位轮换人员编制仍属于派出单位或部门,轮岗期间的考核工作由新单位或部门考核,但必须将考核结果反馈给原单位或部门,作为轮岗结束后轮岗培训考核的依据。

②轮岗结束后,轮岗人员应立即提交书面报告(总结)交轮岗双方单位。

③所有人员的轮岗都必须报人力资源部备案,A、B 库人才还必须报集团人力资源中心备案。

7. 继续教育

(1)主要根据后备人才的实际需要及储备的发展方向,选派具有较高发展潜能的后备人才有针对性地选择课题参与继续教育。

(2)继续教育必须取得相对应的证书或文凭。

(3)主要适用对象为 A 库人才。

8. 其他形式的培养

针对特殊专业的岗位选择合适的培养方式进行,具体根据岗位的发展需要进行。

9. 加强建立与对口高校的紧密联系,从高校引进优秀毕业生,建立 C 库人才的后备人才,逐步完善内部"造血"机制。

10. 建立后备人才培养档案

(1)集团人力资源中心负责集团本部人才培养档案的建立与管理,各所辖公司人力资源部负责各自公司的人才培养档案的建立与管理。

(2)档案建立的原则为一人一档,需要签订培训协议的按公司规定签订培训协议。

第三章　考核与评价

第九条　考核对象

各级梯队现职人员及其对应的后备人才、各所辖公司。

第十条　考核周期

考核周期为一年。

第十一条　考核内容

(一)对所辖公司主要考核后备人才的选拔、培训实施、计划的落实、人才培养等的实施情况,由集团人力资源中心负责组织,并将结果报集团人才发展管理委员会核定。

(二)对各级梯队岗位人员主要考核其对后备人才培养工作的实施情况,其中一级梯队由集团人才发展管理委员会负责组织,二级梯队由人才发展领导小组负责组织,三级梯队由人力资源部负责组织。

(三)对后备人才主要考核一年来的工作表现、培养结果及进步情况,其中A库人才由一级梯队对应的岗位人员及集团人力资源中心负责组织,并报集团人才发展管理委员会审定;B、C库人才由二、三级梯队对应的岗位人员及人力资源部负责组织,并报公司人才发展领导小组审定,其中B库人才的考核结果报集团人力资源中心备案。

第十二条　考核结果

(一)各所辖公司及关键岗位现职人员的后备人才建设工作考核作为年度考核的重要组成部分,占年度考核权重的5%。

(二)后备人才综合考评成绩为“优秀”的,在晋升、培训机会等方面给予优先考虑;考评成绩为“满意”的,可以再给予适当的培训及轮岗机会,帮助其提升能力;考评结果为“欠佳”的,取消其后备人才资格,退出后备人才培养计划,并重新选拔。

(三)后备人才的晋升包括薪酬等级的上调和职位的提升。

第四章　附　则

第十三条　本方案由人力资源中心制订、解释和修订。

第三节 人才培养工作管理

人才梯队资源库的建设和管理是各级管理者和中高级专业人士非常重要的一项例行化工作，培养的类别和方法应按照企业的员工培训培养制度来进行，但是，为了保证人才培养工作的有效开展，对管理者的人才培养工作必须进行考核和激励，提升他们对人才培养工作的责任感和积极性。

一、人才培养工作考核

人才培养工作可以从两方面进行考核：培养工作考核和晋升考核：

（一）培养工作考核

1. 人力资源部门是人才培养工作的组织者、指导者和监督者，在企业的绩效考核中，与人才培养有关的考核指标一般包括“培训计划完成率”、“核心员工流失率”、“员工任职资格达标率”、“后备人才培养合格率”等。如表 9-1 所示。

表 9-1 人力资源部经理绩效考核参考表

序号	KPI 指标	考核周期	指标定义/公式	资料来源
1	人力资源工作计划按时完成率	月/季/年	$\frac{\text{按时完成的工作量}}{\text{计划工作量}}\times 100\%$	人力资源部
2	招聘计划完成率	月/季/年	$\frac{\text{实际招聘到岗的人数}}{\text{计划需求人数}}\times 100\%$	人力资源部
3	培训计划完成率	月/季/年	$\frac{\text{实际完成的培训项目(次数)}}{\text{计划培训的项目(次数)}}\times 100\%$	人力资源部
4	绩效考核计划按时完成率	月/季/年	$\frac{\text{按时完成的绩效考核工作量}}{\text{绩效考核计划工作总量}}\times 100\%$	人力资源部
5	绩效考核申诉处理及时率	月/季/年	$\frac{\text{及时处理的绩效考核申诉}}{\text{绩效考核申诉总数}}\times 100\%$	人力资源部
6	工资与奖金计算差错次数	月/季/年	对工资、奖金核算及发放人为出错次数为 0	人力资源部财务部
7	员工任职资格达标率	年度	$\frac{\text{当期任职资格考核达标的员工数}}{\text{当期员工总数}}\times 100\%$	人力资源部
8	核心员工流失率	月/季/年	$\frac{\text{一定周期内流失的核心员工数}}{\text{公司核心员工总数}}\times 100\%$	人力资源部
9	后备人才培养合格率	年度	$\frac{\text{当期后备人才培养合格数}}{\text{当期后备人才培养数}}\times 100\%$	人才战略委员会

2.将人才梯队资源库建设的结果作为管理者/专业骨干年度综合评价的一项指标。包括“培训计划完成率”、“核心员工流失率”、“后备人才培养合格率”等。如表9-2所示。

表9-2 客服总监绩效考核参考表

被考核人姓名		职位	客服总监	部门	
考核人姓名		职位	总经理	部门	

指标维度	KPI指标	权重	绩效目标值	考核得分
财务类	净资产回报率		考核期内净资产回报率在____%以上	
	主营业务收入		考核期内主营业务收入达到____万元	
	客服费用控制		客服费用控制在预算范围之内	
内部运营类	年度企业发展战略目标完成率		考核期内年度企业发展战略目标完成率达到____%	
	客服工作计划完成率		考核期内客服工作计划完成率达到100%	
	客服标准有效执行率		考核期内客服标准有效执行率达到____%	
	客服流程改善目标达成率		考核期内客服流程改善目标达成率在____%以上	
客户类	客户投诉处理满意率		考核期内客服投诉处理满意率达到____%以上	
	投诉解决率		考核期内投诉解决率达到____%	
	部门协作满意度		考核期内部门协作满意度达到____分以上	
学习发展类	培训计划完成率		考核期内培训计划完成率达到100%	
	核心员工保有率		考核期内核心员工保有率达到____%	
	后备人才培养合格率		$\frac{\text{当期后备人才培养合格数}}{\text{当期后备人才培养数}}\times 100\%$	

(二)晋升考核

为了更好地进行人才梯队建设，培养合格的继任人，许多企业在管理人员晋升时提出了人才培养的要求，如果梯队建设任务未达标者，不能得到提拔，没有培养合格的接班人，管理者就不能晋升。

华为公司任正非要求，没有担任过思想导师的员工，不能提拔为行政干部；不能继续担任导师的员工不能再晋升。华为强制性的要求有利于把培养接班人的好制度固化下来。

IBM每个主管级以上员工在上任伊始，都有一个硬性目标，确定自己的位置在一两年内由谁接任，三四年内谁来接，甚至员工突然离开了，谁可以接替，以此发掘出一批有才能的人。每年2月，IBM中国公司会要求每一个管理职位都提出他的接班人，第一期是谁，第二期是谁，然后人力资源部的负责人会和 IBM 中国的 CEO 一起，结合 IBM 其他区域甚至总部的接班人计划，来决定接班人在新的一年内的培养计划，作为未来升迁的考虑和依据。如果培养不出接班人，员工就一直待在这个位置上，上不去也走不了。

"打工女皇"吴士宏女士就是在这种机制里培养出来的：1985 年之前，她是北京椿树医院的一名普通护士，得过一场历时 4 年的大病，差点便去世。病愈后吴士宏开始自考大学英语专科，每天利用后半夜值班的时间进行复习，如此竟奇迹般地花了 150 元学费取得了大专文凭。学成后吴士宏动了重新择业的念头。她自己起草了求职信——用医院的处方药单手工撰写的求职信上还留了一句"若不录用，请赐还照片"的留言，没想到这封信却比众多喷了香水的求职简历更加管用，她顺利通过北京外企服务公司进入了 IBM 公司任办公勤务。在 IBM，她又从端茶倒水打印文件做起，从小跑腿获培训机会进入销售部门，之后因业绩突出不断晋升，她从销售员直至 IBM 华南分公司总经理，被称为"南天王"。1997 年，在为 IBM 工作了 12 年之后，吴士宏出任 IBM 中国销售渠道总经理。

二、人才培养激励机制

企业可以在培训培养制度中规定一些对培养者（讲师、导师、学习组长、承训单位等）的激励方法，如本书第七章"案例：中国移动某公司导师制管理方法"中就制定了给予导师奖金奖励和"优秀导师"称号的激励规定。

此外，企业也可以专门制定关于人才培养的激励机制，形成制度，根据培养者的贡献和培养难度/强度，制定奖励标准；设定一些单项奖，例如"育才奖"和"伯乐奖"等，每年评选出优秀的部门和个人给予专项奖励。

主要参考文献

[1] 曾丽珊.《企业人力资源需求预测方法比较分析》,《现代商贸工业》,2009 年第 16 期
[2] 孙宗虎、邹晓春编著.《人力资源管理工作细化执行与模板》,人民邮电出版社,2008
[3] 孙宗虎、赵淑芳编著.《职业生涯规划管理实务手册》,人民邮电出版社,2009
[4] 崔佳颖编著.《员工职业生涯规划》,机械工业出版社,2008
[5] 范金,景成芳著.《任职资格与员工能力管理》,人民邮电出版社,2008
[6] 黄勋敬编著.《赢在胜任力》,北京邮电大学出版社,2007
[7] 魏新、曾志强编著.《关键岗位识别指标体系与方法》,《系统工程》,2008 年第 5 期
[8] 王燕编著.《培训管理实务》,中国物资出版社,2010
[9] 孙宗虎、姚小风编著.《员工培训管理实务》,人民邮电出版社,2009
[10] 方少华、方泓亮编著.《胜任力咨询》,机械工业出版社,2007
[11] Spencer, L. M. & Spencer, S. M. *Competence at Work*. John Wiley & Sons, Inc. 1993
[12] 徐升、王建新等编著.《人才测评》,企业管理出版社,2000
[13] 华茂通咨询编著.《现代企业人力资源解决方案》,中国物资出版社,2003
[14] Richard Boyatzis. The Competent Manager. *Journal of Social and Clinical Psychology*, 2001
[15] 王辉耀编著.《人才战争》,中信出版社,2009
[16] 程东升、刘丽丽编著.《华为经营管理智慧》,当代中国出版社,2005

图书在版编目(CIP)数据

人才梯队建设和思八步法/钟虹添,奚国华,张建国编著.—厦门:厦门大学出版社,2011.12
(2021.1 重印)
(美国和思顾问集团丛书)
ISBN 978-7-5615-4082-4

Ⅰ.①人… Ⅱ.①钟…②奚…③张… Ⅲ.①企业管理-人才培养 Ⅳ.①F272.92

中国版本图书馆 CIP 数据核字(2011)第 210585 号

厦门大学出版社出版发行
(地址:厦门市软件园二期望海路 39 号 邮编:361008)
http://www.xmupress.com
xmup @ public.xm.fj.cn
厦门集大印刷厂印刷
2011 年 12 月第 1 版 2021 年 1 月第 2 次印刷
开本:889×1194 1/16 印张:23.75 插页:3
字数:580 千字 印数:3 001～4 000 册
定价:68.00 元